校企合作规划教材

HUADONGXIAN DAOYOU SHIXUN JIAOCHENG

华东线导游实训教程

（第2版）

王春华　胡　强　主　编
许广路　何郑莹　王　辉　副主编

北京·旅游教育出版社

图书在版编目（CIP）数据

华东线导游实训教程 / 王春华，胡强主编. -- 2版
. -- 北京：旅游教育出版社，2023.4
  ISBN 978-7-5637-4543-2

Ⅰ.①华… Ⅱ.①王… ②胡… Ⅲ.①导游－华东地
区－教材 Ⅳ.①K928.95

中国国家版本馆CIP数据核字(2023)第013694号

华东线导游实训教程（第2版）

王春华　胡　强　主　编

许广路　何郑莹　王　辉　副主编

责任编辑	施云峰
出版单位	旅游教育出版社
地　　址	北京市朝阳区定福庄南里1号
邮　　编	100024
发行电话	（010）65778403　65728372　65767462（传真）
本社网址	www.tepcb.com
E - mail	tepfx@163.com
排版单位	北京旅教文化传播有限公司
印刷单位	北京市泰锐印刷有限责任公司
经销单位	新华书店
开　　本	710毫米×1000毫米　1/16
印　　张	24
字　　数	357千字
版　　次	2023年4月第2版
印　　次	2023年4月第1次印刷
定　　价	58.00元

（图书如有装订差错请与发行部联系）

编委会

主　编：王春华　胡　强
副主编：许广路　何郑莹　王　辉
委　员：尚　群　李　玲　钱　进　熊婷婷

第2版前言

"江南好，风景旧曾谙。日出江花红胜火，春来江水绿如蓝。能不忆江南？"这美好意境引发无数海内外游人对江南心驰神往。从20世纪80年代开始，我国推出了一条黄金旅游线——"锦绣江南"，俗称"华东线"，几十年长盛不衰，线路发展出上百条。这里的"华东"并非指行政区域的华东地区六省一市，"华东线"是泛指由上海、南京、杭州构成的三角区域周边的旅游线路。华东线最初由华东地区的上海、南京、杭州、苏州、无锡5座城市的精华旅游景点组成，随着沿线城市和周边地区旅游资源的不断开发，华东线旅游区域持续扩大，旅游景点和旅游项目迅速增加，旅游线路的数量大幅度增加。目前华东线旅游区域大体上包括上述的5座城市以及江苏的扬州、镇江、常州和浙江的宁波、绍兴、舟山等城市，还包括一批水乡、古镇等，其中最著名的是江苏的周庄、同里、甪直和浙江的乌镇、南浔、西塘等。

本旅游区域有以下特点：一是历史文化名城众多，旅游资源非常丰富；二是各具特色，互补性强，上海的都市时尚、江苏的园林和历史人文、浙江的山水风光相互交织，对海内外广大旅游者产生很大的吸引力；三是旅游基础设施完善，航空运输发达，铁路、公路交通四通八达，区域内城市、乡镇间乘车旅行均可在3小时左右完成。正因为如此，华东线旅游接待人数多年持续保持较高增长，自由行游客也迅速增加，对可以胜任华东线导游服务工作的导游人员的需求日益旺盛。

"区域同城化"对导游接待工作提出了更高要求。最突出表现在地陪导游员为旅游团（者）提供服务时，已不局限于某一座城市或乡镇，而是扩展到整个华东线旅游区域。导游员要能够独立讲解区域内的全部景点，能够合理安排旅游团的各项活动；在遇到旅游团自备旅游车时，能够指引车辆抵达各主要城市、旅游景点、主要商业区和宾馆饭店等。为了帮助导游员尽快达到这一要求，我们组织编写了这本实训教程。

本书具有以下特点：

（1）资料鲜活。力求收集各种最新资料，包括最新统计数据、最新景点资料和最新实用资料（如常规和特色旅游线路，机场、火车站、动车组介绍，主要城市间高速公路编号、里程等）；除传统的"精华景区"之外，还注意收集旅行社经常推荐、颇受欢迎的"热门景区"的资料（如上海迪士尼、南京牛首山、无锡灵山小镇拈花湾等）。

（2）简洁明了。本书分为区域介绍、城市和景点介绍、特色文化等部分，用编号或方括号分成若干条目，各章节体例力求一致，条目清晰，信息准确充足，避免了大量描述性、过渡性文字占据篇幅的现象。

（3）学练结合。本书在系统介绍相关知识的同时，结合导游服务工作和热点问题，设计了一批非常实用的综合训练项目，按照训练的"目的和要求""准备""步骤""考核"等统一格式进行编排，旨在帮助导游员较快提高服务能力和服务水平。

本书由长期工作在旅游教育和旅游行业第一线的江苏经贸职业技术学院文化旅游学院教师合作编写。人员分工如下：王春华、胡强任主编，主持策划并负责全书的统稿和初审，王春华编写第一、六、十章；尚群，编写第二章；李玲，编写第三章；许广路，编写第四章；何郑莹，编写第五章；钱进，编写第七章；王辉，编写第八章，熊婷婷，编写第九章；全部训练项目由胡强、王春华设计、编写。

本书在编写过程中，得到了江苏省中旅旅行社有限公司、南京中国国际旅行社、南京旅游集散中心等旅游企业和江苏经贸职业技术学院等院校的领导、老师的指导和帮助，在此我们表示衷心感谢。本书参考了大量有关书籍和网站资料，对所引用的资料，我们尽可能作出标注，在此特向其著作权人致谢。本书试图在导游员训练方面进行一些探索，但由于经验不足，水平有限，书中难免有错漏之处，恳请广大同人批评指正。

编者

2023 年 03 月

目录

第一章 华东线旅游概况 / 1
第一节 区域概况 / 1
一、上海概况 / 1
二、江苏概况 / 5
三、浙江概况 / 10
四、太湖和京杭大运河 / 16
第二节 旅游设施 / 20
一、航空 / 20
二、铁路 / 27
三、公路 / 36
第三节 旅游线路 / 42
一、华东线常规旅游线路 / 42
二、特色旅游产品 / 50
第四节 综合训练 / 52

第二章 上海市 / 54
第一节 精华景区 / 54
一、外滩（全国重点文物保护单位）/ 54
二、东方明珠（国家AAAAA级旅游景点）/ 55
三、上海之巅（国家AAAA级旅游景点）/ 57
四、金茂大厦（国家AAAA级旅游景点）/ 57
五、上海环球金融中心（国家AAAA级旅游景点）/ 58
六、上海科技馆（国家AAAAA级旅游景点）/ 59
七、上海野生动物园（国家AAAAA级旅游景点）/ 59
八、南京路、淮海路 / 60
九、玉佛寺 / 62
十、人民广场 / 63
十一、新天地 / 65
十二、中共一大会址与中共一大纪念馆 / 65
十三、豫园 / 66
十四、城隍庙 / 67
第二节 热门景区 / 69

一、国际会议中心 / 69
　　二、中华艺术宫 / 69
　　三、浦江夜游 / 70
　　四、田子坊 / 70
　　五、上海玛雅海滩水公园 / 71
　　六、上海欢乐谷 / 71
　　七、上海迪士尼乐园 / 72
　　八、名人故居 / 73
　第三节　特色文化 / 74
　第四节　综合训练 / 76

第三章　南京市 / 80
　第一节　南京概况 / 80
　第二节　精华景区 / 84
　　一、中山陵 / 84
　　二、明孝陵 / 88
　　三、灵谷公园 / 92
　　四、总统府 / 96
　　五、侵华日军南京大屠杀遇难同胞纪念馆 / 100
　　六、南京夫子庙 / 103
　　七、南京雨花台 / 107
　　八、南京城垣与中华门城堡 / 110
　第三节　热门景区 / 114
　　一、阅江楼 / 114
　　二、梅园新村 / 115
　　三、老门东历史街区 / 116
　　四、南京博物院 / 117
　　五、牛首山文化旅游区 / 118
　　六、大报恩寺遗址公园 / 119
　　七、六朝博物馆 / 120
　　八、栖霞山风景区 / 121
　　九、玄武湖 / 121
　第四节　特色文化 / 122
　第五节　综合训练 / 124

第四章　杭州市 / 127
　第一节　杭州概况 / 127
　第二节　精华景区 / 131
　　一、西湖 / 131
　　二、灵隐寺景区 / 137
　　三、岳王庙景区 / 140
　　四、千岛湖景区 / 141
　　五、西溪湿地景区 / 146
　第三节　热门景区 / 148
　　一、宋城景区 / 148
　　二、六和塔 / 149
　　三、中国茶叶博物馆 / 150
　　四、苏东坡纪念馆 / 150
　　五、清河坊街 / 150
　　六、城隍阁 / 151
　　七、富春江—新安江漂流 / 152
　　八、浙西大峡谷 / 152
　　九、桐庐瑶琳仙境 / 153
　　十、桐庐垂云通天河景区 / 153
　第四节　特色文化 / 154
　第五节　综合训练 / 157

第五章　苏州市 / 161
　第一节　苏州概况 / 161
　第二节　精华景区 / 165
　　一、虎丘 / 165
　　二、拙政园 / 169
　　三、留园 / 173
　　四、沙家浜·虞山尚湖

旅游区 / 176
　　五、金鸡湖景区 / 178
　　六、吴中太湖旅游区 / 179
　　七、狮子林 / 180
　　八、网师园 / 183
　　六、寒山寺 / 186
　　九、玄妙观 / 187
　第三节　热门景区 / 189
　　一、沧浪亭 / 189
　　二、环秀山庄 / 190
　　三、艺圃 / 191
　　四、平江历史街区 / 191
　　五、北寺塔 / 192
　　六、盘门景区 / 193
　　七、唐寅园 / 194
　　八、七里山塘 / 195
　　九、苏州博物馆 / 195
　第四节　特色文化 / 196
　第五节　综合训练 / 198

第六章　无锡市 / 201
　第一节　无锡概况 / 201
　第二节　精华景区 / 205
　　一、太湖—鼋头渚景区 / 205
　　二、灵山胜境 / 209
　　三、无锡中视影视基地（三国城、
　　　水浒城、唐城）/ 214
　　四、惠山古镇 / 220
　　五、无锡太湖旅游度假区 / 222
　第三节　热门景区 / 226
　　一、锡惠公园 / 226
　　二、蠡湖风景区 / 230
　　三、梅园 / 232

　　四、南禅寺老街 / 233
　　五、灵山小镇拈花湾 233
　　六、江阴鹅鼻嘴公园 / 234
　　七、宜兴溶洞 / 234
　第四节　特色文化 / 235
　第五节　综合训练 / 239

第七章　扬州市 / 242
　第一节　扬州概况 / 242
　第二节　精华景区 / 245
　　一、瘦西湖 245
　　二、大明寺 / 248
　　三、何园 / 254
　　四、个园 / 257
　第三节　热门景区 260
　　一、汉陵苑 / 260
　　二、汪氏小苑 / 260
　　三、史公祠 / 261
　　四、吴道台宅第 / 261
　　五、八怪纪念馆 / 262
　　六、东关街历史街区 263
　　七、扬州中国大运河
　　　博物馆 / 263
　第四节　特色文化 / 264
　第五节　综合训练 / 268

第八章　镇江市和常州市 / 271
　第一节　镇江市 / 271
　　一、镇江概况 / 271
　　二、著名景区 / 274
　　三、特色文化 / 288
　第二节　常州市 / 290
　　一、常州概况 / 290

二、著名景区 / 293
　　三、特色文化 / 302
第三节　综合训练 / 303

第九章　宁波市、绍兴市、
　　　　舟山市 / 307
第一节　宁波市 / 307
　　一、宁波概况 / 307
　　二、著名景区 / 309
　　三、特色文化 / 314
第二节　绍兴市 / 316
　　一、绍兴概况 / 316
　　二、著名景区 / 319
　　三、特色文化 / 323
第三节　舟山市 / 325
　　一、舟山概况 / 325
　　二、著名景区 / 328

　　三、特色文化 / 332
附录　浙江省部分著名景区 / 335
　　一、嘉兴南湖 / 335
　　二、雁荡山 / 337
　　三、古堰画乡景区 / 339
第四节　综合训练 / 340

第十章　江南古镇 / 342
第一节　周庄 / 342
第二节　同里 / 347
第三节　南浔 / 350
第四节　乌镇 / 353
第五节　西塘 / 359
第六节　甪直 / 361
第七节　综合训练 / 366

主要参考文献 / 369

第一章
华东线旅游概况

第一节 区域概况

一、上海概况

【地理位置】

上海市简称沪,别称申,位于中国东部,太平洋西岸,长江和钱塘江入海汇合处。北依长江,东濒东海,南临杭州湾,西接江苏和浙江两省。地处东经120°51′~122°12′,北纬30°40′~31°53′。

【地形特点】

上海是长江三角洲冲积平原的一部分,平均海拔高度4米。陆地地势总趋势是由东向西低微倾斜。西部淀山湖一带的淀泖洼地为最低,海拔仅2~3米。西部有天马山、薛山、凤凰山等残丘,天马山为上海陆上最高点,海拔高度98.2米。海域上有大金山、小金山、浮山(乌龟山)、佘山等岩岛。大金山海拔高度103.4米,为上海境内最高点。

【气候特征】

上海属北亚热带季风性气候,四季分明,日照充分,雨量充沛。上海气候温和湿润,春秋较短,冬夏较长。全年50%左右的雨量集中在5~9月的汛期。汛期有春雨、梅雨、秋雨三个雨期。夏天和初秋较容易受来自东海方向的台风影响。

【国土面积】

2020年末,上海行政区划面积6340.5平方千米,东西最大距离约100千米,南北最大距离约120千米。陆海岸线长约172千米。在上海北面的长江入海处,有崇明、长兴、横沙3个岛屿。崇明岛为中国第三大岛,由长江挟带下来的泥沙冲积而成，面积为1041.21平方千米，海拔3.5~4.5米。长兴岛面积88.54平方千米，横沙岛面积55.74平方千米。

【市树市花】

市花：市花为白玉兰。白玉兰在上海开花特别早，冬去春来，清明节前，它就繁花盛开；白玉兰花大洁白，开放时朵朵向上。白玉兰为上海市市花，象征着一种开路先锋、奋发向上的精神。

市标：以市花白玉兰、沙船和螺旋桨三者组成的三角形图案。三角形图案似轮船的螺旋桨，象征着上海是一座不断前进的城市，图案中心扬帆出海的沙船，是上海港最古老的船舶，它象征着上海是一个历史悠久的港口城市，展示了灿烂辉煌的明天。沙船的背景是迎着早春盛开的白玉兰。

【历史变迁】

上海是中国的历史文化名城，被誉为"江海之通津，东南之都会"。"两千年历史看西安，一千年历史看北京，一百年历史看上海"，上海是近现代中国的"缩影"，拥有厚重的历史底蕴。

大约在6000年前，现在的上海西部即已成陆，东部地区成陆也有2000年之久。春秋时属吴国东境，战国时属楚国，曾经是楚国春申君黄歇的封邑，故上海别称为"申"。

公元前223年，秦灭楚后设会稽郡，治所在苏州。会稽郡辖缪县、由拳县和海盐县。缪县包括今嘉定区、闵行区及青浦、松江区大部和上海城区部分地区。公元前210年，秦始皇率丞相李斯、少子胡亥等一批文臣武将南下巡游，曾通过松江西境和青浦南境的横山、小昆山、三泖地带。

公元4—5世纪时的晋代，松江（现名苏州河）和滨海一带的居民多以捕鱼为生，他们创造了一种竹编的捕鱼工具叫"扈"，又因为当时江流入海处称"渎"，因此，松江下游一带被称为"扈渎"，以后又改"扈"为"沪"。"上海"因位于松江（吴淞江）下游支流的"上海浦"而得名。

宋淳化二年（991年）因松江上游不断淤浅，海岸线东移，大船出入不便，外来船舶只得停泊在松江的一条支流"上海浦"（其位置在今外滩以东至十六铺附近的黄浦江中）上。南宋咸淳三年（1267年）在上海浦西岸设置市镇，定名为上海镇。元至元二十九年（1292年），元朝中央政府把上海镇从华亭县划出，批准上海设立上海县，标志着上海建城之始。明朝时，1553年为抵御倭寇修建上海城，归属南直隶松江府管辖，上海成为全国最大的棉纺中心。清朝沿袭明制归属江南省松江府，设江海关，逐步形成了今天上海的规模。

到1840年鸦片战争前夕，上海县城内有街巷63条，商店林立，鲜萃羽集，被称为"江海之通津,东南之都会"。

1842年8月29日,清政府指令投降派耆英和伊里布同英国全权代表璞鼎查签订了《南京条约》。上海成为五个对外通商口岸(广州、福州、厦门、宁波、上海)之一。上海于1843年11月17日正式开埠。

在上海被迫开埠后的一百多年里,帝国主义列强纷纷侵入上海,他们在上海竞相设立租界。先是英国于1845年在上海建立租界,继而美、法也分别于1848—1849年在上海建立租界;后来英、美租界合称为"公共租界"。今上海市黄浦、卢湾、徐汇、静安、长宁等区先后设有英、法、美、公共等租界,虹口一带为日本势力范围,各国在租界内享有行政自治权和治外法权等特权。整整一个多世纪,上海成了外国侵略者"冒险家的乐园"。

1853年,上海小刀会响应太平天国革命,举行武装起义,反对帝国主义和清政府封建王朝,占领上海城,坚持斗争18个月。在1919年的"五四"运动中,上海工人、学生和各界人士举行全市性罢工、罢课、罢市斗争,充分显示了上海人民反帝反封建的爱国主义精神。

民国初年,租界以外的杨浦、闸北、南市地区属江苏省。1921年7月,中国共产党在上海召开第一次全国代表大会。1925年1月,奉军进入上海,当时的北京政府将上海改为淞沪市。1927年3月29日,上海临时特别市政府成立,同时并入江苏省上海县、宝山县17市乡。1930年7月1日,上海特别市改称上海市。1937年,日本侵华战争爆发,淞沪会战之后,日本军队武力占领上海除租界以外的全部地区。太平洋战争爆发后,日本对英美宣战,随即日军攻入租界,占领上海全境,直至1945年日本无条件投降。

1949年5月上海解放后,5月28日上海市人民政府成立,设黄浦、卢湾、常熟、徐汇等20个区和吴淞、龙华、洋泾、真如等10个郊区。上海的解放,揭开了上海发展新的历史篇章。在中国共产党的领导下,上海人民经过50多年的艰苦奋斗,使上海的经济和社会面貌发生了深刻的变化。特别是1978年以来,上海不断扩大开放,深化改革,逐步走出了一条特大型城市发展新路。它与邻近的浙江省、江苏省、安徽省构成了长江三角洲,是中国经济发展最活跃、开放程度最高、创新能力最强的区域之一。

【行政区划】

至2020年末,上海有黄浦、徐汇、长宁、静安、普陀、虹口、杨浦、闵行、宝山、嘉定、浦东新区、金山、松江、青浦、奉贤、崇明16个区,共107个街道、106个镇、2个乡。

【人口与结构】

至2019年末,全市常住人口总数为2428.14万人。其中,户籍常住人口1450.43万人,外来常住人口977.71万人。

全年常住人口出生16.9万人,出生率为7.0‰;死亡13.3万人,死亡率为5.5‰;常住人口自然增长率为1.5‰;常住人口出生性别比为105。全年户籍常住人口出生9.2万人,出生率为6.3‰;死亡12.5万人,死亡率为8.6‰;户籍常住人口自然增长率为–2.3‰。

2019年,全市户籍人口平均期望寿命83.66岁。其中男性81.27岁,女性86.14岁。

【经济发展】

上海是中国重要的经济、金融、贸易、航运中心之一,在全国经济建设和社会发展中具有十分重要的地位和作用,是世界第三大港和中国最大的港口。土地面积占全国0.06%,完成的工业总产值占全国的1/12,港口货物吞吐量占全国的1/10,口岸进出口商品总额占全国的1/4,财政收入占全国的1/8,并在改革开放、产业升级、科技创新等方面发挥着示范、辐射和带动作用。

20世纪90年代以来,特别是进入21世纪以后,上海进一步扩大内外开放,加快科技和体制创新,使国民经济保持快速健康发展的良好态势,经济增长的内在动力不断增强。

上海工业以优先发展先进制造业为重点,重点发展电子信息产品制造业、汽车制造业、石油化工及精细化工制造业、精品钢材制造业、成套设备制造业和生物医药制造业等六个行业。推进产业基地和重大项目建设,工业生产保持快速增长。金桥出口加工区产业能级不断提升,是上海最重要的先进制造业基地之一。张江高科技园区大力发展高新技术产业,是国内微电子产业核心基地、国家软件产业出口基地和生物医药产业基地。

上海积极发展外向型经济,大力培育出口新增长点,外贸出口快速增长。外高桥保税区充分发挥"区港联动"的政策优势,拓展转口贸易功能,是国内最重要的保税区和物流基地之一。

上海金融市场体系不断完善,金融业服务水平进一步提高。陆家嘴金融贸易区金融集聚效应和辐射功能进一步增强,基本奠定了区域金融贸易中心的地位。

上海正以"努力建设全面小康社会、率先基本实现现代化"为目标,实现经济社会又好又快的发展,形成国际经济、金融、贸易、航运中心基本框架,取得社会主义现代化国际大都市建设的阶段性进展。

【教育科技】

至2020学年末，上海市共有普通高等学校63所，普通中等学校929所，普通小学684所，特殊教育学校31所。普通高等学校和中等职业学校在校生数及毕业生数有所增加。全市共有49家机构培养研究生，全年招收全日制研究生6.33万人，在校全日制研究生17.81万人，毕业全日制研究生4.58万人。

至2020学年末，全市共有民办普通高校19所，在校学生12.59万人；民办普通中学131所，在校学生8.87万人；民办小学78所，在校学生10.56万人。全市共有成人中高等学历教育学校24所，成人职业技术培训机构807所，老年教育机构286所。

2020年，全市新增科技小巨人企业和小巨人培育企业190家，累计超2300家；新认定技术先进型服务企业19家，累计认定235家。年内新认定高新技术企业7396家，有效期内高新技术企业数达17 012家，每万户企业法人中高新技术企业达380家。2020年共认定高新技术成果转化项目845项，比上年增长2.8%。其中，电子信息、生物医药、新材料、先进制造与自动化等重点领域项目占83.6%。至2020年末，共认定高新技术成果转化项目13 785项。建成软X射线、超强超短激光等一批国家重大科技基础设施和15个研发与转化功能型平台。

二、江苏概况

【地理位置】

江苏省简称苏，位于我国东部，东临黄海，北边和西边分别与山东省和安徽省接壤，南边与浙江省和上海市毗邻。介于东经116°18′~121°57′，北纬30°45′~35°20′。

【地形特点】

江苏省跨江滨海，平原辽阔，水网密布，湖泊众多。海岸线954千米，长江横穿东西425千米，京杭大运河纵贯南北718千米。有淮、沂、沭、泗、秦淮河、苏北灌溉总渠等大小河流2900多条。有大小湖泊290多个，其中面积2250平方千米的太湖、2069平方千米的洪泽湖分别为全国第三和第四大淡水湖。平原、水域面积分别占69%和17%，比例之高居全国首位。低山丘陵面积占14%，集中分布在西南和北部。连云港云台山玉女峰是全省最高峰，海拔625米。

【气候特征】

江苏处于亚热带向暖温带的过渡区,气候温和,雨量适中,四季分明。平均气温13℃~16℃,年降雨量1000毫米左右。

【国土面积】

面积10.72万平方千米,占全国的1.12%,人均国土面积在全国各省区中最少。耕地面积6875万亩,人均占有耕地0.86亩。全省海域面积3.75万平方千米,共26个海岛。沿海未围滩涂面积5001.67平方千米,约占全国滩涂总面积的1/4,居全国首位。江苏是著名的"鱼米之乡"。

【历史变迁】

江苏建省始于清代初年,取江宁、苏州两府的首字而得名。溯流求源,江苏是《尚书·禹贡》所载九州中的徐、扬两州的一部分。西周时分属鲁、宋、楚、吴等国。春秋战国时分属吴、宋、楚、越、齐等国。汉代分属扬州、徐州刺史部。隋开皇年间设苏州、扬州、徐州,大业年间改为吴、毗陵、丹阳、江都、下邳、彭城、东海诸郡。唐初分属江南、淮南、河南三道。北宋时属江南东路、两浙路、淮南东路和京东西路。南宋时,淮北属金。元代分属江浙、河南二行中书省。明代江苏与安徽同属应天府,直隶南京。清初属于江南省。康熙六年(1667年)分江南省为江苏、安徽两省。太平天国先后设江南省、天浦省、苏福省。1928年,南京为特别市。新中国成立后,设苏南、苏北两个行政公署区,南京为中央人民政府直辖市。1953年合并,成立江苏省,省会南京。

【自然资源】

江苏有一定的矿产资源:目前已发现的矿产品种有133种,已探明储量的65种,其中建材、黏土等34种单矿储量列全国前10位,铌钽矿、方解石、泥灰石、凹凸棒石黏土、二氧化碳气等8种矿产保有储量列全国第一位。

野生动物资源为数较少,植物资源非常丰富,约有850多种,尚有可利用和开发前途的野生植物资源600多种。鸟类主要是野鸡、野鸭,沿海有丹顶鹤、白鹤、天鹅等珍稀飞禽。

江苏是著名的"鱼米之乡"。东部沿海渔场面积达10万平方千米,其中包括著名的吕四、海州湾等四大渔场,盛产黄鱼、带鱼、鲳鱼、虾类、蟹类及贝藻类等水产品。内陆水面有173万公顷,养殖面积80万公顷。有淡水鱼类140余种,是全国河蟹、鳗鱼苗的主要产地。被称为"长江三鲜"的鲥鱼、刀鱼、河豚,"太湖三白"的白鱼、银鱼、白虾,都是水中珍品。农业生产条件得天独厚,农作物、林木、畜禽种类繁多。粮食、棉花、油料等农作物几乎遍布全省。种植利用的林果、茶桑、花卉等品种260多个,蔬菜80多个种类共1000

多个品种，江苏蚕桑闻名全国。

【行政区划】

截至到 2021 年 3 月，江苏共有 13 个设区市，95 个县（市、区）、720 个乡镇，523 个街道。昆山市、泰兴市、沭阳县为省直管试点市（县）。

表 1-1　全省行政区划一览表

设区市	行政代码	车牌代码	电话区号	县（市、区）
南京市（11 区）	3201	苏 A	025	玄武区、秦淮区、建邺区、鼓楼区、浦口区、栖霞区、雨花台区、江宁区、六合区、溧水区、高淳区
无锡市（5 区 2 市）	3202	苏 B	0510	梁溪区、锡山区、惠山区、滨湖区、新吴区
				江阴市、宜兴市
徐州市（5 区 3 县 2 市）	3203	苏 C	0516	鼓楼区、云龙区、贾汪区、泉山区、铜山区
				丰县、沛县、睢宁县
				新沂市、邳州市

续表

设区市	行政代码	车牌代码	电话区号	县（市、区）
常州市 （5区1市）	3204	苏D	0519	天宁区、钟楼区、新北区、武进区、金坛区
				溧阳市
苏州市 （5区4市）	3205	苏E/苏U	0512	姑苏区、虎丘区、吴中区、相城区、吴江区
				常熟市、张家港市、昆山市*、太仓市
南通市 （3区1县3市）	3206	苏F	0513	崇川区、海门区、通州区
				如东县
				启东市、如皋市、海安市
连云港市 （3区3县）	3207	苏G	0518	连云区、海州区、赣榆区
				东海县、灌云县、灌南县
淮安市 （4区3县）	3208	苏H	0517	淮安区、淮阴区、清江浦区、洪泽区
				涟水县、盱眙县、金湖县
盐城市 （3区5县1市）	3209	苏J	0515	亭湖区、盐都区、大丰区
				响水县、滨海县、阜宁县、射阳县、建湖县
				东台市
扬州市 （3区1县2市）	3210	苏K	0514	广陵区、邗江区、江都区
				宝应县
				仪征市、高邮市
镇江市 （3区3市）	3211	苏L	0511	京口区、润州区、丹徒区
				丹阳市、扬中市、句容市
泰州市 （3区3市）	3212	苏M	0523	海陵区、高港区、姜堰区
				兴化市、靖江市、泰兴市*
宿迁市 （2区3县）	3213	苏N	0527	宿城区、宿豫区
				沭阳县*、泗阳县、泗洪县

注：带"*"号的为省直管试点县（市）。

【知名人物】

江苏历史上名人辈出，灿若繁星。政治家、军事家有孙武、伍子胥、刘邦、项羽、韩信等，科学家有祖冲之、沈括、徐光启、徐霞客等，文学家有刘勰、李煜（南唐后主）、范仲淹、秦观、范成大、施耐庵、吴承恩、曹雪芹、吴敬梓、冯梦龙、刘鹗等，艺术家、书画家有顾恺之、张旭、米芾、唐寅、文徵明、祝枝山和以郑板桥为代表的"扬州八怪"，还有思想家顾炎武等。《水浒传》《西游记》《红楼梦》《儒林外史》等古典名著均出自江苏籍作者之手或与江苏有关。张謇、荣宗敬、荣德生、刘国钧等著名实业家，是我国近代民族工业的重要创始人。近代和当代著名的科学家有华罗庚、周培源、茅以升、钱伟长等，文化名人有柳亚子、朱自清、叶圣陶等，著名书画家有徐悲鸿、刘海粟、傅抱石、钱松嵒、林散之等，著名表演艺术家有梅兰芳、周信芳、赵丹等。老一辈无产阶级革命家周恩来、张太雷、恽代英、瞿秋白等都是江苏籍。

【人口与结构】

截至2020年11月1日零时，江苏省常住人口84 748 016人。2019年末，江苏省常住人口8070.0万人，比上年末增加19.3万人，增长0.2%。在常住人口中，男性人口4060.5万人，女性人口4009.5万人；0~14岁人口1124.6万人，15~64岁人口5759.9万人，65岁及以上人口1185.5万人。全年人口出生率9.12‰，比上年下降0.2‰；人口死亡率7.04‰，比上年上升0.01‰；人口自然增长率2.08‰，比上年下降0.21‰。

【经济发展】

2019年，江苏省实现地区生产总值99 631.5亿元，按可比价格计算，比上年增长6.1%。其中，第一产业增加值4296.3亿元，增长1.3%；第二产业增加值44 270.5亿元，增长5.9%；第三产业增加值51 064.7亿元，增长6.6%。全省人均地区生产总值123 607元，比上年增长5.8%。2019年，江苏省居民人均可支配收入41 400元，比上年增长8.7%。按常住地分，城镇居民人均可支配收入51 056元，增长8.2%；农村居民人均可支配收入22 675元，增长8.8%。城乡居民收入差距进一步缩小，城乡居民收入比由上年的2.26∶1缩小为2.25∶1。全省居民人均生活消费支出26 697元，比上年增长6.8%。按常住地分，城镇居民人均生活消费支出31 329元，增长6.3%；农村居民人均生活消费支出17 716元，增长6.9%。

【教育科技】

江苏教育的总目标：加快建设教育强省、率先基本实现教育现代化。

江苏教育事业十分发达。截至2019年，江苏省共有普通高校142所。普通高等教育招生58.5万人，在校生187.4万人，毕业生48.9万人；研究生教育招生7.4万人，在校生21.5万人，毕业生5.0万人。高等教育毛入学率达

60.2%，比上年提高 3.3 个百分点。

2019 年，全年全省共有 55 个项目获国家科技奖，获奖总数位列全国各省第一。全省已建国家级高新技术特色产业基地 162 个。

三、浙江概况

【地理位置】

浙江省简称浙，素有"鱼米之乡、丝绸之府、旅游之地、文物之邦"之称。浙江省位于中国东南的东海之滨。在长江三角洲南翼，介于北纬 27°12′~31°31′ 和东经 118°00′~123°00′，东濒东海，南界福建，西与江西、安徽相连，北与上海和江苏相邻。境内最大的河流钱塘江，因江流曲折，称之江，又称浙江，省以江名，简称"浙"。

【地形特点】

浙江地形复杂，境内多山地丘陵，山地和丘陵占 70.4%，平原和盆地占 23.2%，河流和湖泊占 6.4%，耕地面积仅 208.17 万公顷，故有"七山一水两分田"之说。地势由西南向东北倾斜，大致可分为浙北平原、浙西丘陵、浙东丘陵、中部金衢盆地、浙南山地、东南沿海平原及滨海岛屿等六个地形区。省内有钱塘江、瓯江、灵江、苕溪、甬江、飞云江、鳌江、京杭运河（浙江段）等八条水系；有雁荡山、雪窦山、天目山、天台山、仙都山等名山，有杭州西湖、绍兴东湖、嘉兴南湖、宁波东钱湖四大名湖及人工湖泊千岛湖。京杭大运河穿越浙江北部，在杭州与钱塘江汇合。

【气候特点】

浙江省属亚热带湿润季风气候，温暖湿润，四季分明。年平均气温 15.3℃~17.9℃，无霜期达 230~270 天。年平均降水量 1000~1900 毫米，东南沿海、西南山区较多，北部地区较少。多雨期在 6 月上旬至 7 月上旬的梅雨期和 8 月底至 9 月底的台风雨期。在 7~8 月降水量低于蒸发量，常造成伏旱，与寒潮、台风同为需注意预防的灾害性天气。

【国土面积】

浙江东西和南北的直线距离均为 450 千米左右，陆域面积 10.55 万平方千米，为中国的 1.1%，是中国面积较小的省份之一。全省陆域面积中，山地占 74.63%，水面占 5.05%，平坦地占 20.32%，故有"七山一水两分田"之说。浙江海域面积 26 万平方千米，海岸线总长 6486 千米。岛屿面积 1670 平方千米，有大小岛屿 3061 个，是中国岛屿最多的一个省份，其中舟山群岛是全国最大的群岛。港湾众多，共有大小天然港口60余处，形成了以宁波、温州、舟山、嘉兴和台州五大港为主的港口群。

【历史变迁】

浙江历史悠久，文化灿烂，是中国古代文明的发祥地之一。

早在5万年前的旧石器时代，浙江就有原始人类"建德人"活动；境内已发现新石器时代遗址100多处，有距今7000年的河姆渡文化、距今6000年的马家浜文化和距今5000年的良渚文化。春秋时分属吴、越两国，秦朝设会稽郡，唐朝先后属江南东道、两浙道，渐成省级建制的雏形。元代时属江浙行中书省。明初改元制为浙江承宣布政使司，辖11府、1州、75县，省界区域基本定型。清康熙初年改为浙江省，建制至此确定。

【自然资源】

浙江省自然资源丰富。水资源丰富，森林覆盖率达59.4%，树种资源丰富，素有中国"东南植物宝库"之称，"活化石"银杏等50多种野生植物列入国家珍稀保护名录。已知野生动物1900种，其中列入国家重点保护野生动物名录的有120多种，占全国野生保护动物的1/3。浙江矿产以非金属矿产为主，有12种矿产储量位于全国前三位，其中，在探明储量中，石煤、明矾石、叶蜡石、水泥用凝灰岩、建筑用凝灰岩居全国第一位，萤石居全国第二位。浙江海域渔业资源丰富，舟山群岛是中国最大的海洋渔业基地。

浙江名优特产多。茶、桑、柑橘等中外著名，山核桃、香榧等干果占全国产量的70%以上，乌桕、厚朴、山茱萸等为全国重点产区，毛竹产量居全国前列。名水果有黄岩蜜橘、温州蜜橘、衢州红橘、奉化水蜜桃、塘栖枇杷、诸暨香榧等。盛产黄鱼、带鱼、乌贼等海鱼。著名的农畜产还有桐乡晒烟、缙云黄花、金华茉莉、平湖西瓜、武义宣莲及金华两头乌猪、浙北湖羊、萧山鸡等。

【行政区划】

截至2019年，浙江省下辖11个地级市（其中杭州、宁波为副省级城市），下分90个县级行政区，包括37个市辖区、20个县级市、32个县、1个自治县。

表1-2 浙江省行政区划表

行政区名称	电话区号	车牌	面积（平方千米）	下辖行政区
杭州	0571	浙A	16 596	上城区、拱墅区、西湖区、滨江区、余杭区、临平区、钱塘区、萧山区、富阳区、临安区、建德市、桐庐县、淳安县
宁波	0574	浙B	9714	海曙、江北区、北仑区、镇海区、鄞州区、奉化区、余姚市、慈溪市、象山县、宁海县
温州	0577	浙C	12 065	鹿城区、龙湾区、瓯海区、洞头区、瑞安市、乐清市、龙港市［16］、永嘉县、平阳县、苍南县、文成县、泰顺县
绍兴	0575	浙D	8256	越城区、柯桥区、上虞区、诸暨市、嵊州市、新昌县
湖州	0572	浙E	5820	吴兴区、南浔区、德清县、长兴县、安吉县
嘉兴	0573	浙F	3915	南湖区、秀洲区、海宁市、平湖市、桐乡市、嘉善县、海盐县
金华	0579	浙G	10 942	婺城区、金东区、兰溪市、东阳市、永康市、义乌市、武义县、浦江县、磐安县
衢州	0570	浙H	8845	柯城区、衢江区、江山市、常山县、开化县、龙游县

续表

行政区名称	电话区号	车牌	面积（平方千米）	下辖行政区
台州	0576	浙J	9411	椒江区、黄岩区、路桥区、临海市、温岭市、玉环市、三门县、天台县、仙居县
丽水	0578	浙K	17 298	莲都区、龙泉市、青田县、缙云县、遂昌县、松阳县、云和县、庆元县、景宁畲族自治县
舟山	0580	浙L	1440	定海区、普陀区、岱山县、嵊泗县

【知名人物】

秋瑾（1875—1907年），女，字璿卿，号竞雄。别署鉴湖女侠、汉侠女儿。浙江山阴（今绍兴）人，生于福建闽侯。1904年赴日本留学，积极参加留日学生的革命活动。1905年先后加入光复会和中国同盟会。1906年归国，在上海创办《中国女报》，提倡男女平权，宣传革命。1907年接任绍兴大通学堂督办，组织光复会，与徐锡麟分头准备浙皖两省同时起义。事泄被捕。7月15日英勇就义于绍兴轩亭口。遗骸几经迁葬，后建墓于杭州西泠桥侧。留有《秋瑾集》。浙江绍兴城内原秋道故居，被列为全国重点文物保护单位。

鲁迅（1881—1936年），现代文学家、思想家、新文化运动旗手。原名周树人，字豫才。浙江绍兴人。1898年在南京求学时，开始接触新学，受进化论影响。1902年留学日本学医，后弃医学文，希冀以文艺改造国民精神。1908年起发表《摩罗诗力说》《文化偏至论》等论文，自觉站在革命派一边。1909年回国后，先后在杭州、绍兴等地任教。辛亥革命后任职教育部。1918年，首次用"鲁迅"笔名发表猛烈抨击封建礼教的白话小说《狂人日记》。参与《新青年》的编务，成为"五四"新文化运动的伟大旗手。此后发表《阿Q正传》等著名小说、散文和大量杂文，显示了文学革命的业绩，赢得了世界的声誉。与此同时，参与创办了莽原、语丝、未名等文学社团，为培养扶植文学新人作出了巨大贡献。1926年，因积极支持学生爱国运动被通缉，南下厦门大学、中山大学任教。"四一二"政变后，愤而辞去中山大学教职，于1927年10月定居上海，专事创作，逐步形成马克思主义世界观，终于由革命民主主义者成为伟大的共产主义战士。1930年参与发起并领导中国左翼作家联盟，成为"左联"旗手。一生著译甚丰，留下了1000余万字的宝贵文化遗产。解放后，出版《鲁迅全集》（10卷）、《鲁迅译文集》（10卷）。

竺可桢（1890—1974年），地质学家。又名绍荣、兆熊，字藕舫。浙江上虞人。1913年到哈佛大学攻读气象学，获气象博士学位回国。先后任武昌高师和南京高师教授。1921年在东南大学创建地理系，任系主任。1927年中央研究院成立，任气象研究所所长。1936年出任国立浙江大学校长。抗日战争爆发后，率全校师生西迁贵州遵义、湄潭等地坚持办学。倡导"求是"校训，以"蕲求真理"和培养"公忠坚毅，能担当大任，主持风会，转移国运的人才"为教育目的。1949年后任中科院副院长，中科院学部委员、地学部主任，第一届全国人大常委会委员。著有《中国气象概论》等。

茅盾（1896—1981年），现当代文学家、翻译家和新文学运动的先驱者。原名沈德鸿，字雁冰。浙江桐乡人。1913年中学毕业后考入北京大学预科。1916年毕业后入上海商务印书馆编译所工作。1920年加入共产主义小组、为早期共产党人之一。同年，与郑振铎、叶圣陶等发起组织文学研究会，主张文学为人生，倡导现实主义。1926年，去广州参加大革命，后赴武汉任《民国日报》总编。因遭通缉，隐居家中写作；创作中篇小说《幻灭》，始用"茅盾"笔名发表。1928年逃亡日本，1930年回国。同年加入"左联"，与鲁迅一起反对国民党文化围剿。1932年出版长篇名著《子夜》，还发表了《林家铺子》《春蚕》等现实主义作品，展现了左翼文学的实绩。抗战爆发后，投身抗日救亡运动。1948年底，进入东北解放区。新中国成立后，历任全国文联副主席、作协主席、文化部部长和全国政协副主席等职，曾主编《人民文学》《译文》。其著译宏丰，1958年曾出版《茅盾文集》(10卷)；1984年出版《茅盾全集》(15卷)。

夏衍（1900—1995年），作家、剧作家。原名乃熙，字端先。浙江杭州人。1919年，开始走上文学道路。曾赴日本留学，接受马克思主义。1927年"四一二"政变后，在上海从事工人运动及翻译工作，译有高尔基的《母亲》等名著。1930年加入"左联"，当选为"左联"执委。抗战爆发后，辗转到重庆。新中国成立后曾任文化部副部长、中国文联副主席、中国电影家协会主席等职。1994年10月，国务院授予"有杰出贡献的电影艺术家"荣誉称号。创作颇丰，有电影剧本《狂流》《春蚕》，话剧《秋瑾传》《上海屋檐下》及报告文学《包身工》，还有《夏衍剧作选》《夏衍选集》《夏衍剧作集》《夏衍电影剧本集》《夏衍杂文随笔集》《夏衍论创作》等。

钱学森（1911—2009年），应用力学、工程控制论、系统工程科学家。浙江杭州人。1934年毕业于上海交通大学铁道机械工程专业。1936年赴美，曾获航空工程硕士、航空及数学博士学位。1949—1955年任美国加州理工学院喷气推进中心主任教授。1956年回国。先后任中国科学院力学研究所所长，第七机械工业部副部长，国防科委副主任。他是工程控制论的创造人。他在物理力学,航天技术,系统工程等方面取得重要成就。著有《工程控制论》(获中国科学院科学奖一等奖)《物理力学讲义》《星际航行概论》和《论系统工程》等书,以及学术论文 100 余篇。1957 年被选为中国科学院学部委员。

六小龄童(1959—),本名章金莱,汉族,1959 年 4 月 12 日出生于上海,祖籍浙江绍兴,现为中央电视台、中国电视剧制作中心演员剧团国家一级演员。六小龄童六岁从父六龄童(本名:章宗义,猴戏表演艺术大师、绍剧一代宗师,被誉为"南猴王")练艺学武。曾主演昆剧《孙悟空三借芭蕉扇》《美猴王大闹龙宫》《武松打店》《三岔口》《挑滑车》《战马超》等。1982 年初,六小龄童在大型神话电视连续剧《西游记》中主演孙悟空。

【人口与结构】

根据第七次全国人口普查结果,2020 年 11 月 1 日零时浙江省的常住人口为 6456.7588 万人。

浙江省主体民族为汉族,2000 年第五次人口普查时占浙江省人口的 99.1%,少数民族总人口为 39.97 万。景宁畲族自治县是中国唯一的畲族自治县,也是华东地区唯一的少数民族自治县。2012 年,浙江省内有畲族人口 170 993 人,占浙江省人口的 0.4%,占省内少数民族人口的约 43%。

【经济发展】

浙江是中国省内经济发展程度差异最小的省份之一,杭州、宁波、绍兴、温州是浙江的四大经济支柱。其中杭州和宁波经济实力长期位居中国前 20 位。2019 年,浙江省地区生产总值(GDP)62 352 亿元,比上年增长 6.8%。其中,第三产业对 GDP 增长的贡献率为 58.9%。

浙江省素有"鱼米之乡"之称,大米、茶叶、蚕丝、柑橘、竹品、水产品在中国占重要地位。绿茶产量占中国第一,蚕茧产量占中国第二,绸缎出口量为中国 30%,柑橘产量中国第三,毛竹产量中国第一。浙江是中国的渔业大省,渔业由传统生产型,过渡到捕捞、养殖、加工一体化,内外贸全面发展的产业化经营。石浦渔港、沈家门渔港在中国最早四大中心渔港中占两席,海洋捕捞量居中国之首。杭嘉湖平原是中国三大淡水养鱼中心之一。

【教育科技】

截至 2019 年末,浙江省共有普通高校 109 所(含独立学院及筹建院校)。研究生(含非全日制)、本科、专科招生比例为 1∶5.3∶5.7;高等教育毛入学率为 61.3%。全年研究生(含非全日制)招生 31 771 人,其中,博士生 4032 人,硕士生 27 739 人。

2019 年,浙江省全社会研究和试验发展(R&D)经费支出占生产总值的

2.6%，比上年提高 0.1 个百分点。截至 2019 年末，浙江省有国家认定的企业技术中心 121 家（含分中心）。新认定高新技术企业 4806 家，累计有效高新技术企业 16 316 家。新培育科技型中小企业 12 779 家，累计 63 677 家。全年专利申请量 43.6 万件；授权量 28.5 万件，其中发明专利授权量 3.4 万件，比上年增长 4.3%。科技进步贡献率为 63.5%。新增"浙江制造"标准 565 个。

四、太湖和京杭大运河

（一）太湖

太湖古称震泽，又名五湖，为我国第三大淡水湖，湖面 2000 多平方千米，有大小岛屿 48 个，山峰 72 座。这里山水相依，层次丰富，形成一幅"山外青山湖外湖，黛峰簇簇洞泉布"的自然画卷。

太湖东、北、西沿岸和湖中诸岛，为吴越文化发源地，有大批文物古迹遗存，如春秋时期的阖闾城越城遗址、隋代大运河、唐代宝带桥、宋代紫金庵、元代天池书屋、明代扬弯一条街、宜兴三洞、无锡三山和苏州东、西洞庭山等。

太湖流域分属江苏、浙江、上海、安徽三省一市，其中江苏 19 399 平方千米，占 52.6%；浙江 12 093 平方千米，占 32.8%；上海 5178 平方千米，占 14%；安徽 225 平方千米，占 0.6%。流域内分布有特大城市上海市，江苏省的苏州、无锡、常州、镇江 4 个地级市，浙江省的杭州、嘉兴、湖州 3 个地级市，共有 30 个县（市）。有 500 万人口以上特大城市 1 座，100~500 万人口的大城市 1 座，50~100 万人口城市 3 座，20~50 万人口城市 9 座。流域内共有人口 4000 多万人，城市化水平超过 50%。流域内有耕地 133.4 万公顷。

太湖流域自然条件优越。地势西南高，东北低，四周略高，中间略低，形似碟子。其中山区丘陵占 16%，河湖水面占 16%，平原占 68%。

我国人民对太湖流域的开发治理已有几千年的历史，在开挖河道、修建江堤海塘、建设塘浦圩田等方面积累了丰富经验，使太湖流域较早成为我国经济发达、物产丰饶的地区。我们的祖先修筑了大量的水利工程，使这个西靠山丘、东接大海、南北滨江的地区形成了一个完整的湖泊河网系统。这个河湖系统能吞、能吐、能蓄、能排，可以兼收灌溉、排水、通航和水产之利。

太湖是一个天然的巨大水库。太湖在水位 2.99 米时的库容为 44.23 亿立方米，平均水深 1.89 米，在水位 4.65 米时的库容约 83 亿立方米。由于湖面大，每上涨1厘米，可蓄水2300多万立方米，故洪枯水位变幅小。一般每年4月雨季开始水位上涨，7月中下旬达到高峰，到11月进入枯水期，2~3月水位最低。一般洪枯变幅在1~1.5米。1991年太湖平均水位4.79米，为历史最高；1934年瓜泾口水位为1.87米，为历史最低。由于太湖的调蓄，其下游平原虽然地势比较低洼，一般年份仍可免受洪水威胁。

太湖不仅对全流域灌溉有很大作用，而且对流域城乡供水有重要作用。一湖好水，不仅沿湖无锡、苏州等城市可直接取用，黄浦江以太湖为源，清水长流，对冲淤、冲污、冲咸和上海城市用水有着重要意义。近年来太湖已受到了严重污染，整个地区的水质下降，江南水乡连吃水都遇到了困难，保护太湖已提到议事日程，并列为国家重点治理项目。

自古以来，太湖流域航运事业十分发达。目前全区有干支航线900余条，通航里程1.2万千米，形成了一个江河湖海直达、干支相连、四通八达的航运网。据不完全统计，全流域有各类船舶5万多艘，年货运量相当于长江干流货运量的3.3倍，上海港通过内河集疏的货物约占70%，苏州、无锡、常州三市水运量占江苏全省水运量的44%左右。

太湖鱼虾多达30多种，其中以银鱼、白壳虾、鲚鱼为水产珍品。太湖流域是我国重点淡水渔业基地，全区淡水鱼产量约占全国的10%。20世纪90年代末在东太湖还大量发展了螃蟹养殖。

太湖范围大，景点多，人文古迹多，有极好的风景旅游资源。太湖碧波万顷，朝晖夕雨，雾霭晴光，自然景色变化万千，加上周围群山和湖中小岛，融娇艳、神秀为一体，使人心旷神怡。目前著名风景点有无锡蠡园、鼋头渚和苏州洞庭东山、洞庭西山等。从总体上说，太湖是与"人间天堂"苏州、杭州两个风景游览城市及整个锦绣江南联系在一起的。近年来，随着我国"四大名著"电视剧的拍摄，无锡相继建成了"三国城""水浒城"等，成了新的旅游热点。目前，苏州至洞庭西山已架起了跨湖长桥，西山不再是"孤岛"，从苏州、无锡到湖州已开有旅游客班，穿越太湖。随着旅游业的发展，太湖的旅游效益不可估量。

1991年，太湖流域发生了暴雨洪水，灾害造成的损失上百亿元。灾后，在国务院的统一部署下，两省一市人民携手合作，建成了太浦河、望虞河、杭嘉湖南排、环湖大堤等太湖治理"十大骨干工程"，流域防洪除涝条件得到极大的改善。

（二）京杭大运河

京杭大运河是世界最古老的运河之一，也是世界上最长的人工运河，是世界文化遗产、世界上开凿最早规模最大的运河。全长1794千米，是苏伊士运河的16倍，巴拿马运河的33倍，是我国纵贯南北的一条重要水上干线。

它北起北京，南至杭州，经过北京、天津、河北、山东、江苏、浙江六省市，沟通了海河、黄河、淮河、长江、钱塘江五大水系。

京杭大运河是由人工河道和部分河流、湖泊共同组成的，全程可分为七段：通惠河、北运河、南运河、鲁运河、中运河、里运河和江南运河。

在历史上，京杭大运河不仅便利了南北大量物资的运输交换，也有助于我国的政治、经济和文化的发展。由于年久失修，大运河的运输能力没有得到完全发挥。目前，京杭运河的通航里程为1442千米，其中全年通航里程为877千米，主要分布在黄河以南的山东、江苏和浙江三省。

京杭大运河沿线是我国最富庶的农业区之一，工业生产也很发达。在兖州、济宁、枣庄、滕县、丰县、沛县、徐州及两淮等有大中型煤矿，并连接上海、南京、镇江、常州、无锡、苏州、杭州等工业城市。为了使"黄金水道"产生"黄金"效益，沿线的鲁、苏、浙三省纷纷下大力气对大运河各段进行了整治、扩建和渠化，使千年古运河重新焕发了青春，成为我国仅次于长江的第二条"黄金水道"。运河沿线的主要港口有济宁、徐州、邳县、淮阴、淮安、宝应、高邮、扬州、镇江、常州、无锡、苏州、吴江和杭州等。

江苏境内的京杭大运河，全长628千米，经过交通运输部和江苏省政府投入巨资，大力整治，成为江苏及华东地区一条南北水上快速交通大动脉。苏北运河（徐州蔺家坝—淮阴—扬州六圩口），全长404千米，纵跨徐州、宿迁、淮阴、扬州等11个县市，沟通了微山湖、骆马湖、洪泽湖、高邮湖等水系，是京杭运河上运输最繁忙的河段。

苏南运河（镇江谏壁—常州—南浔）全长224千米，贯穿江苏经济最发达的常州、镇江、无锡、苏州等县市，沟通了长江、太湖水系，与上海、浙江等周边地区的省际河流相连。目前航道全部达到四级标准，可通航500吨级船队，是我国目前内河航道建设的样板，成为我国目前内河建设规模最大、标准最高、效益最好的水上主通道。目前，年货运量已超过1亿吨，超过江苏境内长江航道的运量，相当于沪宁铁路单线货运量的3倍。航行船舶的密度超过了德国的莱茵河，是京杭运河上运量最大、密度最高的河段之一。

浙江段（南浔—杭州）全长120多千米，沟通了太湖水系和钱塘江水系，目前可通行300吨级的船舶。为了适应经济发展的需要，交通运输部和浙江省正计划将京杭大运河拓伸至浙江省东部的宁波港，此举将为我国内河集装箱运输发展乃至内河航运的繁荣带来契机。规划中的杭甬运河长240余千米，位于杭州湾南岸，纵贯钱塘江、曹娥江、甬江水系，全线按四至五级航道标准设计，年通过能力将达4000万吨。

为了更好地保护和发展，造福运河两岸的人民，2006年初，在全国政协十届四次会议上，58位政协委员联名提交京杭大运河申报世界遗产的提案。当年，大运河申遗工作被提上日程。2012年底，国家文物局最终确定了中国大运河首批申遗点段，包括分布在8个省、直辖市的31个遗产区的27段河道和58处遗产点，河道总长度1011千米。2014年6月22日，卡塔尔多哈进行的第38届世界遗产大会宣布，中国大运河项目成功入选世界文化遗产名录，成为我国第46个世界遗产项目。

表1-3 京杭大运河文化遗产河段

省份	河段	遗产点
江苏	（6段）淮扬运河扬州段、江南运河常州城区段、江南运河无锡城区段、江南运河苏州段、中河宿迁段、扬州瘦西湖	（22个）淮安清口枢纽、淮安双金闸、淮安清江大闸、淮安洪泽湖大堤、淮安总督漕运公署遗址、宝应刘堡减水闸、高邮盂城驿、江都邵伯古堤、江都邵伯码头、扬州天宁寺行宫、扬州个园、扬州盐业历史遗迹、扬州汪鲁门宅、扬州盐宗庙、扬州卢绍绪宅、无锡清名桥历史文化街区、苏州盘门、苏州宝带桥、苏州山塘河历史文化街区（含虎丘云岩寺塔）、苏州平江历史文化街区（含全晋会馆）、吴江古纤道、宿迁龙王庙行宫
浙江	（5段）江南运河嘉兴-杭州段、江南运河南浔段、浙东运河萧山-绍兴段、浙东运河上虞至余姚段、浙东运河宁波段	（13个）湖州南浔镇历史文化街区、嘉兴长虹桥、嘉兴长安闸、杭州富义仓、杭州凤山水城门遗址、杭州桥西历史街区、杭州西兴过塘行码头、杭州拱宸桥、杭州广济桥、绍兴八字桥、绍兴八字桥历史街区、绍兴古纤道和宁波庆安会馆

第二节 旅游设施

一、航空

（一）浦东国际机场

浦东国际机场位于上海浦东长江入海口南岸的滨海地带，占地40多平方千米，距上海市中心约30千米，距虹桥机场约50千米。

浦东机场1997年10月全面开工，1999年9月一期工程建成通航。一期建有第一条跑道，长4000米、宽60米、4E级南北向，两条平行滑行道。从2005年至今，又陆续建成启用了第二跑道、第三跑道和第四跑道，级别均为4F，可供世界所有飞机起降。目前第五跑道在建，将专用于中国商用飞机有限责任公司（中国商飞）的国产大飞机。

浦东机场装备有导航、通信、监视、气象和后勤保障等系统，能提供24小时全天候服务。现有2座航站楼（1号航站楼27.8万平方米，2号航站楼48.55万平方米），值机柜台556个（1号航站楼204个，2号航站楼352个），停机位218个（70个登机桥位，65个远机位，58个货机位，25个维修机位），停机坪面积149万平方米。2019年9月16日，浦东机场三期扩建主体工程启用，全球最大的单体卫星厅正式投入运营。

2019年，浦东机场年旅客吞吐量7615.34万人次，年货邮吞吐量363.56万吨，年起降航班511 846架次。截至2017年底，已有110家航空公司开通了飞往上海两大机场的定期航班，浦东机场连通全球47个国家和地区的297个通航点。

2019年，国际机场协会（ACI）发布了"2018年全球机场客流量榜单"，上海浦东国际机场位列第九名。

地址：上海市浦东新区

客运航班问询服务热线：021-96990

投诉电话：021-68347575

三字代码：PVG

四字代码：ZSPD

T1（1号航站楼）出发的航空公司（2021.6）

	澳洲航空公司（QF）		日本航空公司（JL）
	朝鲜高丽航空公司（JS）		上海航空公司（FM）
	大韩航空公司（KE）		斯里兰卡航空公司（UL）
	法国航空公司（AF）		文莱皇家航空公司（BI）
	韩国真航空公司（LJ）		中国东方航空公司（MU）
	荷兰皇家航空公司（KL）		台湾中华航空有限公司（CI）
	美国达美航空公司（DL）		

T2（2号航站楼）出发的航空公司（2021.6）

	阿联酋阿提哈德航空公司（EY）		阿联酋航空公司（EK）		埃塞俄比亚航空公司（ET）		奥地利航空公司（OS）
	澳门航空公司（NX）		北欧航空（SK）		成都航空有限公司（EU）		重庆航空公司（OQ）
	德国汉莎航空公司（LH）		俄罗斯航空公司（SU）		俄罗斯西伯利亚航空公司（S7）		菲律宾航空公司（PR）

续表

菲律宾亚洲航空公司（Z2）	芬兰航空公司（AY）	国泰航空公司（CX）	海南航空公司（HU）
韩国易斯达航空（ZE）	韩亚航空公司（OZ）	河北航空（NS）	吉祥航空公司（HO）
加拿大航空（AC）	柬埔寨吴哥航空（K6）	金鹏航空（Y8）	卡塔尔航空公司（QR）
昆明航空公司（KY）	乐桃航空（MM）	立荣航空（B7）	马来西亚航空公司（MH）
毛里求斯航空（MK）	美国航空公司（AA）	美国联合航空公司（UA）	墨西哥航空公司（AM）
全日空航空公司（NH）	瑞士国际航空公司（LX）	山东航空公司（SC）	深圳航空公司（ZH）
四川航空公司（3U）	宿务太平洋航空（5J）	台湾长荣航空公司（BR）	泰国航空公司（TG）
天津航空（GS）	土耳其航空公司（TK）	维珍航空公司（VS）	西部航空（PN）
厦门航空有限公司（MF）	香港航空公司（HX）	新加坡航空公司（SQ）	新西兰航空公司（NZ）

续表

亚洲航空（长途）（D7）	伊朗马汉航空（W5）	印度航空公司（AI）	印尼航空（GA）
英国航空公司（BA）	越南航空公司（VN）	云南祥鹏航空（8L）	中国春秋航空公司（9C）
中国国际航空（CA）	中国南方航空公司（CZ）		

（二）虹桥国际机场

上海虹桥国际机场位于上海市西郊，距市中心仅13千米，多少年来，它一直是上海空港的代名词，在国内外屡获殊荣。虹桥和浦东两大机场根据各自定位，在上海航空枢纽港建设中扮演不同角色。其中，虹桥机场将以"点对点"国内地区航线为主，并承担公务机、专机、通用飞机等的起降。

虹桥机场始建于1907年，它的前身是建于1921年3月的民国虹桥机场，始创了中国民用航空的正规航线。新中国成立后上海首条国际航线也诞生于此。

1984年到1991年，先后三次对机场候机楼进行扩建，即为T1航站楼。后又新建了跑道、航站楼（T2）、站坪、货运站、业务用房、能源中心、市政道路等相关配套设施，2010年3月3日通过了中国民航局的行业验收，并于3月16日零时起作为虹桥综合交通枢纽的主体项目率先投入使用。

虹桥机场拥有两条跑道和4条滑行道。第一条跑道长3400米、宽57.6米，4E级，配有1条滑行道，其先进的基础设施和各种导航、通信、保障系统，均符合目前世界上各类飞机的起降要求。第二条跑道长3300米、宽60米，配有3条平行滑行道。

虹桥机场拥有2座航站楼。1号航站楼（T1）面积为8.2万平方米，由A、B两座候机楼紧密相连，拥有15个候机大厅、18个贵宾室和15条行李传输系统。春秋航空公司及往返日本、韩国的国际包机航班在此运营。

2号航站楼（T2）建筑面积36.26万平方米，设有45座登机桥，是1号航站楼的3倍，近机位比例超过70%，其中8个机位可以同时停靠3种机型组合的混合式桥位，大大提高了飞机靠桥率、使用效率和灵活性。设有80个值机柜台、47条安检通道，大大节省旅客排队时间。2号航站楼在航站楼内设置了3个中转区域，中转时间均满足IATA（国际民航运输协会）最短衔接时间国内中转45分钟的要求。

2017年，上海虹桥国际机场旅客吞吐量4188.41万人次，同比增长3.5%；货邮吞吐量40.75万吨，同比下降5%；起降架次26.36万架次，同比增长0.6%；分别位居中国第7、第9、第10位。2019年吞吐量全国排名第八。

2020年3月25日零时起，虹桥机场暂停所有国际、港澳台的进出港航班业务，并将虹桥机场此前所有国际、港澳台航班转场至浦东机场运营，保留虹桥机场国际、港澳台航班备降功能。

地址：上海市虹桥路2550号

客运航班问询服务热线：021-96990

投诉电话：（021）32531090

三字代码：SHA

四字代码：ZSSS

附录：虹桥枢纽

虹桥枢纽（虹桥综合交通枢纽工程）集民用航空、高速铁路、城际铁路、磁浮、地铁、高速公路、城市地面公交、出租汽车、旅游大巴等多种交通方式于一身，可实现跨区域、大范围人流物流的快速集散，是国内乃至世界上最大的综合交通枢纽之一。

虹桥枢纽于2010年3月16日基本建成投入使用。枢纽规划用地约2600万平方米，主要工程包括：

（1）虹桥机场扩建工程。

（2）铁路虹桥站。

（3）申虹国际大厦。配置城市公交车站和机场专用社会车库等交通设施。

（4）长途客运虹桥站。配置长途高速巴士站、城市公交车站和铁路专用社会车库。

（5）轨道交通。已开通的轨道交通线路为上海地铁2号线和10号线，分别在虹桥机场航站楼旁以及铁路虹桥站房下设站，并与上海轨道交通网相融合。

（6）公共地下空间。虹桥枢纽将建成上海最大的公共地下空间，一期规模为40万平方米，设有地铁站厅、旅客换乘大厅、地下停车库、商业服务等设施。

（7）周边配套路网。嘉闵高架路、北翟路、崧泽高架路、漕宝路等道路的新建或改建。

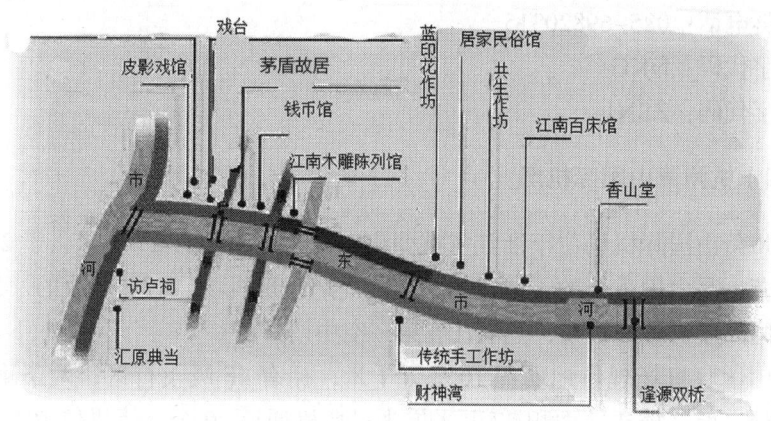

图1-1 虹桥枢纽示意图

（三）南京禄口国际机场

南京禄口国际机场位于江苏省南京市东南部，距南京市中心直线距离为35.8千米。机场净空条件良好，设施设备先进、配套齐全。机场周边交通十分便捷，多条高速公路环绕机场，从南京市区及周边市县均可快速抵达。南京地铁S1号线北起南京南站，直达禄口机场航站楼，全长35.8千米，将机场与南京城市地铁网络和周边高铁网连通。

南京禄口国际机场1997年7月1日香港回归祖国之日正式通航，定位为"中国大型国际门户和枢纽机场，航空货物与快件集散中心"，是中国重要的干线机场，与上海虹桥机场、浦东机场互为备降机场。

禄口机场现拥有4F级飞行区，两条平行跑道，两座航站楼，航站楼建筑面积42.5万平方米；国内、国际两个货运中心，一座综合交通中心，70个登机通道，停机位53个，机坪面积110万平方米，保障能力可满足年飞行36万架次、旅客吞吐量3000万人次、货邮吞吐量80万吨。已在江苏、安徽境内设立了22座城市候机楼和5座城市货站，进一步扩大了南京机场对外辐射能力。

截至2020年8月，禄口机场为4F级机场，南京禄口国际机场有两条3600米跑道、两座航站楼、两座货运站和一座交通中心，候机楼建筑面积42.5万平方米，机坪面积近 110 万平方米，规模居华东第二。拥有 135 条国内航线和 23 条国际航线，通达国内外 115 个航点，初步建成辐射亚洲、连接欧美、通达澳洲的航线网络。

  地址：南京市江宁区禄口镇
  问询电话：025-968890
  投诉电话：025-69820315
  三字代码：NKG
  四字代码：ZSNJ

（四）杭州萧山国际机场

  杭州萧山国际机场位于浙江省杭州市东部，距市中心 27 千米，于 2000 年建成运营，是中国重要的干线机场、国际定期航班机场、对外开放的一类航空口岸和国际航班备降机场，是浙江省第一空中门户。

  萧山国际机场现占地面积 10 平方千米，拥有 4F 级飞行区，两条跑道，3 座航站楼，航站楼建筑面积 37 万平方米；登机通道 49 个，停机位 101 个，机坪面积 110 万平方米。2019 年 11 月 29 日，杭州直飞埃及开罗航线正式开通。2019 年 12 月底，萧山机场宣布迎来 2019 年第 4000 万名旅客，标志着杭州萧山国际机场年旅客吞吐量突破 4000 万人次。2019 年以来，杭州萧山国际机场的入境旅客也达到了 545 万人次，同比增长 5.5%。2019 年吞吐量全国排名第十。

  地址：杭州市萧山区
  问询电话：0571-96299
  三字代码：HGH
  四字代码：ZSHC

（五）苏南硕放国际机场

  苏南硕放国际机场地处无锡国家高新技术开发区内，距无锡市区 14 千米，距苏州市区 23 千米。机场始建于 1995 年，于 2004 年 2 月 18 日正式开通民用航班，2007 年 9 月 28 日启用新航站区。2010 年，江苏省委省政府决定，依托苏南硕放国际机场有限责任公司，省和苏州市分别注资进入，携手深圳航空，共同组建苏南硕放国际机场有限公司，打造江苏省第二航空枢纽港。

  2015 年 1 月 19 日，硕放国际机场新航站楼正式投入使用。机场占地面积 3.24 平方千米，飞行跑道长度 3200 米，宽度 50 米，飞行等级为 4D，可满足波音 757 及以下机型全载起降。机场先后引进 26 家航空公司，其中国内 10 家，境外 16 家，开通 24 个国内主要城市、12 个国际和港澳台地区的 50 条客货运航线，日均航班量 130 架次，平均客座率 78.8%。

据 2019 年 1 月机场官网信息显示，苏南硕放国际机场拥有两座航站楼，为 T1（国际及港澳台），T2（中国国内），共 10.6 万平方米；共有一条跑道，跑道长度为 3200 米；停机位 26 个、货运区 3.4 万平方米；可保障年旅客吞吐量 1000 万人次、货邮吞吐量 30 万吨。截至 2020 年 1 月，共通航城市 47 个，中国国内城市 33 个，国际及地区城市 9 个。

2019 年，苏南硕放国际机场旅客吞吐量 797.34 万人次，同比增长 10.6%；货邮吞吐量 14.51 万吨，同比增长 17.2%；起降架次 6.24 万架次，同比增长 11.4%；分别位居中国第 42 位、第 22 位、第 52 位。

地址：无锡市高新区机场路 1 号
服务电话：0510-96889788
三字代码：WUX
四字代码：ZSWX

二、铁路

（一）上海地区火车站

上海有 4 个主要的火车站，上海站、上海南站、上海西站和上海虹桥火车站。

1. 上海站

上海站，位于上海市闸北区秣陵路 100 号，是上海铁路局辖下的中国国铁特等站，京沪铁路、沪昆铁路和沪宁城际铁路位于上海市的始发终到站。原址位于天目东路宝山路路口，1987 年，在迁至原上海东站站址建成现新站房，上海市民通常称之为"新客站"，以区别老的上海火车站（即老北站）。

上海站的站厅设计，采用"高架候车，南北开口"的方案。进入车站可以经由南北两个进站口进入，同时进站口以东另专设软席候车入口，直通软席候车室。而下车旅客，可通过地下通道，经由东南、西南、北出口共计三个出口快速出站。此外，80% 的候车室位于月台上空。乘客经由南北进站口进入后，通过自动扶梯运送至二层中央走廊。中央走廊左右各分布 5 间候车室，旅客根据各候车室外电子屏显指示，进入相关候车大厅。左右两侧候车厅外侧再通过左右高架通道与各月台相连，缩短了旅客上车时间。底层站厅则主要以团体候车室、软席候车室、进站大厅为主。

上海站有南北两个广场,南广场东南出口有一条通道直通轨道交通1号线,旅客下火车后可直接通过此通道同时完成火车出站检票和轨道交通进站。途经上海站的公交线路近百条,且有通宵运营的夜宵车通往上海各区。上海轨道交通1号线、3号线和4号线均经过上海火车站,自2008年6月起,乘客可以凭上海公共交通卡,享受出站换乘30分钟内连续计费。

上海是中国铁路的重要枢纽之一,从上海站始发的列车开往全国各地,其中包括到北京和天津的动车和直达特别快车,以及到香港的直通快车。

上海站列车多是北上的,客流很大,长途车开往长江以北,如上海、天津、哈尔滨、长春、沈阳、太原、青岛、乌鲁木齐、成都、拉萨等主要大中城市,另外还有很多上海铁路局管内的城际列车,去往南京、扬州、铜陵等方向。

地址:上海市静安区秣陵路303号

交通:地铁1号、3号、4号线上海火车站及多路地面公交

问询订票电话:021-12306,021-95105105

2. 上海南站

上海南站,亦称上海火车南站,位于中国上海市徐汇区沪闵路桂林路,是在原沪杭铁路内环线(又称沪新线)新龙华火车站原址附近重新修建的铁路客运一等站,也是铁路、上海轨道交通1号线及3号线的交会站。

南站于2006年7月1日正式开通运营。其主体建筑由法国AREP公司(集团)设计,主站屋为巨大圆形钢结构,高47米,圆顶直径200多米,总面积5万多平方米,一气呵成,气势磅礴。夜晚通体透明,远远望去,硕大的圆形透光顶如同一个巨大的发光体育场或者飞碟,非常壮观。其大致分为三层:中层与地面同高,为站台层,设有13条股道和6个上下客站台。上层为出发层,下层为到达层,设有旅客出站地道、南北地下换乘大厅、地铁1号线、3号线、轻轨L1线、部分长途客运和旅游专线等,在站内实现零换乘。每天有数十余对火车由南站始发,大部分为从上海发往杭州和浙江方向的列车,也有开往贵阳、吉林、北京、广州、长沙、重庆、成都、南京等地的火车。

地址:上海市徐汇区老沪闵路289号

交通:地铁1号、3号线及多路地面公交线路

问询电话:021-95105123

3. 上海西站

上海火车西站又称为上海西站,原名真如站,位于上海市普陀区,距离东侧的上海站约5千米。上海西站是一个融沪宁城际高铁、上海城市轨道交通、

城市公交为一体的现代化、大型综合交通枢纽。大部分在沪杭线和沪宁线之间的车需要由上海西站折返，并有沪宁高铁列车停靠。

地址：上海市普陀区桃浦路1号

交通：公交106、117、966、517、744、859、822、136西佘线。

问询电话：021- 52829500

4. 上海虹桥站

上海虹桥站，是一座高度现代化的中国铁路客运特等站，属上海铁路局管辖。本站为沪杭高速铁路、沪宁高速铁路与京沪高速铁路的交会点，是华东地区最重要的铁路客运枢纽与规模最大铁路客运站。站址位于上海市偏西部，东邻上海虹桥国际机场T2航站楼，是虹桥综合交通枢纽的重要组成部分，于2010年7月1日启用。

上海虹桥站设有高速和综合两个车场，以接发时速200千米以上的高速和城际列车为主，总规模为16站台30道，其中高速场10站台19道，综合场6站台11道，高速场和综合场均拥有侧式站台各一个。站房总建筑面积约24万平方米。建设中的沪杭磁悬浮虹桥站站场磁悬浮规模为10站台10道，站型为通过式。

配套设施部分将建成城市轨道交通（2号、10号线及建设中的5号、17号线）、磁悬浮交通、道路交通以及航空港紧密衔接的现代化客运中心。上海虹桥站总建筑面积约23万平方米，其中铁路站房约10万平方米，雨棚面积约11万平方米，立体共分5层。

地址：上海市闵行区

交通：地铁2号线、3号线、10号线、13号线及多路地面公交

问询电话：021- 51245555

（二）南京地区火车站

南京市主要有南京站和南京南站2个火车站。

1. 南京站

南京站始建于1968年9月，位于南京城北，前临玄武湖，后枕小红山，地理位置优越，景观环境优美。2002年由中华人民共和国铁道部、江苏省、南京市三方共同投资在原址改建，新站房改建工程总投资3.5亿元，历时3年，于2005年9月1日作为十运会重点工程项目投入试运行。

站房外形采用法国AREP公司的设计方案，内部功能采用中华人民共和国铁道部第四勘察设计院的设计方案，充分体现了标志性、功能性、系统性、先

进性和文化性的有机结合。车站站房采用桅杆斜拉索悬挂结构，用18根桅杆支撑起横向钢梁，像一艘竖起桅杆、拉满风帆的巨型帆船停泊在美丽的玄武湖畔，既具有江南文化特色，又融合现代化气息。

站房东西长270米，南北进深53.5米，地下1层，地上3层，总建筑面积41 000平方米。客流高峰期每小时可容纳1万名旅客候车。售票大厅设有32个售票窗口和8个应急售票窗口，票厅面积1155平方米。车站共安装各类电梯32部，其中自动扶梯18部，自动代步电梯4部，垂直升降梯10部（7部残疾人电梯、3部货梯）。

站房建设充分体现了"一切以旅客为中心"的理念。运用立体化的交通组织，旅客进出站采用"高进低出"流线，进站旅客可以乘车通过高架环形车道直达二层平台进入候车大厅，地下出站大厅与地铁站及停车场相连，旅客可以换乘地铁、出租车、社会车及公交车，这一设计在国内铁路站房建设中首次实现了真正意义上的"零距离"换乘。

新客站站前景观广场分为集散主广场区、过渡性引导广场区和湖滨亲水休闲区，总面积近4万平方米。视野开阔，环境优美，既可欣赏玄武湖中水柱高达138米的"超级"喷泉，又可伸手触摸荡漾的清凉湖水，感受江南水乡的柔美。

地址：南京玄武区龙蟠路新庄141号

交通：地铁1号线及多路地面公交线路到达

问询电话：025-85822222

2. 南京南站

南京南站是京沪高速铁路五大客运枢纽站之一，汇集京沪高铁、沪汉蓉铁路、宁安城际铁路、宁杭城际铁路等四大客运专线，连接沪宁城际高铁，形成三场28条站线的特大型铁路客站。南京南站位于南京主城区南部，距南京市中心约10.5千米。南京南站被当地官方称为"亚洲最大的火车站"，建筑面积达40万平方米。其主站房面积28.15万平方米，均超过北京南站、上海虹桥站的总建筑面积。车站共分上下5层，高铁走上层高架。

南京南站南北两侧主要入口分别采用了8根和6根高大的列柱作为空间构成元素，既突出了建筑的庄重感，又形成了强烈的视觉冲击。北入口6根立柱寓意"六朝古都文脉"，南入口8根立柱寓意"笑迎八方宾朋"。玻璃幕墙采用黄铜镂花的传统吉祥纹样作为装饰构件，疏密有致的传统纹样与简洁庄重的木构穿插组合，与玻璃、铝板等现代材料有机结合，为建筑赋予了浓厚的文化韵味。

南京南站将"山水城林"的和谐意境融入现代交通建筑中，屋顶挑棚的方正质朴，列柱空间的巍峨大气，都给人以历史时空的纵深体验；城墙肌理的外墙形式、层层叠叠的檐下空间、柱顶交织的穿插木构，使建筑形态与城市特质的深层契合，赋予南京南站浓厚的地域风格和独特气质。站台雨棚采用片状组合形式，顶部设侧向的通风和采光带，既可避免阳光直射，又能获得柔和的自然光线，形成美轮美奂的光影效果。

南京南站是大型综合交通枢纽。其站房共分高架候车层、站台层、出站综合交通方式换乘区、站房设备地铁站厅商业开发层、地铁站台层等5个层面。地下二层为地铁站台层；地下一层为站房设备，地铁站厅商业开发层及市政配套车库；地面层是出站综合交通方式换乘区域，四角分别设有配楼（售票大厅、信号楼、长途汽车站、商业旅游综合服务区）；地上二层为站台层，布置于标高12.4米的高架层上，为旅客的到发区域，同时布置有北进站广厅及南北贵宾区，共设有15个站台，1至5号站台供京沪线（上海至南京至北京）列车停靠，6至11号站台供沪汉蓉线（上海至南京至武汉至成都）和宁杭线（南京至杭州）列车停靠，12至15号站台供宁安线（南京至安庆）列车停靠；地上三层为高架候车层，主候车厅总面积5.8万平方米，并设有客服商业夹层。车站建有无站台柱雨棚区，建筑面积10.6万平方米，位于站房东西两侧。

地址：南京市雨花台区玉兰路98号

交通：地铁1号线及多路地面公交线路到达

问询电话：025-52414183

图1-2　南京南站

（三）杭州地区火车站

杭州市主要有杭州站和杭州东站2个火车站。

1. 杭州站（城站）

杭州站（杭州火车站）又被杭州人称为城站，是杭州最主要的火车站，于1999年12月28日重建完成，投入使用。车站位于环城东路和西湖大道的交叉点上，西湖大道从城站直达西湖边，只需十分钟左右的车程。

主站屋建筑长度268米，高度71.55米，18层，总建筑面积7.9万平方米（其中主站屋1.7万平方米、高架候车室1.2万平方米、综合楼5.0万平方米）。设计新颖，功能完善，结构施工采用10项新技术，其中268米超长地下室结构施工，C60砼高标号高层远距离泵送、大净空、大跨度转换层及人字形屋面施工，竖向预应力等施工技术融多项新技术、新工艺于一体，代表着国内先进水平，成为杭城一个崭新的窗口和一道亮丽的风景。

地址：杭州市上城区环城东路1号

交通：地铁1号线及多条地面公交线路到达

问询电话：9500117788 0571-56720222

2. 杭州东站

杭州东站是全国九大省会城市巨型车站建设工程之一，是宁杭高铁、杭甬高铁、沪杭高铁、杭长高铁、杭黄高铁的始发终到站，也是集高铁、普铁、专线、地铁、磁浮、公交、水运等多种交通方式和配套服务设施于一身并可实现立体无缝交通换乘的综合交通枢纽，是亚洲最大的铁路枢纽站点之一。

杭州东站站房总建筑面积34万平方米，分5层结构，地上2层，地下3层。地上一层为火车站台层，设计铁路18站台34道（预留了沪杭磁悬浮3个站台4条道），目前全国只有杭州东站和上海虹桥站设计了磁悬浮线位；地上二层为高架出发层，由2条单向4车道的城市高架组成，可以实现车辆在东、西广场、站房的互通；地下一层为出站层（出站大厅），旅客可以在此直接坐出租车出站；地下二、三层分别是地铁1号线与4号线的进站层和站台层，乘客可以在此乘坐地铁。站外还设有运河码头，旅客可以乘坐水上巴士抵达，成为名副其实的水陆交通枢纽。

车站站房设计以"钱江潮"的建筑形式为主题，以此体现出杭州"精致和谐、大气开放"的城市形象和从"西湖时代"迈向"钱塘江"时代的时代特征。"动车"的外形，塑造了一个充满动感的、具有鲜明时代特征和未来感的新型车站。在车站站房功能设计上，杭州东站遵循以人为本的原则，注重流线组织，缩小换乘距离，旅客进站和出站的路线简短便捷，站内导向直观明确，把最大的空间、最便捷的通道、最好的环境留给旅客，室内高空间、雨棚开敞通透，建设投入与维护成本兼顾，确保一百年不落后。

杭州东站改建工程于 2008 年 12 月 27 日开工，总投资约 120 亿元，于 2013 年 6 月底完工，和宁杭、杭甬两条高铁同步投入使用。

图 1-3 杭州东站

地址：杭州市天城路 1 号

交通：杭州地铁 1 号线、4 号线及多条地面公交线路到达

问询电话：12306

（四）苏州火车站

苏州火车站正在进行改造，改造投资达 70 亿元，2008 年建成并投入使用。改造完成后的火车站枢纽共 5 层，其中地上两层，地下三层。地上第二层为高架的候车大厅，地面层为铁路站场和南北广场；地下第一层为出站层兼做轨道 2 号线的站厅，地下第二、三层为轨道线的站台层。客运用房 3.7 万平方米，总规模为 7 台 16 线。

（五）磁悬浮列车示范线

上海磁悬浮列车示范线连接浦东国际机场和市区，是世界上第一条正式投入商业运营的高速磁悬浮铁路，也是中国第一条集城市交通、观光、旅游于一身的大运量高速交通线。该线全长约 30 千米，双线折返，设计最高时速 430 千米，全程行驶时间 7 分钟。2002 年 12 月投入运营。

（六）京沪高速铁路

京沪高速铁路是我国铁路建设中投资规模最大、技术含量最高的一项工程，也是我国第一条具有世界先进水平的高速铁路。投资估算 1300 多亿元，正线全长约 1318 千米，与既有京沪铁路的走向大体并行，全线为新建双线，设计时速 350 千米，初期运营时速 300 千米，共设置 21 个客运车站。该项工程预计 2010 年投入运营。京沪高速铁路为客运专线，全程运行时间只需 5 小时，比目前京沪间特快列车缩短 9 小时左右，年输送旅客单方向可达 8000 余万人。京沪高速铁路还具有与铁路兼容的优势，时速不小于 200 千米列车可以在京沪高速铁路上运行，从上海去往哈尔滨、沈阳、包头、兰州、西安、成都、乌鲁木齐和从北京去往华东的旅客，均可大大缩短旅行时间。

京沪全线总共有 19 个地级以上城市，北京、廊坊、天津、沧州、德州、济南、泰安、兖州（济宁）、枣庄、徐州、宿州、蚌埠、滁州、南京、镇江、常州、无锡、苏州、上海，再加上丹阳、昆山两个比较发达的县级市，共 21 个车站。

京沪高铁江苏段长 357.5 千米，占全线总长的 27.3%，是沿线四省三市中线路最长的。

图 1-4　京沪高速铁路路线示意图

(七)沪杭磁悬浮铁路

沪杭磁悬浮交通项目已正式获国务院批准,目前已正式开展工程可行性研究工作。获批的磁悬浮沪杭线全长约175千米,工程总概算约350亿元。其中,浙江段正线全长约105千米,全线高架,设杭州东站和嘉兴站。磁悬浮沪杭线车速定位为市郊区间线路,正常运行速度为450千米/小时,中心城区内最高正常运行速度不大于200千米/小时。

沪杭磁悬浮的建设,强化了上海、杭州的"同城效应",将实现"三百里沪杭,一小时往返"。同时还将使长三角南线形成"半小时交通圈",大大提高长三角地区交通的出行效率。该项目投入运营后,浙江将能够直接与上海世博园区、上海浦东机场连接。

(八)沪宁城际铁路

沪宁城际铁路是新型客运铁路,走向与现有沪宁铁路平行。根据设计,上海站至南京站,正线全长300.329千米。其中江苏境内长266.68千米,上海境内长32.05千米,苏州站长1.6千米;设计时速300~350千米,项目概算投资422亿元左右。起点为南京站,终点为上海站,全线设车站21座,分别是南京站、仙林站、宝华山站、镇江站、丹徒站、丹阳站、常州站、戚墅堰站、惠山站、无锡站、无锡新区站、苏州新区站、苏州站、苏州园区站、阳澄湖站、昆山南站、花桥站、安亭北站、南翔北站、上海西站、上海站。其中南京站和上海站为两大枢纽站。根据对客流预测,沪宁城际铁路初期开行长途客车32对,年输送能力为6800万人次。2010年7月1日全线正式通车。

(九)宁杭城际铁路

宁杭城际铁路自铁路南京南站出发,经溧水、溧阳、宜兴、长兴、湖州至杭州,线路走向与现有宁杭高速平行,全线设南京南站、江宁站、句容西站、溧水站、瓦屋山站、溧阳站、宜兴站、长兴站、湖州站、德清站、杭州东站11个站。线路全长256千米,设计时速350千米/小时,概算投资230亿元左右,于2013年7月1日开通运营,南京至杭州实现1小时直达。

(十)CRH列车(动车组)

CRH(China Railway High-speed)意为"中国高速铁路"。世界上一般将高速铁路定义在时速200千米以上,中国高速铁路的时速也定义在200千米以上。动车组是城际和市郊铁路实现小编组、大密度的高效运输工具，以其编组灵活、方便、快捷、安全、可靠、舒适为特点备受世界各国铁路运输和城市轨道交通运输的青睐。

我们通常看到的电力机车和内燃机车，其动力装置都集中安装在机车上，在机车后面挂着许多没有动力装置的客车车厢。如果把动力装置分散安装在每节车厢上，使其既具有牵引动力，又可以载客，这样的客车车辆便叫作动车。而动车组就是几节自带动力的车辆加几节不带动力的车辆编成一组，就是动车组。带动力的车辆叫动车，不带动力的车辆叫拖车。目前世界上使用动车的比重以日本为最大，占87%；荷兰、英国次之，分别占83%和61%；法国、德国又次之，分别占22%和12%。动车组称得上是铁路旅客运输的生力军。

中华人民共和国铁道部把2007年4月18日开始的中国铁路第六次大提速的动车组命名为"和谐号"，主要考虑了几个因素：首先，是人与自然的和谐。动车组是一种节能、环保、对环境影响非常小的高技术机车，成为一种能够实现人与自然和谐的交通工具；其次，是技术上的协调。高速动车组零部件有12 000件左右，简单的一个车也要在8000件左右，它的子系统在145个左右，生产这样一个高机动车组，国内现在这个产业链大约是12个省的120多家企业直接参与，所以它是一个人与人和谐、协作的结晶和技术上的结晶；最后，它是人们一种美好的寄托，希望这个动车组投入使用以后，能给广大的旅客提供一种构建和谐社会、构建和谐铁路的美好运载工具。

三、公路

（一）上海

1. 上海高速公路

上海已建成高速公路里程约825千米，高速公路形成"两环、九射、一纵、一横、两联"的基本格局。

上海高速公路网中一共有7条国家级高速公路，分别是G2京沪高速公路、G15沈海高速公路、G40沪陕高速公路、G42沪蓉高速公路、G50沪渝高速公路、G60沪昆高速公路、G1503上海绕城高速公路，和14条市级高速公路。

2. 上海市内"申"字形高架道路网

"申"字形高架道路网由内环高架路、南北高架路和延安高架路组成。内环高架道路沿中山环路，通过南浦大桥和杨浦大桥，把浦西和浦东的交通连为一体，全长48千米。南北高架路纵贯上海市中心区，全长8.45千米，6车道。延安高架路东起中山东一路，西至虹桥机场，全长14.8千米，与南北高架路、内环高架路相连，形成了上海市中心区的立体化交通网络。

3. 南浦大桥

南浦大桥是上海最早建成的越江大桥。全长8346米，通航净高46米，5.5万吨级巨轮可从桥下通过。主桥为双塔双索面叠合梁斜拉桥结构，全长846米。主桥设6条机动车道，桥面总宽度为30.35米，1991年年底建成通车。

4. 杨浦大桥

杨浦大桥位于距南浦大桥11千米的黄浦江下游段，与南浦大桥堪称"姐妹桥"，是上海市内环高架路上的两个过江枢纽。大桥全长7658米，主桥为一跨过江的双塔双索叠合梁斜拉桥结构，主孔跨径602米。1993年建成通车。

（二）江苏

1. 江苏主要高速公路

江苏高速公路是中国华东地区重要的交通枢纽。2015年，江苏高速公路通车总里程已达到4600千米，密度居全国各省区之首，首轮规划的"四纵四横四联"高速公路网络主骨架全面建成。2006年第二轮高速公路网规划形成"五纵九横五联"高速公路网，过江通道数量增加到11个，总里程约5200千米。

根据江苏省高速公路网规划（2017—2035年），到2035年，江苏高速公路将由"五纵九横五联"发展到"十五射六纵十横"，总里程达到6000~7000千米。

（1）射线（15条）。射一：南京至徐州；射二：南京至连云港；射三：南京至盐城；射四：南京至南通；射五：南京至上海；射六：南京至上海二通道；射七：南京至杭州；射八：南京至杭州二通道；射九：南京至宣城；射十：南京至黄山；射十一：南京至芜湖；射十二：南京至合肥二通道；射十三：南京至合肥；射十四：南京至洛阳；射十五：南京至滁州。

（2）纵线（6条）。纵一：赣榆至吴江；纵二：东海至吴江；纵三：阜宁至宜兴；纵四：新沂至宜兴；纵五：邳州至溧阳；纵六：徐州至明光。

（3）横线（10条）。横一：沛县至丰县；横二：连云港至徐州；横三：连云港至宿迁；横四：滨海至泗洪；横五：大丰至徐州；横六：盐城至蚌埠；横七：启东至扬州；横八：太仓至溧水；横九：太仓至高淳；横十：上海至吴江。

2. 江苏境内的长江大桥

（1）公路铁路两用大桥

①南京长江大桥

南京长江大桥位于江苏省南京市下关和浦口之间，是继武汉长江大桥和重庆白沙沱长江大桥之后的第三座跨越长江的大桥，是全部由中国自行设计和施工的特大铁路、公路两用的双层钢木形梁桥，上层为公路桥，下层为双线铁路桥。南京长江大桥作为世界最长的公、铁路两用桥被收入了吉尼斯世界纪录。该桥正桥10孔，铁路桥长6772米，公路桥长4589米，宽15米。1996年1月，南京长江大桥正式动工兴建。1968年9月，南京长江大桥铁路桥道首先建成通车；12月29日，南京长江大桥公路桥正式建成通车。1960年以"世界最长的公铁两用桥"被载入《吉尼斯世界纪录大全》，2014年7月入选不可移动文物，2016年9月入选首批中国20世纪建筑遗产名录。

②南京大胜关铁路大桥

京沪高速铁路上的控制性工程，位于南京长江三桥上游1550米处，全长约9.27千米，为六跨连续钢桁梁拱桥，主跨2×336米，连拱为世界同类桥梁最大跨度，桥上按六线布置，分别为京沪高速铁路双线、沪汉蓉铁路双线和南京地铁8号线。施工总承包合同价为38.6亿元，从2006年7月动工，到2011年1月建成通车。

③五峰山长江大桥

2020年12月11日，五峰山长江大桥铁路面正式通车运营。大桥全长6409米，主跨1092米，上层为双向八车道高速公路，设计时速为100千米，下层为四线铁路，设计时速为250千米。大桥建成后，不仅是我国首座公铁两用悬索桥，也是目前世界上设计运营速度最高、荷载最大的悬索桥。

（2）公路大桥

①江阴长江公路大桥

位于江阴市与靖江市间，1994年11月22日开工建设，1999年9月28日建成通车。江阴长江公路大桥是我国黑龙江同江至海南三亚国道主干线以及北京至上海国道主干线的跨江"咽喉"工程，为20世纪"中国第一、世界第四"大钢箱梁悬索桥，总投资33.74亿元。大桥采用一跨过江、大跨径钢悬索桥桥型，全长3071米，主跨1385米。桥面按双向六车道高速公路设计。

②南京长江第二大桥

位于南京长江大桥下游11千米处，是国家"九五"重点建设项目，1997年10月6日开工建设，2001年3月18日交工验收。全长21.337千米，双向六车道，总投资33.5亿元。其中南汊大桥为钢箱梁斜拉桥，桥长2938米，主跨径628米，时居同类桥型中"国内第一，世界第三"；北汊大桥为钢筋混凝土预应力连续箱梁桥，桥长2172米，主跨为3×165米，该跨径在国内亦居领先。

③润扬长江公路大桥

位于镇江、扬州两市西侧，跨世业洲，是江苏"四纵四横四联"公路主骨架和跨江公路通道的重要组成部分，是当时我国建桥史上工程规模最大、建设标准最高、投资最大、技术最复杂、技术含量最高的现代化特大型桥梁工程。2000年10月20日开工，2005年4月30日提前建成通车。大桥全长35.66千米，双向六车道，总投资58.1亿元。其中南汊主桥为跨径1490米钢悬索桥，时为"中国第一、世界第三"。

④南京长江第三大桥

位于南京长江大桥上游约19千米处的大胜关，是上海至成都国道（GZ55）主干线的重要组成部分，南与南京绕城公路刘村互通相接，北与宁合高速公路张店互通相连，全长约15.6千米，总投资30.9亿元，其中跨江大桥长4744米，主桥为跨径648米的双塔双索面钢塔钢箱梁斜拉桥，也是当时世界上第一座弧线形钢塔斜拉桥。全线采用双向六车道高速公路标准建设，于2005年10月建成通车。

⑤苏通长江公路大桥

黑龙江至福建国道104干线公路的组成部分，也是江苏公路主骨架网"纵一"——赣榆至吴江高速公路的重要组成部分，是我国建桥史上工程规模最大、综合建设条件最复杂的特大型桥梁工程。大桥全长32.4千米，主桥采用双塔双索面钢箱梁斜拉桥，主跨径达1088米，列世界第一；主塔高300.4米，为世界第一高桥塔；斜拉索长577米，居世界第一。全线采用双向六车道高速公路标准。2002年10月30日举行奠基仪式，2008年6月30日通车。

⑥泰州长江公路大桥

江苏省"五纵九横五联"高速公路网的重要组成部分。工程采用双向六车道高速公路标准，主桥为2×1080米特大跨径三塔两跨悬索桥，系世界第一，且为世界首创，其结构体系为世界桥梁技术前沿的突破性创新。中塔采用世界上高度第一的纵向人字型、横向门式框架型钢塔。中塔采用世界上入土最深的水中沉井基础。大桥于2007年12月26日开工建设，2012年11月25日正式建成通车。

⑦南京长江第四大桥

南京绕越高速公路的过江通道的重要组成部分，全长28.11千米，其中，跨江大桥长 6.25 千米，全线采用双向六车道高速公路标准设计。长江四桥将连接 312 国道、沿江高等级公路、宁通公路和规划建设中的浦仪公路，并与南京三桥和绕越高速公路共同构建起南京外环交通，2008 年年初奠基，2012 年 12 月 24 日正式建成通车。

⑧崇启大桥

上海至西安国家高速公路的重要组成部分，全长约 52 千米，其中长江大桥长约 7.2 千米。江苏段长约 21 千米，含长江大桥长约 4.7 千米；上海段长约 31 千米，含长江大桥长约 2.5 千米，并南接上海长江越江隧道，进入上海主城区。采用双向六车道设计标准，总投资约 76 亿元，采用六跨钢连续梁桥的设计方案，其跨度和联长为国内同类桥型第一，是一项展现我国桥梁建设技术水平的重大工程。工程于 2008 年 8 月 1 日奠基，2011 年 12 月 24 日大桥建成通车。

（三）浙江

1. 浙江主要高速公路

浙江省的高速公路密度居全国前列。沪杭甬高速公路是浙江开建的第一条高速公路，途经嘉兴、杭州、绍兴、宁波四个地市，全长 248 千米，于 1998 年年底全线建成通车。

浙江高速规划中明确提出建设"两纵两横十八连三绕三通道"公路主骨架。2019 年 11 月 11 日起，浙江高速上后排乘客不系安全带也要处罚。2020 年 12 月 22 日，9 条高速公路集中通车，标志着浙江实现陆域"县县通高速"。

2. 杭州湾大桥

杭州湾跨海大桥是世界最长的跨海大桥，它北起嘉兴市海盐郑家埭，止于宁波市慈溪水路湾，全长 36 千米。大桥通车后，上海到宁波的陆路距离将缩短 120 多千米。

杭州湾大桥双向六车道，设计时速 100 千米/小时，设计使用年限 100 年，总投资 118 亿元。大桥共有各类桩基 7000 余根，是国内特大桥梁之最。水中区域打钢桩 4000 多根，其工程规模突破了国内建桥史的纪录。

大桥在设计中首次引入了景观设计概念，设计师借助西湖苏堤"长桥卧波"的美学理念，整座大桥平面呈 S 形，线条优美、生动活泼。大桥在离南岸大约 14 千米处，有一个海中平台，在施工期间它是海上作业人员的生活基地，大桥建成后，这座平台将成为绝佳的旅游休闲观光台。杭州湾大桥是一座"数字化"大桥，平均每千米就有 1 对监视器，中央监视系统时刻监控大桥的维护管理，大桥的"身体健康"在实时掌握之中。

附录《长江三角洲区域一体化发展规划纲要》

2018年11月5日,习近平总书记在首届中国国际进口博览会上宣布,支持长江三角洲区域一体化发展并上升为国家战略,着力落实新发展理念,构建现代化经济体系,推进更高起点的深化改革和更高层次的对外开放,同"一带一路"建设、京津冀协同发展、长江经济带发展、粤港澳大湾区建设相互配合,完善中国改革开放空间布局。

长江三角洲(以下简称长三角)地区是我国经济发展最活跃、开放程度最高、创新能力最强的区域之一,在国家现代化建设大局和全方位开放格局中具有举足轻重的战略地位。推动长三角一体化发展,增强长三角地区创新能力和竞争能力,提高经济集聚度、区域连接性和政策协同效率,对引领全国高质量发展、建设现代化经济体系意义重大。为深入贯彻党的十九大精神,全面落实党中央、国务院战略部署,编制本规划纲要。

规划范围包括上海市、江苏省、浙江省、安徽省全域(面积35.8万平方千米)。以上海市,江苏省南京、无锡、常州、苏州、南通、扬州、镇江、盐城、泰州,浙江省杭州、宁波、温州、湖州、嘉兴、绍兴、金华、舟山、台州,安徽省合肥、芜湖、马鞍山、铜陵、安庆、滁州、池州、宣城27个城市为中心区(面积22.5万平方千米),辐射带动长三角地区高质量发展。以上海青浦、江苏吴江、浙江嘉善为长三角生态绿色一体化发展示范区(面积约2300平方千米),示范引领长三角地区更高质量一体化发展。以上海临港等地区为中国(上海)自由贸易试验区新片区,打造与国际通行规则相衔接、更具国际市场影响力和竞争力的特殊经济功能区。

本规划纲要是指导长三角地区当前和今后一个时期一体化发展的纲领性文件,是制定相关规划和政策的依据。规划期至2025年,展望到2035年。

实施长江三角洲区域一体化发展战略,是以习近平同志为核心的党中央作出的重大决策部署,是习近平总书记亲自关心、亲自谋划、亲自推动的引领全国高质量发展、完善我国改革开放空间布局、打造我国发展强劲活跃增长极的重大战略举措。上海要主动承担国家使命,强化在国家发展格局中的战略支点地位,充分发挥改革开放前沿和集聚辐射优势,引领长三角更高质量一体化发展。为深入实施《长江三角洲区域一体化发展规划纲要》,进一步发挥上海核心城市功能和龙头带动作用,推动国家战略更好贯彻落实,制订本实施方案。

第三节 旅游线路

一、华东线常规旅游线路

华东线旅游区域内有许多的常规旅游线路,各地旅行社针对不同游客设计了不同的线路。在对旅行社的大量旅游线路分析后发现,许多线路大同小异,主要集中在各地的常规景点上。线路之间的主要区别是对常规景点的不同组合,由于上海、南京、杭州等大中城市景点很多,不可能一条线路包含全部景点,所以每条线路会在报价中包含一定数量的景点,再选部分景点以备游客选择。为了节省篇幅、便于查看,这里分两部分介绍,一是华东线区域各主要城市和地区的常规旅游项目,二是部分常规旅游线路实例。

(一)各城市、地区常规旅游项目及其宣传语

城市、地区	旅游项目及宣传语
上海	车游南浦大桥或杨浦大桥、浦东新区,眺望上海标志性建筑——东方明珠塔(高468米)及中华第一高楼——金贸大厦外景(88层420米),APEC会址外景,体验"灰色森林"魅力。 车游浦江隧道,参观上海凤凰羊毛衫,参观上海工艺品店。 城隍庙:自由观光购物,上海老街风情,午餐自费品尝城隍庙风味小吃。 南京路:中华第一商业街,自由观光购物。 外滩:上海象征,赏黄浦江风光、游黄浦公园、万国建筑博览群等。 大上海美丽迷人的全方位立体夜景:车游外滩,金茂大厦观光,浦江游船,晚自费游览。
南京	南京长江大桥:观中国第一大江——长江风光,坐车观光游。 阅江楼:中国四大名楼之一,远眺外景或登临。 钟山风景区:中山陵,伟人孙中山陵寝,紫铜宝鼎、博爱坊、中山纪念堂、中山墓室等;音乐台,环境优美、中西合璧、自然和谐的建筑奇苑;灵谷寺,金陵四十八景之一的灵谷深松、天下第一禅林;明孝陵,世界文化遗产、明太祖朱元璋陵寝。

续表

城市、地区	旅游项目及宣传语
南京	民国文化街：梅园新村、周恩来纪念馆、1912酒吧街、总统府大门楼等。 近代史博物馆（原总统府）：解放南京落下青天白日旗、升起红旗的总统府大门楼，煦园，两江总督署，太平天国史料陈列，总统府历史文物陈列，子超楼，蒋介石办公室等。 侵华日军南京大屠杀遇难同胞纪念馆（周一闭馆）：参观爱国主义教育基地，缅怀30万死难同胞。 雨花台：国家AAAA景区，烈士群雕像广场，纪念碑，纪念馆，国际歌墙等。 静海寺：全国百家爱国主义教育示范基地之一，中国近代史上第一个不平等条约《南京条约》议约地。 台城及玄武湖景区：登世界第一城墙明城墙，观钟山风光，金陵明珠——玄武湖湖滨漫步等。 玄武湖：金陵第一湖，车游，不进公园。 夫子庙秦淮风光带自由购物：乌衣巷，文德桥，秦淮河，天下第一照壁，观秦淮河夜景等，晚餐自费品尝秦淮特色小吃。 瞻园：大明王府，乾隆行宫，听江南小调，赏江南丝竹，品雨花名茶，观江南特色的文艺节目等，自费夜游。 渡江胜利纪念碑：邓小平题词、百万雄师跨越天堑的标志，车游。 远眺明故宫遗址、明城墙及紫金山风光等。
杭州	岳王庙：南宋著名民族英雄岳飞纪念馆，岳坟等。 苏堤：西湖之春，苏堤春晓，桃红柳绿，自由漫步；观三潭印月、阮墩环碧、湖心亭、孤山烟雨、雷峰夕照等；游西湖十景之一——花港观鱼：红鱼池、孔雀园、御碑亭等。 船游西湖：观三潭印月、苏堤春晓、湖心亭、阮墩环碧、宝石流霞、雷峰塔等。 曲院风荷：西湖十景之一，九曲桥景区、南宋文化馆、碧血丹心坊等。 龙井问茶：茶文化表演，品中国十大绿茶之首——龙井茶。 灵隐飞来峰：青林洞、济公床、弥勒佛坐像、摩崖石窟等，近观中国十大名刹排名第二、杭州四大禅林之一——灵隐寺。 万松书院：江南四大书院，中国古代科举馆，梁山伯与祝英台读书处，阅湖亭等。 "宋城千古情"大型精彩歌舞表演：《给我一天，还你千年》，晚自费欣赏。 雷峰塔：西湖新景，登塔从8个不同角度观西湖全景、山水风光，欣赏大型木雕作品《白蛇传》，品读许仙和白娘子缠绵悱恻的爱情故事。 虎跑公园：济公塔院，李叔同纪念馆，虎跑泉等。 车游钱塘江风光、观六和塔及钱江一桥外景；参观丝绸服饰表演。

续表

城市、地区	旅游项目及宣传语
苏州	拙政园：世界园林之母，世界文化遗产，苏州私家园林的典范。 虎丘：吴中第一名胜，断梁殿，憨憨泉，试剑石，古贞娘墓，虎丘剑池，虎丘塔等。 盘门：中国最后一个水陆城门，著名的盘门三景：瑞光塔外景、古盘门、吴门桥等。 留园：苏州私家园林的典范、中国四大名园之一。 狮子林：苏州四大名园之一，燕誉堂、真趣亭、假山王国等。 西园：苏州著名的寺庙园林，五百罗汉堂、西花园等。 怡园：中国古典私家园林，听苏州评弹、赏江南民乐等。 藕园：世界文化遗产，苏州私家园林的典范，黄山假山、听苏州评弹，乘手摇木橹船等。 寒山寺：吴中名刹，观江村桥、京杭大运河等。 枫桥景区：名诗《枫桥夜泊》诞生地，"解读苏州从枫桥开始"，铁岭关、京杭大运河，近眺寒山寺等。 苏州民俗风情园（定园）：苏州婚俗表演，花神庙，乘手摇船游园等。 山塘文化老街：全长3.6千米，"老苏州的缩影，吴文化的代表"，绍兴会馆，古戏台，乘船领略水乡风情，江南成衣馆，苏州百年商会博物馆等。 狮王啤酒饮料（苏州）有限公司：中国最先进的啤酒厂之一，访客中心品茗啤酒观看短片，参观酿造车间、中心实验室、包装车间等。 晚乘船游姑苏古城：体验东方威尼斯古城的韵味。 虎丘斜塔远眺：中国的比萨斜塔。
无锡	鼋头渚：太湖佳绝处，乘船游太湖、三山仙岛、鼋头渚等。 三国、水浒双城：央视太湖影视城，吴王宫、曹营码头、三江口码头、宋皇宫、清明上河图等大小数十个景点，观大型主题表演，乘船畅游太湖等。 三国城：中央影视基地，无锡外景基地，乘仿古战船畅游太湖，观各种大型主题表演。 蠡园：湖滨园林，西施隐居处。 锡惠名胜风景区：国家AAAA级风景区，素有无锡"露天博物馆"的美誉，江南第一山，江南名园寄畅园，千年古刹惠山寺，名曲二泉映月诞生地天下第二泉，寄情山水，品读历史。 灵山大佛景区：世界最高的88米青铜大佛，天下第一掌、天下第一照壁、九龙灌浴等。 华西村：华夏第一村，华西金塔，走访农家、塔群、幸福园、钟王、鼓王、神龙、神牛、百米喷泉、华西之路、民族宫、龙西湖风景园、世界公园、高科技农业示范区、华西"长城""山海关"工业园区等。 紫砂馆：了解中国四大国粹之一的紫砂陶艺。

续表

城市、地区	旅游项目及宣传语
扬州	扬州闹市古迹：市中心唐代石塔，宋代四望亭，明代文昌阁，一千五百年的银杏树，车观。 瘦西湖公园："天下西湖，三十有六"，唯扬州的西湖，以其清秀婉丽的风姿独异诸湖，占得一个恰如其分的"瘦"字；五亭桥、二十四桥等。 何园：晚清第一名园。 大明寺：千年古刹，平山堂，鉴真纪念堂，栖灵塔等。 个园：中国园林中以叠石见长的著名园林景观，四季奇景。 八怪纪念馆：中国画坛奇葩。 古运河边东关古渡及扬州宋大城东城遗址。
镇江	金山寺：著名的佛教名山，"寺裹山"，法海和尚出家之地。 焦山：全国重点文物保护单位之一，书法之山，江中浮玉、焦山寺、望江楼、碑林等。 茅山风景区：中国"第一福地，第八洞天"的道教名山，九霄万福宫、元符万宁宫、仙人洞、华阳洞、喜客泉、纪念馆、纪念碑等。 南山风景区："古寺名泉"自然风景区，古寺——招隐寺、竹林寺、鹤林寺都始建于东晋时期，名泉——虎跑泉、鹿跑泉、珍珠泉流泉潺潺，不舍昼夜。 西津古渡街：镇江古街，石塔等。
常州	天目湖：国家AAAA级景区，"东方日内瓦""江苏第一秀水"，江苏第一度假胜地，乡村田园风光，天下第一壶，山水绝佳景区，海洋世界，登状元阁观天目湖全景等。
绍兴	鲁迅故里：鲁迅故居，三味书屋，百草园，鲁迅纪念馆，咸亨酒店等。 兰亭风景区：天下第一名亭，王羲之《兰亭集序》，曲水流觞，右军祠，御碑亭等。
同里	世界文化遗产退思园，观嘉荫堂、崇本堂，走三桥（太平、吉利、长庆三座桥的合称），逛明清街，欣赏典型的江南水乡，体会小桥流水人家意境。
周庄	"中国第一水乡"，双桥、张厅、沈厅、迷楼、棋院等，欣赏典型的江南水乡风情，体会小桥流水人家意境。
乌镇	著名水乡，《似水年华》拍摄地，传统民居区，传统作坊区，传统文化区，传统餐饮区，传统商铺区，水乡风情区，撑船及高杆船表演，逢源双桥，百床馆，民俗馆，蓝印花布作坊，高公生酒作坊，乌镇水阁，江南木雕陈列室，余榴梁钱币馆，茅盾故居，立志书院（茅盾纪念馆），修真观戏台，夏同善翰林第，观看桐乡花鼓戏、皮影戏等，欣赏典型的江南水乡风情，体会小桥流水人家意境。
南浔	著名水乡，小莲庄，嘉业堂藏书楼，江南大宅门，刘氏梯号等。
甪直	"神州第一水乡"，保圣寺、沈宅、萧宅、万盛米行等，欣赏典型的江南水乡风情，体会小桥流水人家意境。

续表

城市、地区	旅游项目及宣传语
西塘	千年水乡古镇,"吴根越角""越角人家",电影《谍中谍3》拍摄地,传统水乡民居区,倪宅、五福桥、圣堂、西塘明清民居木雕陈列馆、黄酒工艺陈列馆、江南旧事再现区、烟雨长廊、送子来凤桥,聆听江南丝竹音乐,感受古镇宁静自然的原生态生活,观民俗表演,游览古镇最窄的明清建筑石皮弄及种福堂、清代私家花园——西园及近代工艺美术大师朱念慈扇面馆,参观国内唯一的中国纽扣博物馆及江南瓦当陈列馆等。
常熟	沙家浜:沙家浜革命历史纪念馆、瞻仰广场,游水生植物观赏区、芦苇荡风景区、红石民俗文化村、春来茶馆等,欣赏独特的"芦花放、稻谷香、岸柳成行"江南水乡田园风光。
锦溪	中国博物馆之乡,宋孝帝手书题额"水乡佛国"胜迹之地,手摇船水上游览,莲池禅院、文昌阁、陈妃水冢、金石人家、钱币馆、根雕馆等,欣赏典型的江南水乡,体会小桥流水人家意境。
木渎	AAAA级景区,江南唯一的园林古镇,台湾政要严家淦故居——严家花园,乾隆皇帝民间行宫——虹饮山房、香溪游船等,欣赏典型的江南水乡风情,体会小桥流水人家意境。
千灯	江南水乡古镇,中央电视台2005年评选的中国五大魅力名镇之一,昆曲发源地;顾炎武故居,顾坚纪念馆,明清老街余氏典当行,延福寺,世界第一大玉卧佛,听江南丝竹,走江苏省内保存最长、最完整的石板街道等。
朱家角	课植园,稻米乡情馆,渔人之家,远古文化展示馆,王昶纪念馆,大清邮局,城隍庙,园津禅院,童天和药房,北大街,放生桥,泰安桥等。
桐乡	中国白菊之乡、茅盾故里,免费品茗——杭白菊。
千岛湖	天下第一丽水,中心湖区,东南湖区,赏湖光山色。
奉化溪口	溪口古镇:三里长街(一条融水面、市井、商业、文化为一体,浓缩着溪口清末民初的历史文化及建筑),武岭门,剡溪风光等。 蒋氏故居:集古居,武岭门楼,文昌阁,博物馆,小洋房,丰镐房,玉泰盐铺等。 蒋母墓道:蒋母墓道,慈庵,祭堂,杜鹃谷,蝴蝶世界等。 雪窦山景区:千丈岩瀑布,妙高台,中旅社,三隐潭等。
普陀山	西天景区,观音古洞,心字石,盘陀石,梅福庵,二龟听法石; 普济寺,紫竹林,不肯去观音院,南海观音等; 百步沙海水浴场自由活动,佛顶山景区、惠济寺等。
莫干山	中国四大避暑胜地之一,素以竹、云、泉"三胜"和清、静、绿、凉"四优"而著称;风景秀丽的芦花荡公园,清幽雅静的武陵村,荡气回肠的剑池飞瀑,史料翔实的白云山馆,雄气逼人的怪石角,野味浓郁的塔山公园,以及天池寺踪迹、莫干湖、旭光台、名家碑林、滴翠潭等百余处,引人入胜,令人流连忘返。
嘉兴	南湖:中共一大会址纪念馆,汇景园,揽秀园,乘一大纪念船——红船,游湖心岛等。

（二）华东线常规旅游线路实例

1. 一日游线路

线路名称	游览项目
上海一日游	A线：上海火车站→浦东新区→东方明珠（263米）+百年沧桑陈列馆→南浦大桥→浦江游船→城隍庙→外滩（黄浦公园）→南京路步行街→结束愉快的行程。 B线：早08：30发车，游览景点：外滩、外滩人行观光隧道、深海珍奇馆、陆家嘴金融中心、东方明珠（自选景区）、车游南浦大桥、浦江游览、城隍庙、人民广场、南京路步行街（自由活动），17：00左右游程结束。 C线：城市规划展示馆（约1小时）、卢浦大桥（约1小时）、豫园（午餐约1小时）、观光隧道（约40分钟）、陆家嘴开发区，参观金茂大厦（约1小时）。
南京一日游	A线：游览孙中山先生的陵墓→中山陵，城中之湖→玄武湖或当今世界上保存最完好的城门中华门城堡，南京博物馆→朝天宫，国家重点文物保护单位→雨花台，夫子庙秦淮风光，大明王府→瞻园，车游总统府。 B线：夫子庙大成殿，东晋时期的两任丞相王导、谢安故居，朝天宫天子朝拜，金陵第一园瞻园，梅园，雨花台，中山陵。 C线：侵华日军南京大屠杀遇难同胞纪念馆（赠送游览），尽显江南名园风情的瞻园，江南地区现存规模最大、建筑等级最高、保存最为完好的一组明清官式古建筑群→朝天宫，秦淮风光带，江南四大名楼→阅江楼。
杭州一日游	A线：乘船游西湖、观三潭印月、苏堤春晓、断桥残雪、登雷峰塔看西湖全景、花港观鱼、龙井问茶、灵隐飞来峰、参观江南丝绸。 B线：乘船游西湖、观三潭印月、岳王庙、花港观鱼、龙井问茶、灵隐飞来峰、黄龙洞、参观江南丝绸。 C线：船游西湖（三潭印月）、岳王庙、黄龙洞、灵隐寺（飞来峰）、宋城。 D线：火车站→宋城→太子湾→苏堤→三潭印月→岳王庙→金沙港→黄龙洞。
苏州一日游	A线：游世界文化遗产狮子林、世界文化遗产耦园、姑苏水上游、江南第一塔北寺塔、千年古刹寒山寺、外观虎丘等。 B线：游中国四大名园之一拙政园、狮子林、姑苏水上游、江南第一塔北寺塔、千年古刹寒山寺、外观虎丘等。
无锡一日游	蠡园，唐城，太湖水上游览三国、水浒城，鼋头渚，太湖仙岛。
扬州一日游	游览著名园林——个园，瘦西湖，大明寺，平山堂，栖灵塔，鉴真和尚纪念馆。
周庄一日游	沈厅、张厅、双桥、富安桥、澄虚道院、聚宝轩、迷楼、叶楚伧故居、古戏台、南湖园、全福寺、周庄博物馆、天孝德民间收藏馆、东吴苑等。
乌镇一日游	游茅盾故居、林家铺子、翰林院、百床馆、修真观古戏台、赠送游凤鸣禅寺等。
绍兴一日游	游览鲁迅故里（鲁迅故居、鲁迅祖居、三味书屋、百草园、朱家台门），东湖景区，沈园，书法圣地——兰亭。
桐庐瑶琳仙境一日游	赴桐庐，游览瑶琳溶洞、红灯笼外婆家、天目漂流、三宝宫。

2. 华东五市（上海接送）

行程	安排	住宿地
第1天	上海接团，入住酒店	上海
第2天	苏州，游览千年古刹——寒山寺，听钟声、清烦恼、智慧长、菩提生。游枫桥景区，品味古寺、古桥、古街、古关、古运河形成的独特意韵，重温张继的《枫桥夜泊》之景，参观珍珠馆。BUS/江南第一水乡周庄。BUS/无锡。	无锡
第3天	游览中央电视台太湖影视基地——三国城、水浒城，欣赏紫砂壶艺。BUS/"江南佳丽地，金陵帝王洲"的南京，登长江第一楼——阅江楼（天妃宫、貔貅馆），观明城墙遗址；游览"中国近代建筑史上第一陵"中国近代伟大的政治家孙中山先生的陵墓——中山陵。	南京
第4天	BUS/杭州，远眺六和塔，观钱塘江，乘船游西湖，观断桥、三潭印月，漫步湖堤，欣赏西湖秀美景色；游览花港观鱼、苏堤烟柳，车游杨公堤，远观雷峰塔重现人间，欣赏丝绸时装表演，品龙井茶，晚游客可自费夜游杭州规模最大的主题公园——宋城：《给我一天，还你千年》——清明上河图的真实再现，或大型立体全景式旅游演艺专场西湖之夜。	杭州
第5天	BUS/上海，途中品桐乡特产杭白菊，车游南浦大桥、浦东新区、东方明珠及金茂大厦外景，于老城隍庙市场、豫园商城自由活动，品尝上海风味小吃；参观上海土特产商店，晚游客可自费登东方明珠并乘浦江游船欣赏上海迷人夜景。	上海
第6天	游览万国建筑博览群——外滩，参观"十里南京路，一个新世界"的新世界百货公司，南京路自由活动，参观上海希尔曼刀具店，送团，结束愉快旅程。	

3. 华东五市（南京接，上海送）

行程	安排	住宿地
第1天	南京11：00点前拼团：登长江第一楼——阅江楼，远眺长江大桥观万里长江，车游总统府门楼，1912民国建筑文化酒吧街，游梅园新村、周恩来纪念馆，游览南京明城墙——台城，登明城墙，观玄武湖外景，眺望鸡鸣寺塔，游览夫子庙秦淮风光带（文德桥，乌衣巷，天下文枢坊，神州第一大照壁），自由购物，感受十里秦淮的繁华。	南京
第2天	游览太湖第一名胜——鼋头渚，观三山仙岛。船游太湖，登三山仙岛，感受博大精深的道教文化，参观无锡特色紫砂艺苑；赴苏州，参观太湖珍珠馆，品读江枫渔火千年情。解读苏州从枫桥开始，游览江村桥、枫桥、铁岭关、古运河。	苏州

续表

行程	安排	住宿地
第3天	游苏州明园"淡泊以明志，宁静以志远"——静思园；赴原始古朴的水乡——南浔，赴江南著名水乡——乌镇，游览百床馆，古戏台，茅盾故居，立志书院等，赴杭州，途中品杭白菊，晚自费游杭州夜景。	杭州
第4天	游西湖十景之一——雷峰塔，登塔从8个不同角度观西湖全景；听南屏晚钟，看佛文化，听千年爱情故事——《白蛇传》；漫步西湖，欣赏西湖风景，远观六和塔，观钱塘江风光，参观丝绸时装表演，赴梅家坞万亩茶园，欣赏茶园风光，品十大绿茶之首——龙井茶；游"三步两座桥，一望十条港"的古镇——枫泾；赴上海，城隍庙自由活动，晚餐自费品尝上海小吃，观上海夜景。	上海
第5天	车游浦东新区，南浦大桥，浦江隧道，万国建筑博览群——外滩风光带，南京路购物，浦东东方明珠广场，观中华第一高楼——金茂大厦及东方明珠塔外景。	

4. 南京赴杭州、千岛湖二日游

行程	安排	住宿地
第1天	南京早乘车赴杭州，中午抵游西湖，漫步苏堤、白堤，远观三潭印月、阮公墩、湖心亭，游花港观鱼、红鱼池、孔雀园、御碑亭，后游富春桃源、九霄碧云洞、野楮林、乘小火车穿隧洞等。	杭州或淳安
第2天	早千岛湖一日游，乘船游览千岛湖中心湖区3~4个岛屿，下午乘车返南京，结束愉快的旅程！	

5. 杭州、宁波、奉化、溪口、普陀山、绍兴四日游

行程	安排	住宿地
第1天	杭州接团。早餐后乘车赴宁波，游奉化蒋氏故居、蒋母墓、丰镐房、小洋房、玉泰盐铺。	宁波
第2天	乘船至普陀山，游西山景区、二龟听法石、磐陀石、普济寺、紫竹林、不肯去观音院、观音大佛像等。	普陀山
第3天	乘船返宁波，巴士去绍兴，游鲁迅故居、百草园、三味书屋、咸亨酒店、鲁迅纪念馆等。	绍兴
第4天	杭州游西湖、观三潭印月、虎跑、龙井问茶、丝绸表演。送团。	

二、特色旅游产品

（一）华东五市特色游

行程	安排	住宿地
第1天	民国文化游——南京：中山陵（博爱坊、陵园大道、钟山风光、钟山风景区）；民国文化街（梅园新村、周恩来纪念馆、南京1912酒吧街、总统府大门楼）；夫子庙——秦淮风光带观光购物（含乌衣巷、文德桥、秦淮河、天下第一照壁等）。	南京
第2天	太湖风光游——南京/无锡：鼋头渚景区或央视太湖影视城（鼋头渚含船游太湖、三山仙岛、鼋渚春涛等；影视城含三国城、水浒城，观大型演出，乘船畅游太湖风光）、江南名园——蠡园（含千步长廊、四季亭、春秋阁、蠡湖风光等）；参观宜兴紫砂陶艺文化。	无锡或苏州
第3天	水乡古城游——苏州/江南水乡/杭州：狮子林（江南四大古典园林，世界文化遗产，含燕誉堂、真趣亭、假山王国）；枫桥景区（含枫桥、铁岭关、大运河、枫桥古镇等，观千年古刹——寒山寺）；神州水乡第一镇——甪直（拟申报世界文化遗产，AAAA级景区，文豪故里，含沈宅、叶圣陶故居及墓园、萧宅、万盛米行等）；参观太湖珍珠馆、品尝桐乡杭白菊。	杭州
第4天	西湖风情游——杭州/上海：泛舟西湖（国家级风景区，赏苏堤春晓、柳浪闻莺、三潭印月、漫步苏堤）；花港观鱼（含红鱼池、孔雀园、御碑亭等）；车游钱塘江岸风光、钱江大桥、外观六和塔等。参观江南丝绸文化、茶园及茶文化，品中国十大绿茶之首的龙井茶。	上海
第5天	都市购物游——上海一日游：外滩、南京路观光购物；城隍庙观光购物；浦东东方明珠广场、观中华第一高楼——金茂大厦，车游南浦大桥或杨浦大桥、浦江隧道，送团。	

【供应标准】

空调旅游车；宾馆标准房（二/三星标准）；景点大门票（无锡、甪直景点门票须现付）；供餐4早7正（品尝风味餐：南京盐水鸭、无锡酱排骨、杭州西湖醋鱼）；导游服务。

【收费标准】

略

【特别提醒】

（1）儿童1.2米以下收费若干元/人及导游服务；1.2米以上同成人。

（2）游客因个人原因临时自愿放弃游览、用餐、住宿、门票等，费用按规定办理。

（3）如客人有军官证、国导证、离休干部证等可不含门票（但在每个景点必须出示)。产生门票自理。

(4)全程不含餐,在此报价基础上减若干元/人。

(5)以上行程及景点有可能互调,但不减少景点。

(6)因不可抗力因素造成无法游览,只负责退还本社的优惠门票;赠送景点不退。

(7)提前入住及延住,需增加房费(标准略)。

(二)各地特色旅游项目

地点	游览项目
上海	孙桥现代农业开发区,浦东软件园(张江高科技园区); 海洋水族馆:亚洲最大的海洋馆,学习课堂、触摸池、科教电影、世界著名的鱼类展、企鹅表演等; 中共一大会址:爱国主义教育基地; 上海交通大学:博物馆,交大发展史(校友江泽民、钱学森等),交大校园一条街,交大图书馆等; 东方绿舟:中国最大的科普教育基地,上海市民休闲旅游的园林示范区和现代化体育训练中心,航空母舰,认识名人,少儿挑战活动,勇敢者道路,智慧迷宫,趣桥世界等。 上海科技馆:上海新世纪的标志性建筑,地壳探秘、生物万象、视听乐园、智慧之光、设计师摇篮等展区,亲自参与实验展示,充分体验和感受科学技术的魅力。
苏州	考察张家港市中国第一钢村——永联村,中国最大的服装批发市场之——常熟招商城,常熟任阳镇蒋巷村村办企业、生态园、别墅小区、工厂等,梦兰村的梦兰集团、健康活动中心、村委大楼、梦兰集团样品间等,苏州新加坡工业园区。
无锡	"华夏第一村"江阴华西村,红豆集团,海澜集团。
宁波	全球生态五百佳之一——奉化藤头村,雅格尔集团。
绍兴	柯桥轻纺城。
杭州	浙江第一村、浙江首富村——萧山航民村,参观航民集团总部展示厅和航民村村容村貌、航民幼儿园、航民宾馆、航民文化中心等;杭州娃哈哈集团。
学生团——南京	中山陵,总统府,雨花台,民国文化街,紫金山天文台,侵华日军南京大屠杀遇难同胞纪念馆,夫子庙,南京博物院,南京图书馆新馆,南京大学。
学生团——苏州	苏州乐园:东方迪士尼乐园,一座融现代高科技设备、欧美城镇风光和秀丽自然山水景色,诸如威尼斯水乡、未来世界、飞碟探险、时空飞船、宇宙大战、空中历险等游乐设备于一体的现代化天堂。
学生团——常州	中华恐龙园:一座集展示、科普启智、观赏游览、观看立体电影于一身的新型科普园。

第四节　综合训练

训练项目一：华东线区域旅游资源考察报告

【目的和要求】

（1）通过撰写华东线区域旅游资源的考察报告，帮助学生系统了解和分析华东线旅游资源的类型、特色、评价标准、开发方向等。

（2）要求学生能基本鉴别不同类型的旅游资源，能用定量、定性的方法对旅游资源作出评价。

（3）能够在现有旅游资源基础上，提出较为科学合理的旅游资源开发方案。

【准备】

笔记本、数码相机、旅游资源调查分析表。

【步骤】

（1）设计好资源调查表。

（2）对考察区的旅游资源单体，根据旅游资源分类标准，进行分类标记。

（3）在考察区发放资源调查表。

（4）对考察区资源进行系统分类。

（5）对调查表进行分析。

（6）撰写考察报告。

【考核】

（1）对旅游资源进行归类。

（2）准确评价旅游资源。

（3）考察报告格式规范、内容充实、结论正确。

【延伸与扩展】

通过资源条件分析，提出景区开发的优劣势。

【参考知识】

中国旅游资源分类系统。

 **训练项目二：华东线旅游线路设计与优化**

【目的和要求】

（1）学生在实地考察的基础上，能够结合华东线旅游产品的特点，设计出能满足市场需求的多种旅游线路。

（2）通过实地考察，对现有旅游线路作出评价并提出优化方案。

（3）要求同学们根据资源和产品特色，设计出有一定主题的旅游线路。

【准备】

上网收集资料、设计旅游线路调查表、笔记本。

【步骤】

（1）设计华东线旅游线路意向调查表。

（2）设计主题旅游线路。

（3）将线路向游客反馈，并作出调查评价。

（4）制作初步方案，进行小组讨论。

（5）制定特色鲜明的华东线旅游线路。

【考核】

（1）能设计出一定主题旅游线路、特色旅游线路。

（2）能撰写旅游线路设计方案。

【延伸与扩展】

分析旅游资源、旅游产品、旅游市场三者之间的关系。

【参考知识】

旅游产品设计理论与方法。

第二章
上海市

第一节 精华景区

一、外滩（全国重点文物保护单位）

【景区概况】

在许多国内外人士的心目中，外滩是上海最经典的一张名片，是上海历史的缩影。

外滩，位于上海市黄浦区的黄浦江畔，即外黄浦滩，为中国历史文化街区。1844年（清道光廿四年）起，外滩这一带被划为英国租界，成为上海十里洋场的真实写照，也是旧上海租界区以及整个上海近代城市开始的起点。

外滩全长1.5千米，南起延安东路，北至苏州河上的外白渡桥，东面即黄浦江，西面是旧上海金融、外贸机构的集中地。上海辟为商埠以后，外国的银行、商行、总会、报社开始在此云集，外滩成为全国乃至远东的金融中心。民国三十二年（1943年）8月，外滩结束长达百年的租界时期，于民国三十四年（1945年）拥有正式路名中山东一路。

外滩矗立着52幢风格迥异的古典复兴大楼，有哥特式、巴洛克式、罗马式、古典主义式、文艺复兴式、中西合璧式等各种风格，整体轮廓非常协调，被冠以"万国建筑博览"。1996年11月，国务院将其列入第四批全国重点文物保护单位。

每当华灯初上之时，外滩各栋建筑物上艺术发光灯齐放，一座座犹如水晶宫的建筑与黄浦江东岸陆家嘴的东方明珠、金茂大厦、上海中心大厦、上海环球金融中心等建筑遥相辉映，美轮美奂。

【游览线路】

外滩历史陈列馆→外滩观光台→陈毅广场→人民英雄纪念塔→苏州河→外白渡桥→上海大厦→外滩33号（原英国领事馆）建筑→外滩23号中国银行大楼→外滩21号和平饭店北楼→外滩19号和平饭店南楼→外滩18号→外滩13号海关大楼底楼大厅→外滩12号底楼大厅穹顶→外滩9号→外滩3号

【外白渡桥】

外白渡桥是上海市境内连接黄浦区与虹口区的过河通道，位于苏州河汇入黄浦江口附近，是中国的第一座全钢结构铆接桥梁和仅存的不等高桁架结构桥梁，也是上海市优秀历史保护建筑。

1856年，第一代外白渡桥建成，名为"威尔斯桥"。1876年，第二代外白渡桥建成，定名为"公园桥"。1907年，外白渡桥建成并沿用至今。位于黄浦公园西侧，架在中山东一路、东大名路之间的苏州河河段上。

二、东方明珠（国家AAAAA级旅游景点）

【景区概况】

上海东方明珠广播电视塔（简称"东方明珠"）是全国首批5A级旅游景区，于1994年11月18日正式对外营业。坐落于浦东新区黄浦江畔、陆家嘴嘴尖上，背拥陆家嘴地区现代化建筑楼群，与隔江的外滩万国建筑博览群交相辉映，展现了国际大都市的壮观景色。

东方明珠塔高468米，设计者富于想象地将十一个大小不一、高低错落的球体从蔚蓝的天空串联到绿草如茵的草地上，远处看宛如两颗红宝石的巨大球体，晶莹夺目，描绘了一幅"大珠小珠落玉盘"的如梦画卷。塔体由三根斜撑、三根直径九米的擎天立柱及广场、塔座、下球体、五个小球、上球体、太空舱、发射天线桅杆组成。入夜，遥望东方明珠，五彩缤纷、璀璨夺目；登塔俯瞰夜上海，流光溢彩、美不胜收。

东方明珠集都市观光、时尚餐饮、购物娱乐、住宿休闲、历史陈列、浦江游览、会展演出、广播电视发射等多功能于一体。

上海城市历史发展陈列馆，位于东方明珠塔零米大厅，是专门介绍上海近百年来发展史的史志性博物馆。通过珍贵的文物、文献、档案、图片，以先进的影视和音响设备，形象生动地反映近代上海城市发展的历史。馆内陈列分国中之国的租界、旧上海市政建设和街景、近代城市经济、近代文化、都市生活、政治风云等六大部分，全面地展示了上海在政治、经济、文化、社会、生活等各方面的深刻变化，是一个形象生动的人文景点。

同样位于东方明珠零米大厅的还有可口可乐迷你欢乐园，是由东方明珠和可口可乐公司跨界合作的可口可乐主题文化的欢乐园。园内分上下二层，一层设有可口可乐文化收藏博物馆、欢乐互动区、可口可乐文化创意产品区和饮品休闲区，二层是东方明珠可口可乐欢乐餐厅，包含开心有机菜园和遥控碰碰车等互动装置。

东方明珠塔 90 米处是下球体室外观光廊。95 米处的高空 VR 过山车，是中国首个、上海最高的室内 VR 过山车，以飞越上海城际高空为主题，将东方明珠塔原有的室内过山车进行改造，融入时下热门的 VR（虚拟现实）技术，突破传统过山车视觉和感官的局限，开启更刺激、更震撼、更有趣味性的 VR 城际高空冒险新纪元，带你体验"一起尖叫一起飞，一起穿越陆家嘴"。

230 空中酒店位于东方明珠塔上球体和下球体中间的 230 米独立小球内，上不连天，下不连地，悬空由三根直柱夹抱。入夜，一套房、一座塔、一座城，作为东方明珠内唯一的一套精品酒店，在这里您可以 360 度的美景坐拥，成为上海这个城市最独特的"异客"。

东方明珠塔 259 米处全透明悬空观光廊，全长 150 米，宽 2.1 米，通过原第二球体观光平台的临边改造而成。该观光廊由 24 个可活动收放的"花瓣"状钢化透明夹胶玻璃组成，是全球唯一的 360 度全透明玻璃观光廊。

263 米处主观光层，可以举目浦江两岸，深度了解上海的沧桑巨变和丰厚的文化底蕴。

空中旋转餐厅，位于东方明珠第二个球的上半部分 267 米高处，是亚洲最大的空中旋转餐厅，提供包括东南亚美食、日本料理、中国菜肴和欧美风味四大特点的自助餐，营业面积为 1500 平方米，包含 360 个餐位。宽敞明亮的球体玻璃窗外，浦江美景一览无余。每 2 小时旋转一圈的设计，让您全方位 360 度将申城美景尽收眼底，体现了空中旋转餐厅的宗旨。

高耸入云的太空舱建在 351 米处，是电视塔最高的观光层，以未来主义的风格展现了太空场景的科幻魅力。

【游览线路】

零米大厅（上海城市历史发展陈列馆，可口可乐迷你欢乐园）→90 米的下球体室外观光廊→263 米的上球体主观光层→259 米的上球体全透明悬空观光廊→351 米的太空舱

三、上海之巅（国家 AAAA 级旅游景点）

【景区概况】

上海之巅观光厅位于上海中心第 118 层，垂直高度达 546 米，呈三角环形布局，包裹落地超大透明玻璃幕墙，游客可 360°俯瞰上海城市风貌。上海中心配备有世界上速度最快的超高速电梯，最快速度能达到 18 米/秒，搭乘电梯只需 55 秒即可直达 546 米高空。

上海中心大厦，建筑总高度 632 米，地上 127 层、地下 5 层，总建筑面积 57.8 万平方米，是目前中国第一高楼、世界第二超级摩天大楼，也是上海的地标建筑，游客可从位于上海中心西北角（近银城中路、花园石桥路口）的观光主入口抵达 B1 层，登临上海之巅，鸟瞰申城美景，上海之巅"观光厅是继东方明珠、金茂大厦、环球金融中心观光厅之后的"上海新的高度"。

【游览线路】

"上海中心"观光路线由位于 B1 层的"上海之巅展示厅"、118 层的"上海之巅观光厅"、125 层的阻尼器展示区、126 层的世界最高人文艺术空间组成。

四、金茂大厦（国家 AAAA 级旅游景点）

金茂大厦曾获伊利诺斯世界建筑结构大奖、新中国 50 周年上海十大经典建筑金奖第一名、第二十届国际建筑师大会艺术创作成就奖。

【景区概况】

金茂大厦作为上海市又一座标志性建筑，高达 88 层，坐落在浦东延安东路隧道口，世纪大道旁，地处浦东核心地区——陆家嘴金融贸易区中心，东临浦东新区的繁华景象，西眺上海市及黄浦江的幽雅景致，南向浦东张杨路商业贸易区，北临 10 万平方米的中央绿地。大厦周边道路网络发达。

金茂大厦由美国芝加哥著名的ＳＯＭ设计事务所设计。设计师以创新的设计思想，巧妙地将世界最新建筑潮流与中国传统建筑风格结合起来，成功设计出世界级的、跨世纪的经典之作，成为海派建筑的里程碑，并已成为上海著名的标志性建筑物，1998 年 6 月荣获伊利诺斯世界建筑结构大奖。1999 年 10 月荣膺新中国 50 周年上海十大经典建筑金奖首奖。

塔楼高 420.5 米，总建筑面积 29 万平方米。这幢集现代办公楼、豪华五星级酒店、商业会展、高档宴会、观光、娱乐、商场等综合设施于一身，深富中华民族文化内涵，融汇西方建筑艺术的智慧型摩天大楼，已成为当今沪上最方便舒适、最灵活安全的办公、金融、商贸、娱乐和餐饮的理想活动场所。

【游览线路】

登 88 层观光厅，欣赏浦江两岸美景。

五、上海环球金融中心（国家 AAAA 级旅游景点）

2008 年，上海环球金融中心被世界高层建筑与都市人居学会评为"年度最佳高层建筑"，2018 年获得世界高层建筑与都市人居学会颁发的"第 16 届全球高层建筑奖之'十年特别奖'"。2018 年获得美国绿色建筑委员会授牌 LEED 铂金级绿色建筑认证。

【景区概况】

上海环球金融中心位于陆家嘴金融贸易区，由美国 KPF 建筑事务所，和日本株式会社入江三宅设计事务所共同设计，结构设计来自籁思理·罗伯逊联合股份有限公司（LERA），为钢筋混凝土结构（SRC 结构）、钢结构（S 结构）。上海环球金融中心形态和构架来源于"天地融合"的构想，将高楼"演绎"为连接天与地的纽带。上海环球金融中心的主体是一个正方形柱体，由两个巨型拱形斜面逐渐向上缩窄于顶端交会而成，方形的棱柱与大弧线相互交错，凸显出大楼的垂直高度。为减轻风阻，在原设计中建筑物的顶端设有一个巨型的环状圆形风洞开口，借鉴了中国庭院建筑的"月门"，后来将大楼顶部风洞由圆形改为倒梯形。

上海环球金融中心是以办公为主，集商贸、宾馆、观光、会议等设施于一身的综合性大厦。B2、B1、2 和 3 层为商场、餐厅；7~77 层为办公区域（其中 29 层为环球金融文化传播中心）；79~93 层为酒店；94、97 和 100 层为观光厅。其中，94 层观光厅高 423 米，面积约为 750 平方米，挑高 8 米。97 层观光天桥高 439 米，为一道浮在空中的天桥，拥有开放式的玻璃顶棚设计。100 层为观光天阁，位于 474 米，是一条长约 55 米的悬空观光长廊，内设三条透明玻璃地板。

【游览线路】

登 94~100 层观光厅，体验不可思议的观光空间。

六、上海科技馆（国家 AAAAA 级旅游景点）

【景区概况】

上海科技馆坐落于上海浦东新区行政文化中心的世纪广场，占地面积 6.8 万平方米，建筑面积 10.06 万平方米，2001 年 12 月 18 日开放一期展览，2005 年 5 月开放二期展览。它是上海市政府为在新世纪提高城市综合竞争力和全体市民素质而投资兴建的重大公益性社会文化项目。

上海科技馆的建筑呈西低东高、螺旋上升的不对称结构，寓意着自然历史和人类文明的演进方式。整个建筑分为三个部分：西侧是一个由低到高逐步递增的扇形空间；中部是透明的玻璃卵形大堂和中央的黄色球体，象征着宇宙的无垠、生命的孕育；东侧是 4 层的框架结构。整个结构体现了崛起、腾飞、不断发展的动感及科技馆所肩负使命的厚重感。

上海科技馆以科学传播为宗旨，以科普展示为载体，围绕"自然·人·科技"的大主题，有生物万象、地壳探秘、设计师摇篮、智慧之光、地球家园、信息时代、机器人世界、探索之光、人与健康、宇航天地、彩虹儿童乐园等 11 个常设展厅；蜘蛛和动物世界 2 个特别展览；中国古代科技和中外科学探索者 2 个浮雕长廊；中国科学院和中国工程院院士信息墙，加上由巨幕、球幕、四维、太空四大特种影院组成的科学影城，引发观众探索自然与科技奥秘的兴趣。

上海科技馆的每个展区都是一个人们关注的社会话题；每个展品，都是一个引人入胜的互动游戏。大到宇宙苍穹，小到细胞基因等科学基本原理和重大科技成果都能在这里得到生动形象的展示，让游人在休闲娱乐中得到启迪。

上海科技馆已经成为上海市最主要的科普教育基地和精神文明建设基地，成为深受青少年和市民欢迎的国家一级博物馆、国家 AAAAA 级旅游景点和国内外游客喜爱的上海特色文化地标、参观量最大的旅游景点之一。

【游览线路】

1F 地壳探秘、智慧之光、设计师摇篮——2F 地球家园、信息时代、机器人世界——3F 探索之光、人与健康、宇航天地——1F 动物世界、生物万象——BF 球幕影院

七、上海野生动物园（国家 AAAAA 级旅游景点）

【景区概况】

上海野生动物园是首批国家 5A 级旅游景区，是野生动物们的温馨家园，

是大都市里的天然氧吧。这里居住着来自国内外的珍稀野生动物200余种，上万余头（只），它们在此快乐生活、繁衍生息。园区分为步行区、车入区及"水域探秘"三大部分。

您可以在步行区邂逅大熊猫、非洲象、亚洲象、长颈鹿、火烈鸟、袋鼠、环尾狐猴、企鹅等众多动物，也可以参与诸多富有特色的动物科普讲堂，让您更加了解和喜爱这些新结识的动物朋友。车入区为动物散放养展示形式，给动物们更多的自由空间，也让游客沉浸在大自然中，观赏动物们觅食、玩耍的自然行为，其乐融融。"水域探秘"是360度乘船无遮挡游览方式，在水上看动物，近距离观赏各种珍稀动物和大批候鸟，开启"慢生活"给您带来全新的观赏体验。

为更好地宣传野生动物保护理念，丰富动物科普知识，让更多人爱上动物，上海野生动物园推出了"动物科普讲解"项目。在主要的动物展区，每天以固定时间由动物保育员给游客讲述动物科普知识以及他们和动物之间发生的有趣故事。

【游览线路】

分为车入区和步行区两个线路，按序游览。

八、南京路、淮海路

（一）南京路

【景区概况】

素有"中华商业第一街"美誉的南京路东起著名的外滩中央商务区，西到成都北路，全长2528米。其中河南路到西藏路段为步行街，全长1033米。南京路商厦林立，名特商店集中，是全国规模最大的商业街区和上海的精华荟萃之地。

南京路是上海近代商业的发祥地。1843年上海开埠后，南京路是最早出现现代都市文明的地方，并迅速成为上海最繁华的商业街，人称"大马路"。到了20世纪30年代，"十里洋场"的南京路已是蜚声中外，称雄远东。先施、永安、新新、大新四大公司是当时国内最摩登的大型商场和全国百货业的魁首。

南京路历来是中国流行商品的发源地，是现代商业的展示台和竞技场。近年来，南京路步行街进行了一系列的商业结构调整：餐饮业经营面积由原来的16 200平方米增加到29 900平方米，休闲娱乐业经营面积由原来的5000平方米增加到14 000平方米，中小百货减少了一半以上，专业商厦、品牌商店迅速崛起。步行街还将进一步拓宽休闲娱乐业、现代服务业等行业的发展空间，使产业结构日益合理，综合功能更加完善。

一百多年的发展史给南京路带来了浓厚的文化氛围。沿街的和平饭店、华联商厦、时装公司、食品一店、中百一店、金门大酒店、国际饭店、大光明电影院等12处经典大楼是被上海市人民政府批准的"优秀近代保护建筑"；人民公园和三角绿地景色宜人，世纪广场绿树成荫，鸟语花香；海仑宾馆、王宝和大酒店、南新雅大酒店、新世界大酒店、仙乐斯广场、明天广场等现代化建筑拔地而起，使南京路焕发出迷人的时代气息。

【游览线路】

南京东路步行街游览。

（二）淮海路

【景区概况】

淮海路是与南京路齐名的旅游、购物街。淮海路过去又叫霞飞路，全长约6千米，是一条繁华而又高雅的大街，一条堪与巴黎的香榭丽舍、纽约的第五大道、东京的银座、新加坡的乌节路媲美的大街。淮海路现代化特色商店林立，拥有商店400余家，最繁华的地段，是从陕西路到西藏路2.2千米长的商业街。

淮海路分东、中、西三段各具特色。东段（西藏南路—重庆南路）为高级商务圈，云集了香港广场、上海广场等高档写字楼和百脑汇、赛博等电脑广场，较大的商厦是太平洋百货淮海店和全新开业的大上海时代广场。中段（陕西南路—重庆南路）是高档商业圈，百盛、巴黎春天、二百永新、华亭伊势丹等时尚百货供应高档流行商品和品牌服饰，质优价廉。此外，还有上海市妇女用品商店、古今胸罩公司、全国土特产食品公司等名特商店。西段（陕西南路—常熟路）是时尚购物圈，有专营高档女式服饰精品的美美百货和以服饰为主，兼营工艺礼品的襄阳服饰礼品市场。

淮海路广纳世界精品，巴黎春天、美美百货、华亭伊势丹以高雅的姿态展现着国际顶级名牌，使上海的都市购物具有了世界级的水准。道路两侧商店装潢典雅高贵，欧美古典、中式古典、欧陆新潮及跨世纪大都市的建筑风格各具风采。无论是建筑外表，还是内部布局，都散发出浓郁的城市型文化休闲气息。淮海中路的夜景与南京路一样迷人，商店的霓虹灯缤纷夺目，现在淮海路正在实施的商店橱窗"灯光透亮工程"，再加上由不锈钢拱形跨街灯组成的那一条极有特色的"灯光隧道"，绝对可以让您体验到不夜城的风采。

【游览线路】

淮海路商业街游览。

九、玉佛寺

【景区概况】

坐落在市区北侧的安远路、江宁路口。建于1918年,是一座仿宋殿宇建筑,布局严谨,结构和谐,气势宏伟。寺内中轴线上,依次为天王殿、大雄宝殿、玉佛楼(方丈室),左右两侧有卧佛堂、观音殿、铜佛殿和斋堂,错落有致。每逢初一、十五或佛教传统节日,善男信女,三皈居士,接踵而至。院内香烟飘漫,福烛高照,都市风光中的丛林名刹,自是别具韵味。

公元1882年,即清光绪八年,普陀山慧根法师经五台,历峨眉,入西藏,到印度,礼佛后过缅甸,在当地华侨的赞助下,开山取玉,雕琢了五尊玉佛,并携返普陀山。路经上海,留下了坐佛、卧佛各一尊,即在江湾镇造庙供奉,称玉佛寺。1918年,寺庙毁于兵火,重择现址新建,新寺易名为"玉佛禅寺"。

【游览线路】

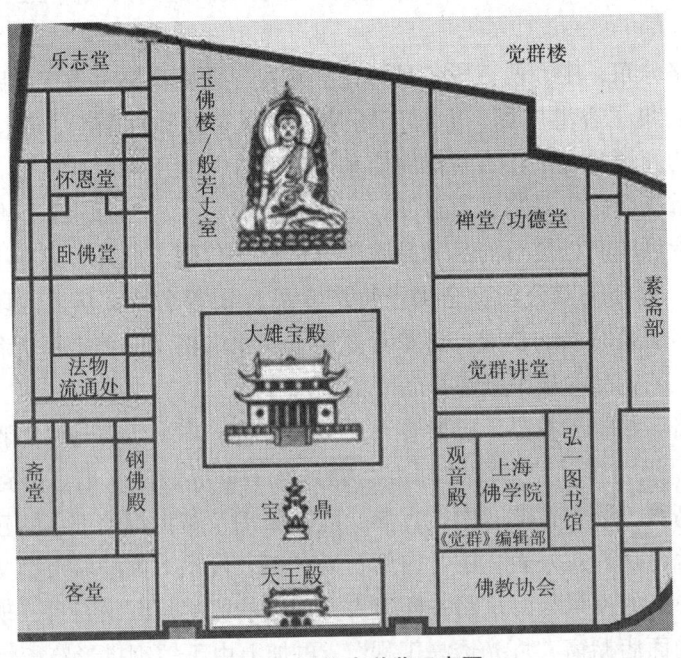

图2-1 玉佛寺游览示意图

【特色活动】

迎元旦、庆新春撞钟祈福活动，每年12月31日晚。

十、人民广场

【景区概况】

  人民广场历史上是上海西北部的一片水网地带，上海开埠后，与其北侧的人民公园一起成为远东第一的跑马厅。上海解放后，跑马厅南半部建成人民广场，北半部辟为人民公园。20世纪90年代，人民广场进行了"大手笔、高起点"的改建，建成了世界一流的开放式、多功能的城市中心广场。

  人民广场是上海政治、文化、商业和交通中心，它似一颗闪光的明珠，绚丽多彩地镶嵌在上海城市的心脏部位。整个广场以底座是上海版图的音乐喷泉为中心，南北轴线上，三段式立面造型的市府大厦与以天圆地方为造型渊源的上海博物馆相峙而立；市府大厦的东西两侧侍立着灵动飘逸的上海城市规划展示馆与晶莹剔透的上海大剧院。广场上三千羽和平鸽与周围人民公园、延中绿地的丛丛绿意，还有闻名遐迩的国际饭店、新世界、市百一店、大光明电影院、上海美术馆、大世界等名店名楼，一起构成了一幅美轮美奂的都市油画。

【游览线路】

上海大剧院→人民广场→上海博物馆→上海城市规划展示馆

【上海大剧院】

  位于人民广场西北侧，剧院内有3个剧场，1800座的主剧场，用于上演芭蕾、歌剧和交响乐。主剧场舞台由一个728平方米的前舞台、一个360平方米的后舞台和两个257平方米的侧舞台组成，带有舞台平移、升降、旋转、乐池升降和电动布景吊杆等设备，是亚洲最大、世界上最先进的舞台之一。600座的中剧场，供室内乐演出；200座的小剧场，供话剧、歌舞剧表演。还有12个大小不等的排练厅、练功房和各类制景室、化妆间以及宴会厅、文化展示厅、马克西姆咖啡厅、地下车库等辅助设施。

  上海大剧院简洁流畅的几何造型，皇冠般的白色弧形屋顶，古典的户外剧场和空中花园，象征着上海吸纳世界文化艺术的博大胸怀。

【上海博物馆】

  全国AAAA级风景点，是与北京、南京、西安博物馆齐名的中国四大博物馆之一，陈列面积12 000平方米，开设12个专题陈列室，馆藏珍贵文物12万件，包括青铜器、陶瓷器、书法、绘画、玉牙器、竹木漆器、甲骨、玺印、少数民族工艺等21个门类，其中尤以青铜器、陶瓷器、书法、绘画为特色。

上海博物馆整幢建筑是上圆下方的造型，寓意中国的传统说法"天圆地方"。从远处眺望，整幢建筑就如一尊中国古代的青铜器。

【上海城市规划展示馆】

全国AAAA级风景点，位于市政府的东侧，馆顶4只象征上海市市花白玉兰的巨大檐帽在阳光下熠熠生辉。展馆地面5层、地下2层，共分历史的丰碑、历史文化名城厅、规划建设成就厅、总体规划一厅、总体规划二厅等五个展厅。其中最值得一看的有："序厅"西墙上的长卷"百万市民大搬迁"浮雕；历史文化名城厅以高科技的虚拟现实向人们展示了南京路的变迁；总体规划一厅展示了"未来家园"，600平方米的"2020年上海主体模型"堪称世界之最；总体规划二厅的"绿化环境春夏秋冬"体现可持续发展战略；"苏州河模型"别出心裁，嵌入地下，将恢复生态功能放在首位。地下一层的老上海风情街参照1930年淮海路建造。即使无暇参观城展馆，也可以从人民公园前的自动扶梯下地，20世纪30年代的老上海风情民俗顿时呈现眼前。

【上海市政大厦】

市政大厦高72米，主楼计19层，可容纳2500人办公。地下二层作为车库，可停放机动车150辆。大厦的整体显示出"庄严、大方、朴素、明快"的特色，市政大厦大门竖立着10根9米高的石柱，显得庄严方正，用宽大的花岗石为踏步，4层裙楼的外墙用花岗石贴面，象征政权的恒久与牢固；主楼用白色人造石贴面和蓝灰色垂直玻璃幕墙，既清新明快，又象征政权的清正廉明。细部处理上采用了上海市花白玉兰图案做浮雕装饰，加上精致的线条达到丰实的艺术效果。市政大厦既有上海特色，又有时代精神，是上海最具代表的标志性建筑之一。

【上海美术馆】

上海美术馆是一所公益性社会文化事业机构，坐落于南京西路，背靠人民广场，是一座功能健全、设施先进、在国内外具有一定影响的近现代美术博物馆。

该建筑建成于1933年，原为旧上海跑马场，是20世纪30年代英式风格的楼宇。改扩建工程完整地保留了其原有的新古典主义特色外观，并根据美术馆的功能要求进行了内部改造，在设计上继承了欧式建筑的传统风格，并强调了明快的现代气息，是一座典雅、大方的艺术殿堂。

上海美术馆现有藏品8000余件，拥有展厅12个，展览面积6000余平方米，配备了现代化的设施，为举办各类艺术展览提供了良好条件；而设备先进的演讲厅、会议室、图书馆、美术资料数据库及美术工作坊等，则为学术研讨和普及教育等活动提供了保证。此外，艺术书店、纪念品商店、画廊、咖啡屋等也为观众营造了充满艺术气息的休闲氛围。

十一、新天地

【景区概况】

太仓路181弄（新天地广场北里）和兴业路123弄（新天地广场南里）的新天地广场由太仓路、黄陂南路、马当路及自忠路环绕而成，处于城市中心地带，临近淮海中路商区，交通方便快捷，每天要接待无数来自世界各地的旅游者。

"新天地"是以石库门建筑为载体，集旅游、观光、休闲、购物于一身的上海时尚生活的一个源头，将上海特有的传统石库门旧里弄与充满现代感的新建筑群融为一体，外观古朴的石库门住宅内部被改造为21世纪现代都市生活的环境，提供餐饮、零售、娱乐、文化及服务式公寓等设施，露天茶座及酒吧、广场表演和步行街等特色，云集众多咖啡酒吧、中西餐馆、时装店、国际画廊。

【游览线路】

新天地广场北里→新天地广场南里

十二、中共一大会址与中共一大纪念馆

中共一大会址位于上海市兴业路76号，1921年7月23日，中国共产党第一次全国代表大会在望志路106号（今兴业路76号）开幕，中国共产党正式成立。

中共一大纪念馆位于上海黄浦区兴业路1号，与一大会址隔街相望，并延续了青红砖的石库门风格。纪念馆基本陈列主题为《伟大的开端》，共分为序厅"历史选择 伟大起点"、第一部分"前仆后继 救亡图存"、第二部分"民众觉醒 主义抉择"、第三部分"早期组织 星火初燃"、第四部分"开天辟地 日出东方"、第五部分"砥砺前行 光辉历程"和尾厅"不忘初心 牢记使命永远奋斗"这7个板块。展陈以"初心使命"贯穿全篇，聚焦建党初期中国共产党在上海的革命实践，生动展现了中国共产党的诞生历程。

在展陈方式上，纪念馆充分利用高大敞亮的展示空间，创新展陈设计，精

雕细琢，提升展览观赏性。展览精心设计了 30 多处重点展项，综合采用文物实物、图片图表、动态视频、油画雕塑、实景还原等多种展示手段，生动讲述建党故事。其中，融合声、光、电效果的多媒体声像展示就达到 20 多项。比如，展陈"真理的味道"便将馆藏镇馆之宝《共产党宣言》的 72 种版本全部展出，与背景 LED 屏幕结合，形成三组互为呼应的故事场景。

十三、豫园

【景区概况】

豫园位于上海黄浦区安仁街 218 号，是著名的江南古典园林，国家 AAAA 级风景区，全国重点文物保护单位。豫园始建于明嘉靖三十八年（1559 年），万历五年（1577 年）又加扩充，规模宏大，被誉为"东南名园冠"。园主潘允端曾任四川布政使，建造此园是为"愉悦老亲"，故名豫园。园林布局具有吴越建筑特点，保存完整，向有"城市山林"之誉。

1987 年重建东部，恢复百余年前故景风姿，新旧诸景交相辉映，融为一体，古园更臻完美，实为游乐观瞻之极佳去处。现占地 2 公顷，全园擅江南园林之胜，有萃秀堂、仰山堂等 40 多处胜景。其中点春堂为 1853 年上海小刀会起义的指挥部。"玉华堂"前的"玉玲珑"假山石是与苏州留园的"瑞云峰"、杭州花圃的"绉云峰"齐名的江南园林三大奇石之一。

豫园新开设了一个藏有千奇石雕的展馆——石头城，其观赏价值和人文价值受到中外游客的青睐。该馆规模之大，奇石之多，为世人罕见。

【游览线路】

大门→题词石→三穗堂→仰山堂→铁狮子→渐入佳境→萃秀堂→鱼乐榭→复廊→万花楼→藏宝楼→学圃→点春堂→打唱台→听鹂亭→和煦堂→老君殿→会景楼→九狮轩→流觞亭→三曲桥→玉华堂→玉玲珑→听涛阁→涵碧楼→内园→静观→九龙池→可以观→别有天→亦舫→耸翠亭→观涛楼→曲苑→古戏台→西出口

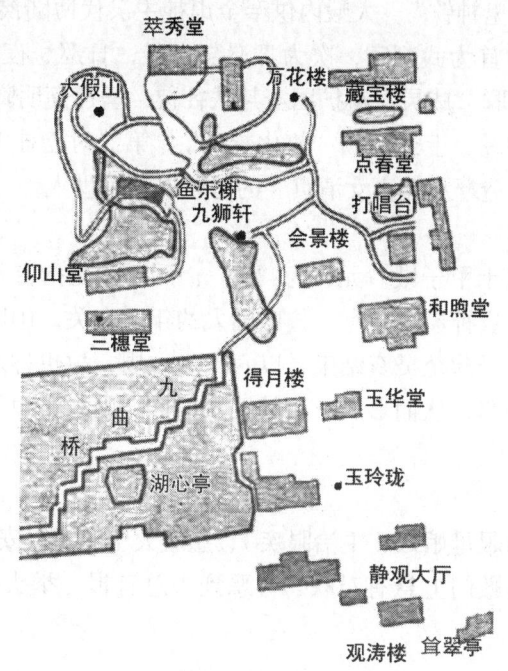

图 2-2 豫园景点示意图

十四、城隍庙

【景区概况】

上海城隍庙与豫园毗邻,又称老城隍庙,是上海道教正一派主要道观之一。位于方浜中路,东至安仁街,北通福佑路,西至旧校场路。明朝永乐年间(1403—1424年),由知县张守约将金山神庙改建而成。历史上的城隍庙屡毁屡建,现在的城隍庙是1926年修建的,1995年开始修缮,并接待信众和游客。正门为四柱三门,飞檐牌楼上塑有八仙,门旁有石狮一对。大殿翠瓦朱檐,峥嵘璀璨,香火极盛。

老城隍庙与其后面的豫园不仅是游览的名胜,而且是购物的好去处,这儿不仅有小商品、土特产和特色商品市场,而且有大型综合商场和名点小吃。

【游览线路】

大殿→元辰殿→慈航殿→财神殿→城隍殿

【大殿】

大殿正门上悬"城隍庙"匾额,并配以对联"做个好人心正身安魂梦稳,行些善事天知地鉴鬼神钦"。大殿内供奉金山神主汉代博陆侯霍光大将军坐像，左首为文判官，右首为武判官，次为日巡与夜查，日巡、夜查以下为八皂隶。第一对立柱悬有对联"威灵显赫护国安邦扶社稷，圣道高明降施甘露救生民"，以赞扬城隍神的功绩，上悬匾额"牧化黎民"。第二对立柱上悬"刻薄成家难免子孙浪费，奸淫造孽焉能妻女清贞"的对联以警示世人。

【元辰殿】

元辰殿又称六十甲子殿。元，为"善"，元辰，是指吉利时日的意思。元辰神灵是中国的年岁神灵，与每一位中国人的年运有关。中国古代子以天干地支循环相配，由甲子起至癸亥结束，以六十为一周，故也称六十甲子，后道教以六十甲子配以神名，从而形成了道教元辰信仰。因六十甲子神灵是星神，故也称太岁神。

【慈航殿】

慈航殿内供奉眼母娘娘（主治眼疾）、慈航大士（主平安）、天后娘娘（主出海平安）。慈航殿门上悬有对联"善恶到头总有报，举头三尺有神明"，匾额"慈航普度"。

【财神殿】

财神殿内供奉文昌帝君（主功名利禄）、关圣帝君（主平安）、财神（主财运）。财神殿门上悬有对联"生财有道义为先，学海无涯苦作舟"，上悬匾额"福佑众生"。

【城隍殿】

城隍庙内最后一进殿为城隍殿。城隍殿两侧悬有对联以赞扬城隍神公正无私，即"祸福分明此地难通线索，善恶立判须知天道无私"，上悬匾额"威灵显赫"。殿内另有一副赞神对联"天道无私做善降祥预知吉凶祸福，神明有应修功解厄分辨邪正忠奸"，横批"燮理阴阳"。城隍殿中央供奉上海县城隍神红脸木雕像，正襟危坐。城隍殿内仿照明代县衙公堂陈设，仪仗森严。

第二节 热门景区

一、国际会议中心

上海国际会议中心位于浦东滨江大道,与著名的外滩建筑群隔江相望。它与东方明珠、上海中心大厦一起组成陆家嘴地区的一道著名的景观。总建筑面积达11万平方米,拥有现代化的会议场馆:有4300平方米的多功能厅和3600平方米的新闻中心各1个,可容纳50~800人的会议厅30余个;豪华宾馆客房,有总统套房、商务套房、标准间近270套;还有高级餐饮设施、舒适的休闲场所和600余个车位。

二、中华艺术宫

中华艺术宫坐落于上海浦东新区上南路205号,由中国2010年上海世博会中国国家馆改建而成,于2012年10月1日开馆,总建筑面积16.68万平方米,展示面积近7万平方米,拥有35个展厅,公共教育空间近2万平方米,配套衍生服务经营总面积达3000平方米。中华艺术宫是集公益性、学术性于一身的近现代艺术博物馆,以收藏保管、学术研究、陈列展示、普及教育和对外交流为基本职能,坚持立足上海、携手全国、面向世界。

以整洁、美丽、友好、诚实、知性的艺术博物馆为目标,中华艺术宫以上海国有艺术单位的收藏为基础,常年陈列反映中国近现代美术的起源与发展脉络的艺术珍品;联手全国美术界,收藏和展示代表中国艺术创作最高水平的艺术作品;联手世界著名艺术博物馆合作展示各国近现代艺术精品,成为中国近现代经典艺术传播、东西方文化交流展示的中心。同时,馆内还设有艺术剧场、艺术教育长廊等艺术教育传播区域,引进了与馆内整体文化形象相吻合的餐饮、图书、艺术品等配套衍生服务,积极打造"艺术服务综合体"的文化服务概念。

中华艺术宫的镇馆之宝多媒体版《清明上河图》展厅位于49米层,自世博会闭幕后多媒体版《清明上河图》就永久落户于这里,如今它仍是中华艺术宫中深受欢迎的亮点。此外,还有"海上生明月——中国近现代美术之源"展览和中国近代艺术名家的各种艺术作品,以及国内外的艺术作品临时展览,可以不定期地欣赏到来自世界各国博物馆的艺术展品。

三、浦江夜游

黄浦江，是上海的母亲河，是上海的象征和缩影，浦江两岸，荟萃了上海城市景观的精华，从这里可以看到上海的过去、现在，更可以展望上海的灿烂明天，这里记录着上海在不同时代的辉煌，上海因为黄浦江而有了灵气。黄浦江自淀山湖流经上海市区，至吴淞口汇入长江，水道全长114千米，流域面积5100平方千米，主要支流有苏州河、淀浦河、太浦河和蕰藻浜等。

浦江游览一直是上海旅游的一个传统节目，最适宜在夏日的夜晚。从外滩"浦江之光"码头起航，先逆流而上，向南至南浦大桥，再掉头向北，把你从繁华的市区带到黄浦江与长江汇流入海的地方——吴淞口。徜徉在帆影点点、海鸥逐浪中，可以感受这都市的脉动。

游览过程中可以看到横跨浦江两岸的杨浦大桥、南浦大桥和上海东方明珠广播电视塔。两座大桥，像两条巨龙横卧于黄浦江上，中间是东方明珠电视塔，正好构成了一幅"二龙戏珠"的巨幅画卷，而浦江西岸一幢幢风格迥异、充满浓郁异国色彩的万国建筑，与浦东东岸一幢幢拔地而起、高耸云间的现代建筑交相辉映，令人目不暇接。

吴淞口，是黄浦江与长江的入海口，这里是黄浦江、长江和东海三股水流交汇的地方，如果正值涨潮，你便可看到著名的"三夹水"奇观，黄浦江从市区带出的是青灰色的水，长江带来的是夹有泥沙的黄色水，而东海水则是绿颜色的，三股水颜色不同，泾渭分明，形成色彩鲜明的"三夹水"，实为一大奇景。

四、田子坊

田子坊位于上海市泰康路210弄。"田子坊"是画家黄永玉给这旧弄堂起的雅号。据史载，"田子方"是中国古代的画家，取其谐音。

田子坊是由上海特有的石库门建筑群改建后形成的时尚地标性创意产业聚集区，也是不少艺术家的创意工作基地，人们往往将田子坊称为"新天地第二"。1998年12月28日，一路发文化发展公司首先进驻泰康路揭开了泰康路上海艺术街的序幕，不久又有著名画家陈逸飞、尔冬强、王劼音、王家俊、李守白等艺术家和一些工艺品商店先后入驻，有艺术品、工艺品商店40余家，工作室、设计室20余家，原来默默无闻的小街渐渐吹起了艺术之风。

走在田子坊，迂回穿行在迷宫般的弄堂里，一家家特色小店和艺术作坊就这样在不经意间跳入你的视线。从茶馆、露天餐厅、露天咖啡座、画廊、家居摆设到手工艺品,以及众多沪上知名的创意工作室,可谓应有尽有。

田子坊使得曾经的街道小厂,巷子废弃的仓库,石库门里弄的平常人家,抹上了"苏荷"(SOHO)的色彩、多了艺术气息熏染,展现出上海亲切、温暖和嘈杂的一面。只要你在这条如今上海滩最有味道的弄堂里走一走,就不难体会田子坊与众不同的个性了。

五、上海玛雅海滩水公园

上海玛雅海滩水公园是华东地区大型水上乐园,坐落于风景秀美的佘山国家旅游度假区,毗邻上海欢乐谷,由全球顶级规划机构倾力设计,注重"惊险刺激"和"合家游乐"元素的兼容并蓄,融合古代玛雅文化与现代水上游乐体验,是华侨城集团继上海欢乐谷之后,在华东地区推出的又一精品力作。

上海玛雅海滩水公园2013年7月5日开业,占地面积约12.8万平方米,其日均能接待2.6万名游客。园内近40个体验项目,拥有水上过山车之王"大黄蜂"、亚洲最大直径"超级大喇叭"、世界水上娱乐竞速之王"大章鱼滑道"、世界最新娱水漩涡体验项目"巨兽碗"、全球首座玛雅主题互动水寨"玛雅水寨"等众多亲水游乐项目,其中多项获得国际行业协会最佳水上游乐设备奖。更有星光熠熠夏浪音乐节、异域风情歌舞、互动主题游戏等精彩呈现,给您带来前所未有的超凡感官体验。

上海玛雅海滩水公园以建成"国内领先、长三角地区最具代表性"的玩水主题旅游项目为目标,进一步提升佘山国家旅游度假区的娱乐品质,为上海及长三角地区带来新的文化娱乐方式和娱乐体验。水公园每年运营从6月中旬至9月中旬,为期3个月。水公园共有两个出入口。作为上海欢乐谷姐妹园的水公园将单独销售门票,但园区内有"小门"与欢乐谷相通。园区有免费的接驳车将欢乐谷、水公园和地铁站相连接。

六、上海欢乐谷

上海欢乐谷是中国首个连锁主题公园品牌、国家AAAA级旅游景区,地处上海松江佘山国家旅游度假区,是华侨城集团投资40亿元打造的精品力作。于2009年8月16日正式开放,成为上海乃至全国规模最大、景色最美、科技含量最高的主题公园。全园占地面积65万平方米,拥有100多项老少皆宜、丰富多彩的体验项目，是国内占地面积最大、科技含量最高、游乐设施最先进、文化活动最丰富的主题公园之一。

上海欢乐谷全园共有七大主题区：阳光港、欢乐时光、上海滩、香格里拉、欢乐海洋、金矿镇和飓风湾。这里有众多从美国、德国、荷兰、瑞士等国家引进的世界顶尖科技娱乐项目，如全球至尊无底跌落式过山车"绝顶雄风"、国内首台木质过山车"谷木游龙"、世界最高落差"激流勇进"、全球最受欢迎亲子悬挂过山车"大洋历险"、国际经典旋转类亲子游乐项目"小飞鱼"、亚洲惊险之塔"天地双雄"、国际领先级4K高清"飞行影院"、最新4D过山车模拟体验馆"海洋之星"……荟萃大型多媒体歌舞秀《欢乐之旅》、原创魔术剧《奇幻之门》、影视特技实景剧《上海滩》、气势恢宏的大型马战实景表演《满江红》、零距离海狮互动等精彩演艺。

七、上海迪士尼乐园

中国内地首座迪士尼主题乐园，位于上海市浦东新区川沙新镇，于2016年6月16日正式开园。它是中国大陆第一个、亚洲第三个，世界第六个迪士尼主题公园。

上海迪士尼乐园是一座神奇王国风格的迪士尼主题乐园，乐园拥有七大主题园区：米奇大街、奇想花园、探险岛、宝藏湾、明日世界、梦幻世界、玩具总动员；两座主题酒店：上海迪士尼乐园酒店、玩具总动员酒店；一座地铁站：迪士尼站；并有许多全球首发游乐项目、精彩的现场演出和多种奇妙体验任何年龄段都能在这里收获快乐。

"米奇大街"是奇思妙想的发源地，这个街区布满了各式各样的商店和餐馆。从步入这里起，游客们就将感受到上海迪士尼乐园欢快的氛围，远离尘嚣进入各个充满探险、梦幻和未来感的主题园区。

"奇想花园"拥有风景迷人的小桥步道，交织通达各个主题园区，是亲朋好友相聚的理想之地。漫步园中，游客们将遇见米奇和他的伙伴们，还可以前往观景阶梯欣赏城堡舞台表演与夜光幻影秀。该园区包括七座风格各异的花园——"十二朋友园""音悦园""浪漫园""碧林园""妙羽园""幻想曲园"和"童话城堡园"，分别呈现了亲情、友情与欢乐的主题。每座花园都充满了趣味盎然的活动，花繁叶锦的景观设计，以及欢乐的合影机会。

受迪士尼动画电影启发而设计的"梦幻世界"是上海迪士尼乐园中最大的主题园区，宏伟壮丽的"奇幻童话城堡"便坐落其中。"奇幻童话城堡"不仅是上海迪士尼乐园中的最高建筑，也是世界上最高、最大、最具互动性的迪士尼城堡，它将成为乐园中最引人注目的地标。

特别为上海迪士尼乐园打造的全新"明日世界"，展现了未来的无尽可能。它选用了富有想象力的设计、尖端的材料和系统化的空间利用，体现了人类、自然与科技的最佳结合。

上海迪士尼乐园将为游客提供无限可能，乐园里无处不在的新奇、刺激和冒险都在等着人们去开启梦想，创造值得珍藏一生的回忆。

八、名人故居

【孙中山故居】

孙中山故居位于香山路7号，是当时旅居加拿大的华侨集资赠送，成为孙中山先生在1920年至1924年在上海的寓所。1961年被列为全国重点文物保护单位。在这里，孙中山进行了改组国民党的活动，达成了国共第一次合作，完成了《孙文学说》等著作。故居陈设按照宋庆龄生前回忆安排布置，基本保持了原貌。故居内陈列着孙中山先生使用过的指挥刀、军事地图、文房四宝等物品。

【宋庆龄故居】

宋庆龄故居位于淮海中路1843号，宋庆龄故居主体建筑为一幢乳白色船形的假三层西式楼房，宋庆龄于1948年年底迁到这里居住，故居内陈设保持宋庆龄生前原样。在这里，宋庆龄接待了53位党和国家的领导人、国外元首和贵宾，这是宋庆龄长期居住和从事国务活动的地方，里面收藏了许多具有珍贵历史价值的文物，已被列为上海市重点文物保护单位。

【鲁迅故居】

鲁迅故居位于山阴路132弄9号，是一幢红砖红瓦的3层楼房，为一代文化巨匠鲁迅1933年至1936年逝世前居住和工作的寓所。在这里，鲁迅从事了大量的创作活动和翻译、编辑工作，创建了"中国自由运动大同盟"和"左联"等组织。故居内陈列着鲁迅先生生前用过的写作用具和珍贵物品。

【周公馆】

周公馆位于思南路73号，是一座具有法国建筑风格的花园洋房。红漆大门上写有"周公馆"和"周恩来将军寓所"字样。1946至1947年间曾是中国共产党驻上海代表处。周恩来在这里举行过多次重要的记者招待会，会见过许多著名爱国人士。馆内陈列着周恩来同志的墨迹及珍贵纪念物。1979年正式辟为纪念馆。

【毛泽东故居】

毛泽东故居位于茂名北路120弄5-9号，是一幢老式的两层楼砖木结构的石库门房屋。1924年2月中旬，毛泽东在担任中共中央局秘书，国民党上海执行部执行委员、组织部秘书等职务期间，曾在此居住，现被列入上海市文物保护单位。

【蔡元培故居】

1937年10月，蔡元培先生由上海市愚园路寓所迁至海格路（今上海市华山路303弄16号）居住。同年11月2日，他带头与上海交通、同济、暨南、浙江等大学校长联名致电九国公约会议，呼吁采取有效措施，遏止日本对华侵略。日军侵占上海后，蔡先生果断移居香港。1940年3月5日，蔡先生病逝于香港。整幢房屋占地2.22亩，建筑面积526平方米。1984年被列为上海市级文物保护单位。

【蒋介石故居】

蒋介石故居位于东平路9号。1927年12月1日，蒋介石与宋美龄的婚礼在上海大华饭店举行，婚后他们住在亚尔培路（陕西南路）向朋友借的房子里。宋子文在今东平路9号买下一座较大的花园洋房，作为宋美龄的陪嫁之物。

这座英式花园别墅，现为音乐学院附中。1927年蒋介石在南京工作，经常来上海，这是蒋介石的行宫，题名为爱庐。

第三节 特色文化

【龙华晚钟】

每年除夕之夜，龙华古寺都会举行撞"龙华晚钟"活动，人们欢聚在龙华古寺，撞108响"龙华晚钟"，祈安祝福。撞钟、听钟、烧头香、品尝越年面，观看百名和尚迎新祝圣延寿普佛仪式。

【上海旅游节】

上海旅游节前身上海黄浦旅游节，始于1990年，1996年升为市旅游节。每年秋季的节庆期间，由文化艺术节、民俗风情节、时装节、美食节、购物节等构成的系列活动，高潮迭起，美不胜收，而绚丽多姿的中外彩车大游行，更是令人目不暇接，流连忘返。

【上海桂花节】

从1990年起每年阴历八月，徐汇区都会在桂花飘香的漕河泾风景区举办上海桂花节。桂花节以桂林公园、康健园、桂林路购物街和"桂花村"为活动区域，以游园赏桂、民族艺术展演、美食购物为主要内容，成为上海秋季最具影响的大型节庆活动之一。

【上海南汇桃花节】

从1991年至今每年阳春三月，桃花节在南汇隆重举行。桃花节突出"桃文化"特色，现有"桃源仙境""桃源民俗村""古钟园"等20个景点，游客可观赏万亩桃花园、品尝农家乡土小吃、欣赏民间文艺表演，还可参与钻蒙古包、骑马、赛车、闯海等项目。

【沪剧】

沪剧源于江苏吴淞江、黄浦江一带农村的民歌小调，辛亥革命前后进入上海，易名为"申曲"，1941年成立"上海沪剧团"，才正式改名为沪剧。因该剧种采用江、浙长江三角洲一带的方言，生长、流行于上海及附近的杭、嘉、湖一带，所以属于上海地方戏，1953年成立了上海沪剧院。

【上海雕刻】

上海雕刻分玉雕、牙雕、木雕、漆雕和石雕五大类。上海玉雕分炉瓶、人物、飞禽、走兽四类，尤以炉瓶最具传统特色。选料精细，造型稳重典雅，纹饰朴素清新，工艺精巧玲珑。

【上海顾绣】

上海顾绣又称"露香园顾绣"。顾氏绣法从内廷传来，擘丝比头发还细，针刺纤细如毫毛，配色精妙，别具心裁。所绣山水、人物、花鸟都气韵生动，精细无比。质地大都用软缎、绸料及特丽纶、尼龙、的确良等，产品形式除传统画绣挂幅外，还有睡衣、浴衣、台布、枕套、被面、围巾等品种。

【上海梨膏糖】

据传梨膏糖始于唐朝名相魏徵，距今已有一千三百余年历史。他将草药磨成粉末同梨汁一起煎熬，给其久病老母服用。后来这种方法竞相流传，成为疗效食品梨膏糖。现在，上海豫园商场内的上海梨膏糖商店常年供应各式梨膏糖，有采用杏仁、山楂、川贝、桔梗、橘红等十余种中药材加工制成的止咳梨膏糖，还有姜汁、薄荷、胡桃、虾米、肉松、松子等各种花式梨膏糖。

【南翔小笼包】

南翔小笼包为上海郊区南翔镇的传统名点，久负盛名。因其形态小巧呈半透明状，以特制的小竹笼蒸熟，故称"小笼包"。

第四节　综合训练

　训练项目一：上海近现代建筑欣赏

【目的和要求】

（1）了解上海近代历史与特色建筑的形成原因。

（2）了解世界主要建筑类型及上海现代建筑的特点。

【准备】

（1）查阅上海近现代建筑的基本知识。

（2）查阅世界主要建筑类型相关知识。

【步骤】

（1）查阅世界主要建筑类型的相关资料，了解常见的建筑类型及其主要特征以及同类建筑中的代表。

（2）实地考察，厘清目前上海外滩主要建筑的类型，以及这些建筑建造背景、设计师、发生的历史事件和名人逸事等。

（3）实地考察体现现代化新上海特色的代表建筑，了解相关知识。

【考核】

（1）可以分小组进行，就某一个知识点，进行深入探讨，并撰写实习报告。

（2）进行实地考察，拍摄相关照片，举办主题展览。

（3）选择一座建筑或一个方面写一篇导游词。

　训练项目二：接团准备

【目的和要求】

（1）复习和掌握接团准备工作的基本内容，并模拟进行训练。

（2）熟悉华东线常规旅游产品的详细行程，包括行程内景区景点，住宿城市和宾馆，餐饮、定点购物、自费景点等情况。

【准备】

（1）认真复习相关知识，仔细阅读和研究华东线常规行程，准备好导游证、结算单、导游旗和有关电话号码等。

（2）熟悉旅游城市和景点的知识，做好思想准备。

【步骤】

（1）仔细阅读并能熟练说出华东线常规行程。
（2）分析游客状况，合理安排游览、餐饮、住宿、购物、娱乐等。
（3）分析华东线旅游的各项服务中可能出现的问题，提出解决方案。
（4）提供案例行程：南京／无锡／苏州／杭州／上海＋小桥流水异样感受。

D1：车游明故宫遗址、远观中国四大名楼之一——阅江楼外景。可自费游览中国近代史遗址博物馆——总统府（门票自理）；游览孙中山临时大总统办公室、桐音馆、石舫、漪澜阁、夕佳楼、鸳鸯亭、子超楼等；游览夫子庙商业街，沿途欣赏：乌衣巷、文德桥、秦淮河美丽风光、天下文枢坊、神州第一照壁、自费品尝特色风味小吃；住南京。

D2：早餐后，车赴无锡（车程约2.5小时），游览无锡第一名胜——鼋头渚；鼋头渚为太湖西北岸无锡境内的一个半岛，因有巨石突入湖中，状如浮鼋翘首而得名，是太湖风景名胜区的主要景点之一，乘船游览太湖、登三山仙岛。欣赏太湖风光。

观宜兴紫砂壶艺；驱车前往苏州，游苏州四大名园之一——狮子林；观清乾隆皇帝游园时题的"真趣亭"、巨型假山群；住苏州。

D3：驱车前往历史文化名镇——南浔（车程约2小时），游览江浙巨富刘镛的私家花园—小莲庄、近代著名的私家藏书楼——嘉业藏书楼、江南名宅——张石旧居、参观具有近400多年历史的百闻楼，感受"小桥、流水、人家"的江南风光；驱车前往枕水人家乌镇（车程约2小时）。游览乌镇（游览2.5小时左右）：游览影视片《似水年华》《沈万三》等的拍摄取景地、立志书院、茅盾故居、江南木雕刻陈列馆、蓝印花布作坊、余榴梁钱币馆等景点；驱车前往杭州（车程约2.5小时），沿途品尝杭白菊；晚上可自费游览"给我一天，还你千年"——清明上河图真实再现的宋城或西湖之夜；住杭州。

D4：早餐后，船游西湖（自费景点），观赏苏堤、三潭印月等众多美景，让人心旷神怡。游览西湖南线西湖十景之一花港观鱼（红鱼池、孔雀园、御碑亭、牡丹园）。远观雷峰塔；观丝绸时装表演、龙井问茶，车游滨江大道；驱车前往上海（车程约2.5小时）。晚上可自费参观上海夜景（含夜景、浦江游船、东方明珠一层或金茂大厦）；住上海。

D5：早餐后，车游世纪大道、观世界第三高塔东方明珠塔外景、中华第一高楼上海中心大厦、环球金融中心、金茂大厦及上海国际会议中心外景，参观工艺饰品商店或土特产商场，游"万国建筑博览"的外滩、"中华第一商业街"的南京路，随后游览小吃王国——城隍庙商城、上海老街。

服务：

空调旅游车/三星级酒店（单房补差）、景点首道大门票、导游服务；4早6正餐/八菜一汤

行程特色：

◇一次性畅游江南两大水乡古镇：历史文化古镇南浔、枕水人家乌镇。

◇一次性畅游苏州四大园林之一"狮子林"和无锡第一名胜"鼋头渚"。

◇按北方人特点，每顿正餐安排面食。全程进6个购物店。

◇品尝江南特色美食：南京盐水鸭、无锡酱排骨、杭州西湖醋鱼。

【考核】

（1）分析景点安排（景区类型、特点，自费景点等）。

（2）分析住宿安排（标准、类型、团队合理分房等）。

（3）分析交通线路（城市之间，酒店与景点之间等）。

（4）分析购物设计（商品特色、客人接受程度等）。

（5）分析娱乐安排（游客自由活动等）。

训练项目三：交通服务

【目的和要求】

（1）能够借助地图、交通指示标志、电子导航系统等带领旅游车在华东线旅游区域游览，能顺利抵达旅游城市、旅游景区、宾馆饭店等。

（2）掌握本区域城市间主要干道（如高速公路、国道、省道等）的基本走向、起始地点、进出城市（乡镇、独立风景区）主要通道（出入口），能顺利进入和离开各旅游城市。

（3）掌握上海、南京、杭州、苏州、无锡等大中型城市的主干道的基本走向，能够在各城市主要区域间自由移动，能够顺利抵达机场、火车站、旅游景点、主要商业区和宾馆饭店等。

（4）借助地图，查找城市内的一般道路。

【准备】

（1）搜集地图册和城市地图等。

（2）了解常用网络查询系统的网址和功能。

【步骤】

（1）仔细阅读华东线旅游区域公路交通网地图，确定主要干线公路的走向、确定主要旅游城市、乡镇的具体方位，了解主要城市间的里程和一般通行

时间。

（2）在华东线旅游区域城市中选择一个自己比较熟悉的城市，弄清城市的主干道的名称、基本走向、转接地点；以地标性建筑物为参照物，弄清火车站（可能有几个火车站）、主要景点景区和商业区的具体位置和道路情况；利用地图和网络查找位于某一小路上的宾馆饭店的位置。

（3）掌握华东线旅游区域其他城市的旅游交通情况。

【考核】

（1）在华东线旅游区域中，能够准确描述出从某一城市出发，抵达任意旅游城市、乡镇某一旅游景点的详细路线。

例1：从南京金陵饭店出发到达上海豫园、东方明珠、南京路的准确路线。

例2：自己设计一条线路。

（2）借助城市地图，找到某一指定饭店。

第三章
南京市

第一节　南京概况

【地理位置】

南京，简称宁，是江苏省省会，是全省政治、经济、文化中心。介于北纬31°14′~32°37′，东经118°22′~119°14′。它地处长江中下游平原东部苏皖两省交界处，江苏省西南部距入海口380千米。南京北连江淮平原，南抵浙闽大地，西接皖赣山区，东临长江三角洲，是江苏省会、副省级市、特大城市、南京都市圈核心城市，国务院批复确定的中国东部地区重要的中心城市、全国重要的科研教育基地和综合交通枢纽。

【地形特点】

南京素有"天然地质博物馆"之称，长江漫滩、富水软土、岗地、岩溶等多种地貌单元并存。它三面环山，一面临水，依钟山而扼长江。城内外多低丘、河湖相连，可谓山环水绕，地势险要，历来为兵家必争之地，素有"钟山龙蟠，石城虎踞"之称。

【气候特点】

南京属北亚热带季风气候区，四季分明，冬夏长而春秋短。雨水充沛，光能资源充足，年平均温度16℃。夏季最高气温可达38℃；冬季最低气温达零下8℃。年平均降雨117天，降雨量1106.5毫米；无霜期长，年平均239天。每年6月下旬到7月中旬为梅雨季节。

【面积人口】

南京地跨长江两岸，全市面积为6597平方千米，南北最大纵距140余千米，东西最大横距80余千米。截至2020年，常住人口约931万人，城镇人口707.2万人，城镇化率83.2%。

南京市 第三章

【历史变迁】

南京是中国著名古都，世界历史文化名城。考古发现表明，大约30万年前南京就有了古人类的活动，6000年前南京就出现了原始村落。

公元前472年，越王勾践在雨花台下筑城史称"越城"。这是南京建有城堡的最早记载，至今已有2470年历史。公元229年，三国东吴迁都于此，始创建业城，而后，东晋、宋、齐、梁、陈先后在南京建都，这就是"六朝古都"。后来，五代时的南唐、明初、太平天国和"中华民国"也定都南京，这又使南京成了"十朝都会"。

"南京"名称始于明代。历史上先后称为冶城、越城、金陵、秣陵、石头城、建业、建康、白下、上元、升州、江宁、集庆、应天、天京等，尽管几番更换城名，依然以其悠久的历史、灿烂的文化、雄奇的风姿、绮丽的风光，盛名百世，在中华民族发展史上占有重要的地位。

【行政区划】

目前全市辖11区，分别是玄武区、秦淮区、建邺区、鼓楼区、浦口区、栖霞区、雨花台区、江宁区、六合区、溧水区、高淳区。

【城市发展战略】

以主城为核心，突出南延东进，加强沿江开发，进一步完善主城、都市发展区、市域三个层次的规划布局。以南京为中心，长江为主轴，形成包括省内及邻省部分地区在内的经济联系密切的城市群。

【市政建设】

南京是华东地区重要的交通和通信枢纽，铁路、公路、航空、水运、管道五种运输方式齐全，构成了立体化、大运量交通运输网络；程控电话、移动通信、数据通信、微波、卫星、光纤等组成了现代化通信网络。以道路为重点的基础交通建设形成了现代化中心城市的框架。

南京的绿化很好。自从2002年启动"绿色南京"战略，绿化建设成效明显，城市园林景观水平和人居环境质量明显提升。截至2020年，全市森林覆盖率25.86%，林木覆盖率31.61%，绿化率45.6%。

【市树市花】

1982年4月19日南京市第八届人大常委会第八次会议讨论决定，把梅花作为南京市市花，雪松作为南京市市树。梅花象征坚韧不拔、不屈不挠、自强不息的精神品质。雪松挺拔雄伟，品格刚毅，耐严寒和酷暑。梅花和雪松都深受广大市民喜爱。

【经济发展】

南京市是长江流域四大中心城市之一,是中国国土规划中沪宁杭经济核心区的重要城市,是国家经济体制改革试点城市。目前南京已经形成1个国家级新区、2个国家级经济技术开发区、1个国家高新技术产业开发区、10个省级经济开发区、5个省级高新技术产业开发区的产业载体体系。2021年《新发展十年——中国城市投资环境发展报告》发布,城市投资活跃度排名,南京位居中国第四,仅列深圳、上海、北京之后。

南京是中国重要的工业基地、国家重要综合性工业生产基地、国际先进制造业基地,也是中国三大电子工业基地之一。南京已经形成了以电子、汽车、化工和一批地方特色产品为主导的综合性工业体系。电子工业、石化工业生产规模位居全国城市第二位,汽车工业居第五位。

南京农业自然条件优越,物产丰富。稻、麦、黍、茶、麻、桑、瓜果、蔬菜及水产品、畜牧产品等都可极大地满足南京人民的各种不同需求。由于长江两岸水质肥沃,因此也是中国重要的淡水渔业基地之一。

南京是长江三角洲经济区中仅次于上海的商贸中心城市。年社会商品零售总额居全国城市前十位。南京已成为华东地区重要的商品集散地和贸易中心。

【科教文化】

南京是中国高等教育和科研四大基地之一,拥有一批国内一流的高校和科研机构。截至2020年,南京有普通高等学校53所(不含部队院校),著名的大学有南京大学、东南大学、南京航空航天大学等;两院院士84人、国家重点学科107个、111计划高校10所、双一流建设高校12所、双一流建设学科38个,均仅次于北京上海,居中国第3。此外,南京有研究机构500余家,科技人员32万人,科技综合实力居全国城市前列。截至2020年,南京有各类博物馆87家,其中国有博物馆77家、非国有博物馆10家,国家一级图书馆15个。

【购物娱乐】

南京的繁华商业街区主要分布在市中心的新街口、城北的湖南路、城南的太平南路和夫子庙地区,珠江路电子一条街也小有名气。南京的工艺品有云锦、天鹅绒、仿古牙雕、木雕、雨花石等。特色食品很多,如香肠、香肚、桂花盐水鸭、雨花茶等。南京的鸭肴闻名全国,除盐水鸭外,金陵烤鸭、板鸭、烧鸭、金陵酱鸭、香酥鸭、八宝珍珠鸭等也各具特色。

南京的地方曲艺有南京白局、南京白话、南京评话、高淳阳腔目连戏、六合洪山戏等。南京的传统舞蹈有骆山大龙、东坝大马灯、麻雀蹦、江浦手狮、高淳跳五猖、湾北小马灯舞、栖霞舞龙、长芦抬龙、铜山高台狮子舞、东坝沛桥高跷、龙吟车、柘塘打社火、跳当当、打罗汉、竹镇高跷等，均为非物质文化遗产。截至 2020 年，南京有 4 项世界人类非物质文化遗产项目（古琴艺术、南京云锦织造、中国雕版印刷技艺、中国剪纸）、11 项国家级非物质文化遗产项目、64 项江苏省和 70 项南京市非物质文化遗产项目，拥有极高的艺术价值，象征着南京历史上最为发达的手工制造业。

【知名人物】

南京历史悠久，名人辈出。南朝大科学家祖冲之在这里将圆周率精确到小数点之后的第 7 位数字；著名的化学家和医药学家陶弘景在天文、化学、医药等方面都取得了巨大成就；三国吴国的创建者孙权迁都建业，这是南京建都的开始；南朝的刘勰写成了我国古代第一部完整的文学理论著作《文心雕龙》；宋朝政治家、文学家王安石在南京先后生活了近 20 年，留下了许多动人的事迹和壮丽的诗篇；清朝初年，以龚贤为首的金陵八大家开创了金陵画派……南京可谓是人文荟萃！

【城市荣誉】

近年来，南京被国家 9 个部委列为中国投资硬环境"四十优"城市之一。先后被评为中国城市综合实力"五十强"第五名、国家园林城市、中国优秀旅游城市、全国科技兴市先进城市、全国双拥模范城市、全国城市环境综合整治 10 佳城市、全国科技进步先进城市、国家环境保护和国家卫生城市等称号。

【方言俚语】

南京方言接近普通话，只有部分词语发音较特殊。南京方言在南北朝以前属于吴语区，与今天苏、锡、常一带人说话相同。因为历史上经历了几次北人南迁，北方人大量进入南京，语言也随之向北方语转变，形成了属于北方话系统江淮次方言的南京方言。一些常用词汇如："犯嫌"指讨厌；"韶叨"指啰唆；"海里胡天"指不知天高地厚，瞎吹等。此外，还有一些歇后语、俗语，如"文德桥的栏杆——靠不住"；"汉西门，只出龙衣不出材（财）"。

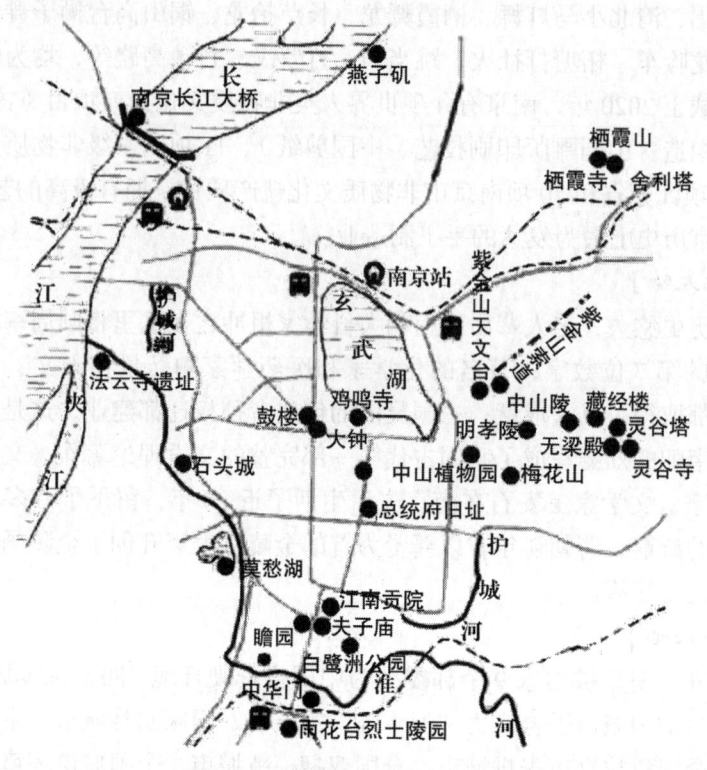

图 3-1 南京市主要景点分布图

第二节 精华景区

一、中山陵

国家级风景名胜区　全国重点文物保护单位　国家 AAAAA 级旅游景区

【景区概况】

中山陵是中国伟大的民主革命先行者孙中山先生的陵墓及其附属纪念建筑群。位于南京市东郊钟山风景名胜区内，紫金山第二峰小茅山南麓。

孙中山先生逝世后，遵照他生前安葬在钟山的遗愿，民国政府在紫金山选址建造中山陵。由孙中山葬事筹备处通过登报悬奖征集陵墓设计方案。在众多的应征者中，年仅33岁的年轻建筑师吕彦直设计的警钟形图案被一致评为首奖。该图案融汇了中国古代与西方建筑的精华，庄严简朴，别创新格。恢宏的陵墓工程自1926年3月动工，1929年春竣工。同年5月28日，孙中山灵柩由北京运抵南京，6月1日在中山陵举行了隆重的奉安大典。

中山陵坐北朝南，整个建筑群依山势而建，由南往北沿中轴线逐渐升高，面积共8万余平方米，由半圆形广场、牌坊、墓道、陵门、碑亭、祭堂和墓室组成。从半圆形广场到祭堂总共有392级台阶，落差约73米，墓室在海拔165米处。从空中往下看，中山陵像一座平卧的"自由钟"，含"唤起民众，以建民国"之意。瞻仰者由下仰望，但见浩瀚林海衬映着蓝瓦白墙，宛如伟人浩然之正气，与大地同存。这组建筑，在型体组合、色彩运用、材料表现和细部处理上，都取得了很好的效果，既有深刻的含义，又有宏伟的气势，被誉为"中国近代建筑史上的第一陵"。环绕中山陵的主体建筑，还有一系列纪念性建筑，如永慕庐、奉安纪念馆以及宝鼎、音乐台、流徽榭、仰止亭、光华亭、行健亭、藏经楼等。

【游览线路】

半月形广场→孝经鼎→博爱坊→墓道→陵门→碑亭→石阶→祭堂→墓室

【孝经鼎】

孝经鼎是中山陵纪念性建筑之一，位于陵园广场南面。这是一尊双耳三足的紫铜宝鼎，高4.25米，腹径1.23米，重约5000千克。该鼎铸于1933年秋，是广州中山大学师生和校长戴季陶捐赠的。鼎的一面铸有"智、仁、勇"三个字，是中山大学的校训。原来鼎上还铸有"忠、孝、仁、爱、信、义、和、平"八个字，为中山先生手迹，可惜在"文革"中被抹去，现在依稀可辨。鼎内上半部还竖有一块六角形铜牌，上面刻有戴季陶母亲黄氏手书的《孝经》全文，所以此鼎叫孝经鼎。

【博爱坊】

这是一座四柱三门的冲天式的花岗岩牌坊，高12米，宽17.3米，牌坊上端正中的横额上刻着孙中山手书的"博爱"二字。"博爱"出自唐代韩愈的《原道》"博爱之为仁"，中山先生很喜欢这二字，生前最爱题这两字送人。

【墓道】

从牌坊到陵门是墓道，长480多米，宽近40米，共分为三道。中间一道宽12米，钢筋水泥路面；左右两道各宽4.6米，柏油路面。墓道两旁对称地种植着两排雪松和四排桧柏，代替了古代陵墓前常用的石人石兽，喻示着中山先生的革命精神和高贵品质如青松翠柏万古长青。

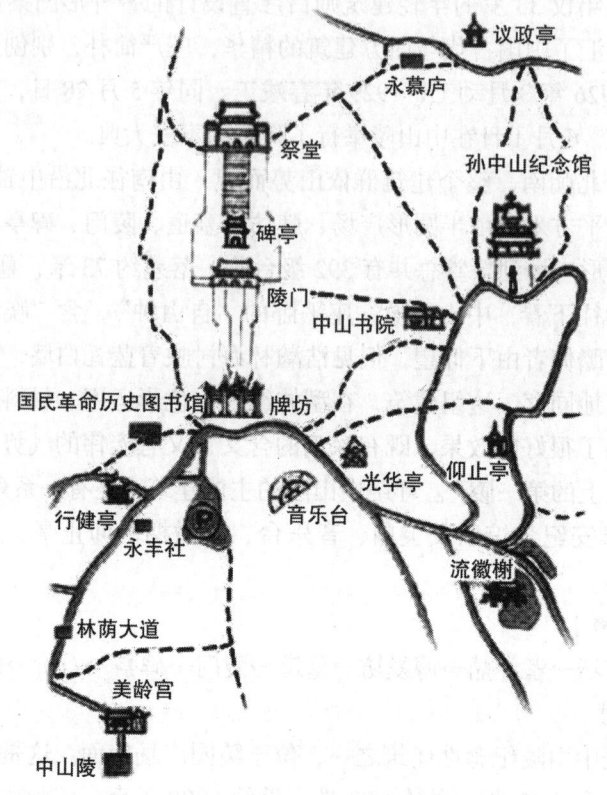

图 3-2　中山陵示意图

【陵门】

陵门是陵区的正式开端。陵门坐北朝南，有三个拱门，每个拱门都装有一扇对开的镂花铜门。陵门平面为长方形，高 16 米，宽 27 米，进深 8.8 米，全部用福建花岗岩建成。屋檐为单檐歇山顶。门楣上有孙中山先生亲笔所书"天下为公"四个大字。这四个大字表达了孙先生毕生的奋斗目标和所追求的理想。陵门前东西两侧有一对汉白玉石狮，是 1935 年 7 月由当时的察哈尔主席宋哲元赠送给中山文化教育馆，后又由该馆转送给中山陵园的。

【碑亭】

陵门后是一座碑亭，为方形建筑，边长 12 米，高 17 米，重檐歇山式顶。下部用花岗岩建成，基座为须弥座，上覆蓝色琉璃瓦。亭中有一块高 8.1 米、宽 4 米的巨碑。碑的正面刻有"中国国民党葬总理孙先生于此，中华民国十八年六月一日" 24 个镏金大字，这是国民党元老谭延闿的手书。"总理"是当时国民党内对领导人的称呼，突出了孙中山先生的葬礼是党葬；"中华民国十八年六月一日"是1929年6月1日，是孙中山先生下葬的日子。碑额为云彩的图案，碑座为海浪的图案，象征着中山先生的丰功伟绩比天高，比海深，而高大的碑身则象征着一代伟人屹立于天地之间。

【石阶】

从碑亭到祭堂分为八段石阶，两段石阶之间有一个平台。从下往上看，只见台阶，不见平台。在祭堂前广场上朝下看，不见台阶，只见平台。下面五段石阶较平缓，象征着五权宪法，即行政、立法、司法、考试、监察；上面三段较陡，象征三民主义，即民族、民权、民生。第五层平台上有一对巨大的紫铜鼎，上面刻着"奉安大典"四个篆书大字，这是当时的上海市政府为纪念中山先生葬礼而敬献的。西侧的铜鼎壁上留有两个弹孔，据说是1937年12月日军攻打南京时被炮弹击穿的。

【祭堂】

祭堂位于层层石阶之上，是融中西建筑风格为一体的宫殿式建筑，长30米，宽25米，高29米，外墙用花岗岩砌成，重檐九脊顶，上覆蓝色琉璃瓦，檐下有石斗拱和铜椽子。祭堂的三拱门楣上从东到西分别刻着"民族""民生""民权"6个篆体大字，是国民党元老张静江的手书。居中的"民生"门楣上端，有孙中山所书"天地正气"4个金字的匾额。祭堂内部以云南产白黑色大理石铺地。堂内左右前后排列着12根巨大的石柱，四隐八显，下承大理石柱础。柱子用钢筋混凝土浇制而成，外面贴青岛产的黑色花岗石。祭堂内顶为斗式，正中藻井为马赛克镶嵌的国民党党徽。祭堂两侧的护壁上刻有孙中山《建国大纲》全文的手书。祭堂正中是一尊孙中山全身坐像，像高4.6米，底座宽2.1米，逼真生动，是世界著名雕刻家保罗·朗特斯基在法国巴黎用意大利白色大理石雕刻的，总造价150万法郎。坐像底座四侧是六幅浮雕，再现了孙中山先生从事革命活动的生动画面。正面一幅为"如抱赤子"，东面两幅是"出国宣传"和"商讨革命"，背面一幅为"国会授印"，西面两幅是"振聋发聩""讨袁护国"。

【墓室】

祭堂与墓室相通，整个墓室是一座半球形封闭式建筑，顶呈西式穹隆状。有两重墓门，前道门为两扇铜门，门框以黑色大理石砌成，上有中山先生手书"浩气长存"横额；后道门为独扇铜制，门上刻有"孙中山先生之墓"。进门为圆形墓室，直径约18米，高11米，墓室顶部用彩色马赛克镶嵌成国民党党徽，地面用白色大理石铺砌。墓室的中央是安葬孙中山灵榇的大理石圹，直径约4米，石圹深1.6米，围以一圈精致的白色大理石栏杆。墓圹正中安放着孙中山先生的汉白玉卧像，他身穿中山装，神态宁静，面容慈祥，令人肃然起敬。这是捷克雕塑家高祺按孙中山遗体的形象而创作的。孙中山先生的紫铜灵柩就安放在这尊卧像下 5 米处。

祭堂外西侧拥壁处有一个边门可以通墓后花园。园中为墓室宝顶，周围种植了广玉兰、梅花、桂花等花木。1992 年墓堡花园对外开放，其中展示了近 200 幅珍贵历史资料，展现了中山陵的建设和中山先生遗体的奉安过程。

二、明孝陵

世界文化遗产　全国重点文物保护单位　国家 AAAAA 级旅游景区

【景区概况】

明孝陵是明代开国皇帝朱元璋和皇后马氏的合葬墓，在南京市东郊紫金山（钟山）南麓独龙阜玩珠峰下，茅山西侧。明孝陵以其墓主显赫、规模宏大、形制独特、背依钟山环境优美而闻名于世。它是中国现存建筑规模最大的古代帝王陵墓之一，也是古都南京的第一处世界文化遗产。

明孝陵建于明洪武十四年（1381 年），翌年马皇后去世，葬入此陵。因马皇后谥号为"孝慈"，故陵名称"孝陵"。洪武三十一年（1398 年），朱元璋病逝，启用地宫与马皇后合葬。至明永乐十一年（1413 年）建成"大明孝陵神功圣德碑"，整个孝陵建成，历时 30 余年。

陵园规模宏大，格局严谨。孝陵建筑自下马坊至宝城，纵深 2.62 千米，主体建筑当年建有红墙围绕，周长 22.5 千米。经历了 600 多年的沧桑，陵寝的格局仍保留了原来恢宏的气派，地下墓宫完好如初。

明孝陵的"前朝后寝"和前后三进院落的陵寝制，反映的是礼制，但突出的是皇权和政治。明孝陵的陵寝制度既继承了唐宋及之前帝陵"依山为陵"的制度，又通过改方坟为圜丘，开创了陵寝建筑"前方后圆"的基本格局。明孝陵的帝陵建设规制，一直规范着明清两代 500 余年几十座帝陵的建筑格局，在中国帝陵发展史上具有里程碑式的价值和地位。所以，明孝陵堪称明清皇家第一陵，是当之无愧的中华瑰宝，全人类的文化遗产。

【游览线路】

大金门→四方城→神道→梅花山→金水桥→文武坊门→碑殿→享殿→方城→明楼→宝城宝顶

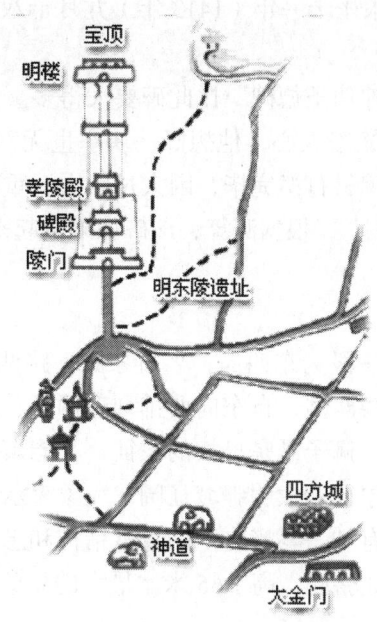

图 3-3 明孝陵示意图

【大金门】

又称大红门,是明孝陵外郭城的正门,也是正式进入陵区的第一道大门。门南向,面阔 26.66 米,进深 8.09 米,有三券拱门,中门较高,达 5.24 米。大金门下部为石造须弥座,束腰部分浮雕花,体现了明初国家建筑的创新风貌。大金门的东西两侧原先筑有连接陵园外郭城的红墙,据史料记载,当时红墙周长 22.5 千米,现已毁,但仍能看到连接的痕迹。大金门三洞门顶均为拱券形,巍巍壮观。其跨度之高大,建造之精美,在殿宇建筑中前所未有。可以说,在中国建筑史上,明孝陵是大跨度砖拱技术运用于殿宇建筑的成功范例。

【四方城】

四方城,是明孝陵碑亭,原为重檐歇山顶正方形建筑,后来顶部坍塌,仅存四壁及 4 个拱门,形如方城,所以南京人称之为四方城。碑亭建于永乐三年(1405 年),明成祖朱棣为给其父朱元璋歌功颂德而修建。碑亭内有一巨大石碑,名曰"大明孝陵神功圣德碑",俗称功德碑。该碑通高 8.78 米,碑额和碑身高 6.7 米,碑座为赑屃(bìxì),高 2.08 米,宽 2.26 米,厚 0.8 米,是南京地区现存最大的古碑,也是全国最大的明代古碑之一。

大明孝陵神功圣德碑的碑文为正楷,是明成祖朱棣所撰,全文 2746 个字,全面记述朱元璋一生的"丰功伟业",是今天研究明初历史和朱元璋生平的重要文献资料。碑文成于永乐十一年（1413年）九月十八日，功德碑竖立也标志明孝陵全部工程完工。

最初朱棣想立的"神功圣德碑"比此碑要大得多。朱棣的皇位是从侄儿朱允炆手中抢来的，为了笼络人心，他想竖一块举世无双的巨大的神功圣德碑，比现碑大约大8倍多。碑材打凿完毕，因太过巨大沉重而无法搬运，被弃置原地，即著名的"阳山碑材"，根据测算，该碑如果竖起来，总高72米，总重为2.6万吨多，可谓巨制。

【神道】

神道分为两段：第一段为东西向，名石象路，路两侧分列6种12对共24只石兽，每种4只，两蹲两立，自东向西排列着狮子、獬豸、骆驼、大象、麒麟和马。石兽各有寓意：狮子既是皇权的象征，又能镇魔辟邪；獬豸，秉性忠直，能明辨是非；骆驼象征着大明疆域辽阔；大象表示国家江山的稳固；麒麟象征吉祥、光明；马具有"一马当先"的奉献精神和忠于职守的高尚品德。在这组石兽中，最高的是立骆驼，高1.65米。最大的立象和立骆驼，每只用整块石料雕成，重达80吨。

石象路的尽头，神道折向正北，有座华表。华表在古代通常用作陵墓、宫殿、宗庙的标志。过了华表，由南往北排列着8个石翁仲，一文臣一武将，一老一少。文臣身穿朝服，手拿笏板，端庄肃穆；武将身披甲胄、手持金吾，威武雄壮。这些石人像和前面的石兽同为明代石雕艺术的珍品。

【棂星门】

在最后一对石人后面18米处，是原棂星门遗址。原棂星门总宽度约为20.7米，比明十三陵还要宽。现存6个石柱础和8块碑石，石础侧面浮雕花草纹，碑石两侧浮雕云纹。

2007年1月29日，中山陵园管理局根据考古成果，用原来残留的构建修建的新棂星门落成。它为石制仿木结构形式，三门六柱，面阔20.61米，高7.60米，三门并排，彰显着明代初年的质朴与厚重。以后，还将在3个门之间用红色木结构矮墙连接，琉璃瓦覆顶。

【梅花山】

梅花山位于明孝陵石象路旁，原名孙陵岗，亦名吴王坟，因东吴的孙权葬在这里而得名。1944年汪精卫在日本死后，运回南京，葬在这里，始正式改名梅花山。1946年国民党政府将汪坟炸毁，并在墓地建了一座"观梅轩"，即现在山顶上的建筑。南京植梅与赏梅的历史悠久，历六朝至今不衰。现在梅花山占地28公顷，拥有梅花品种200余种，梅花1.3万株，南京梅花山正以其得天独厚的自然和人文优势吸引越来越多的海内外游人，逐渐成为全国的梅文化中心。

【文武坊门】

这是明孝陵主体建筑的正门，门名取颂扬朱元璋文治武功之意。此门原先有五座门，三大两小，清代同治年间修复后仅存一门，现在看到的是1998年年底按原貌重新修复的。它保留了武门、黄瓦、红墙，气势恢宏，流光溢彩，尽显皇家气派。门外东侧墙下，立有一块高1.05米、宽0.63米的"特别告示碑"，是清宣统元年由两江洋务总局道台、江宁知府官会衔所立。碑文用英、法、俄、德、意、日六国文字镌刻，内容是保护明孝陵的告示。

【碑殿】

这是座单檐歇山顶建筑，因殿中存有康熙、乾隆皇帝题字的碑刻而得名。殿中竖立着5块高大的石碑，中间一块最为醒目，上书"治隆唐宋"四个大字，这是清圣祖玄烨于康熙三十八年（1699年）第三次南巡拜谒明孝陵时题写的。意思是赞扬明太祖的功绩胜过于唐宗宋祖。碑的两侧还有两块立碑，分别刻有乾隆巡谒明孝陵时的两首题诗。东西两侧还有两块卧碑，分别是康熙第一次谒陵的记事碑和第三次谒陵赐"治隆唐宋"碑的记事碑。

【享殿】

享殿原名孝陵殿，是明孝陵的主要建筑，于洪武十六年（1383年）建成。原享殿仅遗56块石柱础，每个柱础直径都为0.91米，可推断当年享殿为九开间五进间、重檐九脊。我们现在看到的是清同治十二年重建的享殿，殿为3间，规模比原来的孝陵殿小得多。殿内挂着朱元璋与马皇后画像的复制品。殿的前后各有踏垛三道，这中央踏垛居中部分称"陛"，上陛为"二龙戏珠"，中陛为"日照山河"，下陛为"天马行空"，均为浮雕图案。

【方城】

方城是孝陵宝顶前面的一座巨大建筑，外部用大条石建成，东西长75.26米，南北宽30.94米、前高16.25米、后高8.13米，底部为须弥座。方城东西两侧有八字墙，正中是一个高大的拱门，中通圆拱形隧道，由54级石阶组成。

【明楼】

明楼俗称"马娘娘梳妆台"，东西长39余米，南北宽18余米，南面开拱门3个，东、西、北三面各开拱门一个，楼内地面用方砖铺地。明楼原为重檐黄瓦大屋顶建筑，屋顶早已毁，现仅存四壁。方城和明楼是明代的创新，明以前的帝王陵墓都没有这样的建筑。

【宝城宝顶】

方城后就是宝城宝顶，正面的石壁上刻着"此山明太祖之墓"七个楷书大字。这几个字据说刻于民国初年，是用来回答游人询问，指明宝城土下为朱元璋葬处。宝城是一座环绕宝顶的封闭性城垣建筑，平面为不规则圆形，直径在325~400米之间，四周砖墙长1100多米，墙壁高约7米，墙顶厚约2.1米，以条石作基础。宝城内的宝顶就是独龙阜，坟丘利用独龙阜山冈，依山就势而筑，后又经过人工修缮和填补，高大丰圆，气势不凡。宝顶上，树木参天，明太祖和马皇后的地宫就在这宝顶之下。

【特色活动】

中国南京国际梅花节：每年的二三月间举行，期间将会举办一系列大型旅游、商贸、文化、娱乐活动。

三、灵谷公园

国家森林公园　国家AAAAA级旅游景区

【景区概况】

灵谷公园又称灵谷寺，位于钟山东麓，面积约133公顷，是一个由寺庙建筑、国民革命阵亡将士公墓和灵谷公园组成的风景名胜区。

灵谷寺是古代钟山70多座南朝佛寺中唯一留传至今的一座，其前身是梁武帝为名僧宝志所建的开善精舍，建于梁天监十四年（515年），坐落在紫金山的第三峰天堡山的独龙阜，也就是现明孝陵的所在地。唐代称"宝公院"，南朝时叫"开善道场"，宋太平兴国年间称"太平兴国寺"，庆历年间改称"十方禅院"，明初称为"蒋山寺"。明洪武十四年（1381年），朱元璋相中蒋山寺这块风水宝地修建孝陵，于是降旨迁寺到现址，更名灵谷寺。

明代灵谷寺号称"天下第一禅林"，得到了最高统治者的青睐。据《金陵梵刹志》记载，明朝灵谷寺管辖栖霞寺、方山的定林寺等12座佛寺，在上元、江宁、句容、六合等地拥有地产，总计2278公顷。后历经战乱，灵谷寺遭到了空前的破坏，仅存部分建筑。1928年，国民政府为纪念在北伐战争中牺牲的数万将士，在灵谷寺旧址修建了国民革命军阵亡将士公墓。

这一片风景区古木参天，曲径通幽，古称"灵谷深松"，为金陵四十八景之一。众多名胜古迹隐约其间，有无梁殿、松风阁、志公殿、三绝碑等，名人墓葬有邓演达墓、谭延闿墓等。灵谷景区鲜明体现出了六朝文化、明代文化、民国文化、生态文化的特点，是游人品味历史、赏桂休闲的好去处。

【游览线路】

万工池→红山门→阵亡将士牌坊→无梁殿→阵亡将士→一号公墓→松风阁→灵谷塔→宝公塔、三绝碑→志公殿→灵谷寺

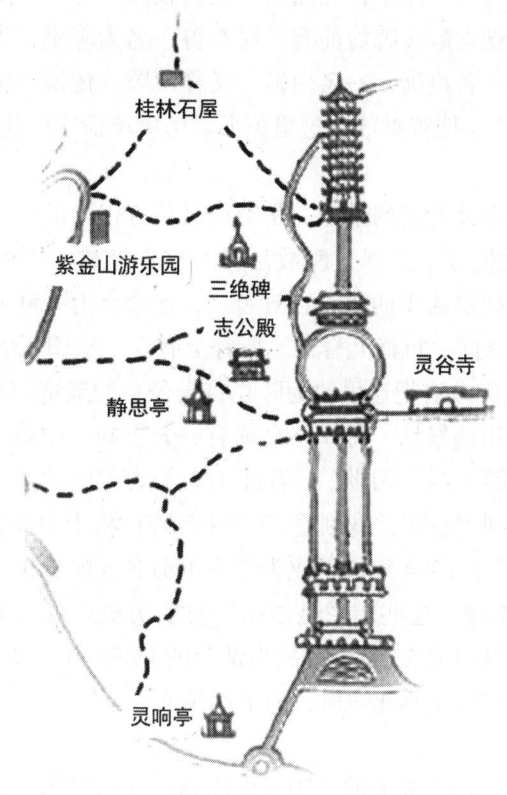

图 3-4　灵谷公园示意图

【万工池】

灵谷寺的入口处有一个半月形的水池,是寺庙前常见的放生池。在灵谷寺又称为"万工池",是因为相传当年朱元璋见这里有景无水,便调用一万军工挖筑而成。

【红山门】

灵谷公园的大门在万工池北面,这座仿古建筑的山门是20世纪30年代重建的,其形式为三拱门,绿色琉璃瓦檐顶,外墙为红色,所以也叫红山门。门额上有"灵谷胜境"四字,是现代书法家钱松岳先生的手笔。门外的一对石狮,是建造阵亡将士公墓的北平军分会赠送的。

【阵亡将士牌坊】

进入红山门，42级台阶之上，矗立着一座高大的阵亡将士牌坊。牌坊共五间，全部用钢筋水泥构筑，基座外镶花岗岩，绿色琉璃瓦覆顶。牌坊正中南面门额上刻"大仁大义"四字，北面刻"救国救民"四字，匾额两边刻有梅花图案，嵌瓷制国民党党徽。牌坊前有一对石兽，名为貔貅，为古代传说中的神兽，似虎、似熊，一名执夷，一名白狐，又称白黑。传说"貔貅每临战阵，所到战鼓便勇猛前驱"。把貔貅放在这里象征着国民革命军的能征善战。

【无梁殿】

无梁殿是灵谷寺最著名的景点，是明代灵谷寺仅存的一座建筑。因殿内供奉无量寿佛而称无量殿，又因这座殿是砖石拱券结构，不用梁木，俗称无梁殿。无梁殿建于明朝洪武十四年（1381年），迄今已有600多年的历史。无梁殿面阔5间，进深3间，重檐九脊顶。屋脊上有3个琉璃瓦喇嘛塔。

1928年，国民党政府把这里改为阵亡将士公墓的祭堂。佛龛被改成3个大砖台，作陈放祭器用的祭坛，每座祭台都有一方石碑。中碑为"国民革命烈士之灵位"，左碑（西）为"国歌"，右碑（东）为"国父遗嘱"。祭堂四周壁上，嵌有110块太湖青石碑，镌刻着33 224名阵亡将士的姓名，祭堂修复竣工后，定名"正气堂"。1994年这里成为辛亥革命名人蜡像馆，展出了辛亥革命前后57位名人的蜡像。这些蜡像是依据当时的历史照片、资料，参照真人大小1∶1制作的，共组成22组带有故事情节的动态画面。蜡像造型形态逼真，栩栩如生，再现了革命先驱叱咤风云的生动场面。

【一号公墓】

穿过无梁殿，是一个大型的花圃，中间是一株树形巨大的桂花，人称"桂花王"，金秋时节，满树繁花，香气浓郁。这个花圃原是一号公墓，周围是西式的坡式围墙，类似太师椅的形状。后面东西各立一个纪念碑，东为"淞沪抗战十九路军阵亡将士纪念碑"，西为"淞沪抗战第五路军阵亡将士纪念碑"。

【松风阁】

松风阁是一座依山而建的仿走马楼式建筑，面阔11间，屋顶为重檐庑殿式，铺以蓝色琉璃瓦。这里原来是灵谷寺律堂的位置，清代复建为观音殿，民国时建成"阵亡将士革命纪念馆"。现在这里开设为茶室和旅游纪念品小卖部。松风阁后有一座石雕的大型仿古宝鼎，上刻有"铭鼎垂勋"四个大字，这是原安徽省国民党主席刘振华捐赠的。

【灵谷塔】

灵谷塔建于1931—1933年，是一座造型完美的现代宝塔，设计者是美国著名建筑师茂非和中国建筑师董大酉。塔基是一个大平台,直径为30.4米,平面八角形,外侧围以雕花石栏。塔的正面有石阶,石阶正中是一幅白色花岗石浮雕"日照山河图"。塔高66米,九层八面,用钢筋水泥和苏州花岗石构筑。每层覆有绿色琉璃瓦,外有走廊,围以石栏,便于游人凭栏赏景。塔顶飞檐翘角,塔尖上竖有塔刹,金光闪闪。正门横帽上的"灵谷塔"3个字是解放后陵园管理处第一任处长高艺林所书。

塔内二至四层墙壁上刻有孙中山先生北上时在黄埔军校的告别词,国民党元老于右任的草书;五至八层是孙中山先生在黄埔军校的开学训词,国民党元老吴敬恒(稚辉)的篆书。沿螺旋扶梯走完252级台阶,便到达塔的顶层,游人可在此登高远眺。

【宝公塔、三绝碑】

宝公塔在灵谷塔的西面,是南朝梁武帝用来安葬宝志和尚舍利的塔,塔前嵌有一块黑色石碑,碑上刻有唐代著名画家吴道子所画的宝志和尚像和唐代大诗人李白所作的赞词,赞由唐代大书法家颜真卿所书写,因此碑集唐代三位名家之绝技,所以称为"三绝碑"。

【志公殿】

志公殿为三间,青砖青瓦,建于1934年,殿内供奉宝志像,所以也称像堂。现为工艺品销售部。志公殿前有两件明代遗物。一件是一块叉形铸铁,名"飞来剪",又名"双铁镇"。明初建灵谷寺,飞来剪是用来举重提物的工具,古人利用杠杆原理,以飞来剪作为杠杆的一端,将建筑材料提举到所需的地方。另一件是块盘绕着二龙的巨石,人称蟠龙石。据推测,这是一块巨碑的碑额,不知什么原因遗留在此。

【灵谷寺】

灵谷寺是清代同治年间所修的龙神庙。庙前大照壁上书有"普济圣师应化真身道场"和佛号"南无阿弥陀佛"字样,庙门门楣上"灵谷寺"三字为于右任所书。寺内依次分布有天王殿、大雄宝殿、藏经楼等建筑,与传统寺庙布局相似。值得一提的是寺庙东院的玄奘法师纪念堂,供奉有玄奘大师顶骨舍利,是我国佛教界的至宝。

四、总统府

全国重点文物保护单位　国家 AAAA 级旅游景区

【景区概况】

总统府位于长江路292号,历经明、清、太平天国和"中华民国"等时代,是一处著名景点,国家 AAAA 级旅游景区。

明朝初年,开国皇帝朱元璋在此建造了汉王府,用来安置陈友谅之子——汉王陈理。后来,这里成了汉王朱高煦的王府,也称汉王府。到了清代,改建成两江总督府。太平军定都南京(改为天京)后扩建为天王府。1864年,天京陷落,天王府被放火焚烧,大部分被毁。清朝后期,改建后仍为两江总督府。1912年,孙中山先生在此就任临时大总统。1927年3月底,蒋介石在此设军事委员会。同年4月18日成立国民政府,此地为政府所在地。抗日时期是汪伪监察、立法院。1948年5月,经非法大选举,蒋介石任"总统",这里是"总统府"。1949年4月23日南京解放后,为政府机构办公场所,现已成为著名旅游景区。

【游览线路】

线路1:

门楼→大堂→礼堂→总统府文物史料陈列馆→子超楼→行政院→清两江总督署史料展馆→天朝宫殿史料陈列馆→马厩→西花园(煦园)→桐音馆→鸳鸯亭→不系舟→夕佳楼→孙中山临时大总统办公室→漪澜阁→喜上眉梢榭→棕榈亭→印心石屋碑→枫桥夜泊碑

线路2:

门楼→马厩→清两江总督署史料展馆→天朝宫殿史料陈列馆→行政院→子超楼→总统府文物史料陈列馆→礼堂→大堂→西花园(煦园)→鸳鸯亭→桐音馆→不系舟→夕佳楼→孙中山临时大总统办公室→漪澜阁→喜上眉梢榭→棕榈亭→印心石屋碑→枫桥夜泊碑

【门楼】

这座西洋古典式大门是蒋介石于1929年改建而成,仿古罗马风格,8根爱奥尼柱修饰于大门两侧。门楼有两层半,一楼为门房、卫士室,二楼为卫兵宿舍,楼顶为升旗平台。门楼之上悬有"总统府"3个大字,由书法家、原监察院副院长周钟岳题写。门前的一对石狮为当年督署辕门的旧物。

【大堂】

大堂在太平天国时期是天王宫殿的核心建筑——真神金龙殿的所在。当年它石阶高筑，红墙金瓦，殿中有雕龙宝座，是洪秀全上朝的地方。1864年天京保卫战之际，洪秀全病死，根据其遗嘱，人们将其遗体用绣龙黄绸缎包裹之后葬入大殿西侧地下。天京失陷后，洪秀全遗体被清兵掘出，先遭戮尸，后被"焚尸扬灰"。太平天国失败后这里被翻改为清两江总督署的大堂。民国时期这里是举行重大礼仪活动的场所。现在正中悬挂着的红底黑字"天下为公"四字匾额为孙中山先生手书。

【子超楼】

子超楼为国民政府时期的中枢办公大楼，建于1934年，共耗费银圆十多万元，是由任国民政府主席时间最长的林森建造。林森，字子超，所以叫"子超楼"。1948年5月，蒋介石召开第一次国民大会，并被选为"总统"，蒋介石和李宗仁在此办公，故又称该楼为"总统府办公大楼"。

子超楼一楼是文书局，主要管理中枢文告、政令和玺印、文印。二楼朝北两间为秘书长办公室。紧挨秘书长办公室的是副总统李宗仁办公室。李与蒋政见相左，派系不和，故此办公室形同虚设，李一直在傅厚岗官邸办公。南面套房为蒋介石办公室，共三间。进门为办公室，临窗有一大写字台，一张特制的皮转椅，顶悬法国产的精美吊灯。东间为休息室，西间为书房和接待室。三楼是新复原的国务会议厅，正北墙上有一汉白玉条石，上有林森亲笔书写的"忠、孝、仁、爱、信、义、和、平"八个大字，横额上有孙中山像和"中华民国"国旗。南面墙上是蒋介石着大元帅戎装礼服像。室内清一色长桌配高靠背皮椅。正中朝南是蒋介石的专席，此椅比其他的要大得多。

【行政院】

行政院建于1928年。行政院为五院之首，主要掌管内政、外交、财政、经济、军政、文化、教育等行政事务。行政院分南北两楼。北楼一层现为五院制的形成及沿革的史料陈列，史料对当时的政体做了详细介绍。南楼现为复原之行政院，一楼为接待室、秘书室、院会议室和休息室；二楼为院长办公室及院部各主要长官的办公室、小会客室，这里摆设的皮沙发和办公用品大多是民国遗物。

【清两江总督署史料展馆】

馆名由著名清史专家戴逸先生题写。两江指江南省和江西省，江南省辖今天的江苏、安徽南部和上海。步入大门可见巨石雕刻的"惠洽两江"四个大字，它是乾隆皇帝书赐两江总督尹继善的。南侧院落为清两江总督史料陈列馆，分四个部分：复原的花厅、督署寻踪、近代名督展、总督大堂复原。

【天朝宫殿史料陈列馆】

这里是太平天国洪秀全时期的历史陈列馆。馆名由著名书画家刘海粟先生题写。展馆分为"序"、洪秀全和天朝历史、天朝文物典籍、天王寝宫、天王宫殿复原沙盘和机密室、书房等部分,全都是按照当年的形制仿建的。

【马厩】

这里原为清两江总督署和太平天国时期的营房和马厩,现在看到的是复原的,原为10排,现复原6排。前4排是清末与民国历史陈列展,每排各设有1个展室,共有4个展室,以清末与民国历史、教科文、经济、民俗等四个专题部分向人们展示了100年近代史时期的中国社会;第五排为总统军乐队驻地复原,第六排是马厩复原。

【鸳鸯亭】

方胜亭,俗称"鸳鸯亭"。这也是民国前江南唯一的方胜亭。方胜,又称双菱,指两菱形相叠。亭基方胜,上为双顶,远观似双亭并立,近看却一亭独伫,小巧玲珑,颇为别致。飞檐翘角,如欲飞的鸳鸯,在枇杷和桂树的掩映下,十分生动。梁柱间有很大的彩绘"雀替木",这是清代建筑的特征之一。因其少用斗拱,为出挑檐,只得加大这种斜角支撑物。亭里可见一些龙凤狮虎等动物形状的刻绘。

【桐音馆】

"桐音"出自《后汉书·蔡邕传》:"吴人有烧桐木爨者,邕闻火烈之声,知其良木。因请而裁为琴,果有美音。而其尾犹焦,故时人名曰'焦尾琴'。"所以桐音即琴音。这里又有一个故事,说俞伯牙抚琴,唯钟子期闻而知雅意,有高山流水之想,俞遂引钟为知音。钟死后,伯牙因知音已逝,从此不再抚琴。所以琴音又引申为知音。故桐音者,知音也。这是主人款待知心好友的地方。"桐音馆"三字为林散之先生题写。

【不系舟】

这是一座建于水中的石舫,是清乾隆十一年(1746年)两江总督尹继善为迎接乾隆而建。船形若江南花船(一种游览时吃船菜听小曲的船),舫下是青条石的船身,舱为木制,上覆卷棚瓦顶,长14.50米,船头宽4.63米,尾宽4.56米,棚高2.77米。门楣上雕刻的蝙蝠、梅花鹿、山猫(兽)分别喻义福、禄、寿。门柱上有木雕彩塑狮子两个,额部有"王"字。内有"不系舟"匾额一块,原为乾隆所题,已无存,现为书法家费新我题写的。古语云:"水能载舟,亦能覆舟",就是说要善待百姓,居安思危,有忧患意识。乾隆称其为不系舟,意为大清江山社稷犹如水上不系绳索也不会漂沉的船,稳如磐石。

【夕佳楼】

夕佳楼位于太平池的西岸，双层檐顶，三面临水。取名夕佳，意为黄昏赏景佳地。夕阳西下，登楼而望，亭、台、阁、榭，无不光彩四射，水中倒影亦是摇曳生辉。夕佳楼围以曲栏，名为"吴王靠"。因过去的绘画作品中常见仕女临水半倚，团扇轻拂，故又称"美人靠"。夕佳楼西的平台上有木廊可通，台上有一"五爪团龙壁"。壁为九块水磨青砖雕刻而成，面北而立，极富动态，疑为天王府遗物。

【孙中山临时大总统办公室】

这里原来是两江总督端方建造的花厅，后为孙中山就任临时大总统时的办公地点。这幢坐北朝南的黄色西式平房，共有7个房间，中间是穿堂，西边3间是大总统会议室，重要的会议都在这里举行。东边第一间为小会议室和客厅，第二间为大总统办公室，第三间为大总统休息室。小楼为20世纪60年代重修，但花坛及树木仍是旧物。

【漪澜阁】

漪澜阁与不系舟遥相对应，因其正对不系舟，所以又有"水舟双鉴"之名。民国初年，孙中山每日往返住所和办公室，必经此地，并在此设办公室，故后人称"中山堂"。漪澜阁建于池中露台之上，四面环水。前有平台，围以石栏，栏上十数只小狮，古拙形象。两旁以单孔石拱桥与两岸相接。阁开三楹，正面为屏风式门，上雕图案瓶和鼎，谐音平等。檐柱有金狮雕刻。阁为砖木结构，灰瓦覆顶，雕花门窗。南面的露台，可作拜月及听曲之用。

【喜上眉梢榭】

喜上眉梢榭与夕佳楼构成对景。广三楹，正中一间向前延伸，三面临水迎风。四角有卷曲成梅花绽放枝头状的木雕，上各有两只喜鹊，称为喜鹊登枝，又称为"喜上梅（眉）梢"。这里是赏晨曦的佳处，也是早读的好地方。

【棕榈亭】

棕榈亭以树木原干为柱，棕榈为盖，本色本样，未髹油漆，十分古拙。亭中置一块巨大的扁平太湖石，形如屏幛，中有一圆形大洞，仿佛嵌入一镜，故称"一鉴石"。在唐代，魏徵是一位敢于直谏的大臣。他死后，唐太宗李世民说，以铜为鉴可以正衣冠，以史为鉴可以知兴替，以人为鉴可以知得失，魏徵死后，我就少了一鉴了。"一鉴石"借此意得名。

【印心石屋碑】

桐音馆的后面有一大型太湖石假山。此山堆砌颇具匠心，湖石形态各异，若从不同方向细观，可寻出数种动物形状。假山中有道光皇帝亲书"印心石屋"碑。此碑是道光帝为陶澍写的题词，褒奖他在治黄治淮上的功勋。

【枫桥夜泊碑】

游廊的最南端、园门的右边，有一碑亭，内有一块汉白玉石碑。石碑正面镌唐张继《枫桥夜泊》诗，碑的背面有清末学者俞樾考证该诗的碑文。侧面有当时江苏省督军陈夔龙（号筱石）写的跋文。此碑是汪伪考试院长江亢虎附庸风雅，仿照苏州寒山寺碑复制的。当时伪考试院就设于此地。此碑原立于路旁，20世纪80年代后移到这里。

五、侵华日军南京大屠杀遇难同胞纪念馆

国家一级博物馆　全国爱国主义教育示范基地　全国重点文物保护单位
国家级抗战纪念设施、遗址名录

【景区概况】

纪念馆是全国百家中小学爱国主义教育基地，全国百家爱国主义教育示范基地。坐落于南京市城西的江东门，这里曾是侵华日军集体屠杀中国军民的场所和遇难同胞的丛葬地之一。为悼念遇难同胞，南京人民于1985年修建了这座纪念馆，1995年和2005年又进行了扩建。2007年12月13日，投资3.28亿元的新馆建成并对外开放。纪念馆占地面积达7.4万平方米，建筑面积2.5万平方米，共展出照片3500多幅、文物3300多件，是一座以史料、实物、文物、建筑、雕塑、影视等综合手法，全面展示侵华日军南京大屠杀特大惨案的专史陈列馆，现已成为对内进行爱国主义教育的基地、对外宣传和平友好的窗口，以及国内外研究南京大屠杀历史的中心，也是国际公认的"二战"期间三大惨案纪念馆之一。

纪念馆原馆是中国工程院院士、东南大学建筑研究所所长齐康教授担任总体建筑设计的，它打破了中国纪念性建筑常用匀称堡垒式的传统风格，整座建筑采用灰白色花岗岩垒砌而成，气势恢宏，庄严肃穆，被誉为是一部"用石头筑成的史书"。此馆设计荣获"中国80年代十大优秀建筑设计"和"中国当代环境艺术设计十佳"等称号。新纪念馆工程由中国工程院院士、工程设计大师、华南理工大学建筑学院院长何镜堂主持设计。

纪念馆分为三大部分，即东部的纪念馆新馆及纪念广场、中部的遗址悼念区和西部树木葱茏的和平公园，分别对应战争、杀戮、和平三个概念，并由此产生了"断刀""灾难之庭""和平公园"三个主题场所。

【游览线路】

纪念馆大门→塑像→集会广场→标志碑、和平大钟、公祭鼎→古城的灾难→纪念馆新馆→遇难同胞遗骸遗址陈列、冥思厅→和平公园

【塑像】

在馆前我们首先看到的是《家破人亡》雕塑，高 11.3 米，一个被日军侮辱的母亲横抱着刚被杀害的幼子，绝望地向苍天呼号。南京大学著名雕塑家吴为山创作的一组铜雕共八座，名为《市民逃难》，形象再现了当年南京大屠杀开始后，无辜百姓逃难求生的场景。

进入纪念馆大门，迎面是《冤魂呐喊》巨大的铜制雕像，高 12 米，长 19.9 米，以劈成两块的三角形为造型。一边表现的是无辜百姓被屠杀的场面，另一边，一只巨手直指苍穹，象征千千万万冤魂在呐喊，在抗议，在指责侵略战争的罪行。

【集会广场】

这里是由灰色的碎石铺地的集会广场。广场空旷，营造了一个没有生命的空间，对面是由一级级台阶组成的"和平之船"的船头。每年 12 月 13 日，无数南京市民都会自发地来到这里悼念遇难同胞，发出和平的呐喊。

【标志碑、和平大钟、公祭鼎】

集会广场的北墙，称作灾难之墙，在黑色的花岗岩石上刻着中、英、日等 12 国文字书写的"遇难者 300000"。

墙的东侧是一座十字架形状的标志碑，上面刻的"1937.12.13－1938.1"是南京大屠杀的时间。碑下面铺着一层层碎石，这里是建立在"万人坑"遗址之上的。

国家公祭鼎，高 1.65 米、重 2014 公斤，为三足圆形铜鼎，正面铸有 160 字的铭文，记述了南京大屠杀激发全民抗战，中国人民最终取得胜利的历程。

墙的右侧是一个"倒下的 300000 人"的抽象雕塑钟架。它用三根黑色的三棱柱和五个褐红色的圆圈，组成了"300000"的数字，中间的三根黑色横梁为一个倒下的"人"字。钟架上悬挂的是和平大钟，这是旅日华侨捐资铸造的。

【古城的灾难】

"古城的灾难"大型组合雕塑，由残破的"城墙"、残缺的"军刀""历史的桥梁""遇难者的头颅"和"手臂""长明火"等一个个雕塑，以及象征着累累白骨的鹅卵石组合而成，表达的主题是悲与愤。这是一把折断的"日本军刀"后半截，刀的截面好像仍残留着遇难者的血迹，上面刻着"300000"的数

字，寓意遇难同胞人数。这尊象征着遇难者的头颅高 2.7 米，直径为 2.5 米，重达 2 吨，使用青铜浇铸而成。那座用青铜铸造的手臂长 7 米、高 2.75 米、重 5 吨，意味被活埋的遇难者从泥土中伸出不屈的手臂。

【纪念馆新馆】

新馆展陈区有八大板块、2000 多张照片、900 余件文物，展现了南京大屠杀这一人类的浩劫、全人类的共同记忆，以及人们对和平的向往和坚守。

进入展厅，迎面看到黑色石板上用中、英、日三种文字书写的展览主题——"南京大屠杀史实展"。沿阶而下，左侧是一面巨大的档案墙，分类摆放了 1 万多盒有关南京大屠杀的个性化档案资料。台阶下是"12 秒"流星装置。每隔 12 秒就听到一颗流星从高空坠落的声音，这意味着在南京大屠杀期间，每隔 12 秒就会有一条生命消失，缓缓呈现又消失的是南京大屠杀死难者姓名。

步入序厅，顶面满天星空的设计，是生命如繁星的寓意，中央聚光灯照亮的"死难者 300000"的纪念装置凸显对死难者的缅怀。序厅的周围是历史的凝视，展示了南京大屠杀幸存者的照片，共展出 1213 张照片。左右两边对称排列的 1113 张是已经离世的幸存者的黑白照片，而后面墙上对称排列的 100 张彩色照片是截至 2017 年 9 月 30 日在世的幸存者，仿佛他们仍然在凝望着这段历史。目前登记在册的幸存者已不足百人。序厅尽头，现在我们看到的是高大扭曲的南京城城门，有武定门、雨花门、光华门、中华门、中山门、通济门、水西门七座城门。1937 年 12 月初，中日双方最后的激战正是在这几个城门前展开的。

从七个南京城城门进入，就是整个展览八个部分的史料陈列，分别为：南京沦陷前的中国形势、日军进犯南京与南京保卫战、日军在南京的暴行、人道主义救援、世界所了解的事实与日本的掩饰、大屠杀后的南京、战后调查与审判、人类记忆和平愿景。

【遇难同胞遗骸遗址陈列冥思厅】

展示的是 1985 年和 1998 年两次发掘的南京大屠杀遇难者遗骸，用典型、有说服力的图片以及相关文物，简要展示了两次发掘和考证的全过程。馆中的"万人坑"遗骨现场撼人心魄。祭场内设有长明火把台，用于祭祀。紧紧相连的冥思厅室内，贮满清水的水池铺贴黑色花岗岩石材，池内的烛灯与镜面黑色花岗岩交相辉映。

【和平公园】

位于纪念馆区的西部，总面积达 32 000 多平方米，主要有和平雕塑、日本友人捐资的"紫金草"花园等。整个空间氛围以表达和平的美好为主题。和平公园中部是巨大的长条形水池，将人们的视线直接引向水池终点的和平女神塑像。塑像位于黑色花岗岩石材的"和平"基座之上，由一个手托和平鸽的母亲和期盼和平的儿童组成，象征着人们对和平生活的向往，基座高 18 米，塑像高 12 米。

【特色活动】

每年 12 月 13 日，南京城都会拉响警报，举行纪念侵华日军南京大屠杀遇难同胞活动。2014 年 2 月 27 日，中华人民共和国第十二届全国人大常委会第七次会议决定将 12 月 13 日确定为南京大屠杀死难者国家公祭日。

2014 年 12 月 13 日，首次南京大屠杀死难者国家公祭仪式在南京举行。当天上午，中共中央、全国人大常委会、国务院、全国政协、中央军委在南京隆重举行南京大屠杀死难者国家公祭仪式。中共中央总书记、国家主席、中央军委主席习近平出席并发表重要讲话。

习近平发表重要讲话强调，和平像阳光一样温暖、像雨露一样滋润。有了阳光雨露，万物才能茁壮成长。有了和平稳定，人类才能更好实现自己的梦想。和平是需要争取的，和平是需要维护的。只有人人都珍惜和平、维护和平，只有人人都记取战争的惨痛教训，和平才是有希望的。

六、南京夫子庙

国家 AAAAA 级旅游景区　　中国旅游胜地四十佳

【景区概况】

南京夫子庙通常是指位于南京城南秦淮风光带中心位置的集观光、购物、休闲、餐饮于一身的仿古建筑的商业区。秦淮风光带东起东水关、淮清桥、秦淮水亭，经过文德桥、中华门，直至西水关的内秦淮河地带，包括河两岸的街巷、民居、附近的古迹和风景点。这一带自古以来就是南京最繁华的地方。

秦淮河古名淮水，又叫龙藏浦，相传是秦始皇开凿，又称秦淮河，起源于溧水的东庐山和句容的宝华山，全长 110 千米。秦淮河由东水关入南京城，经夫子庙，再由水西门南的西水关出城与外秦淮河汇合。内秦淮河全长 4.2 千米，号称"十里秦淮"，是南京人民的母亲河，古往今来无数文人墨客来此寻迹访踪，为之赞美倾倒。

夫子庙地区包括夫子庙、学宫旧址、江南贡院和周边商业区。以大成殿为中心的南北中轴线上，南部为孔庙，北部为学宫；中轴线东侧是以明远楼为主体建筑的江南贡院。夫子庙，又叫孔庙、文庙，是祭祀和供奉孔子的庙宇。孔子是我国古代杰出的思想家、教育家，是儒家学派的创始人。古时立学必祀奉孔子，各地的孔庙都属于国家祀典内容之一。南京夫子庙始建于宋代，现夫子庙是1986年重建，依然保留前庙后学的布局。

【游览线路】

照壁→泮池→文德桥→天下文枢坊→聚星亭→魁光阁→棂星门→大成门→四块古碑→碑廊→丹墀→大成殿→明德堂→尊经阁→青云楼→贡院

图3-5 夫子庙示意图

【照壁】

照壁是秦淮河南岸的一段朱红色石砖墙，是整个夫子庙建筑群的开始。照壁建于明万历三年（1575年），长110米，高10米，为全国孔庙照壁之最。

【泮池】

古时候皇帝讲学的学宫叫辟雍，诸侯讲学的学宫叫泮宫，"泮池"是孔庙前的规制。泮池上一般建有三座石桥，按等级而论，县官、学官走中间一座，秀才走两边的桥。夫子庙以天然河道为泮池，在全国孔庙中独一无二。

【文德桥】

文德桥在泮池西侧，因儒家提倡文章道德而得名。文德桥最初建于明万历十四年，据说建桥的目的是锁住泮池的水以蓄文气。据考证，由于桥向与子午线方向一致，所以每逢阴历十一月十五，在桥的两边分别可以看到桥影将水中明月分为两个半月，这一景观被称为"文德分月"。文德桥原为木桥，逢年过节，观景赏灯的人不计其数，以至于桥栏多次倒塌，所以南京有句歇后语："文德桥的栏杆——靠不住。"

【天下文枢坊】

泮池北岸有一座四柱三门的大牌坊为天下文枢坊。孔子乃天下文章道德之中枢也，故得此名。这是20世纪80年代末新建的一座钢筋水泥仿古牌楼，是进入孔庙的标志。

【魁光阁】

魁光阁是座楼阁式建筑，它初建于清乾隆年间。这座临街傍水的建筑曾两次被毁，1985年重建。

【聚星亭】

聚星亭是座六角重檐亭子，"聚星"取群星聚集，人才荟萃之意。建于明万历十四年（1586年），也曾几经兴废。现在看到的亭子是1968年复建的，黑瓦翘檐，造型古朴素雅。

【大成门】

大成门是孔庙的正门，也叫戟门。门内侧有四块石碑。第一块是《孔子问礼图碑》，记载了春秋末年孔子出于对周王朝礼乐制度的崇拜，从家乡曲阜去周王城洛阳考察典章制度的经历。这块碑已有1500多年的历史了，图文仍清晰可辨，是难得的珍贵文物。第二块是《集庆孔庙碑》，第三块是《封四氏碑》，讲的是元至顺二年，文宗皇帝诏示加封颜回、曾参、孔伋、孟轲为四亚圣之事。第四块碑是《封至圣夫人碑》。

【丹墀】

大成殿前有一露台，也叫丹墀，是祭祀和歌舞的地方。古时每年二月、八月的第一个丁日和孔子诞辰这一天（阴历八月二十七日），地方官吏都要在孔庙举行盛大的祭扫活动。丹墀上有尊孔子青铜雕像，像高4.18米，重2.37吨，为全国最大的一座孔子青铜像。

【大成殿】

大成殿是孔庙主殿，是一座气势巍峨，重檐庑殿顶，屋脊中央有双龙戏珠立雕的建筑。殿内供奉着孔子的画像，为画家王宏喜按照唐吴道子的孔子画像用一年的时间画成。画像前设供案，供案两侧是四亚圣的汉白玉雕像，前面还摆放有古代庆典时演奏的乐器。殿内四周墙壁上悬挂着38幅反映孔子生平事迹的镶嵌壁画，称"孔子圣迹图"。这是浙江乐清200多名匠师采用玉石、翡翠、黄金、珠宝等贵重材料，耗时三年雕成，总价值580万人民币，表现了孔子"万世师表"的光辉典范。

【学宫】

孔庙北面是学宫，由一组建筑群组成，有明德堂、尊经阁、青云楼等。明德堂建于南宋绍兴九年（1139年），堂名为文天祥所书。明德堂是学子集会的地方，每月朔望（阴历初一和十五）朝圣后，学子在此集会，训导师宣讲圣教和上谕。

青云楼建于明万历十四年（1586年），是供奉历代督学使的祠堂，初建时为三层楼，因为临近贡院，为防止有人从楼上偷看贡院，清代时改建成二层楼，上层用作藏书，下层是阅览室。这也是旧学宫保留下来的为数不多的建筑之一。

【中国科举博物馆】

中国科举博物馆位于南京市夫子庙贡院西街上，是第一个集中国科举文化的展示中心、科举文物的保护中心及科举制度的研究中心于一体的、全国最大的专题类博物馆。博物馆由江南贡院改扩建而成，东至平江府路、南至贡院街、西至金陵西路、北至建康路，总占地面积约6.63公顷，新馆于2017年1月28日（阴历正月初一）正式开馆。

江南贡院是中国古代最大的科举考场，鼎盛期可接纳2万多名考生同时考试。贡院建于南宋乾道四年（1168年），是县府考试场所。明太祖朱元璋定都南京后，这里成了乡试、会试场所。明永乐十九年迁都北京，但南京仍作为陪都，加上江南又是人才荟萃之地，会试仍在这里按期举行。明清两代对贡院不断扩建，到清代同治年间，供考试用的"号舍"有20 644间，与当时北京顺天贡院并列为全国考场之冠。随着科举考试的废除，江南贡院的大部分建筑已陆续拆除，仅保留明远楼等部分建筑。明远楼是贡院主体建筑之一，呈四方形，四面设窗，地处贡院中心，在此可以监视考生和贡院内执役人员。"明远"是"慎终追远，民德归厚"之意。

博物馆新建部分犹如埋藏在地下的一个历史宝匣，匣长36米，宽36米，高20米，整体沉入地下，一共有地下四层，采取下沉设计是为了打通南北主轴线，反衬明远楼的高耸，表达对历史文化的敬意。它的上部为一个砚形水池，如同一面古镜，将明远楼的倒影收入其中，让人联想到"以史为鉴"。砚台水面面积1300平方米，寓意1300年的科举文化。从地下四层到地面，参观者走的坡道一共130米，在这里"一米抵十年"，每走一米就跨越十年，一共走过1300年悠久的科举历史。

博物馆的参观过程犹如探宝。游客由坡道的狭长空间环绕而下,开始体验当年科举路途的艰辛。在地下四层入口处是明代第一位状元吴伯宗家族故居的"科第世家"牌坊,当年无数的"考二代"为了前途和光宗耀祖,前赴后继。至底20米,宝匣下面是一个环形水池环绕的开放庭院,庭院中央是四层通高的魁星堂,仰望上空,在魁星点斗四周,经史子集等儒学经典在灯光照耀下熠熠生辉。只要将手放到四周的魁星像下方,就会自动吐出一张签,想知道自己运气的小伙伴可以试试。

主馆体内有五个展厅,分别是"为国求贤厅""鱼龙变化厅""金榜题名厅""金陵佳话厅""源远流长厅",分别介绍科举制度发展历程、古代学子考试历程、金榜题名的社会影响、江南贡院与南京城市文化关系、科举文化对近现代考试以及东亚和西方文官制度形成的影响。五个展厅与馆体北侧的明远楼、号舍、贡院碑刻和南侧的魁星堂、东西官廨等互为补充。

馆方将三年多来征集的10000余件文物展品做了精心挑选,选取其中约700件展品用于常设展览。藏品中有"天子门生"匾额,有科举名次发榜的皇榜,也叫"大金榜"。馆里还再现了古代东水关到西水关的街市景象。

【特色活动】

(1)夫子庙灯会/金陵灯会。始于六朝,盛于明清。相传明代洪武年间,朱元璋下令闹花灯,以示与民同乐,共庆升平。现在的灯会集中在夫子庙地区举办,自春节始,为期一月,尤其在元宵夜,秦淮河两岸灯如海,人如潮。

(2)品尝夫子庙风味小吃。夫子庙秦淮风味小吃是我国四大小吃群之一。有"八绝":"一绝"为魁光阁的五香茶叶蛋、五香豆、雨花茶,"二绝"为永和园的开洋干丝、蟹壳黄烧饼,"三绝"为奇芳阁的麻油干丝、鸭油酥烧饼,"四绝"为六凤居的豆腐涝、葱油饼,"五绝"为奇芳阁的什锦菜包、鸡丝面,"六绝"为蒋有记的牛肉汤、牛肉锅,"七绝"为瞻园面馆的薄皮包饺、红汤爆鱼面,"八绝"为莲湖甜食店的桂花夹心小元宵、五色糕团。

七、南京雨花台

全国重点文物保护单位　全国爱国主义教育示范基地　国家AAAA级旅游景区

【景区概况】

雨花台,位于南京城南,在中华门外约1千米的地方。雨花台顶部呈平台状,所以称"台",最高海拔60米。雨花台三国时称石子岗,东晋叫梅冈,唐朝改称雨花台。相传南朝时,高座寺的云光法师在山顶讲经说法,精妙绝伦,感动了佛祖，顿时天花乱坠，落花如雨，天花坠地之后变成了雨花石，此地因石得名"雨花台"。

雨花台曾是伽蓝林立的地方，有许多著名寺庙。也是古代南京人民初春踏青、重阳登高、举办集会的地方，是一处风景名胜区。1927年，蒋介石发动反革命政变后，这里成了残害共产党人和爱国志士的刑场。新中国成立后，南京人民为缅怀先烈，在雨花台建立了烈士陵园，这里成为人们瞻仰革命烈士的纪念地。

【游览线路】

北大门→烈士群雕像→烈士纪念碑→倒影池→革命烈士纪念馆→忠魂亭

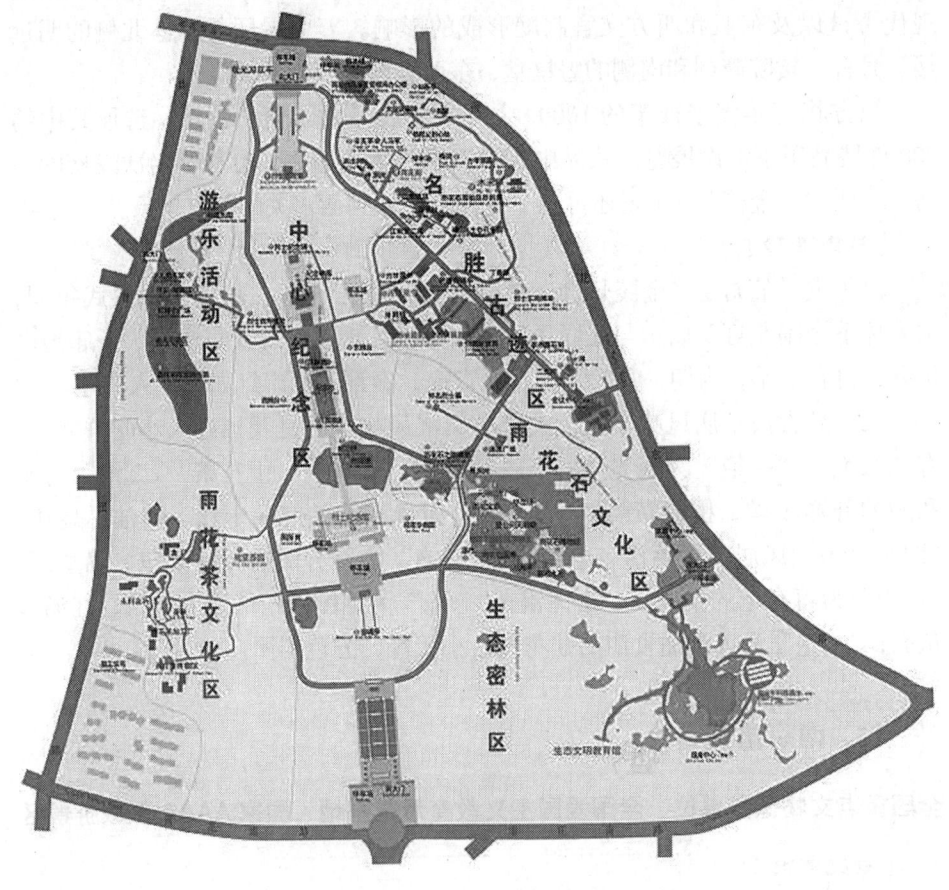

图 3-6　雨花台示意图

【北大门】

烈士陵园北侧大门，由两根花岗岩门柱组成，上刻两只巨型花圈，表达了后人对先烈的怀念和崇敬。这对门柱高约 11.7 米，隐喻 1917 年 11 月 7 日俄国十月革命，毛主席曾说："十月革命一声炮响，给中国送来了马克思主义。"

【烈士群雕像】

陵园广场南端矗立着一座巨型烈士群雕像，建于 1980 年。整座塑像由 179 块花岗石拼雕而成，高 10.3 米，宽 14.2 米，厚 5.5 米，重达 1374 吨，生动地展现了党的工作者、工人、农民、知识分子、战士、学生和报童等 9 位革命烈士就义前英勇不屈的光辉形象。他们有的昂首挺胸，有的镇定自若，有的怒目圆睁，栩栩如生，充分表现了革命志士视死如归的浩然正气。

雕塑后面是当年国民党杀害烈士的刑场之一，称为"北殉难处"，在中台岗的东西两侧，还有"西殉难处"和"东殉难处"。据统计，在国民党统治的 22 年中，在这里被杀害的来自全国各地的爱国志士多达十万之众，其中有恽代英、邓中夏、罗登贤、侯绍裘、毛福轩、何葆珍、黄励等知名烈士。

【雨花台烈士纪念碑】

位于雨花台主峰峰顶平台上。新中国成立后曾在此地建有一块纪念碑，上刻毛泽东主席题写的"死难烈士万岁"6 个大字。现在的纪念碑是 1987 年在原地新建，碑高 42.3 米，隐喻着 1949 年 4 月 23 日南京解放。碑体正面是邓小平题写"雨花台烈士纪念碑"8 个大字，背面是江苏省人民政府的铭文，由著名书法家武中奇手书。碑额综合表现了火炬、旗帜和鼎三种形象。碑是中空的，可以乘电梯登临碑顶观景厅，眺望周围景色。纪念碑前屹立着一尊高 5.5 米、重 5 吨的烈士铜像，象征着革命者坚贞不屈和追求自由的坚定信念；还有三个石制巨型花环、10 具棺盖上刻着花圈的象征性石棺和两尊仿古纪念鼎。纪念碑是由齐康教授综合全国各地 578 个草案后定稿的。

【碑廊】

碑廊位于纪念碑下的平台上。碑刻全长 144 米，共由 180 块黑色花岗岩石碑组成，上刻马克思和恩格斯的《共产党宣言》、列宁的《马克思主义的三个来源和三个组成部分》和毛泽东的《新民主主义论》三篇经典文献，由全国著名的书法家赵朴初、欧阳中石、武中奇、萧娴等 36 人书写，共 47 043 字。

【荷花池】

荷花池位于纪念碑南侧的长方形的水池，又叫倒影池，长 72 米，宽 26 米。建筑学家利用原有的地形，运用物理学折光原理，巧妙地将纪念碑和纪念馆的倒影在池中南北两端水面上显现出来，形成一道独特的景观。倒影池北岸是

《国际歌》碑,上部刻着五线谱和三段汉语歌词;下部分别用壮、藏、维、蒙文字刻着歌词全文。南岸立有《国歌》碑,模式与《国际歌》碑相同。池畔有两尊青年雕像,男青年是军人,持枪脱帽,肃立哀悼;女青年低头默哀,表现了青年一代对先烈的无限追念。

【革命烈士纪念馆】

雨花台革命烈士纪念馆是一座具有传统民族风格的大型建筑。纪念馆东西宽94米,进深49米,最高处为26米。馆名由邓小平题写,馆额是日月同辉图案。馆内收集了1000万字史料、1500件实物和展示恽代英、邓中夏等127位烈士的照片、遗作和辅助材料等800多件。纪念馆由著名建筑大师杨延宝先生设计,由齐康教授将方案进行完善和深化的。

【忠魂亭】

建于纪念馆南部山丘上,为覆钟形,灰色花岗岩贴面,正中横额上有江泽民同志亲笔题写的"忠魂亭"三个金字。它是由南京市30多万党员交纳的特殊党费建成的,其外形含义为:学习中国革命的斗争史,学习烈士的光辉事迹,常思今天的胜利成果来之不易,要警钟长鸣,居安思危,为建设强大的新中国而不懈努力。革命先烈不屈不挠、视死如归的革命精神,将永远激励我们前赴后继、勇往直前地为革命理想而奋斗。

【特色活动】

南京雨花石艺术节:每年金秋9月,南京都要在雨花台景区举办"天降雨花"表演、雨花石精品展、采石游等活动。

八、南京城垣与中华门城堡

国家重点文物保护单位 南京城墙和中华门城堡

【南京城墙】

南京城墙是全球最长、墙体最高、保存原真性最好(大部分为明代建造)的城市城墙,全国重点文物保护单位,南京正牵头联合国内其他7处保存完整的明清城墙的城市联合申请世界文化遗产。

元朝末年,农民出身的红巾军首领朱元璋于公元1356年攻下元集庆路,改为"应天府"。朱元璋接受皖南谋士朱升"高筑墙,广积粮,缓称王"的建议兴建了南京城。工程开始于元至正二十六年(1366年),完成于明洪武十九年(1386年),历时21年。

南京城形状特别,它没有墨守中国京城"棋盘"式格局的成规,而是从作战军事需要和南京地势走向的实际出发，依山傍水，把覆舟山、鸡笼山、西望山、清凉山、狮子山等十几个小山丘作为城基，居高固险。又利用南部、西部的外秦淮河，西北部的金川河，北部的玄武湖作为天然的城壕。建城时，对上述河流再加以疏通，挖出的土方填充到城墙中间，形成高城深壕的格局，呈不规则的葫芦形。总面积为43平方千米，囊括了六朝时的建康城和南唐时的金陵城，比南唐城大了三倍。

明代南京城墙全长33.676千米，建成之初有13座城门，有一顺口溜把城门名字串起来："三山聚宝连通济，洪武朝阳定太平，神策金川临钟阜，仪凤淮清到石城。"墙体高14~21米，上宽4~9米，下宽14.5米左右；城墙有垛口13 616个，窝铺200座。

朱元璋征用了江苏、安徽、江西、湖北、湖南五省一百多万民工匠人参与修建城墙，并从这五省征集特制城砖3.5亿块。城砖大多为质地细密的青灰色砖，长度一般为40~50厘米，重15~20千克。每块城砖侧面都刻有文字，字数不等，内容是制砖的时间和州、府、县、烧窑工匠和监造官员的姓名等，以示责任到人；文字有草、隶、篆、楷、行等各种字体，镌刻手法有阴刻、阳刻、双线刻等。建城资金主要是由江浙富豪缴纳而得，其中沈万三认领了近1/3的建城费用，筹集黄金600万两。

南京明城墙历经600多年，风雨侵蚀、战火损毁和城市建设改造，历史上曾有过多次修补，还开辟了一些新的城门。20世纪90年代起，南京市政府对南京城墙开始了大规模的维修及周边环境的整治。2014年南京市全面完成25千米明代城墙本体的修缮和开放。2015年8月，南京市规划局联合东南大学组织编制《南京城墙沿线城市设计》，已通过南京市政府批复，城墙的保护工作将更加科学。

【中华门城堡】

中华门，原名聚宝门，因雨花台原名聚宝山而得名聚宝门，后因门前道路改为中华路而改名，是南京明城墙的十三座明代城门之一，是中国现存规模最大的城门，世界上保存最完好、结构最复杂的堡垒瓮城。

中华门位于明代南京城正南，明洪武二年至洪武八年（1369—1375年）在南唐都城江宁府和南宋陪都建康府城南门旧址拓建而成。南京城东有钟山，西有石头山，北有长江天堑，唯独正南面是一片开阔地，中华门成为重点防守之关卡，地势极为重要。平时是交通要道，战时是重要的军事要塞。能起到"一夫当关，万夫莫开"的作用。

中华门东西宽118.5米，南北长128米，占地面积15 168平方米。共设三道瓮城，呈"目"字形结构；由四道券门贯通，首道城门高21.45米，各门均有可以上下启动的千斤闸和双扇木门，现仅存闸槽和门位遗迹。城内共建有27个藏兵洞，平时可供士兵休息和存放军用物资，战时可用于藏兵，总共能藏兵3000人。在没有任何外援的情况下可以守城3个月。这种设施在我国古代其他城堡中极为罕见。

中华门城堡发生过三次重要的战争。第一次是太平军攻克南京。第二次是辛亥革命时江浙联军击溃清军，光复南京。第三次是抗战中的南京保卫战，南京沦陷。

中华门城堡以实物形式为研究都城史、城垣建造史、古代战争史提供了生动的直观资料。

【南京城垣】

南京城垣建于600多年前，是世界第一大城。元朝末年，农民出身的红巾军首领朱元璋于公元1356年攻下元集庆路（今南京），改为"应天"。公元1366年朱元璋接受谋士朱升的建议"高筑墙，广积粮，缓称王"，在南唐都城、宋建康府城的基础上扩建应天府城。朱元璋调集20万匠户，筹集资金，直到公元1386年，共用了21年的时间，建成了应天京城。连瓮城在内，城长达33.676千米，城为不规则形状，面积达到43平方千米，比南唐时大三倍。有13 616个垛口，200多个屯兵窝棚。

筑城是分几个阶段进行的，先是结合皇宫的建造拓建南唐都城东部，接着对原城的南墙、西墙加厚加高和延伸，最后扩建北城，环湖带江，连成一体。施工中充分利用山形、旧城、旧堤，沿江的墙段部分以岩石峭壁作为墙身和墙基，大大减少了工程量。墙体高14~21米，基宽14米左右，上宽4~9米，下宽上窄，断面为稳定的梯形，大多用砖块、条石砌成。城砖是从江南5省152个州府县调运的，统一规格质量，长40厘米、宽20厘米、厚10厘米，每块砖上均有铭文记着出产的州府县官员、保甲及工匠师的姓名，遇有质量问题就要追究，这就是几百年前的质量管理制度，责任是以头颅来担保的，因此城砖的质量非常优良，几百年都未见严重的风化。许多地段用条石作为城基，如通济门至三山门用长1米左右、厚30厘米、宽70厘米的条石砌成7千米的城墙。用糯米、石灰、桐油、蓼草等熬成极黏的砌浆作为黏合剂。各种排水设施功能齐全。科学的设计和优良的质量，使这一伟大工程历经数百年，还坚固如初。

南京城墙是依地形变化、按当时作战的军事需要而建设的，不拘泥于方形对称的古制。南京城呈多边形，依山环水，据山脊筑城，把制高点富贵山、鸡笼山、覆舟山、清凉山、马鞍山等十几个山头作为城基，居高临下，安全险固。明南京都城辟有13座城门，即"三山聚宝临通济，洪武朝阳定太平，神策金川定钟阜，仪凤淮清到石城"。朱元璋为加强防御，又在京城外围建造了长达60千米的外郭，号称土城，设有18个城门，南京民谣道，"里十三，外十八，城门闩子往外插"。

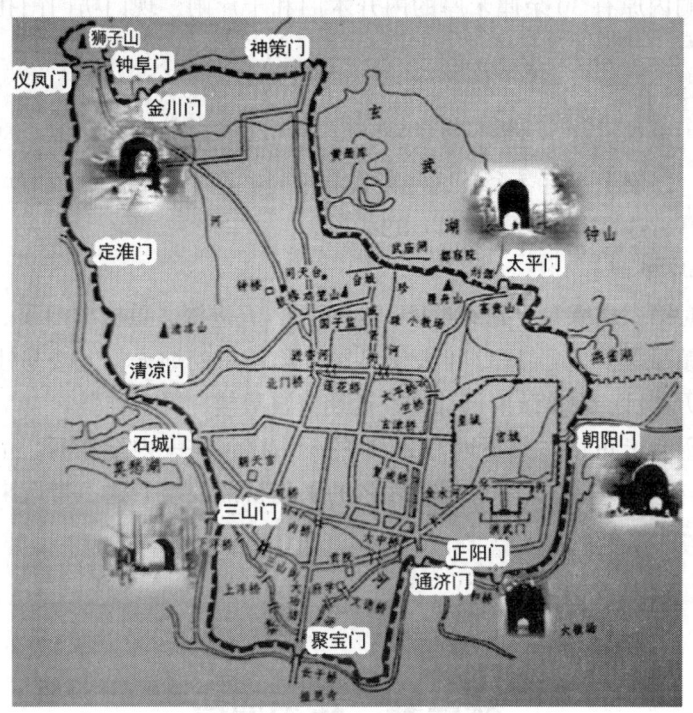

图3-7　南京城垣示意图

【中华门概况】

中华门原名聚宝门，位于南京城南、内外秦淮河之间，是金陵古城垣的缩影。城堡东西宽118米，南北纵深129米，占地16 512平方米，首道墙高21.45米，由一道城门、三座瓮城组成，是世界上现存最大的城门。

【游览线路】

中华门北门→瓮城1→瓮城2→登城台阶→第二层藏兵洞→第三层平台→两侧马道

【瓮城】

明南京都城辟有13座城门，其中7座城门为加强防守，增建了瓮城。瓮城就是在主城门的内外加建一道或多道圈城，形状似盛水的陶瓮。有了瓮城可以增强防御纵深层次，有利于歼灭敌人。南京的瓮城大多在主城门内，仅有神策门一道瓮城在城外。这是朱元璋讲求实效、匠心独具的地方。

中华门城堡有三道瓮城。第一道瓮城宽16.14米，三面墙长104.7米，第二道城宽15.8米，第三道宽19.3米，墙高都是8.4米。三道门上原都有闸楼，现已毁，但留有楼基。1.24米高的基座上还留有绞盘车，是用来提升千金闸的机关。门洞内原有30余厘米厚的内开木门和千斤闸，现门枋门闩孔及闸槽仍清晰可见。

【藏兵洞】

中华门城堡共建有27个藏兵洞，一道门的底层两侧各3个，马道外边两侧各7个，二层上也有7个。这些藏兵洞平时贮存军用物资，战时可供士兵休息。据估算，这27个藏兵洞可以藏兵三千。

【第三层平台】

明代时第三层平台上建有谯楼，七开间，五进深，重檐歇山顶。原楼气宇轩昂，雄镇城关。它于1937年毁于日军攻陷南京的炮火，但楼基柱础石仍整齐排列历历在目。现市政府已计划在近期修复敌楼，再现雄姿。

站在平台上可以看到下面宽28米的千古名河——内秦淮河，正对城门的长32米的桥叫镇淮桥，附近就是著名的朱雀桥的故址。这一带历来为豪门望族、学子云集之处。

第三节　热门景区

一、阅江楼

阅江楼是南京近年来在城北狮子山上新建的一处风景区，1999年2月正式动工，2001年年底建成并对外开放。历时30个月，投资4000余万元。是国家AAAA级旅游景区。

建阅江楼的初衷，始于朱元璋。朱元璋在其称帝前，在狮子山上以红、黄旗为号，指挥数万伏兵，击败了劲敌陈友谅40万人马的强势进攻，为其建立大明王朝奠定了基础。公元1374年，朱元璋想在狮子山建一楼阁，亲自命名为阅江楼，并命在朝的文臣职事们各写一篇《阅江楼记》。流传至今的有著名文学家、翰林大学士宋濂的《阅江楼记》和朱元璋亲自撰写的《阅江楼记》和

《又阅江楼记》。朱元璋在写了楼记、打了地基后又突然决定停建阅江楼,并说明了理由:一是上天托梦给他,叫他不要急于建阅江楼;二是在他经过深思熟虑后,觉得应该抓迫切需做的大事,建阅江楼应该缓一缓。其实事实是当时正集中财力人力修建南京和中都凤阳的城墙,经济力量不够。后来中都凤阳的城墙也因耗费巨大而停建。

新建的阅江楼高52米,面积为5000平方米。整座楼呈"L"形,主翼均可阅江。主楼在两翼的犄角处。楼内从底部到顶部可分三层,加上中间夹层共有六层。但外看为四层。楼内有电梯可以上下。

阅江楼内部的陈设布局,主要是围绕朱元璋和朱棣两代帝王的政治主张和活动展开。底层主要展出了一椅、一壁、两匾。"一椅"是一把"朱元璋龙椅",虽是仿制物品,但是由上等优质红木制成,重逾千斤。龙椅靠背上雕着九条龙,刻工精细,形象生动。"一壁"是龙椅背后的一面金字大靠壁,靠壁之上镂刻着朱元璋亲自撰写的《阅江楼记》。"两匾"指"治隆唐宋"匾和"得水载舟"匾。

第三层主要陈列一船、一画。"一船"即宝船模型。明代扩大了与海外各国的友好交往,因此南京的造船业也特别发达。"一画"即巨型瓷画。它宽8米,高12.8米,是当今国内最大的景德镇瓷画。画面反映了1405年到1433年间郑和七下西洋的这段历史。郑和是我国明代的伟大航海家,他曾七次率领船队,到过亚、非三十个国家和地区,是我们中华民族对世界航海事业的杰出贡献。

阅江楼顶层有一件镇楼之宝,叫"百狮台",是全国独一无二的红木珍品。这一套制品上共计刻有100只狮子。百狮台对面是一块苏绣屏风,上面绣的是"江南四大名楼"。它也是目前国内最大的一块苏绣屏风。

阅江楼景区内还有众多的历史遗迹。有古炮台、孙中山阅江处、五军地道、古城墙、地藏寺、五色土、玩咸亭、藏兵洞、静海寺等30多处知名旅游胜地。静海寺,是中国近代史上第一个不平等条约《南京条约》的主要议约地。静海寺陈列馆和渡江胜利纪念馆被称为中国近代历史的起点和终点的标志与象征。

二、梅园新村

梅园新村纪念馆位于南京市长江路东端梅园新村街道上,这里是中国共产党代表团办公原址。街道西侧由南至北依次是史料陈列馆、周恩来图书馆、梅园新村30号、梅园新村35号、梅园新村17号。1946年5月至1947年3月，以周恩来为首的中国共产党代表团，在这里同国民党政府进行了10个月零4天的和平谈判，为中国人民解放事业留下了不朽的一页。

为了充分展示中共代表团在梅园新村的斗争生活，教育后人不忘这段历史，1960年开始筹建纪念馆，1978年梅园新村纪念馆正式对外开放。1990年1月8日，中共代表团梅园新村纪念馆史料陈列馆开馆。1990年7月1日，周恩来全身铜像落成。1998年2月21日，周恩来图书馆开馆。近年来，纪念馆先后被中华人民共和国教育部等六部委命名为"全国少年儿童校外教育工作先进集体""全国优秀社会教育基地""全国中小学爱国主义教育基地"，被中宣部命名为"全国百家爱国主义教育示范基地"，同时被国务院颁布为"全国重点文物保护单位"。

史料陈列馆是一座富有地方特色的现代化建筑，由庄重的展厅和典雅的庭院组成。该项工程曾荣获"1993年全国优秀建筑设计一等奖"。庭院中最引人注目的是周恩来全身铜像，像高3.2米，重900千克。国共南京谈判史料陈列是运用现代化的陈列手段，通过300多幅（件）珍贵历史照片、文物和资料，突出反映了以周恩来同志为首的中共代表团，在南京与国民党政府进行针锋相对的谈判斗争的革命业绩，生动表现了老一辈无产阶级革命家的崇高精神和革命风范。一楼展厅为"梅园风云"部分，以记述历史事件为主。二楼展厅为"梅园风范"部分，以展示革命文物为主。

梅园新村30号，是周恩来和邓颖超同志当年办公和居住的地方。办公室里还陈放着当年周恩来用过的写字台、转椅、分省地图以及中共代表团的信笺。35号是董必武和李维汉、廖承志等代表团成员当年办公和居住的地方。17号是代表团工作人员办公室和居住的地方。代表团的外事组、军事组、新闻组、妇女组、顾问组、电讯室和十八集团军办事处都设在这里。周恩来经常在这里举行中外记者招待会，发表重要声明。

三、老门东历史街区

老门东历史文化街区位于南京老城东南角，北起长乐路、南抵明城墙、西沿内秦淮河，东至江宁路，总占地面积约70万平方米。

"老门东"原指南京中华门（古城正南门，原名聚宝门）以东的一片区域，是南京传统民居聚集地，自古就是江南商贾云集、人文荟萃。

从2010年起，南京市政府在这里进行保护性复兴与开发，总投资达50多亿元。如今，按照传统样式复建的传统中式木质建筑古色古香，青砖黛瓦马头墙，小巷透迤石板路，集中展现了传统文化，再现了老城南的风貌。如今的老门东，开设金陵刻经、南京白局，以及德云社、手制风筝、布画、竹刻、剪纸、提线木偶一类民俗工艺，推出多种南京地区传统美食小吃。现已成为国家AAAAA级旅游景区、南京夫子庙秦淮风光带的组成部分。

走进老门东，明清建筑，明清风味，百年老店，鳞次栉比，仿佛时空穿越。景区入口，"老门东"牌坊高17米，梁柱和坊额上以干挂工艺敷设精美石雕，石雕由福建惠安石刻艺人设计雕琢，石雕画面有琴棋书画、梅兰竹菊、玉如意等，牌坊基座上的抱鼓石也敷设了精美的石刻云纹。牌坊两旁有一副楹联："市井里巷尽染六朝烟水气，布衣将相共写千古大文章"，呈现了历代南京人民共建的古城辉煌和城市底蕴。牌坊周围有4组街头雕塑，分别是黄包车夫、糖芋苗、老邮筒、学童进馆（上私塾）。雕塑人物全着明清服饰，惟妙惟肖地再现了老门东明清时的民居生活。

景区内汇集了南京著名老字号、传统小吃和其他地方的名小吃，有蒋有记、鸡鸣汤包等老字号，还有蓝老大糖藕粥、徐家鸭子、司记豆腐脑等美食，以及台湾名小吃蚵仔煎等。老门东3D建筑立体投影秀作为历史街区的一大创新常设展项，包括以下四部分：四季氛围投影及笑脸墙互动拍照；敲敲乐亲子互动游戏；互动3D动感单车；大型3D城墙投影秀精彩亮相。这是全球最大常态化运营的3D建筑投影秀项目，3D主影片主要分为倒计时、城墙颂歌、烟雨秦淮、城南记忆、门东新颜五个章节，以3D互动、光影变幻展现老城南的历史积淀和保护复兴。

四、南京博物院

南京博物院坐落于南京城东中山门内、中山东路北侧，占地7万余平方米，拥有历史陈列馆和艺术陈列馆两座陈列馆，建筑面积3.5万平方米，均为仿辽宫殿式建筑，黄瓦红柱，巍峨壮观。大院内草木葱茏，各种石刻文物点缀其间，人文景观与自然景观相映成趣。

南京博物院是我国第一座由国家兴建的国立大型综合博物馆，它的前身是国立中央博物院筹备处，由著名学者蔡元培先生倡议，于1933年4月创建。1950年3月9日，更名为国立南京博物院。

面朝南的是历史陈列馆，为博物院的旧馆，于1936年由徐敬直、李惠伯设计，梁思成、刘敦桢二人担任顾问，展厅面积达16 000多平方米。展馆门外上端的"南京博物院"五个镏金大字为著名书法家沙孟海题写。主体建筑为七开间的仿辽殿宇,顶铺黄色琉璃瓦,梁柱斗拱粗壮古朴,四面起坡的大屋顶呈曲面翘起,虽十分庞大,但给人以轻快欲飞之感。整幢建筑比例严谨,是在满足功能要求的前提下,采用钢筋混凝土等现代材料,模仿辽式殿宇结构的优秀实例。设有"长江下游五千年文明展",展示长江下游,包括苏、皖、沪两省一市和浙、赣部分地区的政治、经济、文化发展历史;还有"江苏考古陈列""我们的昨天——祖国的历史、民族和文化展"两个基本陈列。

面朝东的是艺术陈列馆,1999 年建成,是仿辽代建筑,总体风格和旧馆相同。展馆内分为上下两层,总面积达 18 000 平方米,展览面积 7800 平方米,共设有 11 个专题展厅。它堪与国际一流的现代化博物馆媲美,因为它不仅拥有多件"国宝级"文物,而且为数千件文物营造了一个富有诗意的场所。馆外门楣上"物华天宝"匾额,标明馆藏丰富,更标明中华民族灿烂的文明史。

南京博物院馆藏十分丰富,有各类藏品 40 余万件,藏品上至旧石器时代,下迄当代,包括石器、陶器、玉器、青铜器、瓷器、书画、织绣、竹木牙雕、民俗和当代艺术品等,国家一级以上文物 1062 件。藏品中,考古发掘品具有很高的历史、艺术和科学价值。其中新石器时代的"玉串饰",战国时期的"错金银铜壶""郢爰",西汉的"金兽",东汉的"广陵王玺""错银饰青铜牛灯",东汉的"鎏金镶嵌神兽铜砚盒",西晋的"青瓷神兽尊",南朝的"竹林七贤与荣启期"模印砖画,明代的"釉里红岁寒三友纹梅瓶"等 10 件藏品为国宝级文物。

五、牛首山文化旅游区

牛首山文化旅游区位于南京市南郊风景区江宁区境内,因山顶突出的双峰相对峙恰似牛头双角而得名,民间又称为牛头山。东晋宰相王导曾劝谏初创政权的晋元帝司马睿打消在皇宫外兴建象征皇权的双阙的念头,请晋元帝乘舆出宣阳门,南眺牛首,两峰对峙,十分壮观,趁机劝喻元帝:"此天阙也,岂烦改作!"故得名"天阙山"。牛首山自然风光秀美,素有"春牛首"之美誉;文化底蕴深厚,乃岳飞抗金之地,郑和长眠之所;佛禅文化源远流长,乃中国禅宗牛头一系牛头禅宗的开教处与发祥地。

近年来,世界佛教界至高圣物——释迦牟尼佛顶骨舍利于南京盛世重光,经宗教界、文化界、文物界研究同意,南京市委市政府决定建设牛首山文化旅游区,长期供奉佛顶骨舍利。2012 年 9 月 16 日,牛首山项目正式开工建设。

2015年10月27日，释迦牟尼佛顶骨舍利正式供奉至牛首山佛顶宫内，牛首山文化旅游区正式开园。

佛顶宫坐落于牛首山西峰之处，建基于历史遗留矿坑之上，总建筑面积约13.6万平方米，与佛顶塔共同构成牛首西峰新景象，与牛首东峰遥相呼应，再现牛首"双峰双阙"并峙的宏伟盛景。整个佛顶宫以佛祖顶骨舍利供奉为主题，外部分为大穹顶和小穹顶两个部分，寓意外供养和内供养。大穹顶形如佛祖袈裟覆盖在小穹顶之上，象征着佛祖的无量加持；小穹顶下部为莲花宝座造型，上部为摩尼宝珠造型，上下结合形成"莲花托珍宝"的神圣意象。佛顶宫内部由地上部分的禅境大观和地下部分的地宫构成，其中地宫分为舍利大殿和舍利藏宫两个空间。整个佛顶宫不仅是珍藏佛祖顶骨舍利、接受信众瞻礼参拜的主要场所，还是将舍利文化、世界佛禅文化以各种艺术手法集中呈现的文化展陈场所，其中汇集了全国宗教界、艺术界、建筑界的一流专家团队，旨在实现"世界佛教文化新遗产，当代建筑艺术新景观"的宏伟目标。

禅境大观，南北长112米，东西宽62米，内部净高约41.2米，涵盖了地上三层。整个空间面积超过6000平方米，呈椭圆形，以黄、白、灰三色为基调，布置出人间山水，从而让人们在行走之际领略禅意。中心为全铜铸造的释迦牟尼卧像，全长7.5米，表面仿以汉白玉材质，能360度缓慢地旋转，表现了佛祖宁静、安详的涅槃境界。

佛顶塔是佛顶圣境的标志性建筑之一，建筑高度约88米，建筑面积5065平方米，九级四面，与明代弘觉寺塔相为呼应，重现历史上牛首山"双塔"的恢宏格局。

六、大报恩寺遗址公园

大报恩寺遗址公园位于南京市秦淮区中华门外，总占地面积17公顷，总建筑面积15万平方米，投资50.25亿元，遗址重建工程主要包括遗址博物馆、南京佛教文化博物馆、报恩新塔、佛教文化创意工坊、明清街区等。遗址公园一期为大报恩寺遗址公园核心区，包括遗址保护区、大报恩寺遗址博物馆、大报恩塔等，将供奉感应舍利，展示地宫出土的石函、铁函、七宝阿育王塔、金棺银椁等千年国宝，保护性展示千年地宫、画廊等大报恩寺遗址。

大报恩寺是明成祖朱棣为纪念明太祖朱元璋和马皇后而建，明永乐十年（1412年）于建初寺原址重建，历时达19年，耗费248.5万两白银，十万军役、民夫。大报恩寺施工极其考究，完全按照皇宫的标准来营建，金碧辉煌，昼夜通明。整个寺院规模极其宏大，有殿阁 30 多座、僧院 148 间、廊房 118 间、经房 38 间，是中国历史上规模最大、规格最高的寺院，为百寺之首。

大报恩寺琉璃更是世界奇迹。宝塔高达 78.2 米，通体用琉璃烧制，塔内外置长明灯一百四十六盏，自建成至衰毁一直是中国最高的建筑，也是世界建筑史上的奇迹，位列中世纪世界七大奇迹，被当时西方人视为代表中国的标志性建筑，有"中国之大古董，永乐之大窑器"之誉，被称为"天下第一塔"。咸丰四年（1854 年），大报恩寺塔被毁，只留下残垣。2014 年 3 月，在遗址上方作为保护建筑修建了一座轻质玻璃塔，塔高 9 层，由轻钢结构和玻璃筑成，外立面由玻璃幕墙组成。

2008 年 8 月 7 日，在南京大报恩寺遗址出土的铁函中发现了七宝阿育王塔等一系列世界级文物与圣物，内藏"佛顶真骨"。这次发掘被评为"2010 年度全国十大考古新发现"。2012 年，作为中国海上丝绸之路项目遗产点列入中国世界文化遗产预备名单。2013 年，被国务院核定公布为全国重点文物保护单位。2015 年年底，大报恩寺遗址公园正式开放。

七、六朝博物馆

六朝博物馆位于南京市玄武区汉府街、东箭道以东、长江路以北，是中国展示六朝文物最全面的遗址博物馆，也是反映六朝文化最系统的专题博物馆。展出青瓷器、陶俑、墓志、建筑构件、石刻、书画等大量珍贵文物以及六朝建康城城墙和大型排水设施遗迹，并介绍六朝名人故事，分四个篇章阐述公元 3 至 6 世纪的东方大都会主题，设有"六朝帝都""回望六朝""六朝风采""六朝人杰"四大展厅。

六朝博物馆馆址是原六朝建康城的一部分，建设工程总投资 2.5 亿元，建筑面积为 2.3 万多平方米。其中，地下建筑面积为 1.1 万多平方米，地上建筑面积为 1.2 万平方米。六朝博物馆由世界著名建筑大师贝聿铭之子——贝建中先生领衔的贝氏资深设计团队担纲设计，体系化地将贝氏建筑模数、贝式建筑几何、贝氏建筑光影运用于此，于 2014 年 8 月 11 日正式对外开放。

六朝承汉启唐，创造了极其辉煌灿烂的"六朝文明"，在科技、文学、艺术等诸方面均达到了空前的繁荣，开创了中华文明新的历史纪元。这六个朝代的共同点是都建都于南京，六朝时期的南京城是世界上第一个人口超过百万的城市，和古罗马城并称为"世界古典文明两大中心"，在人类历史上产生了极其深远的影响。唐朝人许嵩在《建康实录》一书记载了这六个朝代，故而得名。

八、栖霞山风景区

栖霞山位于南京市栖霞区中部,古称摄山,又名伞山,南朝时山中建有"栖霞精舍",因此得名。栖霞山素有"六朝胜迹"、"金陵第一明秀山"之称,在明代被列为"金陵四十八景"之一,有"一座栖霞山,半部金陵史"的美誉。历史上曾有五王十四帝登临栖霞山,其中乾隆六下江南,五次驻跸栖霞山。

栖霞山古迹遍布,山景优美,文化底蕴深厚,历史古迹遗址80多处,荟萃了宗教文化、帝王文化、绿色文化、名人民俗文化、地质文化、石刻文化、茶文化。千年古刹、佛学"三论宗"祖庭、佛教"四大丛林"之一的古栖霞寺就坐落在栖霞山西麓。

自明代以来就有"春牛首、秋栖霞"之说,"栖霞丹枫"为新金陵四十景之一,山西侧的枫岭有成片的枫树,是栖霞山吸引游人的主要景致,为中国四大赏枫胜地之一。栖霞红叶种类很多,尤以枫香为主,包括红枫、鸡爪槭、三角枫、羽毛枫、榉树、黄连木等,每到深秋,山中漫山红遍,犹如晚霞栖落,蔚为壮观。

栖霞山三面环山,北临长江,山有三峰,主峰三茅宫又称凤翔峰,海拔286米。栖霞山的地学内涵极为丰富,古生物化石众多,是许多地学名称的命名地,被专家称为"天然地质博物馆""地学教科书"。

九、玄武湖

玄武湖位于南京市玄武区,东枕紫金山、西靠明城墙、北邻南京站、南倚覆舟山,是江南地区最大的城内公园,也是中国最大的皇家园林湖泊、仅存的江南皇家园林,被誉为"金陵明珠",又称后湖、北湖。

玄武湖的人文历史最早可追溯至先秦时期;六朝时,成为皇帝操阅水师的场所,并被辟为皇家园林,南岸建有华林园、乐游苑等皇家宫苑;北宋时,江宁府尹王安石"废湖还田",玄武湖因此消失二百多年;元朝时,经过两次疏浚,玄武湖重新出现;明朝时,设为后湖黄册库,系皇家禁地;清末举办南洋劝业会时,开辟丰润门(今玄武门),玄武湖成为游览区;民国十七年(1928年)8月,玄武湖作为公园正式对外开放。

玄武湖呈菱形,景区总面积5.13平方千米,湖面面积3.78平方千米,湖泊被五洲(环洲、樱洲、菱洲、梁洲、翠洲)分为三大块,北湖(东北湖、西北湖)、东南湖及西南湖,北湖水较浅、西南湖水最深、东南湖其次,湖内由湖堤、桥梁和道路连通。玄武湖属于浅水湖泊，水源来自紫金山北麓，主要入湖沟渠有7条，并与护城河、金川河、珍珠河相通，担负着生态景观、市民休闲、观光旅游、城市防洪排涝、城区河道生态补水等综合功能。

2005年2月，玄武湖被列为国家AAAA级旅游景区；2008年9月，玄武湖公园被列为国家重点公园；2016年9月，玄武湖被列为国家级水利风景区；2019年10月，玄武湖荣获"2019中国十大休闲湖泊"称号。

第四节　特色文化

【云锦】

南京云锦是南京传统的提花丝织工艺品。其用料考究，织工精细，图案色彩典雅富丽，宛如天上彩云般的瑰丽，故称"云锦"。它与苏州的宋锦、四川的蜀锦齐名，并称我国三大名锦。

南京云锦生产的历史，最早可追溯到三国时期，明朝时织锦工艺日臻成熟和完善，并形成南京丝织提花锦缎的地方特色。清代在南京设有"江宁织造署"，云锦织造盛极一时，这一时期的云锦品种繁多，图案庄重，色彩绚丽，代表了南京云锦织造工艺的最高成就。

云锦以质地坚实、花纹浑厚优美、色彩浓艳为特色，大量使用金线，形成金碧辉煌的独特风格。云锦过去专供宫廷御用，如今生产的云锦除出口做高档服装面料及供少数民族服饰、演出服饰外，又发展了新的花色品种，如云锦台毯、靠垫、被面、提包、马夹、领带、挂屏等日用工艺品，并根据消费者需要，用各种纸盒包装。随着人民不断增长的物质生活需要，南京云锦将有它无限广阔的锦绣前程。

【金箔】

南京金箔是中国传统手工技艺，发源于南京地区，又称金陵金箔，有"中华一绝"之称，曾是明朝制作真金线的官营作坊。南京有2500多年生产金箔的历史，集中着全国70%、世界60%的金箔生产量，是中国最大的真金箔生产基地、世界五大金箔生产中心之一。2006年，"南京金箔锻制技艺"录入国家级非物质文化遗产名录。

当今中国许多寺庙及古建筑上都运用了南京金箔，除在佛像、建筑物、工艺品上贴饰金箔外，历史上将金箔更多地制成金线用于皇家贵族的服饰上，金线和蚕丝织成绫锦称为织金,即今南京云锦的一种。贴金技艺是中华民族民间传统工艺的瑰宝,其广泛用于王公贵族或佛像寺庙的贴饰,以表现其富丽堂皇或尊贵庄重。

【雨花石】

雨花石是南京特产,盛产于雨花台、菊花台等地。1200万至300万年前,即在第三纪上新世至第四纪初期,那时的古长江就流经现在的雨花台。长江及其支流的水流把中上游两岸的碎石块推向下游,在河床的"球磨"作用下,那些碎石变成了圆形或扁圆形的卵石,在南京地区沉积、堆积下来。雨花石主要化学成分是二氧化硅,多呈透明或半透明状,再加上石头中含有其他不同元素,因而形成五彩缤纷的颜色。雨花石的奇妙之处还在于各种颜色千变万化,幻化成各种象形天然图画,如山川、花鸟、人物等。更有甚者,一些图案竟与传说故事及文学描写暗合,如貂蝉拜月、唐僧取经、双龙戏珠等,真是所谓"天赐国宝"。品鉴雨花石讲究"质、色、形、纹"四字。质即质地,以通透晶莹者为上;色即颜色,以稀有罕见的黑或绿为上;形即形状和花样,以类山类水等酷似者为上;纹即回纹,以规则有序变化较大者为上。

【雨花茶】

雨花茶是全国十大名茶之一。它外形圆绿,条索紧直,锋苗挺秀,带有白毫,犹如松针,象征着革命先烈坚贞不屈、万古长青的英雄形象,故定名为雨花茶。雨花茶主要生长在南京市郊,在原料选择和工艺操作上都有严格的要求,在谷雨前,采2.5~3厘米长一芽一叶的嫩叶,经过杀青、揉捻、整形、烘炒四道工序,全工序皆用手工完成。雨花茶色、香、味、形俱佳,冲泡后,茶色碧绿而清澈,香气清雅,滋味醇厚,回味甘甜,有止渴清神、消食利尿、治喘、去痰、除烦去腻等功效,从1966年起畅销海外,在日本、东南亚一带,人们将雨花茶当作珍贵礼品赠送亲朋好友。

【盐水鸭】

盐水鸭是南京有名的特产,久负盛名,至今已有一千多年历史。南京盐水鸭一年四季皆可制作,腌制复卤期短,现做现卖,现买现吃,不宜久藏。此鸭皮白肉嫩、肥而不腻、香鲜味美,具有香、酥、嫩的特点。每年中秋前后的盐水鸭色味最佳,因为正是桂花盛开的季节,故美名曰桂花鸭。《白门食谱》记载:"金陵八月时期,盐水鸭最著名,人人以为肉内有桂花香也。"桂花鸭"清而旨,久食不厌",是下酒佳品。逢年过节或平日家中来客,上街去买一碗盐水鸭,似乎已成了南京世俗的礼节。

【南京板鸭】

南京板鸭驰名中外。明清时南京就流传"古书院，琉璃塔，玄色缎子，咸板鸭"的民谣，可见南京板鸭早就声誉斐然了。板鸭是用盐卤腌制风干而成，分腊板鸭和春板鸭两种。因其肉质细嫩紧密，像一块板似的，故名板鸭。南京板鸭的制作技术已有600多年的历史，到了清代时，地方官员总要挑选质量较好的新板鸭进贡皇室，所以又称"贡鸭"；朝廷官员在互访时以板鸭为礼品互赠，故又有"官礼板鸭"之称。板鸭为金陵人爱吃的菜肴，因而有"六朝风味""百门佳品"的美誉。板鸭色香味俱全，外形饱满，体肥皮白，肉质细嫩紧密，食之酥香，回味无穷。

【节令民俗】

南京的民俗丰富多彩。就格调而言，无论是礼俗、婚俗、时令俗，抑或是生产习俗、生活习俗，都表露出南北交融，而逐步形成了自己独具特色的具有浓郁乡土气息特征的民俗，故有"南风北俗萃于一城"之说。"淳而不俚"，是其最为显著的特色。

生活习俗方面，如重阳节时饮菊花酒、食重阳糕，南京人在糕中加进枣、栗，称"枣栗糕"，赐给儿女，寓"早立高升"之意。再如，除夕守夜，南京人要点上一对红烛，称"守岁烛"。南京人生育小孩，习俗上要送红鸡蛋。

南京的时令风俗，诸如"村田乐""鳌山万岁灯""正月十六爬城头""三月三郊禊会""清明祭扫""立夏尝三新""四月八食乌饭""八月十五游玩月桥""重阳菊花会""除夕贴万年红"等，尤具南京本地的乡土特色。南京主要的民俗活动有元宵灯会、清明踏青、端午节游秦淮、中秋圆月摸秋、重阳登高会、腊八节品粥、小年迎财神等。

第五节 综合训练

 训练项目一 帝王陵墓文化欣赏

【目的和要求】

（1）了解古代帝王陵墓的历史、封土的沿革等相关知识。

（2）掌握古代帝王陵墓的布局特点、墓室结构等相关知识。

（3）了解帝王陵墓建筑的主要艺术特征，能够指导游客进行欣赏。

【准备】

查阅帝王墓葬的相关资料和景区景点知识。

【步骤】

（1）通过图书馆或相关网站，查阅古墓葬的相关资料。

（2）以明孝陵为例，从陵园布局、封土形式、陵周附属建筑、陵园的艺术雕刻、相关地名以及对民俗的影响等各方面进行考察。

（3）从明孝陵引申到明朝的陵墓建筑、明朝的历史、朱元璋的生平等相关知识考察。

（4）比较南京明孝陵与北京明十三陵、清陵的区别。

【考核】

（1）可以分小组进行，就某一个知识点，进行深入探讨，并撰写实习报告。

（2）写一篇精彩的导游词。

【延伸与扩展】

对比中山陵与传统帝王陵墓形式的异同点。

 训练项目二：机场/火车站接站

【目的和要求】

（1）熟悉华东线旅游区域的主要火车站/机场位置，了解和掌握多种方式。

（2）学会制作接站牌，要求美观、清楚、大小适中；学会寻找合适的接站位置。

（3）掌握做好首次沿途导游工作的技巧。

（4）能及时、正确处理实到人数和计划人数不符的相关问题。

【准备】

（1）仔细查阅南京、杭州、上海火车站/飞机场的地理位置。

（2）准备制作接站牌的材料。

（3）参阅《导游服务技能》有关内容，做好准备。

【步骤】

（1）仔细阅读接待计划，主要了解接站地点、熟悉团队特征。

（2）列出物质和知识方面的准备。

（3）提供模拟接待计划。

接待上海进南京出（双飞）的华东团队

人数：22人

地点：上海虹桥国际机场

团号：CIS20200630-1（CIS是组团社字母缩写，2020代表年份，0630代表6月30日，1代表本天一号团）

组团社：××旅行社；全陪导游：王×12345678900；客人民族：彝族

航班号：FM9456（上海航空17：50抵达）

【考核】

（1）虹桥机场、浦东机场国际抵达/国内抵达的方位图、问讯台电话、航班号识别等。

（2）接站牌设计，接站位置选择，根据航班、民族、地区、年龄等认找团队。

（3）实到人数与计划人数不一致时的处理意见和步骤。

（4）首次沿途导游设计，上海城市概况介绍（经济发展、城市建设、地区风俗等），上海沿途标志建筑、高架、江底隧道和大桥等；下榻宾馆介绍（设计特点、地理位置、功能介绍等）。

第四章
杭州市

第一节　杭州概况

【地理位置】

杭州市位于中国东南部沿海地区，浙江省中部偏北，介于北纬29°12′~30°35′，东经118°20′~120°43′。东濒杭州湾、钱塘江，南与金华市、衢州市、绍兴市相接，西与安徽省黄山市交界，北与湖州市、嘉兴市相邻。

【地形特点】

杭州地形属浙北平原区，市内地貌可分为山地、丘陵、平原三部分，自西向东地貌结构的层次和区域过渡性十分明显，各个地貌层次都有第四系分布。地形复杂多样，其中丘陵、山地占总面积的66%，大多分布在西南部，海拔一般在500米以下；平原占总面积的26%，分布在东部地区，海拔一般在3~10米；江、河、湖占总面积的8%，因此有"七山一水二分田"之说。

杭州市地势西南向东北倾斜，西南部为天目山的余脉，以如意尖（536.3米）为最高，西湖周围则天竺山（412.5米）为最高。东北部地势平坦，河网交叉，系杭嘉湖平原南缘。城西的西湖，原为钱塘江口的海湾，北面的宝石山和南面的吴山是怀抱这个海湾的两个岬角。后由于钱塘江带下的泥沙塞住湾口，变为湖泊。

【气候特点】

杭州市地处中北亚热带过渡区，温暖湿润，四季分明，光照充足，雨量丰沛。一年中，随着冬、夏季风交替控制，大气环流背景、主要影响的天气系统和天气状况均会发生明显的季节性变化，形成春阴雨、夏潮热、秋干爽、冬湿冷的气候特点。杭州由于地形地貌复杂多样，地势高低起伏悬殊，全市的温、光、水、风等气候资源的地域分布不均，局地小气候资源丰富。但因季风在进退、持续时间上的不稳定，特别是季风强度的较大变化，常导致冷热干湿异常，出现灾害性天气和气候事件。

【面积人口】

全市总面积16 850平方千米，其中市区面积8289平方千米。

根据第七次全国人口普查公布结果，全市常住人口为1193.6010万人。

【历史变迁】

杭州在周朝以前，属于"扬州之域"。传说在夏禹治水时，全国分为九州，长江以南的广阔地域均泛称扬州。公元前21世纪，夏禹南巡，大会诸侯于会稽山（今浙江绍兴），曾乘舟航行经过这里，并舍其余杭（"杭"是方舟）于此，故名"余杭"。一说，禹至此造舟以渡，越人称此地为"禹杭"，其后，口耳相传，讹"禹"为"余"，乃名"余杭"。

秦统一六国后，在灵隐山麓设县治，称钱唐，属会稽郡。《史记·秦始皇本纪》中有这样的记载："三十七年十月癸丑，始皇出游……过丹阳，至钱唐，临浙江，水波恶……"这是史籍最早记载"钱唐"之名。现在的市区，当时还是随江潮出没的海滩，西湖尚未形成。

隋王朝建立后，于开皇九年（589年）废郡为州，"杭州"之名第一次出现。下辖钱唐、余杭、富阳、盐官、于潜、武康六县。州治初在余杭，次年迁钱唐。开皇十一年，在凤凰山依山筑城，"周三十六里九十步"，这是最早的杭州城。

唐代，置杭州郡，旋改余杭郡，治所在钱唐。因避国号讳，于武德四年（621年）改"钱唐"为"钱塘"。

南宋时，杭州是全国的文化中心，设立了最高学府——太学，还有武学、医学、算学、史学等各科学校，临安府学及钱塘、仁和两县学的学生近千人。这里书铺林立，刻印的书籍十分精良。当时的绘画艺术甚盛，"西湖十景"就是由南宋画院题名的。"中华民国"元年（1912年），废杭州府，合并钱塘、仁和两县为杭县，仍为省会所在地。1949年5月3日，杭州市才获得解放。

现在的杭州，是国务院确定的全国重点风景旅游城市，国家公布的历史文化名城，是浙江省的省会和经济、科教、文化中心。近年来，获最具国际影响力十大城市、中国十大创新城市、中国十大智慧城市等系列殊荣，全国唯一连续十三年获得"中国最具幸福感城市"的桂冠，并获得唯一的"幸福示范标杆城市"称号。杭州，名副其实地成为我国东南部风景名胜优异、人文古迹荟萃的名城。

【行政区划】

现辖上城、下城、江干、拱墅、西湖、滨江、萧山、余杭、富阳、临安10

个区，建德1个县级市，桐庐、淳安2个县。

【城市发展战略】

打造"平安杭州"、建设"生态市"，落实好城市化战略、工业兴市战略、旅游西进战略、开放带动战略、环境立市战略。

【市政建设】

在"构筑大都市，建设新天堂"的发展战略指导下，杭州市这几年加快重点基础设施建设步伐，大力开展环境综合整治，积极引山、引水、引绿入城，全方位实施城市形象设计，实施了"蓝天、碧水、绿色、清静"工程。

【市树市花】

杭州市树是香樟。在杭州民间把香樟看成村庄的风水树、祖宗树，寓意长寿、吉祥如意，人们十分敬仰。香樟为常绿乔木，树冠广展，枝叶茂密，气势雄伟，是优良的行道树及庭荫树。樟树对氯气、二氧化硫、臭氧及氟气等有害气体具有抗性，能驱蚊蝇，能耐短期水淹，是生产樟脑的主要原料。材质上乘，是制造家具的好材料。是比较适宜杭州市栽种的树种，目前已在杭州城区及乡镇普遍栽培。

杭州市花是桂花。桂花在杭州已经有近千年的栽培历史，尤其是杭州满觉陇的桂花，更是闻名遐迩。早在南宋时期，满觉陇已经大片种植桂花，并形成一定规模。在《咸淳临安志》有这样的记载："桂，满觉陇独盛。"

【科教文化】

杭州科技力量雄厚，教育事业发达。有20所高等院校、57所中等专业学校和3200余所中小学，有80余个自然科学研究机构。全市普遍实行九年制义务教育和职工上岗前的职业培训，在业人口中有各类专业技术人员30万人。其中最著名的浙江大学是中华人民共和国教育部直属的全国重点大学，前身求是书院成立于1897年，为中国人自己创办最早的高等学府之一。经过一百多年的建设与发展，学校已成为一所基础坚实、实力雄厚、特色鲜明，居于国内一流水平，在国际上有较大影响的研究型、综合型大学，是首批进入国家"211工程"和"985计划"建设的若干所重点大学之一。

【购物娱乐】

武林商圈

武林商圈是杭州传统的市中心，这里商业集中、交通便捷、基础设施完善。武林商圈内有高档购物中心、百货商场、专卖店、便利店，还有很多品牌专卖店、特色餐饮连锁店、服装店等。大型购物商厦有杭州大厦、银泰等。杭州大厦购物城集购物、美食、休闲娱乐、会议展览、住宿、办公写字楼于一体,汇聚国际顶级奢侈品品牌及国内众多知名品牌,成为国际名品的集散地。杭州武林银泰集百货、休闲、美食于一体,是全球首家完全架构在云上的百货公司。

杭州中国丝绸城

占地面积达2万平方米,有407家商户,年销售总额为40亿元,是第一个"国字号"丝绸城。在"丝里杭间"丝绸文化数字体验馆,可以沉浸式体验丝绸文化。

吴山夜市

吴山夜市位于杭州仁和路、惠兴路,以美食和杂货云集著称。总长度不超过200米,约有大大小小400个摊位,是杭州城里最早、最出名的一个夜市,极具市井气息。

【知名人物】

杭州历史上名人辈出。思想家有龚自珍、章太炎等;文学家有白居易、苏轼、范仲淹、施耐庵、郁达夫、丰子恺等;艺术家有夏圭、刘松年、黄公望、吴昌硕、黄宾虹、盖叫天、潘天寿等;科学家有毕昇、沈括、竺可桢、茅以升、钱学森等;教育家有李叔同、陶行知等;还有民族英雄岳飞、于谦、张苍水、葛云飞等。

【方言俚语】

①贱儿饭:蹭吃;②别苗头:与人竞争,比高低;③毒头:脾气古怪的人;④杀猪:敲竹杠;⑤发靥:可笑、好笑;⑥麻巧儿:麻雀;⑦钉头碰铁头:比喻硬碰硬,互不相让;⑧为好跌一跤:意谓出于好的愿望办了某事,不仅不被理解,反遭人怨;⑨吃隔夜螺蛳:喻人说话啰唆,纠缠不清;⑩蚂蚁扛鲞头:比喻人多活少,许多人聚在一起做少量的工作。辰光、时光:时候;葛毛:现在;头毛:刚才;不灵光:不好使;小伢儿:小孩子。

第二节 精华景区

一、西湖

首批国家 AAAAA 级风景区　国家级重点风景名胜区　世界遗产

【景区概况】

西湖位于杭州市中心，旧称武林水、钱塘湖、西子湖，宋代始称西湖。湖面南北长3.3千米，东西宽2.8千米，湖岸周长15千米，水面面积6.5平方千米。湖底较平坦，水深平均2.5米，最深处2.8米左右。西湖被孤山、苏堤、白堤分割成外湖、北里湖、西里湖、岳湖、小南湖等多个水面。

中国古代以西湖命名的湖有36个之多，其中以杭州西湖最著名，如单称西湖通常指的就是杭州西湖。西湖是一个历史悠久、世界著名的风景游览胜地，古迹遍布，山水秀丽，景色宜人。

西湖处处有胜景，历史上除有"钱塘十景""西湖十八景"之外，最著名的是南宋定名的"西湖十景"和1985年评出的"新西湖十景"。在以西湖为中心的60平方千米的园林风景区内，分布着主要风景名胜40多处，重点文物古迹30多处。概括起来西湖风景主要以一湖、二峰、三泉、四寺、五山、六园、七洞、八墓、九溪、十景为胜。1982年西湖被确定为国家风景名胜区，1985年被评为"中国十大风景名胜"之一。2007年5月8日，杭州市西湖风景名胜区经国家旅游局正式批准为国家AAAAA级旅游景区。2011年6月24日，在法国巴黎举行的联合国教科文组织第35届世界遗产委员会会议上，"杭州西湖文化景观"顺利通过审议，正式被列入《世界遗产名录》。世界遗产委员会认为，"杭州西湖文化景观"是文化景观的一个杰出典范，它极为清晰地展现了中国景观的美学思想，对中国乃至世界的园林设计影响深远。

【游览线路】

西湖风景区面积较大，环湖线路约为13.5千米，电瓶车总行程约1小时15分钟，可以根据时间分段游览。重点区域如下（附图）：

西湖南线：涌金门——雷峰塔

主要景点：涌金门、柳浪闻莺、钱王祠、御码头、双投桥、汪庄、雷峰夕照、南屏晚钟

苏堤：雷峰塔——岳庙

主要景点：苏堤春晓、花港观鱼、郭庄、刘庄、阮墩环碧、三潭印月、曲

院风荷、岳庙

孤山、白堤：岳庙——少年宫

主要景点：孤山、中山公园、平湖秋月、白堤、断桥残雪、宝石流霞、保俶塔

图4-1　杭州西湖示意图

【西湖民间传说】

白蛇传说：相传修炼千年的白蛇和青蛇变成人形来到人间，取名白素贞和小青。她们在西湖断桥遇雨，得书生许仙借伞，白蛇与许仙一见钟情，后结成仙侣。不料法海和尚从中作梗，作法将白蛇镇压在雷峰塔下。后来小青修炼多年，以法术推倒了雷峰塔，救出白蛇。打败的法海无处藏身，只好躲进蟹壳。

【苏堤春晓】

苏堤南起南屏山麓，北到栖霞岭下，全长近3千米。北宋大诗人苏东坡任杭州知州时，疏浚西湖，利用挖出的葑泥构筑而成。后人为了纪念苏东坡治理西湖的功绩将它命名为苏堤。

苏堤上的6座拱桥，自南向北依次名为映波、锁澜、望山、压堤、东浦和跨虹。站在桥头观望，景致各有特色：映波桥与花港公园相邻，桥下的垂柳与荡漾的水波构成一幅美丽动人的画卷；锁澜桥上近处可看小瀛洲，远处可望保俶塔，近实远虚；站在望山桥上西望，丁家山岚翠可挹，双峰插云巍然入目；压堤桥大致位于苏堤南北的黄金分割位，旧时又是湖船东来西去的水道通行口，"苏堤春晓"景碑亭就在桥南；东浦桥是湖上观日出最佳点之一；跨虹桥上看雨后长空彩虹飞架，湖山沐晖，如入仙境。苏堤上植物配置以垂柳和春季花卉为主，体现了"六桥烟柳"的特色。

【曲院风荷】

曲院风荷是1983年以来逐步建成的大型公园，全园分为岳湖、竹素园、风荷、曲院和滨湖密林五大景区。公园周围有岳飞墓庙、郭庄、杭州植物园等，组合成西湖北线常年游人密集的游览热线。曲院风荷最引人注目的仍是夏日赏荷。公园内大小荷花池中栽培了上百个品种的荷花，其中特别迷人的要数风荷景区。这里以水面为主，分布着红莲、白莲、重台莲、洒金莲、并蒂莲等各种荷花，呈现出"接天莲叶无穷碧，映日荷花别样红"的景色，同时又配以紫薇、鸢尾来突出夏景。水面上架设了造型各异的小桥，人从桥上走过，如在荷花中穿行一般。

【柳浪闻莺】

柳浪闻莺公园地处西湖东南隅湖岸，占地约21公顷。前身是南宋御花园聚景园，其范围南起杭州旧城清波门外，北至涌金门下，东倚城垣，西临西湖水面，还包括接近湖岸的若干洲渚如柳洲、水心寺基（小瀛洲前身）等。今日柳浪闻莺，以青翠柳色和婉转莺鸣作为公园景观基调，在沿湖长达千米的堤岸上和主干道路沿途栽种垂柳及狮柳、醉柳、浣沙柳等特色柳树。

【花港观鱼】

花港观鱼公园位于苏堤南段以西，在西里湖与小南湖之间的一块半岛上。花港观鱼是一座占地20余公顷的大型公园，全园分为红鱼池、牡丹园、花港、大草坪、密林地5个景区。全园以鱼、花、港为中心，以港为主体，把假山、池沼、亭台、水榭、小桥、游鱼、花草、人流放置在一个大的环境之中，人工与天然相结合，清幽与雅美相交融，动与静互成，虚与实并济，别有一番幽雅含蓄、旷朗清新的韵味，造就一个"多方胜景，咫尺山林"的艺术境界。

【雷峰夕照】

雷峰塔位于夕照山上净慈寺前，为南屏山向北伸展的余脉，濒湖勃然隆起，林木葱郁。因为山巅曾有吴越时建造的雷峰塔，是西湖众多古塔中最为风光也最为风流的一塔,可惜于 1924 倒塌。2002 年 10 月 25 日,雷峰新塔建成。重建的雷峰塔沿袭了原塔平面八角形、平座挑檐的楼阁式塔的立面形象。塔身高 45.8 米,共分 5 层。各层盖铜瓦,转角处设铜斗拱,飞檐翘角下挂铜风铃,古色古香。同时二至五层还有外挑平座可供观景。

雷峰塔是西湖的标志性景点,它与北山的保俶塔同位于一条中轴线上,呈现出"南北相对峙,一湖映双塔"的美景。

【三潭印月】

小瀛洲又名三潭印月岛,与湖心亭、阮公墩合称为西湖三岛。

小瀛洲全岛连水面在内面积约 7 公顷,南北有曲桥相通,东西以土堤相连,桥堤呈"十"字形交叉,将岛上水面一分为四,水面外围是环形堤埂。从空中俯瞰,岛上陆地形如一个特大的"田"字,呈现出湖中有岛,岛中有湖,水景称胜的特色,在西湖十景中独具一格,为我国江南水上园林的经典之作。

三潭印月建筑布局独具匠心。全岛花木疏密相间,以翠柳、荷花、红枫、木芙蓉为主,四季花不断盛开,色彩艳丽多姿,春秋两季景色最佳。三潭印月的美景还从岛上向湖上延伸。岛南湖面,三座瓶形小石塔鼎足而立,造型别致优美。游三潭印月,须乘小舟前往。

【阮墩环碧】

阮公墩是清嘉庆五年(1800 年)浙江巡抚阮元主持疏浚西湖后,以浚湖葑泥堆积成岛的,故后人称之为阮公墩。

1981 年,岛上建环碧山庄,这是一座仿江南私家别墅格局建造的庄园式园林。环碧山庄建筑内部陈设古朴淡雅。岛上广植香樟、枫杨、丹桂、紫薇、秀竹、芭蕉、常春藤等植物,既突出了岛上的幽宁,又讲究了整体的质朴。

小岛四周,远山近水,开阔明朗;向岛中心逐渐加厚原树木层次,围成一片林间空地,清逸幽静;在偏西北地段,用厅堂、曲廊、竹篱、柴门组成一个院落——环碧小筑,并在东北岸设眺望亭,与孤山、湖心亭呼应。

【吴山天风】

吴山是西湖南山延伸进入杭州城区的尾部,春秋时期,这里是吴国的南界,由紫阳、云居、金地、清平、宝莲、七宝、石佛、宝月、骆驼、峨眉等十几个山头形成西南—东北走向的弧形丘岗,总称吴山。吴山不高,但由于插入市区其东、北、西北多俯临街市巷陌,南面可远眺钱塘江及两岸平畴,登吴山仍有凌空超越之感,且可尽览杭州江、山、湖、城之胜。

吴山海拔不高,主体位置显著,森林茂密,泉水丰富,山上小道四通八达。城隍庙是吴山上旧时最大的神庙。庙内空庭中古木参天,气象森严。吴山，种植以香樟为主的常绿阔叶树。

今天的城隍阁，是在1998年开建，并于2000年2月竣工。它为七层仿古建筑，面积3789平方米，高41.6米。作为吴山广场的背景和延安路的对景，城隍阁优美的造型、飞动的气势，成为杭州的标志性建筑。

【宝石流霞】

西湖三面云中，葛岭、宝石山自成一体，景色奇特。它们的山体均由侏罗纪凝灰岩构成，其中最多见的是熔结凝灰岩。这里的山岩呈赭红色，岩体中有许多闪闪发亮的红色小石子，每当阳光映照，满山流韦纷披，尤其是朝阳或落日红光洒沐之时，分外耀目，仿佛数不清的宝石在熠熠生辉。宝石山正因此而得名。

宝石山东巅，保俶塔巍然挺秀。保俶塔原为九级砖木结构，直到明代重建时，依然保持了与六和塔、雷峰塔并无太大差异的结构。今天的保俶塔，是1933年仿自清代原样而建起的砖砌实心式样，虽然不能登临，但是它却以其漂亮的"容颜"和所处的显眼位置而成为引人注目的西湖胜景标志物。

【西泠印社】

西泠印社，位于孤山中山公园西面，是我国研究金石篆刻的著名学术团体，浙江省重点文物保护单位，由篆刻家丁仁、王禔、叶铭、吴隐创建于1904年，篆刻大师吴昌硕为首任社长。今存东汉《三老讳字忌日碑》和一批名家石刻、摩崖题记。印社内有柏堂、竹阁、仰贤亭、四照阁、观乐楼、华严经塔等古迹景致，融山林气象与金石氛围于一体，是西湖园林的精华所在。

今天的西泠印社，以松、竹、梅为主题，比拟文人雅士的清高、孤洁的性格。它围绕着泉池巧妙地安排阁、石室、洞、桥和塔等，采取自由灵活的布局，作开敞的空间组合形式，布局紧凑；建筑依势随形，高低错落，玲珑剔透；空间组合上，采用自然素材，高低搭配作屏障与隔界；运用摩崖石刻、雕像来充实文化内涵，丰富园景。

【九溪烟树】

九溪烟树在烟霞岭之南，距西湖十余千米。上有两源，一自龙井之狮子峰，一自翁家山之杨梅岭，向南流淌，汇合清湾、宏法、渚头、方家、佛石、云栖、百丈、唐家、小康九坞之水，曲曲折折到达徐村而流入钱塘江，故称为九溪。这九条溪水，穿林绕麓，不知汇合多少细流，故又有"十八涧"之名。

九溪十八涧素以"小径屈曲，峰峦夹峙，涧泉淙淙，篁楠交翠"而著称，为西湖西部一大胜境。清代著名学者俞樾（曲园），曾作叠字诗赞美："重重叠叠山，曲曲环环路，丁丁东东泉，高高下下树。"此处林翳蓊茏，山岚如烟，林溪相映，泉石增辉。1986年又辟建人工瀑布，碧露新添，秀树带雾，满谷迷蒙，更有"烟树"之趣。

【龙井问茶】

龙井，位于西湖西面竹茂林密的风篁岭上，本名龙泓，又名龙湫、龙井，是以泉名井。它与玉泉和虎跑泉，被誉为杭州三大名泉。

三国东吴赤乌年间（238—251年）已发现，相传三国时葛洪炼丹于此。五代此地建有龙井寺，北宋时龙井已成为旅游胜地。诗人苏东坡常品茗吟诗于此，曾有"人言山佳水亦佳，下有万苦蛟龙潭"的诗句赞美。相传龙井与海相通，因海中有龙，故名。且龙井之水，亦十分奇特，搅动时，水面会出现一条分水线，仿佛游丝摆动，然后慢慢消失。龙井泉水清澈甘洌，与虎跑、玉泉合称西湖三大名泉。龙井茶更负盛名。清乾隆皇帝曾到此采茶种茶，老龙井还留有"十八棵御茶"遗迹。乾隆还题"湖山第一佳"五个大字，并将过溪亭、涤心池、一片云、风篁岭、方圆庵、龙泓涧、神运石、翠峰阁定为"龙井八景"。新西湖十景将这里评为"龙井问茶"新景点。

【满陇桂雨】

"满陇"又称满觉陇，满觉陇亦称满家弄，是南高峰南麓的一条山谷。五代后晋天福四年（939年）建有圆兴院，北宋治平二年（1065年）改为满觉院，满觉意为"圆满的觉悟"，释迦牟尼的十二大弟子就称为"十二圆觉"。

春日盛开黄花，秋后满树红果，景色喜人。尤其满觉陇沿途山道边，植有7000多株桂花，有金桂、银桂、丹桂等品种。花朵细小而量大，盛开时如逢露水重，往往随风洒落，密如雨珠，人行桂树丛中，沐"雨"披香，故名为"满陇桂雨"。

【虎跑梦泉】

西湖胜景，湖山相依相连，这相依相连的"使者"，便是三南云山间的泓泓清泉，道道溪涧。位于大慈山下的虎跑泉，则是西湖众多名泉中的翘楚。虎跑泉的得名，始于佛教神话传说，实际上这是历史上西湖名泉的开发、保护、利用乃至留存与佛、道信徒及寺观兴衰休戚相关的一种世俗的折射。

虎跑泉是地下水流经岩石的节理和间隙汇成的裂隙泉。它从连一般酸类都不能溶解的石英砂岩中渗透、出露，水质纯净，总矿化度低，放射性稀有元素氡的含量高，是一种适于饮用，具有医疗保健功用的优质天然饮用矿泉水，故与龙井茶叶并称"西湖双绝"。

【黄龙吐翠】

西湖北山栖霞岭北麓，茂林修竹深处，隐藏着颇具道教洞天福地气象的黄龙洞古迹。南宋以来这里作为湖上五大祀龙点之一而享有盛名，清杭州二十四景中有《黄山积翠》一景即指此。1985年，集宗教文化内涵与寺观园林景象于一身的黄龙洞辟建为仿古游乐园，入选新西湖十景。

黄龙洞竹景历史悠久，竹径通幽又是一绝。刚劲挺秀的大毛竹高达十多米，汇成林海；小巧的菲白竹却又矮至二三十厘米，茸茸可爱；每年清明前后，小雨初霁，暖风拂面，这里的墙边、路旁、山脚、庭后，随处有春笋破土而出，有的掀翻石块，势不可当；有的两三丛生，竞争激烈。宁静的黄龙洞园里园外，洋溢着勃勃生机。

二、灵隐寺景区

全国重点文物保护单位　　国家 AAAA 级旅游风景区

【景区概况】

灵隐寺，又名云林寺，创建于东晋咸和元年（326 年），当时印度僧人慧理来到杭州，看到这里山峰奇秀，认为是"仙灵所隐"，所以就在这里建寺，取名"灵隐"。清康熙南巡时，曾登寺后的北高峰顶览胜。他看到山下云林漠漠，整座寺宇笼罩在一片淡淡的晨雾之中，显得十分幽静，于是就赐名灵隐寺为"云林禅寺"。现在天王殿前的那块"云林禅寺"四字巨匾，就是当年康熙皇帝的"御笔"。灵隐寺全盛时期，有九楼、十八阁、七十二殿堂，僧徒达三千余众。北宋时，有人品第江南诸寺，气象恢宏的灵隐寺被列为禅院五山之首。灵隐寺确实深得"隐"字的意趣，整座雄伟寺宇就深隐在西湖群峰密林清泉的一片浓绿之中。寺前有冷泉、飞来峰诸胜。

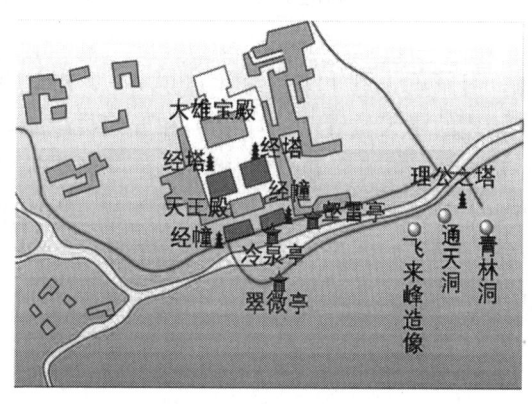

图 4-2　灵隐寺平面图

【游览线路】

理公塔→飞来峰→翠微亭→冷泉亭→天王殿→大雄宝殿→药师殿

【飞来峰】

灵隐寺前的飞来峰，又名灵鹫峰，是一座钟乳石结构的山峰，山高209米。其面朝灵隐寺的山坡上，遍布五代以来的佛教石窟造像，多达340余尊，其中的西方三圣像（五代）、卢舍那佛会浮雕（北宋）、布袋和尚（南宋）、金刚手菩萨、多闻天王、男相观音（均为元代），都是不可多得的艺术珍品。飞来峰多岩溶洞壑，如龙泓洞、玉乳洞、射旭洞、呼猿洞等，洞洞有来历。极富传奇色彩。飞来峰的奇岩怪石，如蛟龙，如奔象，如卧虎，如惊猿，仿佛是一座石质动物园。山上老树古藤，盘根错节；岩骨暴露，峰棱如削。明人袁道曾盛道："湖上诸峰，当以飞来为第一。"

飞来峰由于长期受地下水溶蚀作用，形成了许多奇幻多变的洞壑。据前人记载，飞来峰过去72洞，但因年代久远，多数已湮没。现在仅存的几个洞，大都集中在飞来峰东南一侧。最南端的一个大洞叫青林洞，洞内有石床、手掌印，传说石床为"济公床"，掌印为"济公手掌印"。此外，还有玉乳洞、龙泓洞、射旭洞等。在射旭洞内，往洞顶上看，可见到洞顶微露一线天光，这就是"一线天"胜迹。二是石刻造像多，有338尊，主要是五代、宋、元时期的作品。其中以元代作品为多，且制作精美，保存也最完好。其中最引人注目的，要数那喜笑颜开、袒腹露胸的弥勒佛。这是飞来峰石窟中最大的造像，为宋代造像艺术的代表作，具有较高的艺术价值。石刻造像中最有代表性的为青林洞口的西方三圣——观音、大势至、弥勒，为五代的作品。飞来峰石窟在我国石窟艺术史上占有极其重要的地位，是我国石窟艺术的瑰宝。灵隐寺天王殿外有一冷泉亭，也是灵隐地区的一处名胜，据说苏东坡在杭州做太守时，常在冷泉亭上饮宴赋诗。

飞来峰的东麓，有隋朝古刹下天竺寺（法镜寺），由此沿溪往西南行，又有晚于下天竺两年始建的中天竺寺（法净寺）和五代吴越始建的上天竺寺（法喜寺），合称"三天竺"。三天竺寺均以佛教观音道场著称，又各具千秋：上天竺规模宏大，历史上曾经胜过灵隐寺而居西湖之首，寺内供奉有来历与"法力"、神秘奇特的香木灵感观音像；中天竺的创建者据说是位年逾千岁的高僧，人们自然把他与祈求长寿联系在一起；下天竺是从灵隐寺分离出来的，历史久远，风物奇丽，寺畔又有象征挚情、信誓的三生石古迹。

【天王殿】

天王殿正中面朝山门的佛龛供奉弥勒佛像，袒胸露腹，趺坐蒲团，笑容可掬；背对山门的佛龛供奉的是佛教护法神韦驮雕像，像高 2.5 米，头戴金盔，身裹甲胄，神采奕奕。这尊雕像以香樟木雕造，是南宋留存至今的珍贵遗物。天王殿两侧是四大天王彩塑像，高各 8 米，个个身披重甲。其中两个形态威武，两个神色和善，俗称四大金刚。

【大雄宝殿】

大雄宝殿原称觉皇殿，单层三叠重檐，气势巍峨。殿正中，佛祖释迦牟尼像高踞莲花座之上，妙相庄严，颔首俯视，令人敬畏。

释迦牟尼贴金木雕像高 19.6 米，由香樟木雕塑而成，是我国最高大的木雕坐式佛像之一。释祖像后壁为《五十三参》彩绘群塑，共有姿态各异的大小佛教塑像 150 尊，表现的是佛经中善财童子历经磨难参拜 53 位"善知识"（名师），终于得证佛果的故事。这座内容丰富、形象生动的壁塑的主像是足踏鳌背、手执净瓶的观世音菩萨，她意态潇洒，祥和地接受着善财童子的参拜。

灵隐寺的原释迦牟尼佛像，在 1949 年因大雄宝殿正梁被白蚁蛀空倒塌时被毁。现在这座佛像是在 1953 年重修寺宇时，由浙江美术学院的雕塑家和民间艺人们采用唐代禅宗佛像为蓝本共同精心设计的。佛像高 19.6 米，比原先的释迦造像高一倍多，用近百块香樟木雕成。佛像造型端庄凝重，低眉细目，气韵生动，极具风采。

【药师殿】

药师殿为近年重建，殿中供奉药师佛像及日天、月天。殿左有重建的罗汉堂，陈列五百罗汉像线刻石。巍巍殿宇，森森古木，伴随着一批珍贵文物古迹。天王殿前左右各有石经幢一座。两经幢都有"天下兵马大元帅吴越国王建，时大宋开宝二年己巳岁闰五月"题记。大雄宝殿前月台两侧各有一座八角九层仿木结构石塔，塔高逾 7 米，塔身每面雕刻精美，经古建筑专家梁思成生前考定，两石塔也是吴越末年雕造的。灵隐寺珍藏的佛教文物，有古代贝叶写经、东魏镏金佛像、明董其昌抄写本《金刚经》、清雍正木刻本龙藏等，都是弥足珍贵的宝物。

【济公殿】

济公殿位于药师殿的东侧，供奉的是道济禅师。道济禅师（1148—1208 或 1209 年），原名李心远，号济公，浙江台州人。南宋淳熙三年出家于灵隐寺，后住净慈寺，是一位学问渊博、行善积德的得道高僧。大门上高悬"游戏神通"匾额。"济公殿"匾额为元代书法家赵孟頫题写。

三、岳王庙景区

全国重点文物保护单位

【景区概况】

岳飞墓亦称岳坟，位于栖霞岭南麓，为南宋抗金名将岳飞及其子岳云墓葬处。建于南宋嘉定十四年（1221年），明景泰年间改称"忠烈庙"，经历了元、明、清、民国时兴时废，代代相传一直保存到现在。现存建筑于清康熙五十四年（1715年）重建，1918年曾大修，1979年全面整修，使岳庙更加庄严肃穆。

岳飞，字鹏举（1103—1142年），河南汤阴县人。建炎三年金兀术渡江南进，岳飞率军奋勇抗击，每战必胜。却被高宗、秦桧以十二道金牌急令班师，并指使张俊、万俟卨等制造假证，以"莫须有"的罪名，将岳飞及子岳云等，毒死在大理寺监狱。宁宗时追封鄂王。人民尊他为民族英雄。岳飞庙始建于南宋嘉定十四年，现存庙为清时重建，民国时重修，雄伟壮观。殿内塑有岳飞彩像，其上有岳飞草书"还我河山"巨匾。大殿右首是岳飞墓，系块石围砌，墓碑刻有"宋岳鄂王墓"字样。旁有其子岳云墓。墓道两侧有明代刻存的文武俑、石马、石虎和石羊；墓道阶下有秦桧、王氏、万俟卨、张俊四跪像。墓道前方照壁上，有明人洪珠所书"尽忠报国"四个大字。庙内古柏森森，庄严肃穆。1961年国务院列为全国重点文物保护单位。

岳庙是历代纪念民族英雄岳飞的场所。岳飞是南宋初抗击金兵的主要将领，但被秦桧、张俊等人以"莫须有"罪名诬陷为反叛朝廷，陷害至死。岳飞遇害前在供状上写下"天日昭昭，天日昭昭"八个大字。岳飞遇害后，狱卒冒着生命危险，背负岳飞遗体，越过城墙，草草地葬于九曲丛祠旁。21年后宋孝宗下令给岳飞昭雪，并以五百贯高价悬赏求索岳飞遗体，用隆重的仪式迁葬于栖霞岭下，就是现在岳坟的所在地。嘉泰四年（1204年）即岳飞死后63年朝廷追封其为鄂王。

【忠烈祠】

游人进岳庙参观，头门是一座二层重檐建筑，巍峨庄严，正中悬挂"岳王庙"三字竖匾，继而是一个天井院落，中间是一条青石铺成的甬道，两旁古木参天。正殿忠烈祠重檐中间悬着一块"心昭天日"横匾，是叶剑英的手笔。大殿正中是彩色4.5米的岳飞塑像，身着紫色蟒袍，臂露金甲，显示了武将的英雄气概。岳飞生前是无资格穿蟒袍的，因后封鄂王，所以身着蟒袍。

座像上面悬着一块"还我河山"的横匾，是岳飞手迹，左右两边各悬一块"碧血丹心"与"浩气长存"横匾，是佛教协会会长赵朴初和已故西泠印社社长沙孟海所书,正殿后面两旁是岳母刺字等巨幅壁画,展示了岳飞保卫国家的英雄业绩。大殿天花板上绘有"百鹤图",373只鹤形态各异,生动自然,可谓岳飞浩然气节和坚贞性格的象征。正殿西面有一组庭园,入口处有精忠柏亭,内有枯柏8段,传说这棵柏树原在大理寺风波亭边上,岳飞遇害后树就枯死了,后来就移放在岳坟边上,称为精忠柏。现经鉴定,此枯柏并非南宋古柏,而是属于松柏科的植物化石,其历史有一亿二千万年以上。

【岳飞墓阙】

入庭园,南北各有一条碑廊,北面碑廊陈列的是岳飞的诗词、奏札等手迹,南面是历代修庙的记录以及历代名人凭吊岳飞的诗词。庭园中间有一石桥名精忠桥;过精忠桥便是墓阙,造型古朴,是1978年重修时按南宋的建筑风格造的。墓阙边上有一口井名忠泉。进墓阙重门就是岳飞墓园,墓道两侧有石马、石虎、石羊各一对,石俑三对正中便是岳飞墓,墓碑上刻着"宋岳鄂王墓",左边是岳云墓,墓碑上刻着"宋继忠侯岳云墓",两墓保持宋代的式样。墓前一对望柱上刻有一副对联:"正邪自古同冰炭,毁誉于今判真伪。"墓阙后面两侧分列秦桧等4人的铸铁跪像,供人唾骂,遗臭万年。墓阙后重门旁有对联一副:"青山有幸埋忠骨,白铁无辜铸奸臣。"墓园一侧,供游人瞻仰。配殿启忠祠,原祀岳飞父母,今改作岳飞抗金史迹陈列室,供游人瞻仰。

四、千岛湖景区

国家AAAAA级景区　国家森林公园

【景区概况】

千岛湖位于浙江省杭州西郊淳安县境内。是1959年为建造新安江水电站筑坝蓄水形成的人工湖。千岛湖因其山清、水秀、洞奇、石怪而被誉为"千岛碧水画中游"。它的湖区面积573平方千米,湖中拥有形态各异的大小岛屿1078座,平均水深34米,能见度9~14米,属国家一级水体,被新华社原社长穆青赞誉为"天下第一秀水"。整个湖区分为东北、东南、西北、西南、中心五大湖区。拥有448平方千米的森林面积,森林覆盖率已达81%,茂密的森林净化了千岛湖一流的大气环境,泱泱573平方千米之广,178亿立方米之巨的千岛湖水平均水深34米,透明度可达7米。

千岛湖碧波万顷,千岛竞秀,群山叠翠,峡谷幽深,溪涧清秀,洞石奇异,还有种类众多的生物资源,文物古迹和丰富的土特产品,构成了享誉中外的岛湖风景特点。近年来,经过大规模的改造和建设,已形成了品位较高、内涵丰富的羡山、屏峰、梅峰、龙山、动物系列、石林六大景区的14处景点。

千岛湖地处亚热带季风气候区的北缘，由于森林覆盖率高，以及千岛湖水面的调节作用，故气候温暖湿润，一年四季分明，它的年平均气温为17℃，极端最高气温41.8℃，极端最低气温–7.6℃，年平均降水量为1430毫米，雨日为155天。

【游览线路】

水上游线以中心湖区岛屿为主，详见游览图。

图4-3　千岛湖示意图

【六大片区】

千岛湖分东南湖区、中心湖区、西北湖区、西南湖区、东北湖区、赋溪石林6个游区。

东南湖区：千山绿荫，湖水明静，石林嶙峋，以山水石融、民间传说见长。是千岛湖自然风光的精髓，是千岛湖开发最早的景区。主要景点有：天池观鱼、密山岛、桂花岛、羡山岛、姥山岛鳄鱼池、千岛胜景园、新安江水电大坝。

中心湖区：湖面宽阔、港汊密布、山城风貌和名胜古迹交相辉映。主要景点有：松城千岛湖镇、千岛湖渔村、龙山海瑞祠、宰相岛、钱币岛、锁岛、梅峰观岛、里阳溶洞、森林动物等野趣系列岛：水貂岛、鸟岛、神龙岛、猴岛、温馨岛、名犬岛、孔雀园。

西北湖区：人文景观丰富、山峦青翠隽永，峡谷奇险，村社古雅，民情敦厚，融人文和自然景观于一体。主要景点有：方腊起义遗址——方腊祠、陈硕真起义遗址、流湘瀑布长岭石柱、金坳幽谷。

西南湖区：湖面广阔，混交林茂密，岛屿丛多，野趣横生，可领略千岛风光，岛中百湖。主要景点有：界首群岛、龙川半岛、书院、白马乳洞。

东北湖区：湖面狭窄，历史悠久，名人辈出，湖、山、林景观丰富多样。主要景点有：燕山垂钓、屏风奇岩、千亩田、龙门瀑布。

赋溪石林：距县城20.2千米，海拔500~800米，以兰石坪、玳瑁岭与西岭三处为佳，有"华东第一林"的美誉，三处石林各具特色，处处有玲珑剔透、鬼斧神工的奇景。这一带地上是石林，地上多溶洞瀑布。

【羡山岛】

以石见长，造型各异的奇石遍布全岛。羡山又被称为"花果山"，岛上栽培有薰衣草、晚香玉、茉莉花、玫瑰、玉兰、桂花、香樟、香根等名贵花木，水果有枇杷、蜜梨、杨梅、桃、杏、柑枝叶、板栗等，四季香气袭人。这里还有许多美妙的传说和历史遗迹。羡山是目前已开发景点中唯一的一个半岛景区，离千岛湖镇9千米。这里的岩溶地貌景观丰富。岛上奇岩突崛，溶洞贯穿，有"龙潭""虎穴"等景。牌坊和左侧这座牛头雕塑，都是上海电影制片厂来此拍摄影片《"下次开船"港游记》时留下的场景。说来也巧，当千岛湖水位达到108米高程时，这座牛头称作"千岛神牛"，并勒石刻留作永久纪念。

【密山岛】

密山岛面积0.36平方千米，位于千岛湖东南湖区，距千岛湖镇15千米，是浙西黄金旅游线上唯一的一处湖中仙山，善男信女云集，香火旺盛。山巅西侧有密山泉，水质甘冽，四季不竭，曾被誉为东南第一泉。

【龙羊山】

龙羊山面积0.2平方千米，因岛上野桂遍地，又称桂花岛。属石灰质岩溶地貌，它在自然演变的过程中，造化成各种奇妙景观。景观很多，有乌龙出水、蟾官仙坞、犀牛啸天、清波映月、通天石门、群羊洞、望湖台、万水千山等天然岩景。全岛犹如一个大盆景，穿行其中，可领略到"人在石缝时，天从洞中出"的妙趣。桂花岛的主景之一，通天石门，沿壁而凿的"通天"二字，系我国著名书法家、美学家黄苗子的手迹。当年他为桂花岛美景所倾，留下了"雨里重阳一振衣，我来不待桂花迟，何当更上蟾宫去，小石疏林总是诗"（《重九登桂花山》）的佳句。

【蛇岛】

蛇岛原名五龙岛，岛上有四个蛇池。蛇池内有水池、喷泉、土丘、灌木丛、洞穴、冬眠室等，放养了十几个品种的二三百条蛇，多数是毒蛇，如蕲蛇、蝮蛇、五步蛇、竹叶青、眼镜蛇等。管理人员用蛙、鼠饲养它们，在实验房中则取蛇毒，剖蛇取胆供制药和进行科学实验。盘缠在草丛和树上的蛇群，有的争食斗殴，有的昂头吐信，使游人惊叹不已。

【龙山岛】

龙山岛位于千岛湖的中心，面积0.45平方千米，因形似苍龙而得名。岛上林木青翠，四面碧水环抱，锦帆片片，风景秀丽。明嘉靖三十七年至四十年（1558—1561年），海瑞任淳安知县。他以"刚锋"自命，为官清正，为百姓办了不少公道事，当地百姓中至今流传着这位"海青天"的故事。淳安原有"海瑞祠"，被淹后已重建于龙山。祠为重檐歇山式结构，正堂里设高大的海瑞坐姿全身塑像，端庄威严，双目炯炯传神。祠内有海瑞遗迹陈列室，回廊中有"去思碑"，海瑞亲笔手书和纪念海瑞的诗碑。山上还有龙山书院和观间洞的遗迹。

【鹿岛】

鹿岛，距县城9千米，海拔112米，占地4公顷，山坡平缓，林木葱茏，环境幽雅，很适应梅花鹿的放养和栖息，也适宜游人逗鹿拾趣。梅花鹿是一种性情温驯的动物，也是古往今来备受推崇的吉祥物。岛上放养着30余头来自东北的梅花鹿。

【猴岛】

猴岛，原名云蒙列岛，由十余个如翡翠的大小岛屿组成，距千岛湖镇九千米，海拔141米，面积20公顷。1985年中国科学院上海生理研究所和千岛湖林场合作，在风景秀丽的千岛湖云蒙列岛利用水困法，采用天然放养和人工喂养结合的饲养方法，繁殖猴群，并获得成功。该猕猴繁殖基地，1989年被国家科委认定为重大科技成果奖。到目前为止，猴岛已陆续放养了95只广西恒河猴，34只红面短尾猴，还有长尾猴、食蟹猴、熊猴、平顶猴等品种，已繁殖多种类350余只小猴，形成6个猴子群体，遍布云蒙列岛大小岛屿。

【孔雀园】

孔雀园，坐落在千岛湖中心湖区与东南湖区交界处的界牌岛山，距县城千岛湖镇9.5千米，面积55公顷，海拔218米。这里林木葱翠，空气清新，鸟语花香，是孔雀栖息繁衍和游人探幽的理想之地。1996年5月，由淳安县千岛湖林场引进技术和资金筹建。1997年3月，建成并对外开放。园内有绿孔雀、蓝孔雀、白孔雀、花孔雀等4个品种景观和游览项目，就孔雀的品种、数量规模而言，该景点在全国也首屈一指。

【奇石岛】

奇石岛以奇石文化为基础，采集了来自全国各地的景观石、象形石、抽象石、图像石、纹理石、生物石等六大类（从欣赏角度分类），计1000余件，中国"四大名石"之一的灵璧石是这里的主要奇石。岛上建有石艺馆、奇石盘等景观，千姿百态、风情万种，是一种高尚艺术的享受。

【鸟岛】

鸟岛是著名的生态旅游景点，形似小鸟的岛上，饲养着来自世界各地的飞禽、走禽、涉禽、水禽、猛禽等50余种6000余只。整个岛屿沉浸在一片鸟语花香之中。唐代大诗人李白的"人行明镜中，鸟度屏风里"名句在此得到了印证。

【石林】

千岛湖畔有座奇美的石林，方圆10平方千米，属迷宫式喀斯特熔岩地貌，由蓝玉坪、玳瑁岭和西山坪组成。以石狮为胜。西山坪石林旧称白云山，是千岛湖石林主要游览部分。区内群峰壁立，层峦叠嶂，有"华东第一石林"的美誉，是我国四大石林之一（另三大石林为云南路南石林，四川兴文石林，福建大湖石林）。千岛湖石林多藤蔓植物，青藤缘石而上，有的穿石而过。这种藤石交缠的景观叫人惊喜不已，好事者将它叫作藤石缘。

景区有很多象形石，极像唐僧、孙悟空、猪八戒、沙僧师徒。其中，比较明显且富有情趣的是：唐僧朝观音、猴王诵经、八戒探路、神龟驮经等。唐僧、观音是相距十数米的两座石峰，从侧面看，是很像唐僧与观凌晨的观音。早晨与傍晚，浴着霞光，两尊石像熠熠生辉，很是好看。

【三座桥】

两座水上浮桥和一座钢索悬桥是千岛湖中的一大特色。其中幸运桥全长230米，为国内跨度最大的水上浮桥，堪称中国之最。

鱼乐桥兼桥上观鱼和水上通道两大功能，该桥长120米，中间水池放养着几十种千岛湖的本地鱼，其中观鱼的乐趣自不待言。

悬空的状元桥是一条钢索悬桥，有惊无险，人称"状元桥上走一走，高中状元就是我"。

【千岛湖水下古城】

千岛湖是为兴建新安江水电站而修建大坝蓄水形成的，被淹没在碧波之下的水底还保留部分古城遗迹。

1959年，为了建造当时最大的水利枢纽工程新安江水电站，浙江省原淳安县、遂安县两县合并为淳安县，29万人从此离乡移居，狮城、贺城两座延续千年的古城，连同27个乡镇、1000多个村庄、30万亩良田和数千间民房，悄然沉入了千岛湖底。

淳安古城又称贺城，始建于公元208年。古钱币状精工细琢的"商"字形门廊下成片的徽式大宅，昭示着这个新安江畔徽商商路枢纽的繁华富庶。古往今来，许多文人硕儒都曾到过这里，名篇佳作群集，人文古迹遍地。遂安的历史比淳安晚一些，县城于唐武德四年（621年）迁至今遂安地界，因背依五狮山，故又称狮城。贺城和狮城均有很多文物古迹，水库蓄水时因时间仓促，未及时全部搬迁摧毁，特别是古老狮城，基本保存完整。

2001年开始，部分潜水爱好者对千岛湖水下古城兴趣渐浓，经过多次潜水探查发现，在古狮城里，部分民房木梁、楼梯、砖墙依然耸立，并未腐烂，有的大宅院围墙完好无损，房内仍是雕梁画栋，气势宏伟的拱形西城门也完好地耸立在水中。通过GPS定位系统、多波束测量系统、侧扫声呐探测等多种手段，城内主要建筑物、街道、文物古迹的地理位置已被准确测量了出来，比如状元台、新安会馆、育婴堂、方氏宗祠等。城内23座功德牌坊中，科甲联登坊、禹门三级坊、龙立坊等11座牌坊的具体位置也被逐一确定。一个总体规划思想完整而清晰的城池，跃然眼前。2011年1月7日，该古城被评为省级文物保护区。2011年2月，《中国国家地理》杂志刊发了一组水下古城的精美照片，再度引爆了各界对水下千年古城的关注热情。为了更好地保护水下古城，当地政府加强了对相关水域的控制管理，古城潜水旅游被禁止。

【特色活动】

千岛湖秀水节，9月中旬举行。举办水上主题晚会、秀水烟花盛会、秀水美食狂欢夜等近20个活动项目。此外还开设了环湖骑行、婚纱摄影、商务会议、登山探险、湖畔露营、水果采摘、休闲垂钓、古道探秘等高端特色旅游项目。

五、西溪湿地景区

国家AAAAA级旅游景区

【景区概况】

西溪国家湿地公园坐落于杭州市区西部，离杭州主城区武林门6千米，距西湖5千米。公园总面积约为11.5平方千米，分为东部湿地生态保护培育区、中部湿地生态旅游休闲区和西部湿地生态景观封育区，是一个集城市湿地、农耕湿地、文化湿地于一体的国家湿地公园。2009年11月3日，被列入国际重要湿地名录。

西溪国家湿地公园有"三堤十景"分别是福堤、绿堤、寿堤、秋芦飞雪、火柿映波、龙舟胜会、莲滩鹭影、洪园余韵、蒹葭泛月、渔村烟雨、曲水寻梅、高庄晨迹、河渚听曲。

公园开放区域3.46平方千米。环园游步道长约8千米，步行一圈需3个半小时。西溪之胜，首在于水。水是西溪的灵魂，园区约70%的面积为河港、池塘、湖漾、沼泽，正所谓"一曲溪流一曲烟"，整个园区6条河流纵横交汇，水道如巷、河汊如网、鱼塘栉比如鳞、诸岛棋布，形成了西溪独特的湿地景致。顺着水道乘船前行，两岸茅舍俨然，芦苇丛生，和芦苇一样高的水生植物上顶着黄色或红色的花蕊。湖面上水草鲜润柔婉，水面上绿色浮萍漂漂，莲影摇曳，几抹粉色婷婷点缀其中，野鸭水鸟凫泛，情趣盎然。

【游览线路】

陆路徒步线路：周家村→泊庵→百家溇→烟水渔庄→深潭口→河渚街→洪钟别业→两庵一祠→高庄→茭芦田庄→西溪水阁→西溪梅墅→周家村

电瓶船线路：周家村码头→烟水渔庄→深潭口→茭芦田庄

摇橹船线路：①周家村摇橹船码头（生态美景游）：周家村码头、梅竹山庄、秋雪庵、烟水渔庄、深潭口等；②河渚街口福堤摇橹船码头（古街风情游）：河渚塔、河渚街、蒋村集市、福堤等。

【泊庵草堂】

此为明末清初钱塘人邹孝直（名师绩）的庄园。邹氏读书乐道，不求闻达，与两个弟弟在此耕读自娱，诗礼治家。当时这一带芦苇丛生，野趣盎然，从高处远远望去，整片庄园似仙岛泊于水上，故名"泊庵"。

【西溪水阁】

西溪自古多文人。在这片土地留下了文人们许多的墨宝和足迹，西溪水阁主要用于文人藏书、读书及会友。如今的西溪水阁，有"兰溪书屋"和"拥书楼"两处藏书楼，使得游人在西溪厚重的文化气息中，去追随当年文人隐士的避世清闲。

【梅竹山庄】

此为清钱塘文人章黼（字次白）（约1777—1857年）所建。庄内多古梅修竹，据史料记载，章次白对西溪的挖掘、疏浚工程做出的贡献很大。其为人性高洁，好读书，喜字画，常邀朋唤友至此吟诗作画，故名。

【深潭口】

深潭口又名深潭港，《南漳子》记载："深潭口，非舟不渡；闻有龙，深潭

不可测。"因此，深潭口成为蒋村每年龙舟胜会所在地，每逢端午，人来舟往，热闹非凡，为西溪的乡俗风情增色不少。

【西溪梅墅】

西溪梅墅位于公园的东南面，毗邻西溪精华区域"秋雪庵"保护区。西溪的梅花主要在南宋辇道沿线，自古就非常著名，吸引了众多文人雅士前来赏梅。"冷淡生活茶轩"正好印证了古人"竹下映梅，深静幽彻，到此令人名利俱冷"的意境。

【西溪草堂】

为明晚期国子监祭酒冯梦祯（字开之）（1546—1605年）别业。梦祯工于诗词，喜好收藏，晚年慕西溪山水幽胜，乃于安乐山永兴寺旁（现留下西湖高级中学）置地筑山堂别业，名"西溪草堂"。现移建于此。

【秋雪庵】

秋雪庵始建于宋，初名"大圣庵"。明末西溪沈氏兄弟重整建筑，延请名僧住持庵堂；明末陈继儒取唐人"秋雪蒙钓船"诗意题为"秋雪庵"。1919年到1921年，南浔名士周庆云（字梦坡）重修。现参照当时格局在原址重建。

第三节　热门景区

一、宋城景区

1996年5月18日开园的杭州宋城景区，位于西湖风景区西南面的杭州之江国家旅游度假区内，北依五云山，南濒钱塘江，是由宋城集团投资兴建的中国最大的宋文化主题公园，国家AAAA级旅游景区、首批"国家文化产业示范基地"。杭州宋城旅游景区集自然山水美、园林建筑美、民俗风情美、社会人文美、文化艺术美于一体，被评为"浙江十佳美景""杭州十大新景观"之一。

宋城旅游景区的建设运用了现实主义、浪漫主义、功能主义相结合的造园手法，源于历史，高于历史；在中国传统山水园林艺术手法基础上，吸取了西方主题公园的开朗、飘逸、注重功能的艺术处理手法，独树一帜。景区由"清明上河图"再现区、九龙广场区、宋城广场区、仙山琼阁区及南宋皇宫区、南宋风情苑区等部分组成。依据宋代杰出画家张择端的"清明上河图"画卷，严格按照宋代"营造法式"再现了宋代都市的繁华景象。在景观上创造了一个有层次、有韵味、有节奏、有历史深沉感的游历空间。宋城广场可谓集古今奇观于一体，是浙江省最大的艺术表演广场。小吃一条街的开辟为广大游客提供了一个品尝宋代风味小吃的最佳场所。

宋城始终坚持以"建筑为形、文化为魂"为旅游开发的指导原则，秉承"精品化"战略思想。城内斗拱飞檐、车水马龙，每年推出的新春庙会、火把节、泼水节、天灯节、市井民俗表演等大型活动精彩纷呈，真实再现了宋代都市的繁荣景象。

大型歌舞《宋城千古情》是宋城经典品牌旅游项目，也是宋城景区的灵魂。用先进声、光、电的科技手段和舞台机械，以出其不意的呈现方式演绎了良渚古人的艰辛，宋皇宫的辉煌，岳家军的惨烈，梁祝和白蛇许仙的千古绝唱，把丝绸、茶叶和烟雨江南表现得淋漓尽致，极具视觉体验和心灵震撼。《宋城千古情》创造了世界演艺史上的奇迹：年演出 2000 余场，旺季经常每天演出 9 场，推出十余年来已累计演出 20 000 余场，接待观众 6000 余万人次。

宋城在表现自然山水美、园林建筑美、民俗风情美、社会人文美、文化艺术美上作出了自己的探索。它模糊了时空概念，缩短了时空距离。宋城是我们对中国古代文化的一种追忆与表述，它应该成为一座寓教于乐的历史之城——给我一天，还你千年。

二、六和塔

六和塔位于钱塘江北岸的月轮山上，始建于北宋开宝三年（970 年）。据说是吴越王钱弘俶听从延寿、赞宁两禅师建议，在此建九级高塔以镇江潮，取佛教六种规约命塔为六和塔。后因兵火被毁。现存六和塔建于南宋隆兴元年（1163 年），塔身七层八面砖木结构。清光绪二十六年（1900 年）在塔外木构檐廊十三层。外二层为内一层，六层封闭，七层与塔外相通，形成明七暗三的独特构造。塔外檐叫角挂，有 104 只铁铃。塔高近 60 米，占地 900 平方米。从塔内拾级而上，各层均可倚栏远眺，那曲折的之江，壮观的大桥，飞驶的风帆，苍郁的越山，壮丽的景观令人赏心悦目。

六和塔周围有秀江亭以及中华古塔博览苑等景点，可供游览。

三、中国茶叶博物馆

中国茶叶博物馆是我国唯一的以茶和茶文化为主题的国家级专题博物馆。目前,中国茶叶博物馆分为两个馆区,双峰馆区位于龙井路88号,占地4.7公顷,1991年4月对外开放;龙井馆区位于翁家山268号,占地7.7公顷,2015年5月对外开放。两馆建筑面积共约1.3万平方米,集文化展示、科普宣传、科学研究、学术交流、茶艺培训、互动体验及品茗、餐饮、会务、休闲等服务功能于一体,是中国与世界茶文化的展示交流中心,也是茶文化主题旅游综合体。

四、苏东坡纪念馆

苏东坡纪念馆位于苏堤的南端,总占地1500平方米,建筑面积400平方米,由庭院、展厅和东坡世苑三部分组成。庭园由矮栏竹篱圈围,园中花木扶疏,竹影婆娑,中央为一尊花岗岩雕刻而成的苏东坡全身像。展厅为两层,楼下展区是苏东坡在杭州的政绩介绍,展示苏东坡救灾赈民、疏通六井、开凿运河和整治西湖等政绩。楼上展区介绍了苏东坡在文学艺术上的成就,尤其是在杭州期间创作的诗文。整座展厅采用了水墨动画、动态灯箱、配乐诗词朗诵等一系列新颖的陈列方式。后院的东坡艺苑内,陈列着苏东坡书画的拓片、复制品及诗意画等,可供游人选购。

苏东坡两度在杭州为官,不仅写出了大量脍炙人口的佳作,也留下了勤政爱民的佳话传说。除苏堤以外,宝石山麓望湖楼、大麦岭题名刻石、龙井过溪亭、吴山感花岩诗碑等都是与苏轼直接相关的景物,他关于西湖的诗文著述已成为西湖历史文化中不可或缺的一部分。

五、清河坊街

清河坊历史文化特色街区位于杭州南部景区吴山脚下,距西湖仅数百米,占地13.66公顷,作为杭州目前唯一保存较完好的旧城区——清河坊历史街区,正是杭州悠久历史的一个缩影。

清河坊自古是杭州的繁华地段。河坊街新宫桥以东,是南宋时期宋高宗寝宫——德寿宫遗址。南宋时被封为清河郡王的张俊住宅就在当时称之为御街的太平巷,故这一带被命名为清河坊。南宋时期,清河坊商铺林立、酒楼茶肆鳞次栉比，是杭城的政治文化中心和商贾云集之地。历经元、明、清及民国时期，直至解放初期，这一带仍是杭城商业繁华地带。杭州的百年老店，如王星记、张小泉、万隆火腿庄、胡庆余堂、方回春堂、叶种德堂、保和堂、状元馆、王润兴、义源金店、景阳观、羊汤饭店等均集中在这一带。清河坊的茶文化、药文化、食文化及众多的百年老字号商铺的文化，加上各种民间艺人及市井民俗的小摊，充分体现市井民俗风情特色，全长460米的河坊街是杭州目前保留和开发较完整的具有深厚历史文化底蕴、市井民俗风情的历史老街。

"八百里湖山知是何年图画，十万家烟火尽归此处楼台。"明代江南才子徐渭这副对联，是对古代杭城吴山和清河坊地区繁华景象的真实描绘，而今清河坊历史街区，保留了历史文脉，恢复了方回春堂、保和堂、叶种德堂老字号中药店和万隆火腿庄、王星记扇子、荣宝斋。新引进了世界钱币博物馆、观复古典艺术博物馆、雅风堂馆、浙江古陶器收藏馆、龙泉官窑展馆及各种工艺品、艺术品店和吴越人家手工布艺、太极茶道、太和茶道、绍兴老酒店、香溢馆、华宝斋、虞金顺艺术馆、喜得宝、丽江工艺等特色店馆。集"游、观、住、吃、购、娱"为一体的古风扑面的步行街区再现昔日繁华。历史街区已成为具有杭城特色、环境典朴、功能完备、管理规范的步行街区和杭城新的商贸旅游热点。目前年日均游客流量达近10万人次。

六、城隍阁

城隍阁位于吴山天风景区，吴山是七宝山、紫阳山、云居山等几个小山的总称。总面积约67公顷。城隍阁为仿古楼阁式建筑，连地下共7层，高41.6米，融合元、明殿宇建筑风格，大处着眼，细处勾勒，兼揽杭州江、山、湖、城之胜。

城隍阁主顶顶端为葫芦状宝瓶造型，四个副顶顶端设凤凰造型，整座楼阁仿佛一群展翅翱翔的凤凰，又如仙山琼阁倚天耸立，令人神往。

城隍阁建筑整体造型具有南宋和元代的建筑风格，它的洞门是用蘑菇石砌造而成，底部呈块石状垒筑的坚实基座，象征着古老的杭州城墙所蕴含的悠久历史。它的斗拱、栏杆和排门的雕刻，采用香樟、椴木和美国洋松制作。城隍阁的建造，起到了为西湖山水风光补景的宏观效果，它平衡了整个湖光山色大面貌的造景布局，在功能上不仅可以登临观光，而且又与山、湖、城相互呼应、相互配合，使得人们不论是从西湖远眺，还是从城区各个方向观望，都有美好的视角。尤其是它作为吴山广场的背景和延安路的对景，城隍阁优美的造

型、飞动的气势，成为杭州新的标志性建筑。

登上69米高的山顶，再登上城隍阁顶的观风台凭栏远眺，北望西子湖，波平如镜，轻舟荡漾；东眺市区，高楼广厦，鳞次栉比，繁华街市，尽收眼底；南观钱塘江，波涛滚滚，片片帆影，消失在云水之间；西览群山，松声竹韵山峰沉浸在烟云雾霭之中。倘若夜间在此眺望，全城灯光闪烁，与天上皓月朗星相争辉，真是山河壮丽，风光无限。

七、富春江—新安江漂流

新安江、富春江是钱塘江的上游。新安江发源于安徽黄山，经淳安县，流至建德市；江水再往东流，经桐庐，流入富阳市境，曰富春江；再往东，到了萧山区的闻家堰，称钱塘江。富春江—新安江—千岛湖风景区就位于上起淳安，下至富阳的一段区域内，是浙江省的一个重要风景区。1982年，富春江作为富春江—新安江风景名胜区的重要组成部分，被国务院批准列入第一批国家级风景名胜区名单。

这一段风景区两岸山色青翠秀丽，江水清澈碧绿，而在山水之间还分布着许多名胜古迹。

风景区东线以富春江七里泷风光带和富春江国家森林公园为主体，有"严陵问古""双塔凌云""子胥野渡""七里扬帆""葫芦飞瀑"等景点，有"人行明镜中，鸟度屏风里"之妙趣，是富春江回归自然旅游线。

南线以"地下艺术宫殿"——灵栖洞天、"江南悬空寺"——大慈岩为主，其中"东海龙宫""中国第一天然立佛"等景观世之罕见，是科普考察和佛教文化观瞻旅游线。

西线以"华东明珠"——新安江水电站、千岛湖、好运岛等景点为旅游点，其中千岛湖集太湖之浩瀚、西湖之娟秀于一身，堪称天下奇观，是千岛湖山水风光旅游线；而新安江城又以"风凉、水清、雾奇"三绝闻名，是江南地区著名的城镇避暑胜地。

锦绣新安江被誉为中国的"多瑙河"。有新安江龙舟漂流、新安江九姓渔民水上婚礼、月亮岛等旅游项目。

八、浙西大峡谷

浙西大峡谷位于浙皖接壤的清凉峰国家级风景保护区区域内。地处浙江西北部，定名为"浙西"。峡谷境内山高水急，山为黄山延伸的余脉；水为钱塘江水系的源流。

峡谷旅游区为狭长环带状，全长 80 余千米，共分三个景段。第一景区段自龙岗地塔起至鱼跳八仙潭止，人称"龙井峡"，为巨溪流经的坞谷，长约 18 千米，龙井峡内奇峰秀瀑，危岩多峭，有"白马岩中出，黄牛壁上耕"之誉；第二景区段自鱼跳华光桥起至上溪太子尖止，称之"上溪峡"，长约 26 千米，峡谷地势高峻，水流湍急，山石奇异，又是国宝鸡血石的唯一产区；第三景段称"浙门峡"，自上溪太子尖起至马啸路口村止，全长近 30 千米，峡谷内山瀑叠生，石岚争俏，拥有大小石门等知名度极高的奇观妙景。

九、桐庐瑶琳仙境

瑶琳仙境，又名瑶琳洞，纵深 1 千米，总面积达 28 000 平方米，位于浙江西部的桐庐县瑶琳镇，距杭州 80 千米。瑶琳仙境以神奇的地貌和瑰丽多姿的群石景观而享有"全国诸洞冠"之美誉，被国家旅游局评为"AAAA 级风景旅游区""中国旅游胜地四十佳"，蜚声海内外。

十、桐庐垂云通天河景区

通天河是一条长长的暗河，河水清澈见底，位于富春江畔。垂云通天河是一条岩溶地下暗河，由于亿万年前的地壳变动及火山爆发等因素，使景区所在地范围形成了典型的喀斯特岩溶地貌。垂云通天河全长 4.5 千米，河道落差 380 米，总面积为 8 万余平方米。河道内岩溶地貌发育良好，地下水源丰沛，水质甘澄，空气清新，终年流水潺潺，河道曲折幽深，或成潭、或成泊、或成瀑，激流浅滩，变幻无穷，使人流连忘返。

第四节　特色文化

【杭州特产】

1. 丝绸

杭州丝绸一向全国闻名。织锦缎色泽鲜艳，绸纹细腻，富有弹性，素有"天上云霞，地上鲜花"的美誉；古香缎图案取意悠远，四季花卉、亭台楼阁、小桥流水，个个透着纯熟的中国特色，并且绸缎质地良好，软而不疲；真丝透明洁净，薄如纸，轻如毛，手感滑爽；真丝双绉，柔软爽滑，平经绉纬，触感非常舒适。

2. 龙井茶叶

早在唐代，陆羽便于《茶经》之中提及杭州茶叶。历史上西湖龙井向来有"狮""龙""云""虎"四个类别。如今以茶叶产地相区别，归结为"狮""龙""梅"三个品类。龙井茶产地独特，优良的气候条件为龙井茶的生长提供了良好的外力，同时，细致的加工也是构成精品龙井茶的不可或缺的条件。加工分"青锅"和"辉锅"两个工序，其间不经任何揉捻，保证了茶叶的天性。一般而言，龙井茶叶采摘需要6个小时，炒制需要4个多小时，这才方显龙井茶之精妙。西湖龙井，色泽透绿，绿中又衬有黄色。茶叶形状扁平、光滑，冲泡之后，棵棵悬于水中，芽芽直立，茶香持久，茶色碧绿明亮，滋味甘醇。

3. 天竺筷

天竺筷取自天竺山一带的细竹制成，质地良好。竹筷散发着淡淡竹香。筷身上往往印有妙笔丹青，既美观又实用，洗涤非常方便。

4. 昌化山核桃

昌化山核桃又称昌化小胡桃，天目山区临安市昌化、于潜，淳安县临岐、唐村等地。核桃皮厚且坚硬，果肉香嫩，香脆可口，营养价值非常高，有补血、补气和化痰等功效。

5. 杭菊

杭菊又名杭白菊，多年生草本植物，是杭州的名产之一，与安徽滁菊、河南邓菊齐名。杭菊有悠久的栽培历史，古代曾用作贡品。桐乡市是杭菊的主要产地，这里所植杭菊品质最佳，有湖菊、大洋菊、小洋菊、大湖黄等品种。采用鲜白菊蒸煮晒干，以开水冲服，水色呈浅绿，清香四溢，其味微甘，可以代茶，有解暑降温、清肝明目、提神、利尿的功效。

6. 西湖绸伞

西湖绸伞选取杭州名产丝绸为伞面，绘画多以西湖风景为主，兼及古代仕女，翎毛花卉，色彩鲜艳，美观大方，雅俗共赏。伞头伞柄也有多种造型，装饰考究，富有浓郁的江南地方特色，被誉为西子湖畔的一朵鲜花。品种除日用绸伞、彩虹绸伞、儿童绸伞外，还可定制各种规格的野外测绘伞、摄影伞、海滨伞、公园伞、杂技伞、舞蹈伞等。

7. 张小泉剪刀

张小泉剪刀以镶钢均匀、磨工精细、剪切锋利、开合和顺、手感轻松为主要特点。在清朝乾隆年间即被封为御用剪刀。

8. 杭州刺绣

杭州刺绣又称杭绣、古绣，杭绣源于汉代，分为"宫廷绣"与"民间绣"两类。"宫廷绣"专为皇室成员绣各种华丽服饰，"民间绣"绣官服、被面等民用装饰物品。清初时期，杭绣规模宏大，杭州城内刺绣手工业者多达300余人。杭绣种类多样，刺绣手法精湛，刺绣针法颇有讲究，且分门别类为十余种。绣品金碧辉煌，针丝细密，层次分明，图案紧凑、美观，多为民间龙凤形象，绣品整体古色古香，超凡脱俗。各类绣品之中，以盘金绣、包金绣等最为珍贵。

9. 杭扇

杭扇与杭州丝绸、杭州龙井茶一同被誉为"杭州三绝"。杭扇历史悠久，制作技艺精湛。扇子品种繁多，扇面装饰内容丰富，不仅有山水风光，还有峰峦叠石，可谓妙笔丹青，无所不包。

【民俗节庆】

（1）相约龙井·春茶会，4月8日至5月8日，举办地在龙井村，主要活动有：踏青、采茶、炒茶、茶艺茶道表演、做一天茶农活动等。

（2）杭州花圃"春之韵"·兰花展，4~5月。

（3）西湖杜鹃节，4月20至5月20日，举办地在满陇桂雨公园。

（4）民间民俗"花朝节"，5月1日至5月10日，举办地在东方文化园。

（5）西湖荷花节，7~8月，举办地在曲院风荷，主要活动有：赏荷花，采莲蓬，剥莲子，做荷花餐，听民间戏曲，放荷花灯祈福、荷花交易会、西湖荷花小姐摄影模特大赛、中国荷花品种展览会等。

（6）西湖桂花节，9月16日至10月31日。举办地在满陇桂雨，主要活动有：赏桂、品桂、桂香、桂雨、桂文化。每当金秋季节，这里百花争艳，香飘数里，沁人肺腑。在金粟世界里，用桂花制作的桂花粟子羹和糖桂花等佳点，香甜可口，深受游客欢迎。

（7）西湖中秋赏月晚会，阴历八月十四日到十六日，举办地在平湖秋月，主要活动有：歌舞杂技、民乐表演、风味晚餐、夜游西湖等。

（8）杭州金秋国际旅游节，9月16日到10月21日，主要活动：中秋赏月、钱江观潮、满陇赏桂、吴山庙会、烟花大会等。

（9）"月是西湖明"中秋赏月活动，阴历八月十五日到十八日，在西湖湖心亭、环湖各茶楼、金沙港文化村等同时举行。主要活动有：赏月、歌舞杂技、民乐表演、风味晚餐、西湖夜游等。

（10）西湖国际烟花大会，10月中旬，主要活动有：异国烟花并放，倒映西湖美景，令人叹为观止。

【特色名菜】

杭州素称"鱼米之乡"，饮食历史悠久。北宋诗人苏东坡曾称赞道："天下酒官之盛未有如杭城也。"宋室南迁后，杭州的茶坊、酒肆等店铺林立，占全市店铺2/3以上。浙江菜系是全国八大菜系之一，而杭菜是该菜系的重要组成部分。杭州风味的主要特点是擅长于淡水鱼虾类、腌渍过的肉类和蔬菜类的烹饪。杭菜不仅选料讲究，注意刀功、火候，成菜色彩鲜明，重原汁原味，味美醇香，微有甜酸，清淡适口，造型优美，而且许多菜点有源远流长的历史、优美动人的传说，在国内外享有盛誉。

杭州的风味名菜和地方小吃、点心，品种繁多，主要可分为：

（1）肉菜类。如东坡肉、蜜汁火方、干菜焖肉、钱江肉丝、荷叶粉、乡南肉、干炸响铃等。

（2）水产类。如西湖醋鱼、宋嫂鱼羹、龙井虾仁、番茄虾仁锅巴、蟹汁鳜鱼、蟹酿橙、蛤蜊鲫鱼、鱼头浓汤、砂锅鱼头豆腐、油爆大虾、生爆鳝片、掌上明珠等。

（3）禽菜类。如叫花童鸡、栗子炒子鸡、天香醉鸡、八宝童鸡、百鸟朝凤、火踵神仙鸭子、脆皮乳鸽等。

（4）甜素菜类。如拔丝蜜橘、素烧鹅、虎跑素火腿、干炸响铃、油焖春笋等。

（5）地方小吃。如葱包桧、西施舌、虾肉小笼、杭州麻心汤团、菜卤豆腐、西湖藕粉等。

（6）点心类。如春卷、汤包、羊肉烧卖、鲜肉煎饺、鲜肉馄饨、幸福双、猫耳朵、小笼包子、南方迷宗大包、桂花年糕、菊花烧卖、吴山酥油饼等。

第五节　综合训练

训练项目一：入店服务

【目的和要求】

(1) 熟悉华东线区域各地区的主要酒店情况。

(2) 按照导游服务程序,办理住店手续,地陪与全陪合理分工,合理分配客房,向客人交代时间安排和注意事项。

(3) 及时与宾馆总台联系,安排好叫早、早餐、查房、结账等事宜,妥善处理相关问题。

【准备】

(1) 仔细查阅杭州、苏州等地星级酒店的地理位置和具体设施情况。

(2) 准备分房表、客人名单表等。

【步骤】

(1) 分角色模拟旅游巴士抵达饭店前后导游集体的具体分工。

(2) 地陪下车前介绍酒店周围情况,提醒客人带齐行李物品下车。

(3) 地陪到前台登记,拿钥匙;全陪分配房间,给客人分发钥匙;与前台确定叫早、吃早餐、出行李、查房、离店时间。

(4) 告知游客注意事项和时间安排,协助客人进房间。

(5) 特殊情况的妥善处理:如房间朝向不好、房间卫生条件不达标准、房间设备不能正常使用等。

(6) 次日早晨叫早,带客人吃早餐,检查行李上车,退房,等等。

(7) 案例提供:

参考接待计划

接待人数:36人、6女、30男,其中有5对夫妻

团　号:OTC20210816-1;组团社:北京国旅;全陪导游:夏×19876543210

客源:美籍华人　海外领队:KEVIN　下榻酒店:黄龙大酒店(杭州)。

【考核】

(1) 导游集体的分工,地陪、全陪、领队具体工作等。

(2) 外籍游客入住酒店手续流程,准备材料等。

(3) 突发问题处理,具体的处理原则和方法等。

【延伸与扩展】

饭店资源调查：星级、位置、挂牌价格、基础设施等。

思考：饭店房间朝向不同（朝北/朝南、向山/面水、朝街/背街、拐角无窗房等）问题处理。

 **训练项目二：旅游游戏**

【目的和要求】

（1）发掘自身潜力，学会并熟练、自然地使用5种以上实用的旅游游戏，如唱歌、唱地方戏、学方言、学外语、吃螃蟹（吃鸡、吃猪等）、成语接龙、讲笑话、说绕口令、脑筋急转弯、猜谜语、旅行操等。能针对本团游客特点，开展丰富多彩、生动有趣、易于参与、耗时省力的游戏。

（2）通过自己的勤学苦练，在某一技巧上能达到较高水平，如唱歌、唱戏、说笑话等；在开展游戏时能自己带头，并有一定储备，如唱歌要有3首以上较为拿手的，避免游客热情相邀时的尴尬。

（3）学会活跃气氛，调动全团游客参与的技巧，如游客互相推荐、由表演者挑选下一位表演者、奖励小礼物等方法；避免导游唱独角戏、冷场、游客少数唱多数看、持续时间短草草收场等现象。

（4）鼓励不断创新、发明新的游戏形式。

【准备】

（1）搜集旅游游戏的形式，可以针对华东线旅游区域地方特色，发挥自己个人特长开发新颖独特、简便易行的旅游游戏。

（2）搜集游戏素材并写下来，如歌词、笑话、脑筋急转弯、谜语（包括答案）等，上团前背熟并反复练习；搜集素材时要选择新颖、不太常见的。

（3）每人准备一些小礼物，要别致独特、价廉物美。

【步骤】

（1）角色扮演，分组演练。

（2）选择某种游戏，先推举一人进行示范，然后大家反复练习，并相互评价，提出改进意见，分析现场可能出现的情况及其对策。

（3）练习调动游客情绪的技巧，扮演游客的设法躲避，扮演导游的要设法吸引游客，注意气氛，防止冷场或生拉硬拽。

【考核】

（1）每人选择一种游戏形式进行表演，要具有一定水平。

（2）能大方、自然、活泼地组织开展旅游游戏，能调动客人情绪。

附：旅游游戏小锦囊

（1）唱歌。这是导游活动中最常见、最易于开展、最容易被大多数游客接受、老少咸宜的娱乐形式。关键在于歌曲的选择和歌词的准备。一般游客，都会唱一些歌，老歌、新歌、革命歌曲、情歌、民歌、方言歌曲、中外歌曲等。导游对各种歌曲都要有所了解，要学会一两首代表性歌曲。旅游游戏中的唱歌是工作，不能完全按照个人喜好。比如很多年轻导游不喜欢，也不会老歌，只喜欢年轻人喜欢的新歌。而现在大部分游客都是有一定经济实力的中老年人，他们大都对新歌既不熟悉也听不懂，不太喜欢。导游人员应学唱一些老歌，才能更好地引起游客共鸣，取得较好的娱乐效果。当然一些广为传唱的新歌也值得选用。歌词是一些游客害怕唱歌的主要原因，导游可以事先准备一个歌本，这样在让游客表演时就非常便利。唱歌的形式很多，有独唱、对唱、小合唱等，全车人大合唱气氛最佳。

（2）唱地方戏。注意的问题和唱歌差不多。导游可以学唱一些江南常见戏曲的著名曲目，如越剧、苏州评弹、沪剧、锡剧、扬剧等，现场表演。也可以请游客唱他们家乡的地方戏，再做一些解释，导游饶有兴趣地听。如果导游在上团前有意识地准备一些游客家乡的地方戏，效果更好。这样可以让游客既欣赏到不同文化的魅力，产生新鲜感，又感到亲切、自豪。

（3）学方言。就是精选本地方言中一些有趣的、独特的、易学的词语或者发音教给游客，并带领游客反复练习。这种游戏重在选择词语，不能太难。比如杭州话"日里"指白天，"晏歇会"的意思是等会儿见等。

（4）"吃螃蟹"。就是让游客轮流说出自己喜欢吃的螃蟹的某个部位或器官。这个游戏很有趣，参与性极高，而且游客思想非常集中，要记住前面人说过的内容。导游要讲清游戏规则：不能重复，前面人说过的后面人不能再说，否则表演节目；不能整体说某个大部位，要拆分到最小单位，如不能笼统地说螃蟹腿，要说出左边或右边第几条腿的第几节，这样可以让更多的人参与，打发时间；要说螃蟹有的器官，有时会因为有没有某器官而讨论争执很久。这种游戏中也可以结合地方特产换成其他动物，如吃鸡（苏州叫花鸡）、吃鸭（南京盐水鸭）等（螃蟹有阳澄湖大闸蟹），待客人在餐桌上吃到这道菜时还会津津乐道游戏的内容。

（5）你做我猜。就是模仿电视上的节目，一人用动作比画或语言描述，另一人来猜。猜的对象可以是车上的物品、游览过的景区、地方特产、地方名人、当地的或正在盛开的花卉等，总之是比较常见并结合旅游活动的东西。导游也可以预先准备一些写好字的小纸片让客人抽取，可以有意识地加入一些希望引起客人注意的内容，如龙井茶叶、盐水鸭、紫砂茶壶、丝绸等，可以一举多得。在选择搭档时可以由游客自选，也可选夫妻、情侣等。可以选几对，然后评出一对最佳搭档，导游给一些小礼品作为奖励。

（6）明七暗七。明七指含7的数字，如37，暗七指7的倍数，如49。游客按顺序从1开始数数，遇到明7暗7，就拍一下手（或直接数后面一个数）；如果数出明7暗7，或忘了拍手就要罚表演节目。这个游戏注意速度要快，一个人接着一个人。

（7）青蛙陷阱。让游客依次说："一只青蛙一张嘴，两只眼睛四条腿"；"两只青蛙两张嘴，四只眼睛八条腿"，以此类推。说错了罚表演节目。这个游戏也是速度要快，青蛙也可以换成其他动物。

（8）故事接龙。首先由导游选好一个容易让人产生兴趣的故事情节，也可以结合当地的民间传说故事（如杭州和镇江的许仙与白娘子的故事、苏浙的梁山伯与祝英台的故事等）的某个情节作为开头，然后由客人往下编，一段一段地讲。这种游戏难度较大，需要客人有一定的基础，但很有趣。遇到客人接不上来时导游可以适当提醒和补充，再加上插科打诨，效果很好。

（9）词语组合。准备好纸和笔，发给客人3张白纸。第一张写上人名，可以是自己、同伴，也可以是古今名人；第二张写上地方，随便写，海底、月球均可；第三张写上喜欢做的事情，越夸张越好。3张白纸分别放进3个袋子里，再让客人各抽取一张，形成新组合，会有很多意想不到的有趣事。最后评出最有趣的一个人给予奖励。

（10）旅行操。为消除旅途疲劳，导游可以自编一套旅行操，在旅游车上带领游客活动。旅行操主要包括：头部动作，脸部、头顶部、眼部按摩，仰头、点头、头部转动；肩胸部动作，耸肩、挺胸、深呼吸、收腹等；腰部动作，微微弯腰、腰部转动等；四肢动作，手指手腕转动、膝关节转动、脚掌抬放等。做旅行操要注意遵守行车安全秩序，动作幅度要小，不能站起来。

第五章
苏州市

第一节 苏州概况

苏州，古称吴，简称为苏，又称姑苏、平江等。苏州城始建于公元前514年，距今已2500多年历史，目前仍坐落在春秋时代的位置上，基本保持着"水陆并行、河街相邻"的双棋盘格局，以"小桥流水、粉墙黛瓦、史迹名园"为独特风貌，是全国首批24个历史文化名城之一。因其水乡古城特色，而有"东方威尼斯"之称。

【地理位置】

苏州南临浙江省，东接上海市，北依长江，西濒太湖。距南京市219千米，距上海市80千米。

【地形特点】

境内河流纵横，湖泊众多，水域面积占总面积的42%。京杭运河贯通南北，望虞河、娄江、太浦河等连接东西，太湖、阳澄湖、昆承湖、淀山湖镶嵌其间。素有"鱼米之乡"之称。

【气候特点】

苏州属北亚热带湿润季风气候，温暖湿润，四季分明。年均降水量1100毫米，年均温度为15.5℃，1月均温度为2.5℃。7月均温度为28℃。

【面积人口】

截至2021年，苏州市总面积8657.32平方千米，建成区面积477.63平方千米，苏州人口2021总人数统计常住人口1274万人。

【历史变迁】

苏州城始建于公元前514年，距今已有2500多年历史。春秋时期（前514年），吴王阖闾建都，命伍子胥建阖闾城。部分史学界人士认为阖闾城就是苏州，顾颉刚认为苏州是中国现存最古老的城市。

公元前222年，秦始皇灭楚后，置会稽郡。公元前202年，会稽郡归属汉朝。次年以东阳、鄣、会稽三郡五十三县置荆国，国治吴。三国属吴。南朝置吴州。晋代，中原战乱不断，大批士绅举族南迁，带来了先进的文化和技术。

隋开皇九年（589年）置苏州，并开通南北大运河，苏州位于重要的商路上。唐朝，苏州为江南东道治所。825年，大诗人白居易修筑连接苏州城和虎丘山的山塘街。

宋朝在苏州置平江府，为浙江西道治所。当时苏州已经是重要的工商业都会，特别以丝绸著称，文人雅士辈出。

1275年，蒙古军队占领苏州。元改平江路。元末，张士诚自称吴王，改平江路为隆平府，都治苏州。

明改苏州府，直隶南京，管理南直隶长江以南部分的应天巡抚驻扎在苏州。清代，苏州为江苏巡抚和江苏布政使驻地。明清两代，苏州经历了一段更加繁荣的时期。这一时期，苏州是全国主要的文化中心之一，被列为"士大夫必游五都会"之一。

1860年，李秀成率领太平天国军队进攻苏州，苏州经历一次浩劫。1895年《马关条约》签订以后，苏州被辟为商埠，城南还设立了苏州日租界。1937年，抗日战争中又受到重创。

1949年新中国成立后，苏州设市。

【行政区划】

全市辖姑苏、虎丘、吴中、相城、吴江5个区，以及常熟、张家港、昆山（江苏省直管县（市）试点）、太仓4个县级市。

【城市发展战略】

目前，苏州市基本建成以高新技术产业为主导的现代制造业基地；产、学、研紧密联合，各类人才聚集的技术创新基地；科技含量高、外向度高、经济效益好的现代农业基地；融人文景观与自然风光为一体、生态环境优美的旅游度假基地，21世纪的苏州将是"经济繁荣、科教发达、生活富裕、环境优美、社会文明"的现代化地区。

【市徽、市树、市花】

苏州市市徽是以水城门、流水、汉语拼音"苏州"组成的圆形图案，圆形象征日月同辉，天长地久；图案中央的水城门突出了苏州是一座历史悠久的文化名城，水城门下面的流水表示苏州是"江南水乡"；两个圆形组成的偏心圆展示了苏州生机勃勃、灿烂辉煌的明天。

市树是香樟树，香樟树四季常绿，清香宜人。

市花是桂花，历代民间皆视桂花为吉祥之兆。桂花树姿挺秀，终年常绿，花时浓香四溢，为著名的珍贵花木。

【经济发展】

截至2020年，全市经济保持平稳增长，全年实现地区生产总值20 170.5亿元，按可比价格计算，比上年增长3.4%。其中，第一产业增加值196.4亿元，比上年下降2.0%；第二产业增加值9385.6亿元，比上年增长3.4%；第三产业增加值10 588.5亿元，比上年增长3.5%。

【科教文化】

在改革开放春风下，古老的苏州正焕发出勃勃生机，确立了"科教兴市、外向带动、可持续发展"战略，形成了外向型经济、乡镇企业两大优势，培育了以高新技术为主的新的经济增长点，人才、产业、环境等新优势已见端倪。

全市有苏州大学、苏州科技学院、常熟理工学院、沙洲工学院、苏州教育学院、苏州市广播电视大学、苏州职业大学等多所高校。

【知名人物】

言偃（公元前506—前443）：为孔子弟子，字子游，又称叔氏，春秋时常熟人。孔门七十三贤弟子中唯一的南方弟子。擅文学，曾任鲁国武城宰，阐扬孔子学说，用礼乐教育士民，境内到处有弦歌之声，为孔子所称赞。孔子曾云："吾门有偃，吾道其南。"

范仲淹（989—1052年）：是北宋著名的政治家和统帅，也是一位卓越的文学家和教育家。

蒯祥（1398—1481年）：字廷瑞，香山渔帆村人。明代初期建筑名家、北京宫城设计者。

唐寅（1470—1524年）：字伯虎，号桃花庵主，晚年信佛，有六如居士等别号。与徐祯卿、祝允明、文徵明并称为"吴中四才子"。唐寅博学多能，吟诗作曲，能书善画，是我国绘画史上杰出的大画家，擅人物、山水、花鸟。

文徵明（1470—1559年）：初名壁，或作璧，以字行，更字徵仲，号衡山居士，长洲（今江苏苏州）人。工书善画，创吴门画派。

冯梦龙（1574—1646年）：字犹龙，又字公鱼、子犹，别号龙子犹、墨憨斋主人。以其对小说、戏曲、民歌、笑话等通俗文学的创作、搜集、整理、编辑，为我国文学作出了独异的贡献。

钱谦益（1582—1664年）：字受之，号牧斋，晚号蒙叟、东涧遗老。江苏常熟人。著有《初学集》《有学集》《投笔集》《苦海集》等，又有《列朝诗集》《杜诗笺注》等。

顾炎武（1613—1682年）：原名绛，字忠清。明亡后改名炎武，字宁人，亦自署蒋山傭。学者尊为亭林先生。江苏昆山人。明末清初著名的思想家、史学家、语言学家。曾参加抗清斗争，后来致力于学术研究。

顾颉刚（1893—1980年）：江苏苏州人。现代历史学家，"古史辨"派的主要代表人物。主编《中山大学语言历史研究所周刊》《燕京学报》《禹贡半月刊》《边疆周刊》《齐大国学季刊》《文史杂志》等。

叶圣陶（1894—1988年）：作家、教育家、出版家、政治活动家。原名叶绍钧，字圣陶，笔名叶圣陶、斯提等。江苏苏州人。1923年起开始从事编辑出版工作，著有小说《隔膜》《线下》《倪焕之》，散文集《脚步集》《西川集》，童话集《稻草人》《古代英雄的石像》等，并编辑过几十种课本，写过十几本语文教育论著。

吴健雄（1912—1997年）：是世界公认的最杰出的女性物理学家，被誉为"核子物理女皇"和中国的居里夫人。生于江苏省苏州太仓浏河镇。1990年5月7日，中科院南京紫金山天文台庄重宣布：将新近在太阳系发现的编号为第2752号小行星，命名为"吴健雄星"。

图 5-1　苏州主要景点示意图

【城市荣誉】

凭借着强大的经济实力和2500多年的文化底蕴，苏州荣获多项桂冠。近年主要有2020"中国旅游城市排行榜"排名第11名、中国宜居宜业城市、2019年世界遗产典范城市、2018年中国最佳旅游目的地城市、2017年国家水生态文明城市、美丽山水城市等。

第二节 精华景区

一、虎丘

全国AAAAA级风景区　全国首批十佳文明风景旅游区示范点

【景区概况】

人们把虎丘称为"吴中第一名胜"，确实名不虚传。宋朝诗人苏东坡说过："到苏州不游虎丘乃憾事也。"虎丘因其自然景观的奇绝和人文景观的丰富精深，显示了无与伦比的艺术魅力，是最具吸引力的旅游胜地之一。

虎丘原名海涌山，以前这里是一片汪洋大海，由于地壳运动，碰射出的岩浆形成山丘，露出海面。春秋晚期，吴王夫差葬其父阖闾于此，葬经三日，白虎踞其上，故名"虎丘山"。东晋时司徒王荀和司空王珉兄弟在此建别墅，后舍宅为寺，遂为"虎丘寺"。北宋至道年间（995—997年）重建寺宇，称"云岩禅寺"。其时，庙貌宏伟，宝塔佛阁，掩映于丛林之中，被称为宋代五山十刹之一，名重一时。自宋至清末，"云岩禅寺"共遭火焚7次。现存古建筑中除云岩塔、二山门外，大多是清同治、光绪年间建造。

虎丘虽占地只有约21公顷，山高仅有34.3米，但俗话说"山不在高，有仙则名，水不在深，有龙则灵"。虎丘是我国现有的城市园林中最早的名胜园林，名胜古迹众多，风景幽奇，至今仍保持"出城先见塔，入寺始登山"的特色。

【游览线路】

头山门→断梁殿→拥翠山庄→憨憨泉→试剑石→枕石→真娘墓→千人石→生公讲台→二仙亭→虎丘剑池→剑池→第三泉→石观音殿遗址→虎丘塔→五十三参→万景山庄

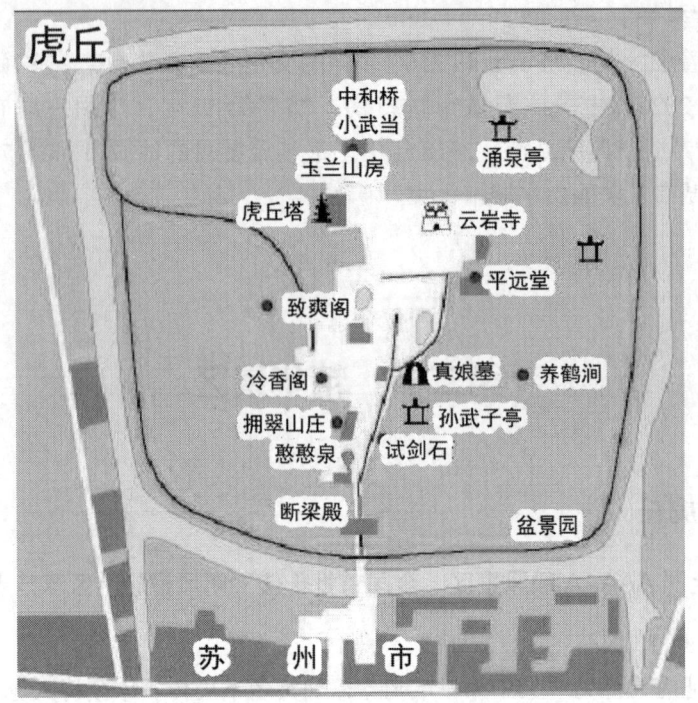

图 5-2　虎丘景区示意图

【断梁殿】

断梁殿建于公元 1338 年，它的主梁是由两根木料拼接而成，在两端设计了一排造型优美的斗拱来托住悬挑出的大梁，解决了受力的问题。民间传说是元朝一位皇帝故意出难题，下了一道圣旨，规定只能用专门配备的材料建造，不许使用铁钉。但苏州工匠们没有被难倒，依靠经验丰富的老匠师赛鲁班的精心建成了独具一格的殿门。门两侧对联"塔影在波山光接屋，画船人语晓市花声"，描述了虎丘历史上的盛况：房屋鳞次栉比，画船来来往往，话语声、卖花的叫声组成了一幅繁华的市井图。

【憨憨泉】

憨憨泉是一口古井，旁边石头上刻着"憨憨泉"三个字，"憨憨"是梁代一位和尚的名字。相传他是个双目失明的孤儿，到虎丘寺当小和尚。每天下山挑水，有一次在这里因满地青苔滑了一跤。他想既有青苔一定潮湿，或许就有泉眼，便用扁担在地上挖，终于找到了泉眼，并用泉水治好了眼疾。从此取名憨憨泉。千百年来，憨憨泉水沏虎丘白云茶一直是虎丘寺僧侍奉贵宾的佳品。

【试剑石】

虎丘有几块著名的巨石,而这中间裂开的试剑石就是其中的一块。试剑石是典型的火山喷出的凝灰岩久经风化后沿着裂隙形成的大缝,酷似剑劈。

【枕石】

这块光滑的枕石,有说因为晋代高僧生公常在此阅读经书,倦了便枕石而眠,故得名。也有说秀才唐伯虎在此休憩,并和祝枝山调侃,由枕石而眠想到夫妇共眠,再联想到生儿育女的游戏。因为和唐伯虎有关,因而又有人把三笑姻缘和枕石联系了起来,称二笑是唐伯虎在枕石上等秋香来时,见秋香来了,急急忙忙佯装看书,把书拿颠倒了,引出了秋香的第二笑。

【千人石】

最著名的就是这块暗紫色的盘陀大石——千人石,也叫千人座,是虎丘的中心。因石平坦如砥,广二亩,可容千人,故名之。相传公元前496年吴王墓建成后,赐鸩酒于此,设鹤舞助兴,千余名修墓者在此饮酒,鸩毒发作,惨死在这块巨石上。到了晋代,高僧竺道生在此说法,虽然生公满腹经纶,口吐莲花,吸引"千人座",但信者寥寥。据史书记载:"生公讲经,人无信者,于是聚石为徒,与谈至理,石皆点头。"这就是成语:"生公说法,顽石点头"的由来。旁边白莲池中的石上刻着"顽石"二字,指的就是这一段故事。

【二仙亭】

二仙亭是一座完全用石头雕琢的亭子。相传是吕洞宾和陈抟下棋的地方。二仙在此下棋,一樵夫挑着一担柴路过,见状便停下观棋,将扁担往地上一插,一盘棋还未看完,回到村里,已无人认识他,因为隔了好几代。这是"山中方一日,人间已千年"的缘故。

【虎丘剑池】

二仙亭西石壁上,"虎丘剑池"四个大字通常是游客最爱拍照的地方。一则四个大字苍劲有力,二则具有标志性。这四个大字相传是唐朝著名书法家颜真卿所书,因岁月久远,虎丘二字的石刻湮没。到明万历年间,公元1614年,石刻名家章仲玉补刻,新旧二方石刻似一气呵成,难辨真伪,因此有"假虎丘真剑池"之说。但是,"假虎丘真剑池"的真实含义还不在此。

【剑池】

崖左壁"剑池"二字为元周伯琦所书,但民间相传为王羲之所书。关于剑池的成因,据《吴地记》载,因以扁诸、鱼肠等剑三千殉葬,故以剑池名。据《元和郡县志》载,"秦皇凿山以求珍异,莫知所在。孙权穿之亦无所得,所凿之处遂成深涧"。看来,剑池是因为埋剑、寻剑而形成的。不过宋王禹却认为

"池实自然，剑何亡传"。到了公元1512年，唐伯虎、王鏊等人因池水干涸，发现墓门，留下石刻。1955年人民政府清理剑池时确实找到了一条长约10米的石胡同，尽头呈喇叭状，容四人并立，并有一横三竖四块青石琢成的长方形石板，显然均为人工所为。根据墓门的形制和朝向，完全符合春秋战国时期的墓制。因此推测可能为吴王墓。但因墓恰巧在塔底下，且规模宏大，一旦开挖必影响塔，因而作罢，未打开墓门，留下千古之谜。现在的情况是虎丘后山为土堆砌，前山为巨石，因而推测后山为人工所堆。如果是这样，就和虎丘塔的倾斜有关。因为地基不牢，重6000吨的塔便倾向土堆的一边。所以，我们不妨认为，是吴王墓的建造引起了虎丘塔的倾斜，而虎丘塔的倾斜又保护了底下的吴王墓，使之不能开挖，成了一只真正保护吴王墓的白虎。

【虎丘塔】

虎丘塔又称云岩寺塔，是一座完全用砖砌起来的仿木结构塔，为全国重点文物保护单位。

虎丘塔高47.7米，比意大利比萨斜塔矮6米；塔尖偏离中心2.34米，是比萨塔的一半；虎丘塔建于961年，比比萨塔早完工390年。请大家注意右侧塔身呈弧形曲线，由此推测，和比萨塔一样，虎丘塔在建塔时就开始倾斜。1956年采用铁箍喷浆法，如箍桶一般，每层塔内用钢筋箍起来，地基灌浇水泥，有效地消除了裂缝。1981年开始用五年时间加固地基，在塔基下人工打44个孔，灌钢筋水泥，在44个桩下做水泥壳体，地下防水，更换部分砖体，制止了塔身的继续倾斜。特别值得一提的是，1956年修塔时，在宝塔内发现了越窑青瓷花碗、装有经箱的石函等珍贵文物，发现了当年修塔时的工具，更重要的是根据文物中的文字记载，证实了虎丘塔的建造年代是从959年到961年。虎丘是苏州2500年沧桑的见证。高高耸立在山顶的虎丘塔已经成了苏州的标志。

【万景山庄】

万景山庄在虎丘东侧，是苏州最大的盆景园。苏派盆景是我国盆景的一个重要流派。苏派盆景始于唐宋，盛于明清，近代又有较大的发展。苏派盆景以树桩盆景为主，讲究"六台三托一顶"。其中雀梅王"虎踞龙盘"已有四百多年的历史。它高1.8米，冠幅高2.5米，是为数不多的特大型桩景。从南向下面看，主干横斜，形若猛虎蹲伏；从北向反面观之，主枝自然弯曲，如蛟龙腾起，实为不可多得的精品。

【特色活动】

主题	时间	简介
金秋庙会	每年9月至次年1月	弘扬中华民俗文化 展现传统庙会特色
艺术花会	每年3月至5月	历届花会展出花卉均超过17万盆,通过植物造景,体现春天的多姿多彩
西溪雅集	阴历三月初三,是传统的修契节	修契、流觞、书画笔会
春节年会	春节	敲响寓意吉祥的锣声,祈福迎祥

二、拙政园

世界文化遗产　中国四大名园之一　全国AAAAA级景区
全国重点文物保护单位

【景区概况】

拙政园位于苏州市东北街178号,占地面积5.2万平方米。始建于明代正德四年（1509年）。御史王献臣因官场失意而还乡,以大弘寺址拓建为园,园名是根据西晋潘岳的《闲居赋》中的"此亦拙者之为政也"之句缩写而成的。"拙",实指不善在官场中周旋之意。全园约3/5为水,足可表现园主这种江湖之志。王献臣之后,屡更园主,王心一、叶士宽、张履谦等20多人先后为园主,因此曾有"复园""将园""吴园""书园""补园"等名园。全园分东、中、西、住宅四部分。住宅是典型的苏州民居,现布置为园林博物馆展厅。

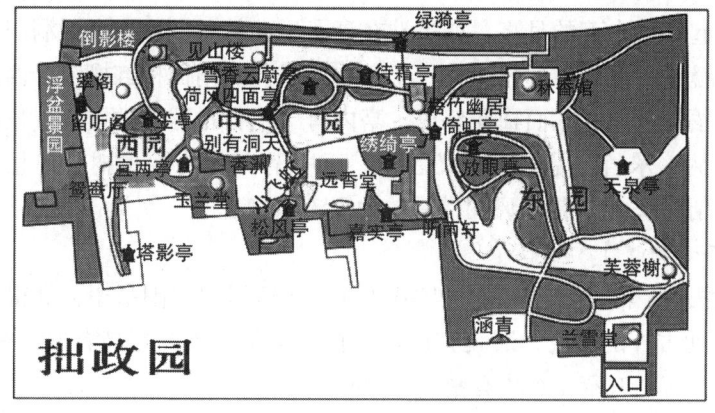

图5-3　拙政园平面图

【游览线路】

兰雪堂→缀云峰→芙蓉榭→天泉亭→秋香馆→梧竹幽居→雪香云蔚亭→荷风四面亭→香洲→见山楼→远香堂→枇杷园→鸳鸯厅→留听阁→倒影楼→水廊→与谁同坐轩

【兰雪堂】

东部,曾取名为"归田园居",以田园风光为主,主要景点有:兰雪堂、缀云峰、芙蓉榭、天泉亭、秋香馆等。

兰雪堂为一座三开间的堂屋,"兰雪"两字出自李白"春风洒兰雪"之句,象征着主人潇洒如春风、洁净如兰雪的高尚情操。中间屏门上有一幅漆雕画,是拙政园的全景图。

【芙蓉榭】

芙蓉榭是建筑在荷花池边上的水榭。"芙蓉榭"的正面一池荷花,背后是一堵高墙,一边开阔、一边封闭的强烈反差,恰如其分地烘托了宁静的气氛。加拿大温哥华"逸园"中的水榭,就参照了这个设计。

【秋香馆】

秋香馆,顾名思义,就是观赏稻麦飘香的地方。明代"归田园居"的主人在园林内造有秋香楼,楼可四望,每当夏秋之交,家田种秋,皆在望中。现在见到的"秋香馆",其主体建筑是20世纪60年代重修拙政园时从东山搬迁而来,体形偏大,与原景略有不同。

【梧竹幽居】

中部(也称复园)以池岛假山为主,为拙政园精华所在。"梧竹幽居",俗称"月到风来亭",位于中部花园的最东面,同倚虹亭相邻。倚虹亭是因为靠在形似长虹的复廊上而得名。梧竹幽居造型非常别致,四个大大的圆洞门使人马上联想起八月十五的月亮。如果站在亭子里向外看,这四个圆洞门又恰似四个巨大的镜框,镶嵌着苏州园林一年四季的风光。南面桃红柳绿,西面嫩荷吐尖,北面梧桐秋雨,东面梅花怒放。亭内有"梧竹幽居"的楹额。梧桐,是圣洁高昂的树;翠竹,是刚柔忠义之物。正所谓:"家有梧桐树,何愁凤不至。"两旁有一副对联:"爽借清风明借月,动观流水静观山。"

【雪香云蔚亭】

"雪香云蔚亭"位于岛的中央制高点。在这里向周围瞭望,觉得中部花园像一幅苍劲古朴的画卷,展现在面前。在这幅画轴上,有高有低,有近有远,有大有小,有宽有窄,有疏有密,有闹有静。

【荷风四面亭】

湖中岛上有"荷风四面亭",这里四面环水,三面植柳,真是绝佳的风景点。"荷风四面亭"上挂有一副对联:"四壁荷花三面柳,半潭秋水一房山。"寥寥几笔,勾画出了拙政园春夏秋冬的风景特色。其妙处还有,联中蕴含着一、二、三、四的序数。这副对联的上联,仿照济南大明湖"小沧浪"清代书法家铁保所书的楹联:"四面荷花三面柳,一城山色半城湖。"这副对联的下联,仿照唐代诗人李洞的诗句"看待诗人无别物,半潭秋水一房山"。内容略作改动,用在这里,恰到好处。

【香洲】

"香洲"同"荷风四面亭"隔水相望。"香洲"的"洲"同"舟"同音,实际上是一座船形建筑物,可称为石舫或旱船,似乎是一只官船在荷花丛里徐徐而行。值得一提的是,"香洲"这艘石舫,集中了亭、台、楼、阁、榭五种建筑种类。船头为荷花台,茶室为四方亭,船舱为面水榭,船楼为澄观楼,船尾为野航阁。

【远香堂】

远香堂位于中部花园的中心位置,前面有一条小河种有莲花,后面有一片水池,广植荷花。夏天荷花盛开,清香一阵阵飘到堂内,所以取宋代周敦颐《爱莲说》一文中"香远益清"之句成了堂名。远香堂四面都镶有玻璃窗,可以坐在厅里一边品茶,一边聊天,一边看景。厅的南边是一座峻峭的黄石假山,北边是池岛假山,东边山坡上有绣绮亭,西边池塘边有倚玉轩,给人以近山远水、山高水低的感觉。

【枇杷园】

枇杷园位于远香堂的东南面,是拙政园中部花园里的园中园,因种有枇杷树而得名。枇杷园的园门设计得很巧妙,走到这里可见前面一道云墙,两面种有牡丹,正所谓"山重水复疑无路"了。真没有料到,只要再往前走,就可以发现,黄石堆砌的假山遮住了旁边的一个门洞。随着人们一步一步走近,门洞就一点点扩大。到了门口,才发现门洞像一轮明月,镶嵌在白色的云墙上。过门洞后再往前走,这轮明月又被这边的湖石假山慢慢地遮住了。看着月洞门和牡丹花,不禁使人想到"闭月羞花"的典故。这个月洞门又像一个巨大的宝镜,庭院里的景物似乎是院外景物的影子。园主巧妙地选择了辟月洞门最佳位置,使"雪香云蔚亭""月洞门""嘉实亭"三点同处在一条视线上,并通过月洞门联系前后佳景,从而组成一组对景。由此可见,苏州古典园林在辟门开窗时,除考虑到出入和采光外,尤其注意撷取画面,力求处处有景,景随步移。

【鸳鸯厅】

西部,也称为"补园",园内建筑物大都建成于清代,其建筑风格明显有别于东部和中部。西部花园的主体建筑是卅六鸳鸯馆和十八曼陀罗花馆。鸳鸯厅外面看是一个屋顶,里边是四个屋面;外面看是一个大厅,里边分为两个客厅;北面客厅是夏天纳凉用的,南面客厅是冬天取暖用的。北厅的楹额"卅六鸳鸯馆"是清代状元洪钧墨宝,南厅的楹额"十八曼陀罗花馆",是清代状元陆润庠佳作。馆,是宾客聚会的地方;厅,相传是园主听昆曲的地方。

【留听阁】

留听阁位于卅六鸳鸯馆的西面,楹额由清代湖南巡抚吴大澄所书。"留听阁"出自唐代李商隐的"秋阴不散霜飞晚,留得残荷听雨声"之句。"留听阁"南面飞檐是银杏木立体雕刻松、竹、海、雀的花纹,构图匀称,手法精巧。

【倒影楼】

倒影楼位于卅六鸳鸯馆的北面。之所以取名为"倒影楼",是因为从前面的池塘里可以清楚地看到这幢楼阁的倒影。倒影楼中间屏门上雕刻有扬州八怪之一郑板桥的无根竹图,并配有诗词,也是不可多得的珍贵文物。

【与谁同坐轩】

轩,是形似车厢的建筑物,两头有门框而不上门,随意进出;两旁墙上开有窗口,以便观景。"与谁同坐。明月清风我。"这是苏东坡的诗句,表达了诗人孤芳自赏的心情。园主借此表示自己的清高。仔细再看,与谁同坐轩好像一把扇子,轩顶的瓦面像折扇的扇面,后面"笠亭"的尖顶恰似折扇的扇把,简直连接得天衣无缝。

以拙政园为代表的苏州园林,处处是充满着诗情画意的青山绿水,时时是洋溢着温情脉脉的家庭气氛,全园体现了淡泊明志的人生哲理,正是古人们苦苦追求的"人间天堂"。

【特色活动】

杜鹃花节:至 2007 年,拙政园的杜鹃花节已是第十一届了。中外杜鹃装扮着国泰民安的太平盛世,古典园林吟诵着人与自然的完美和谐,茶室内的评弹表演极具苏州地方特色。

荷花节:苏州园林一年一度的特色旅游项目。拙政园每年在既有的特色荷花展基础上,年年创新,设计了一系列能体现荷文化内涵的景点、展览和活动,吸引了大量海内外游客。

三、留园

世界文化遗产　中国四大名园之一　全国 AAAAA 级景区
全国重点文物保护单位

【景区概况】

留园位于苏州古城西北的阊门，建于明万历二十一年（1593年），为罢官的徐泰时建造的私家园林，名东园。清嘉庆三年（1798年），刘恕在原已破落的东园旧址基础上改建，园主姓刘，所以也叫作刘园。道光三年（1823年）起，园林开始对民众开放，成为一处著名景点。但到太平天国时，由于战祸和缺乏管理，刘园逐渐荒芜。同治十二年（1873年），湖北布政使盛康（盛宣怀之父）购得此园，花了三年时间进行大规模改修、增建，终于在光绪二年（1876年）落成，并以"刘园"的同音易名为"留园"。

全园的1/3面积为建筑，布局紧凑，并以建筑将全园分隔成景色各异的四个景区：中部以山水见长，池水明洁清幽，峰峦环抱，古木参天；东部以建筑为主，重檐叠楼，尤以江南三大名石之一的"冠云峰"为首的奇峰秀石引人入胜；西部体现以大假山为主的山野风光；北部则是乡村田园风光。充分体现了古代造园名家的匠心独具和高超艺术。

【游览线路】

大门→大厅→长廊→绿荫轩→花步小筑→明瑟楼→涵碧山房→爬山廊→闻木樨香轩→可亭→小蓬莱→濠濮亭→西楼→清风池馆→五峰仙馆→鸳鸯厅（林泉耆硕之馆）→冠云峰→鱼化石

【绿荫轩】

绿荫轩是一个小巧雅致的临水敞轩，为全园欣赏春景佳处。西面原有一棵三百多年的青枫树，而东面又有榉树遮日，因此以"绿荫"为轩名，轩内匾额上"绿荫"两字，是著名书画篆刻大师吴昌硕先生的弟子，当代书画家王个簃所书。

【明瑟楼】

绿荫轩北，是一座高大的两层楼建筑，这就是取《水经注》中"目对鱼鸟，水目明瑟"之意来命名的明瑟楼。这里面临清澈明净的池水，楼边又有青枫庇荫，环境清雅明净。明瑟楼底层因建筑外形像古代画舫前舱，所以取唐代杜甫《南邻》诗中"秋水才添四五尺，野航恰受两三人"之意，命名为"恰杭"。这里的"杭"通"航"。在明瑟楼南有一湖石假山，登临二楼的石阶就隐在其中。

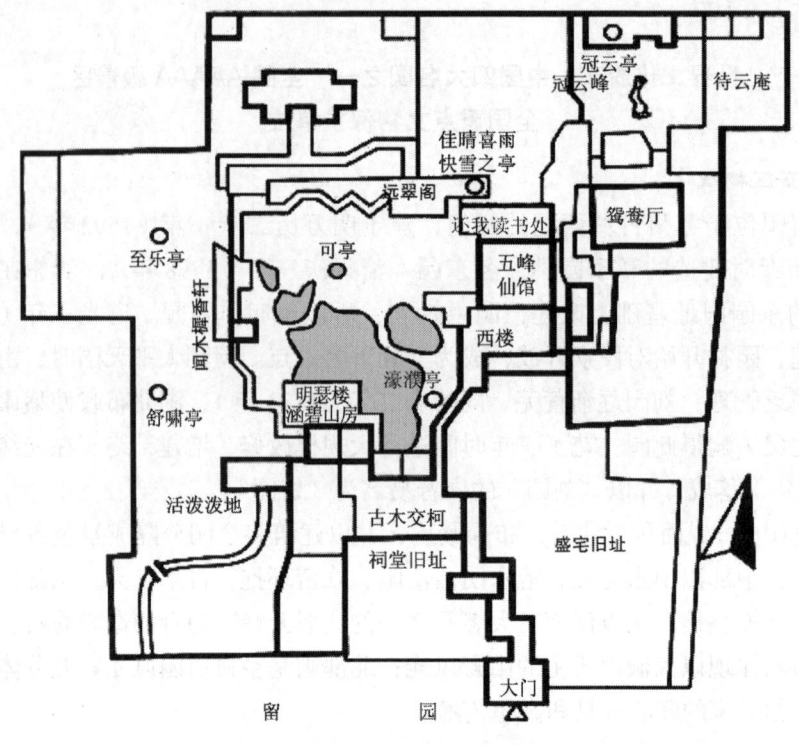

图 5-4　留园景点示意图

【荷花台】

此处濒临水池，每当盛夏时节，池内荷花盛开，是赏荷的绝佳之处。

【涵碧山房】

涵碧山房，是中部花园的主厅，是取宋代理学家朱熹"一水方涵碧，千林已变红"的诗意来命名的。该厅几无装修，南北两面都不设墙，显得朴素大方，通畅明洁。厅内"涵碧山房"匾额上的篆书是旧时园主盛康请香禅居士潘中瑞所书。厅南院中有一湖石牡丹花坛，旁边还种有玉兰、石榴、绣球等花木，春秋时节，繁花吐妍，美不胜收。

【闻木樨香轩】

因四周遍植桂花而得名。轩前是一副对联："奇石尽含千古秀，桂花香动万山秋。"这是一副状景联。此处千姿百态的湖石在桂花树的掩映下，显得玲珑而古朴，而每到秋风送爽时，则满山荡漾着桂花的香气。这里的"动"字用得极妙，将"香味"这一园林中的虚景写活了。不仅如此，"闻木樨香"还似乎在暗示人们，佛理就像这桂花香气一样，虽然我们看不见，摸不着，但它却无时不在，无处不在，只要用心参禅，人人都可以顿悟得道。

【小蓬莱】

传说渤海中有蓬莱、方丈、瀛洲三座仙山，以后在水池中构筑三座"仙山"，即所谓"一池三岛"就成了古典园林造园的常用造景手法。留园中部的水池略呈方形，比较规整。桥岛在划分水面的同时，使水面造成了"旷""幽"两种不同的水面效果。另外，在构筑中部假山时，特意在水池西部造成一条狭窄的山涧，令人产生池水源源不尽之感，使池水活了起来。

【濠濮亭】

濠濮亭是位于东侧的一座小方亭，濠、濮都是古代河流的名字。据说，庄子曾在濮水上垂钓，也曾与惠子在濠梁上观鱼，这里以古人的观鱼和垂钓来唤起一种超然世间烦恼的自由感，表现出归隐江湖、情归自然的超然情趣。这也是苏州古典园林造园的一个主题思想，表现在造园的方方面面。

【清风池馆】

清风池馆是一个向西敞开的水榭，与小蓬莱、濠濮亭构成一个小小的水院。周围的楼台倒映在明净的池水中，显得宁静而幽雅。纵观曲溪楼、清风池馆这组外形各异的建筑，其精巧的构思，将留园中部的山水风光与东部的幽深庭院有机地连在了一起，让游人在不知不觉中完成了审美心理上的自然过渡。这也是留园以建筑来划分空间的艺术佳例。

【五峰仙馆】

出了清风池馆，便是有"江南第一厅堂"美誉的五峰仙馆，又称楠木厅。因南面小院中有湖石假山，具有庐山五老峰的写意神韵，于是取唐代李白"庐山东南五老峰，青天秀出金芙蓉"的诗意，将大厅命名为五峰仙馆。厅中匾额上的"五峰仙馆"四个字是园主盛康请金石名家吴大题。此厅是园主以前用于举行重大宴饮以及婚丧寿喜的活动的场所。由于封建时代讲究男女授受不亲，因此在大厅的中后部以一排屏门、纱隔和飞罩将大厅隔成了南北两个部分。南面宽敞明亮，座椅严格按规制摆放，是主人宴请男宾之处，而北面则相对局促，是专为女眷而辟。大厅北侧一角，还有一块圆形大理石座屏，直径达1.4米，属全国罕见。石面纹理色彩构成了一幅天然水墨画。尤为令人称奇的是石面左上方有一天然的"朦胧月"，给人以"雨后静观山"的意境。这块大理石和冠云峰以及鱼化石被称为"留园三宝"。

【鸳鸯厅】

揖峰轩东边就是留园著名的"鸳鸯厅"，还有一个很雅的名字叫"林泉耆硕之馆"，"林泉"指山林泉石，比喻隐居休息游玩的地方；"耆"指年老的意思;"硕"指有名望的人;"馆"是四通八达的地方。连起来讲就是:这里是德高望重的社会名流聚会的地方。银杏屏门上的《冠云峰赞》是清末著名的朴学大师俞樾写的,还有全景图后的《留园记》也是俞樾写的,可见俞樾与盛康交情非常好,俞樾非常喜欢留园的山水景色,他留下的这些文章也使得留园更加迷人。

【冠云峰】

冠云峰,与苏州十中的"瑞云峰"、上海豫园的"玉玲珑"、杭州西湖的"皱云峰",有江南四大奇石之称。冠云峰也是"留园三宝"之一,重5吨,高6.5米,是我国现存最高的独峰观赏假山湖石名峰。郦道元的《水经注》有"燕王仙台有三峰,甚为崇峻,腾云冠峰,高霞云岭"之句,冠云峰之名即由此而来。冠云峰据说是宋代花石纲的遗物。

【鱼化石】

冠云楼下面北墙上的石头叫鱼化石,也是"留园三宝"之一。这块鱼化石呈薄片状,像云母一样层层剥开,上面有二十多条小鱼栩栩如生,头骨、脊椎骨、肋骨清晰可见,令人叹为观止。有关鱼化石最早的记载,要算《山海经》了。当时人们对石头中的鱼形图案无法解释,只好发挥想象力,把它想成是龙鱼、鳖鱼,想成神仙的坐骑。那么,鱼化石是怎么形成的呢?据专家考证,是在一亿四千多万年前的侏罗纪晚期,由于火山喷发,火山灰落在河湖中,将鱼虾掩埋凝结而成的。

风雨四百多年,留园历经沧桑,几度兴废,当时园主所期望的"名园长留天地间",在国富民强的今天变成了现实。留园是苏州人民的骄傲,是中华民族的骄傲,是当之无愧的世界文化遗产。

四、沙家浜·虞山尚湖旅游区

全国 AAAAA 级景区　全国爱国主义教育示范基地全国百家红色旅游经典景区

【景区概况】

沙家浜芦苇荡风景区占地167公顷,位于秀丽明媚的阳澄湖畔,以浩荡的芦苇、宽阔的水域、茂密的植被,组成了江南水乡大自然绿色生态景区,以京剧《沙家浜》的传奇故事和沙家浜人文历史积淀为内容,现代京剧《沙家浜》的广为流传,更使这一地区闻名海内外。

【游览线路】

瞻仰广场→红石村→芦苇活动区→水乡影视基地

【瞻仰广场】

占地 1.33 万平方米，以"郭建光""阿庆嫂"等形象为主创作的大型主雕屹立于广场中央，生动地揭示了军民鱼水情深的主题。象征新四军伤病员的 18 根柱雕以形态各异的块面造型和强烈的肌理效果对比，淋漓尽致地表现出新四军伤病员泰山压顶不弯腰的革命精神。

瞻仰广场西侧是沙家浜革命历史纪念馆，沙家浜革命教育馆始建于 1988 年，展出了四百多幅历史照片、五十余件革命文物和二百多幅常熟双拥成果照片。以丰富的内容，翔实的史料，再现了沙家浜地区乃至整个常熟地区，自五四运动到常熟解放，尤其是抗日战争时期，共产党员、革命志士、人民群众和党领导的武装力量浴血奋战的英雄业绩；展示了新中国成立以来，特别是党的十一届三中全会以来，沙家浜镇的干部群众发扬革命传统，在两个文明建设中所取得的辉煌成就。沙家浜革命传统教育馆是"江苏省学校德育基地""江苏省全民国防教育基地""苏州市爱国主义教育基地"和常熟市精神文明建设的重要阵地。

【红石村】

由教育区向东过牌坊，是红石民俗文化村和水生植物观赏区。牌坊上"天开波镜"的横额，突出这两个功能区以水为主的特点。红石村集江南水乡特色建筑之大成，再现抗日战争时期江南水乡小村风貌，建筑依水而建，前是宽阔水面，渔翁垂钓，橹声咿呀，苇叶青青；后是新篁、荷塘、小溪。村内设有沙家浜史料馆、老人与船——古船馆、水乡农具馆，再现了沙家浜的民俗风情。"春来茶馆"也坐落其间，"垒起七星灶，铜壶煮三江；摆开八仙桌，招待十六方"，游客可以边品茗边欣赏戏台上表演的京剧《沙家浜》片段和舞龙、舞狮等民俗风情表演。与之毗邻的是水生植物观赏区，有水榭、栈桥以及水生植物。

【芦苇活动区】

芦苇荡是沙家浜风景区的精华，总面积 67 公顷，当年新四军隐蔽养伤的场所之一。共有八景，其顺序为：东进春晓、红石环翠、芦苇烟雨、隐湖秋雪、田园短笛、渔舟唱晚、汲古钩月、东来市声。

【水乡影视基地】

为了配合 30 集电视连续剧《沙家浜》的拍摄，投资 1500 多万元，建成了沙家浜水乡影视基地。同时，还被多家影视剧组确定为拍摄基地，其中有由陈道明和许晴主演的《沙家浜》《金粉世家》的姐妹篇《金色年华》、数字电影《三言两拍》《茉莉花》《谭震林》《陆小凤》《精武飞鸿》《大明王朝》等。

五、金鸡湖景区

全国 AAAAA 级景区　国家商务旅游示范区

【景区概况】

金鸡湖景区位于江苏省苏州市苏州工业园区，总面积 11.5 平方千米，其中水域面积 7.4 平方千米。景区投资 89.53 亿元精心打造了文化会展区、时尚购物区、休闲美食区、城市观光区、中央水景区五大功能区，是国内极少数对外免费开放的国家重点 5A 级景区之一。

【游览线路】

东方之门→苏州中心→李公堤→月光码头→苏州文化艺术中心

【东方之门】

东方之门，苏州新地标，它是金鸡湖西岸的一座摩天大楼，整幢大楼是一个双子塔的建筑，顶部双子塔合二为一，构成一扇门的形状。高度达到了 301.8 米，比肩苏州第一高峰穹窿山主峰，门洞高 246 米，跨度 68 米，是世界上最大的门形建筑，被誉为"世界第一门"。东方之门创下了多个"中国之最、世界之最"的纪录。它是"中国结构最复杂的超高体建筑""中国最高的过街天河""中国最深的私家酒窖"，在地下 30 多米处有限量的储酒位，"中国最高的空中园林""中国最高的无边界泳池"。东方之门是一个融酒店、购物、办公等于一体的建筑。

【苏州中心】

苏州中心总建筑面积约 113 万平方米，集购物中心、办公楼、服务型公寓、酒店于一体。

其整体式自由曲面的采光屋顶，大气又不失灵动，被称之为"未来之翼"。它就像凤凰舒展的翅膀，恢宏大气，凌空于高耸的楼群中，为苏州中心增加了艺术性的空灵与轻巧。屋顶整体由 6947 块彩色异形玻璃无缝连接，面积达 3.6 万平方米，在阳光或者灯光下，玻璃屋顶折射迷人的光线，尽显水城魅力。

【李公堤】

李公堤全长 2200 米，由光绪年间元和县令李超琼所建的李公堤在湖面上如水墨画般徐徐展开，白日里粉墙黛瓦、赤桃绿柳、碧水白浪。庭院式建筑鳞次栉比，以苏州园林式布局，形态各异的仿古廊桥、石桥串联出水乡神韵。夜幕笼罩，火树银花勾勒出建筑物别致造型，如一道绚丽的彩虹，倒映在金鸡湖上。同时，它汇集了来自世界各地的美食，并且融合中西文化，是一条集餐饮、娱乐、休闲、旅游、文创于一体的著名滨水休闲商业街区。

【月光码头】

月光码头作为"苏州十大最美夜景之首",采用欧陆风情小镇式建筑风格,像一弯新月优雅停泊在金鸡湖东北畔。总占地面积4.55万平方米,商业面积共3.32万平方米,共计17栋独立建筑,最高4层,最低2层,整体呈现半圆环状,270°的湖景视角将环湖繁华尽收眼底,深入水区最大直径为60米,国际一流的泛光照明技术,令其在夜色中充满了绚丽迷离的神秘色彩。

【苏州文化艺术中心】

由北京国家大剧院的设计者保罗·安德鲁先生所设计,总建筑面积为15万平方米。由新月状和明珠状两座主楼搭配而成,创造了"一颗珍珠、一段墙壁、一座园林"的集合之美,是苏州最具标志性意义的文化精品工程,是中国"金鸡奖"永久评奖基地。内部包括1座1200个座位的镜框式大剧院,1座500个贵宾级观赏座位的演艺厅,7间各具特色的五星级豪华影厅,1间IMAX巨幅全景影厅和2.5万平方米的商业空间。苏州芭蕾舞团、苏州交响乐团、金鸡湖音乐厅、金鸡湖美术馆、大剧院、演艺厅、影城、文化馆也都在此集聚。

六、吴中太湖旅游区

全国AAAAA级景区第一批国家级风景名胜区

【景区概况】

苏州吴中太湖旅游区位于天堂苏州西南隅的太湖之滨,占地面积21.5平方千米。旅游区以太湖为主线,囊括太湖古镇古村、太湖丘陵、太湖自然村落等因素,包括了"中国碧螺春之乡"东山景区,"天下第一智慧山"穹窿山景区和"苏州最美的山村"旺山景区、太湖湖滨国家湿地公园以及周边太湖公园、西山景区、光福景区等8个景区、景点,是国内首个以"太湖"为主线,串联太湖古镇、江南山丘、生态自然村落以及半岛等文化元素的完整太湖主题"5A级景区"。

【东山景区】

东山,全称洞庭东山或东洞庭山,古称胥母山,中国碧螺春之乡。位于苏州城西南30多千米处,它是延伸于太湖中的一个半岛,三面环水。是国家一级风景名胜区之一,苏州市旅游名镇。1982年被国务院公布为第一批国家重点风景名胜区和太湖风景名胜13个景区之一。

【穹窿山景区】

苏州穹窿山景区,地处姑苏西部,为苏州第一名山,主峰"箬帽峰",海拔 341.7 米，全长约 7.5 千米，林地面积 2 万多亩。景区拥有丰富的自然资源，拥有牛鼻栓、短穗竹、紫楠等名贵树种以及穿术、三七、党参、灵芝、何首乌等药生植物，已探明的药生植物就有 151 种。穹窿山景区历史悠长，集政治、军事、宗教、文化于一山。

【旺山景区】

旺山景区位于苏州城西南 8 千米处，真实展现"吴中生态绿园，旺山诗梦乡里"的田园梦境。生态园包括钱家坞农家乐、耕岛农事参与体验区、农业观光园及尧峰山登高览胜等游览景区。

【太湖湖滨国家湿地公园】

苏州太湖湖滨国家湿地公园是太湖游客中心的配套公园，位于环太湖景观大道中心区。东起太湖景观大道水风车入口处，西至太湖新天地，全长 2 千米，游客中心占地面积约 119.5 亩。太湖公园主要有"栈桥探幽""芦荡迷宫""悠然双亭""风车堞影""八仙过海""鸥鹭栖归""渔舟唱晚""落日听涛"等八景组成。

七、狮子林

世界文化遗产　苏州四大名园　全国重点文物保护单位
国家 AAAA 级旅游景区

【景区概况】

狮子林位于苏州市园林路。元至正年间，天如禅师建，初名狮林寺，后改称菩提正宗寺。因园内多怪石，形似狮子，故也称狮子林。园为寺后花园。明中叶以后园属私人所有，清末为贝氏私园，1925 年重修成现状。

全园面积约 8000 平方米，狮子林长久以来一直以假山闻名，被称为"假山王国"。狮子林的假山大致可分为东西两部分，东边的被称为旱假山（主要是在指柏轩的南面），西边的被称为水假山（最有特色的是一块立在池的中央像达摩禅师的太湖石）。太湖石被独具匠心地塑造成各种山峰、峭壁、山谷、洞穴等景观。园中有 9 条假山山脉、21 处洞穴，数不清的怪石。还有各种姿势的猊狻石，包括舞狮、吼狮、斗狮、戏狮等。假山中有迷宫似的小径蜿蜒上下，进出洞穴。游人往往能看见听见对方，却要走很长的路才能见到对方，而且能发现令人出乎意料的小径。

【游览线路】

大门→燕誉堂→小方厅→九狮峰→指柏轩→湖石假山→花篮厅→真趣亭→

御碑亭→立雪堂

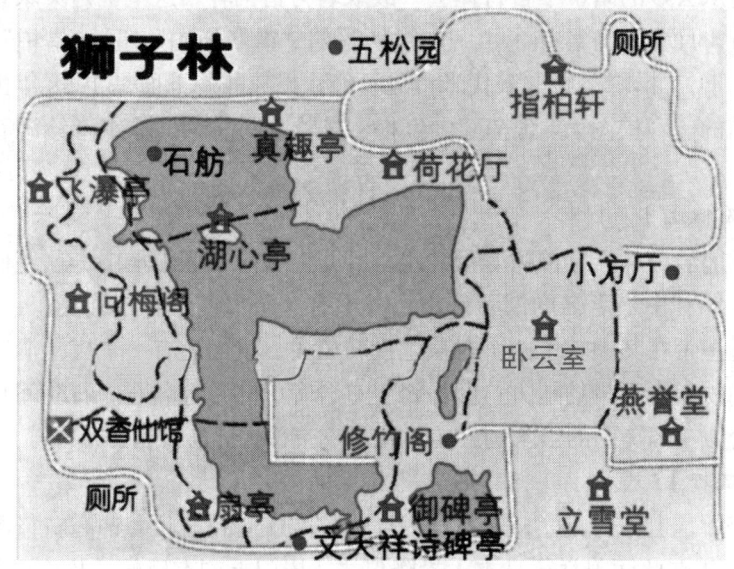

图 5-5 狮子林平面示意图

【燕誉堂】

燕誉堂,"燕誉"是安详、快乐的意思。出自《诗经》"式燕且誉,好尔无射"。堂内地面上有个"寿"字,边上是五只蝙蝠,取五福祝寿之意,五福"寿"为先,所以寿为中心。说明园主希望他和他的家族健康长寿,多子多孙、安详、快乐。该厅堂的建筑是苏州园林中著名的鸳鸯厅。前面称为厅,后面称为堂。前厅接待贵宾或男宾,后堂则用于女眷聚会之处。在建筑风格上决然不同,体现了男尊女卑的封建思想。

【小方厅】

因为其厅方正,所以得名。两边的大型空窗,让人觉是两幅图画,东窗外是素心蜡梅,西窗外是城市山林,这是苏州园林的一种造园艺术手法,叫框景。它可以随季节的变换,脚步的移动而变化画面。

【九狮峰】

九狮峰是在小方厅北面的奇特假山造型,初看什么都不像,再看发觉它像9只在嬉戏的小狮子,再看又什么都不像,妙就妙在像与不像之间。

【指柏轩】

穿过有砖砌"涉趣"(取自陶渊明"园日涉以成趣"句)二字的圆洞门,便是指柏轩。这里是僧人讲经说法的地方。唐代禅师从谂(号称赵州法道)在传授禅教宗义时，不论弟子问他什么，他总是一句话："庭前柏树子。"意思是要参禅者从玄妙的暗示中自行体会。故取名为指柏轩。这里也是贝家亲属们聚会的地方。厅堂上方悬挂了由王同愈所写的"揖峰指柏"匾，"指柏"是指禅宗公案一事，"揖峰"则取宋代米芾见石峰作揖典故。下面是1988年由著名书画家合作的《寿柏图》，张辛稼画红梅、吴牧木写古柏，徐绍青绘湖石，费新我题词。

【湖石假山】

厅堂前假山林立，柏树龙盘虬绕。卧云宝坐落在假山丛中，这座假山峰是目前古典园林中最著名的湖石假山，其中有4条山道，互相缠绕，错综复杂，当年乾隆皇帝在其中转了两个时辰也没转出去。里面还有一个棋盘洞，传说是吕洞宾和铁拐李下棋的地方。假山峰上有含晖、吐月等名石。石缝间长着奇松怪柏，恰似一幅美丽的山水画，传说乾隆皇帝曾在此绘像留影。

【花篮厅】

花篮厅，也称荷花厅。花篮厅因厅内柱端雕有花篮状，饰有花篮图案而得名。1945年在此厅曾举行日本人投降仪式，屏门上刻有巨幅《松寿图》，隶书横匾"水里风来"，点出了在夏天这里是赏荷花的好地方。

【真趣亭】

出花篮厅往西便到了真趣亭。"真趣"二字由乾隆皇帝亲笔御题。其中有这样一个故事。清代乾隆游园，状元黄熙接驾，见乾隆题"真有趣"三个字，觉得其中的"有"字太俗，便请皇上恩赐"有"字，而留下了"真趣"二字。亭上有"秀才帽"的装饰，寓意深远，有道是"秀才本是宰相根苗"，要成为状元首先要从秀才做起。园主意在教育子孙后代发奋学习，期望有朝一日金榜题名，得中功名。

【立雪堂】

立雪堂，有一个典故，说的是北宋时期，杨时和游酢二人冒雪在门外候见堂内的程颐老师，以表明虚心好学，所以又叫程门立雪。这充分体现了园主旨在宣扬尊师重教的思想。庭院中的三块湖石分别像牛、螃蟹和狮子。牛想吃螃蟹，不知从何处下口，螃蟹是张牙舞爪，毫不示弱，而狮子则在边上好奇地静观，这一组湖石十分有趣，名称叫作"狮子静观牛吃蟹"。还有狮子滚绣球、刘海戏金蟾两组湖石。其中狮子的尾巴往上翘，金蟾只有三只脚，这并不是疏漏，而是园主为了暗示一种禅宗教义，为人处世不要太认真，糊涂一点为好，而"牛吃蟹"也是反映了一种马马虎虎的意思。这只金蟾，本来在刘海身边，是乘刘不注意的时候逃出来的，刘海后来知道它躲在了贝家园林的一口井里，便用金钱串成钓竿把它钓了上来。从此,金蟾的真身回到了刘海的身边,而肉身却留在了贝家,贝家以此为荣,认为它象征了荣华富贵,从此三脚金蟾成了贝家的族标。

再过去就是燕誉堂,又回到进园的地方,经右拐可以出园门。

【特色活动】

狮子林每年春秋两季举办花卉展。春季为迎春时令花卉展:主要品种有水仙、梅花、蜡梅、迎春以及松、竹、梅盆景、插花等,这些盆景由资深花卉技师制作,观赏中能充分领略苏式盆景的神韵。秋季为菊展,每年有20多个品种共2000盆菊花参展。分为独本菊、多头菊、艺术菊、案头菊、铺地菊五大系列。深秋时节、秋高气爽,徜徉在绚丽的花丛中,叫人油然而生吃蟹赏菊的雅兴。

八、网师园

世界文化遗产　国家 AAAA 级旅游景区　国家级重点文物保护单位
苏州四大名园之一

【景区概况】

网师园面积虽小,但布局十分精巧,是"精致玲珑、小巧典雅"的最佳代表作。

网师园始建于南宋,原为宋代藏书家、官至侍郎的扬州文人史正志的"万卷堂"故址,花园名为"渔隐"。至乾隆年间,退休的光禄寺少卿宋宗元造园,因面临王四巷(即今阔家头巷),便取谐音而定园名为"网师园"。网师乃渔夫、渔翁之意,又与"渔隐"同意,含有隐居江湖的意思。民国年间,军阀张作霖以此园作为礼物送给他的老师张钧鋆,后来主人居于北方,网师园就租给了书法家叶恭绰和国画大师张大千兄弟俩。

网师园分为宅第和园林两部分,是一座典型的江南住宅园林。又可分为东、中、西三部分。

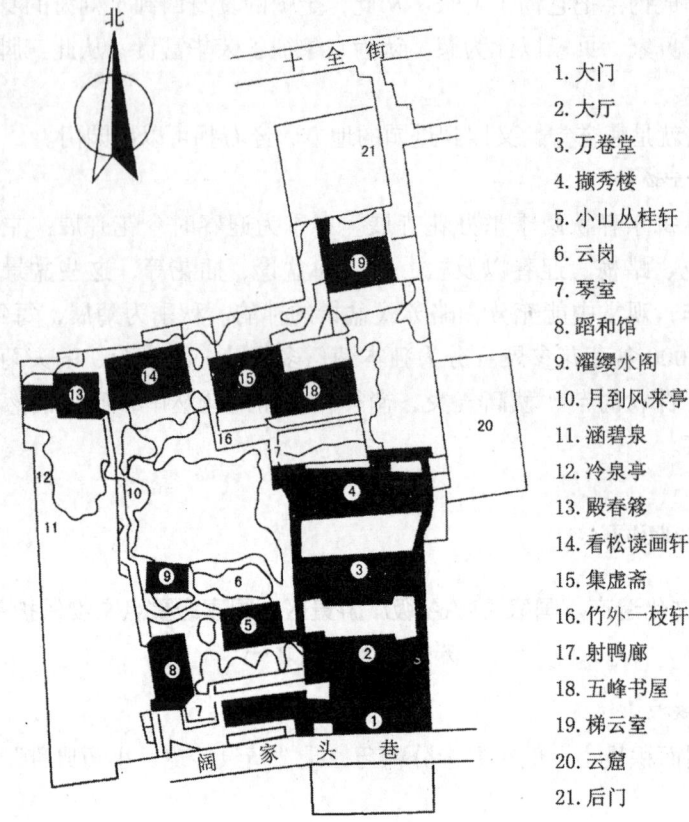

图 5-6　网师园平面示意图

1. 大门
2. 大厅
3. 万卷堂
4. 撷秀楼
5. 小山丛桂轩
6. 云岗
7. 琴室
8. 蹈和馆
9. 濯缨水阁
10. 月到风来亭
11. 涵碧泉
12. 冷泉亭
13. 殿春簃
14. 看松读画轩
15. 集虚斋
16. 竹外一枝轩
17. 射鸭廊
18. 五峰书屋
19. 梯云室
20. 云窟
21. 后门

【东部】

东部为住宅区，前后三进，屋宇高敞，有轿厅、大厅、花厅，内部装饰雅洁，外部砖雕工细，堪称封建社会仕宦宅第的代表作。

【积善堂】

大厅又称积善堂，厅正中高悬明朝四大才子之一文徵明所书"万卷堂"匾额，两旁挂张辛稼的对联"紫苕夜湿千山雨，铁甲春生万壑雪"。大厅面阔五间，这里是园主喜庆宴请和接待宾客的主要场所。大厅东西两壁挂大理石山水挂屏，堂中摆放明式红木家具。在天然几上陈列着园主所珍藏的古瓷、拱石、插屏，以显示主人的文化素养和情趣。梁上雕有花卉装饰图案。前廊为鹅颈长椽，廊下一排18扇落地长窗。厅堂正面设一排18扇白漆门，这白色屏板不仅与墙面色调统一，增加了室内的明度，对大厅陈设的家具和物品也能起到衬托作用，而大厅前面两根立柱的白底隶书联牌更起到了前后呼应的效果。整个大厅平面广阔，立面高大，整体形象雄伟庄严。该大厅的陈设在手法上仍保持了左右完全对称的格局，突出大厅中央正面的天然几、供桌和方桌、太师椅，正面居中的匾额、堂对、楹联也都具有画龙点睛的作用，加上空间悬挂宫灯、壁画，系挂云石镶嵌条屏，形体方正，工艺考究的红木仿明家具，使大厅的氛围更加安详、静穆、庄重。

【撷秀楼】

穿过大厅是面宽五间带厢内厅，俗称女厅。梁架下大匾系绿色底黑色字，名曰"撷秀楼"，是园主起居之所，后通小花园，是一个比较含蓄、舒适、自在的生活环境，这里的陈设富有旧时女眷活动的特色。撷是采撷、撷取的意思，撷秀就是揽取秀色之意。古时，苏州的房屋比较矮，绝大部分房屋仅有一层，因此，当登上撷秀楼时，全园景色会尽收眼底。极目远眺，天平山、灵岩山、上方山塔尖、瑞光塔等隐现窗前。内陈设除椅子茶几之类的家具之外，中央摆着一套精巧别致的红木回台圆凳，使陈设显现出一番新的景象。楼前天井东西对植桂花二株，东为金桂，西为银桂，秋天幽香袭人，有九里香之称。

【梯云室】

此室是二层楼建筑，原是园主子女的内室。轩内南北各设落地花窗六扇，花窗裙板上刻有花卉山水和摆什锦图案，当中有一座落地飞罩，雕刻双面鹊梅图，形象逼真，制作精美。院中植春梅、垂丝海棠、花石榴、蜡梅、翠竹、黑松、紫薇等观赏花木，高低错落，四季悦目。特别是那棵亭亭玉立的鸟不宿，四季常青，小花果鲜艳夺目，耐人寻味。此处铺地尽是荷花和渔网的图案，一是弥补了东部没有水的遗憾，二是点题网师园，这里另有蝙蝠和松鹤的图案，飞翔的蝙蝠与云纹在一起的形式，表达了人们祈求幸福像蝙蝠一样自天而降的美好愿望。古语说千岁鹤，不老松，因此松鹤表示永远年轻长寿。

【中部】

中部为主园，以水池为中心，面积约半亩的水面聚而不分，四周配以花木、山石，并佐以各种建筑物。这里池水清澈，游鱼戏水，花木争妍。环池廊、轩、亭翼然，夹岸有叠石、曲桥，疏密有致，相得益彰。中部花园名曰"网师小筑"，全园以彩霞池为中心，沿池堆叠黄石假山。南侧小山丛桂轩深藏于黄石假山中，濯缨水阁出挑于水上，樵风径随山势忽高忽低，月到风来亭临池而筑，看松读画轩内陈设精雅，陈列着有亿年历史的硅化木。轩前有一棵800多岁的古柏，还有一棵200多年的白皮松。竹外一枝轩后的天井植翠竹，透过洞门空窗可见百竿摇绿，其后面为集虚斋。

【西部】

西部为内园，庭院精巧古雅，盛植芍药。院里轩屋名"殿春簃"，其建筑、家具、宫灯，多具明代特点和风格。殿春簃主体建筑将小院分为南北两个空间，北部为一大一小宾主相从的书房，是实地空间，但实中有虚，藏中有露，屋后另有天井。南部为一个大院落，散布着山石、清泉、半亭。南北两部形成空间大小明暗、开合、虚实的对比，十分精致。本着主园利用水池为中心的原则，在内园余地全部铺砌与周围山石花木色泽和谐一致的花街铺地，平洁的整片花街铺地与中部主园的浩深淼水成水陆对比，一是以水点石，二是以石点水，使网师园处处有水可依，特别是用河卵石组成的渔网图案使人与渔夫联想与该园"渔隐"主题合拍。1979 年，美国纽约大都会博物馆以殿春为原型建造了中国式庭院"明轩"，使中国园林闻名于世。

【特色活动】

古典夜园游特色活动，每年 3 月到 11 月开放，每晚开放时间为 19：30~22：00。上演的节目每个平均 10 分钟。客人随到随演，演员和观众共处一堂，容易近距离观赏，使游人得到美的享受，深受海内外游客的欢迎，并被国家旅游局推荐为特色旅游项目。

六、寒山寺

【景区概况】

寒山寺位于苏州阊门外的枫桥镇，建于梁代天监年间（502—519 年），距今已有 1400 多年的历史。寒山寺最初的名字叫"妙利普明塔院"。后来在唐代贞观年间，这里来了两位天台山的高僧寒山和拾得，才改名为"寒山寺"。

【游览线路】

照壁→山门→前院→大雄宝殿→寒拾殿→藏经阁→妙利普明塔→钟楼→碑廊→枫江楼

【寒拾殿】

寒拾殿内，抬头可见在一座巨大的莲花座盘上，有两个袒胸露乳、蓬头赤足的胖子：两手一上一下、手拿方桂圆口净瓶的叫寒山；左手持腰带、右手持一枝荷花的就是拾得。寒山、拾得确有其人，是唐代诗僧。据说寒山、拾得本是七世冤家，经丰干禅师点化，终于和好，朝夕相处，亲密无间。他们三人经常聚会谈禅，寒山、拾得以友善而齐名。一持荷花，一捧净瓶，一"荷"一"瓶"，其谐音就为"和""平"了。意为和和气气，平平安安，百年好合。清代雍正皇帝曾敕封寒山为"和圣",拾得为"合圣"。所以民间讲的和、合二仙,就是寒山、拾得。

【藏经阁】

寒拾殿的楼上是藏经阁,上面秘藏珍贵佛经、书籍共7300多卷。寒拾殿后墙的背面正中供奉的刻有千手千眼观音、韦驮和关公等人物的巨碑,刀法细腻,形象生动。内墙环壁嵌有的《金刚般若波罗密经》石刻和董其昌的题跋41块。这些都是传世珍品。

【妙利普明塔】

寒山寺始建时,就有"妙利普明塔",后毁于战火,北宋重建宝塔,元代末年又毁,后600多年来寒山寺一直无塔,建塔是寺僧们的心愿。此塔是1995年秋建成,1996年10月30日举行隆重的开光典礼。塔高42.2米,5层,呈正方形,为仿唐木结构楼阁式塔;塔刹为铜铸镀金,高9.6米,重12吨,在阳光的照射下金光闪闪。塔外四周挂有108个风铃,塔内各层都有木梯可供游人登临。登上宝塔,东可望苏州古城,南观苏州新区和大运河,北眺虎丘和西面的狮子山,吴中美景几乎尽收眼底。塔院四周建有回廊,廊间可观赏古代名人书写的《枫桥夜泊》诗碑。

【钟楼】

钟楼上悬挂的铁钟是江苏巡抚陈菱龙重修寒山寺时,为保存古迹,仿旧钟式样铸造的,铁钟高1.2米,直径约1.2米,重约2吨。铸于清光绪三十二年,即1906年。寒山寺的钟声历来被诗人们题咏,那悠扬的钟声已深入人心。每年除夕夜半,寒山寺僧敲钟108响,最后一个钟声正好是新年零点开始。

【碑刻】

寒山寺的碑刻素来闻名,而其中最著名的首推《枫桥夜泊》诗碑。自古至今,寺中《枫桥夜泊》诗碑共有7块。

【特色活动】

每逢元旦、除夕晚,寒山寺举行"迎新年,撞钟声"活动,吸引了无数海内外游客。

九、玄妙观

全国重点文物保护单位

【景区概况】

玄妙观是江南地区历史最悠久、规模最大的道观之一。它始建于西晋,谓真庆道院。在唐代时，改称开元宫。到了宋朝的时候，又改名天庆观，为江南地区最显耀的道教圣地。直到元朝，才取《道德经》的一句话"玄之又玄，众妙之门"，名玄妙观。正山门里有块匾额，上书"圆妙观"三字，是清朝时为避康熙皇帝"玄烨"的讳，将"玄"改为"圆"。民国以后，仍恢复玄妙观这一名称。

今日整修一新的玄妙观，以其宏大的殿宇建筑，丰富的文化内涵，吸引了众多的四海嘉宾。它以优秀道教文化传统的通俗展示为核心，整个景区分为中路、东路、西路三大区域。

【中路：三清殿】

三清殿是玄妙观整体建筑群中的主要殿堂，整座建筑结构完整，庄严雄伟，体现了以其为核心的建筑群体。三清殿坐北朝南，面阔九间43米，进深六间25米，高约27米，面积达1382平方米。殿宇为重檐歇山顶，屋脊正中饰铁铸的"平升三戟"，两端有一对砖刻大龙头，是江南龙吻之最。殿柱作"满堂柱"排列，纵横成行，内外一致，共七列，每列10柱。四周檐柱为八角形石柱，东、南两边多为青石，刻有宋人所书天尊名号及施舍题记；西、北面则大部已经后代重修时更换。殿内诸柱除内中三间四根后金柱为抹角石柱外，均为圆木柱。殿内木柱则于础上加石鼓，柱粗须三人合抱。殿的下檐斗拱为四铺作单昂，昂的下缘向上微微反曲，较为罕见。上檐内槽中央四缝所用六铺作重抄上昂斗拱，系宋代《营造法式》，为国内唯一可珍贵之例。内槽内转角铺作在后金柱上者远离用插拱，即以丁头拱插于柱内，不用栌斗，亦是殿斗拱重要特征，为国内现存最古实例。整座三清殿石柱环列，斗拱雄健，月梁壮硕，合乎宋代营造法式。三清殿巍峨壮丽，是玄妙观的核心，也是中国古建筑的瑰宝。

全国仅存的两块半老子像碑中保存最完好的一块就是三清殿老子像碑，这在玄妙观众多的碑刻之中也最为珍贵。该碑竖于南宋宝庆元年（1225年），出于工刻石高匠张允迪之手。碑上刻有唐代著名画家吴道子所绘的太上老君像，有唐玄宗李隆基题写的赞，还有唐代大书法家颜真卿书写的赞，一块石碑集碑赞、名画和精美书法于一身，世称之为"三绝"。此碑是苏州现存画像碑刻中最早的一块，张氏是当时的勒石高手，曾参加著名的《平江城坊图》的雕刻工作。像碑中的人物形象庞眉披鬓，毛根出玉，力健有余，肤脉连接，极苍古，是谓仙风道骨之体，其画所用焦墨勾线莼菜条的手法，使线条弧弯挺刃，植柱构梁，高侧深斜，卷褶飘带之势，造成条纹磊落逸势，笔迹遒劲，产生强烈的疏体特点和立体感觉，使老子神态超然，富有仙灵之气。该碑系有"画圣"之称的中唐大画家吴道子所绘。老子像碑几经战火、动乱、自然灾害的摧残而保存了下来，至今已有 700 多年的历史。它不仅是道教文化的瑰宝，也是国家的历史、文物与艺术珍品。

【东路：文昌殿】

东路从吉祥门朝北，右侧第一个门洞为玄门书画苑，展示道教书画作品；经过书画苑，是玄妙观著名配殿文昌殿，由头门前殿和主殿两大部分组成。头门殿前殿设有苏州道教文化展示室，这是苏州宗教继苏州佛教博物馆之后的第二座弘扬宗教文化的展室，展出的内容有道教建筑、道教法器、道教音乐、经籍书画、道教服饰等，历史资料翔实，展览内容丰富，通过参观必将使你对苏州道教文化有更进一步的了解。过庭院，"文昌大殿"四字古朴遒劲，高悬门上。大殿为两面三道，层楼高，歇山飞檐气势宏伟，屋脊高书红底金字"文精所聚"，殿内塑有文昌星君神像。穿过文昌殿，一墙之隔是寿星殿，殿内供奉福、禄、寿三星。朝东沿长廊到底，为斗姆阁，供奉众星之母斗姆天尊。

【西路：雷尊殿、财神殿】

西路从如意门朝北，第一见到的是雷尊殿，该殿是玄妙观各配殿中保存完好的一座，现为道教音乐表演场所，每天向中外游客演奏迷人的苏州道教仙乐。出雷尊殿向北，过庭院和回廊，便是财神殿，该殿歇山单檐，殿堂宽阔，正台上供奉着财神赵公明和比干。拜财神是苏州民俗活动的一个重要项目。玄妙观内文化积淀深厚，民间传说动人，现有文物景点 16 处，它们是重修山门碑记、妙一统元、钉钉石栏杆、老子像碑、无字碑、永禁机匠叫歇碑、靠天吃饭图碑、鱼篮观音像碑、六合亭、四海亭、玄帝朝北铜殿、五代古井、运木古井、一步三条桥、五鹤街、神仙印石，这些景物处处蕴藏精华，件件光彩照人。苏州玄妙观不仅是全国一座重点道观，而且是苏州一处环境幽静、建筑典雅的游览胜地。

第三节 热门景区

一、沧浪亭

世界文化遗产 全国重点文物保护单位

沧浪亭位于苏州城南，是苏州历史最悠久的古典园林，同时也是唯一以

"亭"命名的园林。沧浪亭始建于北宋，为文人苏舜钦的私人花园。苏舜钦遭贬后便自号沧浪翁，吟唱着"沧浪之水清兮，可以濯我缨；沧浪之水浊兮，可以濯我足"的沧浪之水歌，在城市中过起了隐逸山水、逍遥自乐的生活。

沧浪亭最初是园主苏舜钦建在水边的，康熙年间，江苏巡抚宋荦仰慕苏舜钦前来寻访苏氏沧浪亭遗迹，但没有找到，于是他怀着景仰先贤之情，在园内土山上重建了沧浪亭。亭石柱上有一副俞樾先生所书的石刻对联："清风明月本无价，近水远山皆有情。"上联写沧浪亭的自然景色，下联赞颂沧浪亭的借景之美，表达作者纵情山水、寄情自然的超然情趣。这里还将自然山、水拟人化，使人与自然山水间产生情感交流，达到物我交融的境界，以表现士大夫文人在官场隐退后寄情自然、投身自然的闲情逸致。

明道堂是沧浪亭园内的主厅，原名寒光堂，是清末同治年间重建后取苏舜钦所写《沧浪亭记》中"形骸既适则神不烦，观听无邪则道以明"之意而改名为"明道堂"的，这句话的意思是说：身体一旦舒适，心神就能安宁；所见所闻不涉邪事，就能悟得真理。明道堂面阔三间，屋宇宏敞，庄严肃穆，明、清两代为文人讲学之处。

五百名贤祠是一面阔五间的建筑，正中三间为堂，东西两边为侧室，整个建筑布置得庄重肃穆。堂内三面墙上嵌有125方碑石，计594幅历史人物线刻头像，为清代石刻家顾湘舟所刻。这594位历史人物均为自春秋至清代约二千五百年间与苏州历史有关的名士贤达。为了敬仰先贤、弘扬先贤之道，这里一直就是苏州地方官吏上任时必须参拜之地。堂内匾额上有当代著名书法家顾廷龙先生所书的"作之师"三字。取自于《尚书》，即指"五百名贤"堪作万民之师的意思。匾额下方石刻上刻着"景行维贤"四个大字，意思是指五百名贤都是行为光明正大、德行高尚、实为后人仰慕的贤德之人。

二、环秀山庄

世界文化遗产　全国重点文物保护单位

环秀山庄，以假山名扬天下。道光二十九年（1847年）成为汪氏宗祠"耕荫山庄"的一部分，更名"环秀山庄"，又称"颐园"，世界文化遗产。

环秀山庄位于苏州景德路，它的特点是以山为主，辅以池水。此山为清乾隆时叠山名家戈裕良所建，能逼真地模拟自然山水，在一亩左右的有限空间，山体仅占半亩，却构出了谷溪、石梁、悬崖、绝壁、洞室、幽径，建有补秋舫、问泉亭等园林建筑。以质朴、自然、幽静的山水，来体现委婉含蓄的诗情,通过合理安排山石、树木、水体,体现深远与层次多变的画意。

全园布局以池东为主山,一山二峰,巍然矗立,其形给人有悬崖峭壁之感。池在园之西、南,盘曲如带,又有水谷二道深入南、北假山中,蜿蜒深邃,益增变化。水上架曲桥飞梁,以为交通。北面之补秋舫,前临山池,后依小院,附近浓荫蔽日,峰石嵯峨,是为园中幽静所在。

环秀山庄凿池引水,富有情趣,使得山有脉,水有源,山分水,又以水分山,水绕山转,山因水活,咫尺园景富有生机。

三、艺圃

世界文化遗产　　全国重点文物保护单位

艺圃,始建于明代,为袁祖庚所筑,初名"醉颖堂"。因园中遍种药草,改名"药圃"。明末清初归姜采所有,改为"敬亭山房",其子姜实节更名"艺圃"。

艺圃,地处金、阊二门间的文衙弄。园景开朗,风格质朴,较多地保存了建园初期的格局,有较高的历史与艺术价值。

全园有地仅为0.3公顷,以约占1/5的池水为中心。水面集中,其东南及西南两角,各有水湾伸出,并于水口之上各架形制不同的石板桥一座,故而水面显得开阔流动,绝无拥塞局促之感。池水之北多建筑,博雅堂为园中主要厅堂,其南端有小院,设湖石花台,院南临池处,建有水榭五间,两侧厢房则与池水东、西两面的厢房相连。池水之南为假山,以土堆成,临处之处,则以湖石叠成绝壁、危径,既多变化又较自然。于池北远望此处,山石嶙峋,树木葱郁,给人以奇秀之美、山林之趣,成为园中的主要对景。

此种以池水、石径、绝壁相结合的手法,为明清苏州一代造园家所常用,取法自然而又力求超越自然。

四、平江历史街区

AAAA级景区　　中国十大历史文化名街之一

平江历史街区位于苏州古城东北隅,东起外城河、西临临顿路,南起干将路、北至白塔东路,面积约116.5公顷。距今已有2500多年的历史,是苏州现存最典型、最完整的古城历史文化保护区,堪称苏州古城的缩影。今天的平江历史街区仍然基本保持着"水陆并行、河街相邻"双棋盘格局以及"小桥流水、粉墙黛瓦"独特风貌，并积淀了极为丰富的历史遗存和人文景观。其中，有世界文化遗产"耦园"1处（亚太世界遗产培训与研究中心）、人类口述和非物质文化遗产代表作昆曲展示区"中国昆曲博物馆"1处、省市级文物古迹100多处，城墙、河道、桥梁、街巷、民居、园林、会馆、寺观、古井、古树、牌坊等100多处古代城市景观风貌基本保持原样。

耦园位于平江历史街区小新桥巷7号，三面临河，一面沿街，宅园总面积8000平方米。耦园东部旧址原为清雍正时保宁知府陆锦所筑"涉园"，光绪初年，湖州沈秉成购得涉园废址，聘名画家顾芸等设计，营筑宅园。因宅之东西各有一园，又寓夫妇偕隐之意，故名"偶园"。被联合国教科文组织列为世界文化遗产。

耦园是布局独特的庭院式园林，住宅居中，园分东、西，园宅之间以重楼联通。东园面积约0.26公顷，以山为主，以池为辅，重点突出，配搭得当。主体建筑坐北朝南，为一组重檐楼厅。这在苏州园林中较为少见。其东南角有小院三处，重楼复道，总称"城曲草堂"。西园面积更小，以书斋及老屋为中心，前有月台，宽敞明亮，后有小院，幽雅清秀，隔山石树木又建书楼一座；其南亦有一院，为不规则形状，西南角设假山，设置花木，间置湖石，显得幽曲有趣。

全园主景黄石假山，筑于城曲草堂楼厅之前，石块大小相间，手法逼真自然。假山东半部较大，自厅前石径可通山上东侧的平台及西侧的石室；平台之东，山势增高，转为绝壁，直削而下，临于水池，绝壁东南设磴道，依势下至池边，此处气势为全山最精彩处，假山西半部较小，自东而西逐级降低，坡度渐缓，止于小厅右壁。东西两半部之间有谷道，两侧削壁如悬崖。而绝壁东临水池，假山体量与池面宽度配合适当，空间相称。山上不建亭阁，而于山顶山后铺土之处，散置十余种花木，随风摇曳，平添了山林趣味。而池水随假山向南伸展，曲桥架于水上，池南端有阁跨水而筑，称"山水阁"，隔山与城曲草堂相对，形成以山为主体的优美景区。

五、北寺塔

全国重点文物保护单位

北寺塔是报恩寺的俗称，位于北塔公园，是中国楼阁式佛塔，号称"吴中第一古刹"，始建于三国，相传是孙权为报母恩所建，因而得名报恩寺塔。

塔的四周尚存部分明清时期重建的报恩寺殿堂建筑。位于塔东的不染尘观音殿,俗呼楠木观音殿,始建于南宋绍兴二十三年(1153年),现存殿宇为明万历时重建,是苏州保存最完整的明代建筑。殿为重檐歇山造,面阔五楹,进深五间,内四架,前置檐廊,檐高7米,四周檐柱为抹角石柱,内柱用楠木。

观音殿南建有一长廊,陈列着目前国内最大的巨型漆雕"盛世滋生图",也称"姑苏繁华图",长32米,高2米。塔后有罕见的元代石雕"张士诚纪功碑"。

塔北有古铜佛殿、藏经阁。古铜佛殿曾供铜铸三世佛,单檐硬山造,观音兜山墙,面阔七间,进深六间,五间为殿,左右尽间为楼,梁架、脊饰具有徽州建筑风格。藏经阁为重檐歇山楼阁式,楼层面阔七间,进深四间,底层面阔九间,进深六间,原额梵香堂。塔东北有园,山石峭拔,水池萦回,亭榭廊桥各得其所,名为梅圃。至于塔南临街的四石柱三间五楼木牌坊,三开间硬山顶门厅及贴砖八字墙,则是马医科申时行祠前之物。

六、盘门景区

全国重点文物保护单位

盘门景区位于古城西南端,北临吴宫喜来登大酒店和新市路,南跨环城河,景区内有著名的盘门三景:水陆城门、瑞光塔和吴门桥。1999年9月23日,新的盘门景区正式对外开放。2001年9月,APEC财长会议在苏州召开,景区内的四瑞堂被选定为会场所在。

盘门是苏州古城的八门之一,始建于公元前514年,因刻有木作蟠龙置于城门之上,以震慑越国,故称"蟠门"。后因水流萦回交错,改称"盘门"。现存城门为元代遗构,城楼为1986年初夏重建。盘门由两道水关、两道陆门和瓮城、城楼和两侧城垣组合而成,是苏州古城唯一保存完好的水陆城门,也是全国仅有的一座水陆并存城门,是江苏省文物保护单位。

陆城门分内外二重,二门之间设有"瓮城",既可藏兵,又可围敌;水城门和陆城门紧相毗连,亦分内外二重,两门之间还有暗道可通城楼。水陆城门均设有巨大的闸门,古代用盘车提升或关闭,可控制往来行人与船只,便于设防守城。

从城垣北侧坡道登上城墙,可以看到整个陆门、水门的布置和结构全貌,城墙上的雉堞、土炮、垛口、射孔、炮洞、闸口、绞关石、天井(防火用的设施)一应俱全。盘门处水面宽阔,水流湍急,是古代舟师出没之所,战略位置重要,故而盘门城楼的题额是:"中吴锁钥,"对联则是:"古吴城阙川原壮,旧

国干戈战伐多。"

吴门桥,紧靠盘门,横跨于古运河之上。该桥始建于宋,后于清代时重建,至今已有130多年历史,是苏州市区现存最高的一座单拱石桥,也是苏州市文物保护单位。桥身全长66.3米,拱券净跨16米,拱高9.85米,形如满月。桥南北坡步阶均以整块条石铺设,两侧置有石雕坐栏。整座桥结构合理,造型轻盈优美,表现了江南水乡古桥的风貌。拾级而上,伫立桥面,但见水道交错,桥梁纵横,舟船往来,城垣绵延,古塔耸峙,远山近水与古城风貌尽收眼底。

瑞光塔为三国孙权赤乌年间,孙权为报答母恩,于普济禅院建造了一座13层的舍利宝塔,又名报恩塔,即苏州历史上最早的佛塔。民间传说此塔会现五色之光。宋代时,曾有高僧圆照开堂讲经,因将玄奥的佛经讲得出神入化,出现了堂上法鼓自鸣、庭下枯竹爆青、池中白龟听禅、塔现五色舍利光之四大祥兆,宋徽宗遂诏赐额"瑞光禅院",报恩塔也随之更名为"瑞光寺塔",俗称"瑞光塔"。现在的瑞光塔始建于北宋初期的景德元年(1004年),通高约53.6米,采用七级八面楼阁式结构,整个塔体由下向上逐层收缩,使轮廓微成曲线,古朴秀隽、清秀柔和,体现了唐宋之际古塔的风格和结构特点。砖砌塔身基本为宋代原构,第三层为全塔的核心部位,1978年发现秘藏"真珠舍利宝幢"等珍贵文物的"天宫"暗窟即在该层塔心内。瑞光塔建造精巧、造型优美、用材讲究、宝藏丰富,具有极高的历史、艺术和科学价值,1988年1月被国务院公布为第三批全国重点文物保护单位。

七、唐寅园

唐寅园(唐伯虎文化园)坐落在苏州古城西南解放西路146号,为江苏省文物保护单位,至今已有四百余年历史。是江南第一才地,很多客人到唐寅园求才、沾才、得才。唐寅园是苏州园林中唯一以展示唐伯虎艺术生平及明四家书画作品为主的,是在苏州了解唐寅文化、吴文化、中国书画文化的必到之处。

唐寅(1470—1523年),字伯虎,又字子畏,别号六如居士,明代著名书画家、文学家。在绘画上,唐寅擅长山水,又工画人物,尤其是仕女,笔法秀润缜密,潇洒飘逸,被称为"唐画",为后人推崇。传世作品有《秋风纨扇图》《一世姻缘图》《簪花仕女图》等。唐伯虎在艺术上才气横溢,他的诗、书、画被称为三绝,同当时的名画家沈周、文徵明、仇英合称"明四家",有《六如居士全集》《唐寅画谱》传世。唐伯虎只活到 54 岁就辞世而去。

唐寅园是个文化园林，它体现的是中国田园文化、江南造园文化和书画文化等高雅文化。在景区我们可以看到当代才子唐伯虎和当代才女秋香的现场诗、书、画表演，还有六如堂、桃花仙馆、名人馆、秋香扇庄、唐伯虎点秋香演出等。苏州建城 2500 余年，号称吴文化中心。它历年被评为国家卫生城市、文明城市、优秀旅游城市等。而唐寅园则是代表苏州文化的窗口。全国很多客人到此游览寻宝。国家部级干部不少于几十位来唐寅园参观并题诗题词。同时也有海内外华侨到此收藏具有增值及观赏价值的当代名人字画。在园内品尝唐府小吃，在一室茶烟袅袅中，重温一室书香，体会吴文化的博大精深。

八、七里山塘

山塘街位于古城苏州的西北部，东连"红尘中一二等富贵风流之地"阊门，西接"吴中第一名胜"虎丘。全长 3600 米。因此，被称作"七里山塘"。

唐宝历二年（825 年），大诗人白居易从杭州调任苏州刺史，为了便利苏州水陆交通，开凿了一条西起虎丘东至阊门的山塘河，山塘河河北修建道路，称为"山塘街"，山塘河和山塘街长约七里，叫"七里山塘"。自古山塘街有"姑苏第一名街"之称。山塘作为沟通苏州城与京杭运河的要道，成为苏州最繁盛的商贸重地，被誉为"神州第一街"。清乾隆帝壬午年（1762 年）游江南，到七里山塘曾御笔书写"山塘寻胜"；如今山塘寻胜御碑亭仍然保存完好。乾隆帝对七里山塘情有独钟，回京后在颐和园后湖仿照七里山塘的模样修建了苏州街。虽然往日的繁华难以复制，但经过政府的努力，总算恢复了一条小河，几座弯月般的石桥，和两岸各一片白墙灰瓦的古宅。

山塘街自建成以来，便以其秀丽的水乡风光成为旅游胜地。整个街道呈河路并行的格局，建筑精致典雅、粉墙黛瓦、体量协调、疏朗有致，是苏州古城风貌精华之所在。山塘街在明清时期就是我国名胜古迹最密集、门类最多的街区。据清代《桐桥倚棹录》记载，道光年间山塘一带的山水古迹达 500 多处。直至今日，山塘街仍是苏州古迹最多的街区。拥有全国重点文物保护单位 1 处，省级文物保护单位 2 处，市级文物保护单位 5 处。

九、苏州博物馆

苏州博物馆是地方历史艺术性博物馆，馆址为太平天国忠王李秀成王府遗址，是国内保存完整的太平天国历史建筑物。2006年10月建成新馆，设计者为著名的建筑大师贝聿铭。新馆分东、西、中3路，中路立体建筑为殿堂形式，梁坊满饰苏式彩绘，入口处侧门，有文徵明手植紫藤，内部东侧有太平天国古典舞台等，是全国重点文物保护单位。博物馆新馆的设计结合了传统的苏州建筑风格，把博物馆置于院落之间，使建筑物与其周围环境相协调。

苏州博物馆馆藏文物4万余件，其中一级文物865件（套），二级文物1188件（套），三级文物32 295件（套），尤以历年考古出土文物、明清书画、工艺品见长。此外，苏州博物馆还收藏有古籍善本725种3128册，普本28 501种91 754册，为全国古籍重点保护单位。

第四节　特色文化

【昆曲】

昆曲是中国传统艺术的集大成，是中国古典审美意趣的综合结晶。300年里，高层文化人把他们全部文化素养和审美品位都投注在昆曲的一招一式、一腔一调之中，使昆曲从文学到音乐、演唱、舞蹈、特技、戏剧理论等方面都获得了令人瞩目的成就。昆曲剧本——明清传奇的创作名家名作层出不穷，达到了中国戏剧文学时代的顶峰，传奇也因此成了明代文学的代表样式。而此后兴起的地方戏主要是对既有故事的加工、改编、移植，少有独立性的创作。进入大学、高中语文课本的古典戏剧剧本除了元杂剧《窦娥冤》《西厢记》（它们在明代以后都成了昆曲剧本）外，只有昆曲的《牡丹亭》《桃花扇》《长生殿》等。

学术界公认，昆曲是中国的百戏之祖。联合国专家们对昆曲艺术的评价是这样的：昆曲是中国戏曲艺术最古老、最重要的形式之一，在中国众多省份流行，对中国其他戏曲形式和文学、音乐的发展都产生过重大影响。

【苏州方言】

苏州话，又称苏州方言，流行于苏州地区。苏州方言属吴语太湖片苏沪嘉小片。苏州方言长期以来一直被看作吴语的代表，也是汉语方言研究中最早被研究的一种方言。苏州话以软糯著称，所谓吴侬软语（侬作人解）就是由此而来。昆曲和评弹都使用苏州话，并流行于整个吴语太湖片。现代苏州话有27个声母，43个韵母，7个声调，这个声韵调系统也是吴语的一般情况。苏州话也是一种文学语言，19世纪兴起的吴语文学如《海上花列传》就是以苏州话写成。

【苏绣】

苏绣是我国著名的手工艺品,素以绣工精细、针法活泼、图案秀丽、色彩雅洁驰名中外,多次被国家领导人作为国家级礼品送给外宾。

双面绣《猫》,是苏绣的代表作品之一。艺人们将一根头发粗细的绣花线分成 1/2、1/4,以至 1/12、1/48 的细线绣,并将千万个线头、线结藏得无影无踪。无论从正面或反面都可以看到小猫调皮活泼的神态。绣猫最难的是一对猫眼睛,艺人们需用 20 多种颜色的丝线才能把猫眼睛绣得炯炯有神,栩栩如生。

【桃花坞木刻年画】

桃花坞木刻年画因集中于桃花坞一带生产而得名,通过版画设计、木版雕刻,并采用一版一色的木版套印方法印刷而成。它起源于明代、盛行于清代雍正、乾隆年间,已有 300 多年历史。桃花坞木刻年画,以门画、中掌、屏条为基本开工,以神像、戏文、民间故事、传统风俗为主要题材,以构图丰满、色彩鲜明、富于装饰性为艺术特色,与天津杨柳青、山东潍坊木刻年画齐名,同称为中国三大木刻年画,历来有"南桃北杨"之称。江南城乡每逢新春佳节,常贴桃花坞木刻年画,以示驱凶避邪、吉祥喜庆。

【宋锦】

宋锦,用彩纬显色的纬锦。相传在宋高宗南渡后,为满足当时宫廷服装和书画装饰的需要而开始生产。在南宋时,已有紫鸾鹊锦、青楼台锦、衲锦、方胜等 40 多种。

宋锦用三枚斜纹组织、两种经纱(面经用本色生丝、底经用有色熟丝)、三种色纬(纹与地兼用的色纬和两种专用的纹纬)织成。其中面经用较细的生蚕丝将显色的纬丝压紧,增加织物牢度。专用纹纬则根据配色横纹的需要,采用分段调换色纬的方法而达到色彩丰富的效果。因此在宋锦上常形成花形相同而逐段不同的花纹色彩。纹样风格秀丽,常在格子藻井等几何纹框架中加入折枝小花,配色典雅和谐。宋锦主要用作书画装帧和官员服装。近代也生产结构简单的盒锦(小锦),是纬二重小提花织锦,多用环形和万字形花纹。

【阳澄湖大闸蟹】

阳澄湖,水草丰茂,水底坚硬,所以,阳澄湖蟹的形态和肉质,在螃蟹家族中与众不同。形态有四大特征:一是青背,蟹壳呈青泥色,平滑而有光泽;二是白肚,贴泥的脐腹甲壳,晶莹洁白,无墨色斑点;三是黄毛,蟹角的毛长而呈黄色,根根挺拔;四是金爪,蟹爪金黄,坚实有力,放在玻璃板上,八足挺立,双螯腾空,脐背隆起,威风凛凛。肉质肥嫩鲜美,食过后再食其他再好的佳肴名菜,都会索然无味。特殊的生存环境养育了大闸蟹肉嫩膏肥,使其成为天下第一蟹。

【苏州糕团】

以米磨粉制作糕团,始于三千多年前,历史悠久。苏州糕团品种多,色泽鲜艳,入口软糯,以香甜细腻著称。著名的桂花糖年糕、五色小园松为江苏省优质名特产品。其他诸如玫瑰猪油大方糕、松子黄千糕、椒盐麻糕、枣松猪油夹糕、五色松糕、马蹄糕、炒肉团、双馅团、青团、虾肉汤团等名目繁多的品种,无不脍炙人口。艺术糕团造型,更是千姿百态,技艺精湛,如用于婚礼寿诞方面有"花好月圆""福禄寿""松鹤同春""麻姑献寿"等;亦有模仿飞禽走兽、花卉虫鸟、园林景色的图案如"虎豹狮象""荷花鸳鸯""虎丘全景""玄妙观三清殿"等。这些品种题材广泛,内容新颖,神态逼真,令人叹为观止,为苏州糕团百花丛中的一枝独秀。

【节令民俗】

苏州节令民俗及其文化内涵特别丰富。一般都会有相关的历史渊源和民间传说,并附有相应的传统节日娱乐活动和节令风味小吃。如,正月十五"闹花灯"二月十二"虎丘花朝"三月"谷雨三朝看牡丹"、上元(清明)"山塘看会"、四月十四"轧神仙"、五月端午"龙舟竞渡"、六月廿四"赏荷观莲"、七月十五"虎丘中元庙会"、八月"山塘灯船""石湖串月""虎丘听歌",九月"阳山观日出",直至十月"看元祀会",等等。苏州人素有种花、爱花的习俗,花神庙仅虎丘一地就有两座。每至二月十二日花神生日这天,苏州人尤其是花农会早早赶到庙里去庆贺,供上三牲干果,焚香扫地。入夜,众人手提花灯,抬了花神,在虎丘、山塘一带游行,往往要"闹"到天亮尽兴而归。

第五节 综合训练

 训练项目一:商定旅游日程

【目的和要求】

(1)学习掌握商定日程的基本原则和方法。

(2)掌握增加自费项目的政策、原则、技巧和方法。

(3)掌握调换景点、宾馆房间、景点顺序和调整用餐的基本原则和方法。

【准备】

（1）分析和列出相关事件关键要素。

（2）准备拟增加景点的材料。

【步骤】

（1）场景模拟，角色扮演。

（2）围绕案例，分组讨论。

（3）案例提供：

① 安徽安庆自备车旅游团抵达苏州。组团社接待计划上有苏州拙政园而地接社计划上没有，调查发现计划单上应为"苏州拙政园（自费）"，组团社因疏忽而漏掉。

② 北京飞机旅游团抵达苏州。组团社接待计划为挂牌三星酒店而地陪导游手上计划为如家快捷酒店（观前街店），地陪导游耐心解释，说服全陪和游客开心顺利地入住酒店。

③ 加拿大老年旅游团（上海进出），乘火车抵达苏州。领队是个中国通，曾多次来华；提出增加枫桥景区的要求。

④ 江西赣州旅游团乘火车抵达苏州火车站。当导游做完苏州概况介绍后游客一致要求增加游览水乡周庄。查阅周庄—苏州之间交通（50千米左右、门票价格、游览时间）等。

【考核】

（1）围绕以上案例的讨论，制订出详细的解决方案。

（2）处理类似问题时，导游员应如何做好服务和解释工作。

（3）整理针对领队提出的"加点"要求的处理原则和方法。

（4）整理针对游客提出的"加点"要求的处理原则和方法。

【延伸与扩展】

思考：如果游客合理地"加点"要求，由于行程、天气、交通堵塞等原因无法成行，导游该如何处理？

训练项目二：园林景观的欣赏

【目的和要求】

（1）了解中国古代园林的发展历史、古典园林的特色。

（2）了解古代园林的主要构景要素、构景手法、欣赏角度等相关知识。

（3）掌握古代园林中意境的表现手法。

【准备】

查阅中国古典园林相关知识。

【步骤】

（1）查阅园林鉴赏相关资料，了解园林的历史变迁等背景知识。

（2）实地考察，从园林的叠山手法、理水原则、植物布景、动物添景、园林建筑的布局、匾额、楹联、刻石的点缀手法等方面进行考察。

（3）思考不同的点缀手法所带来的不同艺术效果。

【考核】

（1）分小组就某一个知识点，进行深入探讨，并撰写实习报告。

（2）以某一著名园林为例，写一篇导游词。

（3）进行社会调查，实地参观华东地区著名园林，结合实景具体分析其所运用的构景手法，体会园主想要表达的意境。

【延伸与扩展】

对比苏州园林与扬州园林，总结江南园林中的苏南园林与苏北园林的异同点。

第六章
无锡市

第一节　无锡概况

【地理位置】

无锡市别名梁溪，简称锡，位于长江三角洲腹地，江苏省东南部。东距上海市128千米，与苏州市接壤；南濒中国第三大淡水湖——太湖，与浙江省相望；西离南京市183千米，与常州市交界；北临长江，与天然良港——张家港为邻。沪宁铁路横亘东西，京杭运河纵贯南北，水陆空交通便捷，是江苏省重要的交通枢纽。

【地形特点】

无锡境内除宜兴南部属丘陵山区外，地势平坦，间有低山矮丘，河流湖泊纵横交织，气候温暖湿润，土地肥沃，物产丰饶，是全国著名的鱼米之乡。无锡四季花果飘香，盛产水蜜桃、柑橘、巨峰葡萄、梨、杨梅等水果。无锡是江苏省重要茶叶产区。无锡太湖水域辽阔，水产资源丰富。湖内"太湖银鱼、太湖白虾、梅齐鱼（凤尾鱼）"为太湖三宝。

【气候特点】

无锡市属北亚热带湿润区，受季风环流影响，形成的气候特点是：四季分明，气候温和，雨水充沛，日照充足，无霜期长。1月平均气温在2.8℃；7月平均气温在28℃。全年无霜期220天左右。无锡市区年平均降水量在1048毫米。雨季较长，主要集中在夏季。全年降水量大于蒸发量，属湿润地区。具有南北农业皆宜的特点，农作物种类繁多。

【面积人口】

截至2020年，无锡总面积为4627.47平方千米，

据《江苏省无锡市第七次全国人口普查公报》，至2020年11月1日零时，无锡市常住人口数为7 462 135人，占全省人口比重为8.81%，在江苏各市人

口排行中，居第五名。与2010年我市第六次全国人口普查的6 374 399人相比，十年共增加1 087 736人，增长17.06%，年平均增长率为1.59%。

无锡全市常住人口中，男性人口为3 848 880人，占51.58%；女性人口为3 613 255人，占48.42%。总人口性别比（以女性为100，男性对女性的比例）由2010年我市第六次全国人口普查的107.76下降为106.52。

无锡全市常住人口中，拥有大学（指大专及以上）文化程度的人口为1 631 740人；拥有高中（含中专）文化程度的人口为1 260 185人；拥有初中文化程度的人口为2 662 453人；拥有小学文化程度的人口为1 395 652人（以上各种受教育程度的人包括各类学校的毕业生、肄业生和在校生）。与2010年我市第六次全国人口普查相比，每10万人中拥有大学文化程度的由12879人增加到21 867人；拥有高中文化程度的由17 808人减少到16 888人；拥有初中文化程度的由41 685人减少到35 680人；拥有小学文化程度的由21 089人减少到18 703人。

【历史变迁】

无锡历史悠久，是一座具有三千多年历史的古城，公元前11世纪末，周太王的长子泰伯从陕西来到江南，定居梅里（现梅村镇），号称勾吴。他带领当地居民兴修水利，农耕蚕桑，促进了中原文化与江南文化的融合，开创了吴文化。公元前202年正式建县，因境内锡山锡、铅源枯竭而取名"无锡"。历史上，由于帝王君侯之变迁，时称无锡县，时称有锡县，自公元497年，无锡县名称沿袭不变。1949年设无锡市。

【行政区划】

无锡市辖梁溪区、锡山区、惠山区、滨湖区、新吴区5个区及江阴、宜兴2个县级市。

【城市发展战略】

城市总规确定了"1+3"的城市目标体系。"1"是指无锡城市发展的愿景定位。围绕无锡在国家和长三角地区所处的地位和作用，结合无锡独特的区位优势、深厚的人文底蕴以及城市能级，提出了"全面展现中国梦的太湖明珠，工商名城"的发展愿景。"3"是指三个分目标，要将无锡建设成为"更具竞争力的实业创新名城、更具吸引力的山水人文名城、更具持续力的生态宜居名城"，实现经济、文化、生态的多维度发展。

【经济发展】

2020年全市实现地区生产总值12 370.48亿元，按可比价格计算比上年增长3.7%。

【市树市花市歌】

1982年无锡市人民政府正式决定无锡市树为香樟，市花为梅花、杜鹃，并确立《太湖美》为市歌。

【知名人物】

无锡历来是名家辈出，人文荟萃的地方。古代十大画家无锡占三位，有东晋大画家顾恺之，元代四大画家之一倪瓒（元镇），明代大画家王仪（孟端）；还有唐代诗人李绅、宋代诗人尤袤、明代地理学家徐霞客、文学家邵宝、社会活动家顾宪成和高樊龙、清代外交学家薛福成。在现代，有著名的经济学家陈翰笙、孙冶方、薛暮桥、钱俊瑞，有著名的科学家徐寿、周培源、钱伟长、钱三强、唐敖庆，有举世闻名的大画家徐悲鸿和著名画家华君武、钱松岩，有音乐家杨荫浏、刘天华及著名民间音乐家华彦钧（阿炳），有扬名海内外的企业家荣宗敬、荣德生、蔡世金、唐翔千等。

（1）荣毅仁，1916年出生于江苏无锡。父亲荣德生在清朝末年已是工商界名人，人称"棉纱大王"，且与兄弟合办面粉厂，是当时中国民族工业的一颗耀眼明珠。

党的十一届三中全会之后，荣毅仁先后担任了全国政协副主席、全国人大常委会副委员长。1979年10月，荣毅仁成立中国国际信托投资公司，担任董事长。1993年在第八届全国人大会议上荣毅仁被选为国家副主席。1998年荣毅仁从国家领导人的岗位上退下来以后，仍然关心着我国的改革开放事业，同时对家乡无锡的发展也十分关心，数次亲临无锡考察指导工作。

（2）徐悲鸿（1895—1953年），宜兴屺亭镇人。是兼采中西艺术之长的现代绘画大师，美术教育家。

徐悲鸿擅长中国画、油画，尤精素描。他的画作满含激情，技巧极高。著名油画有《溪我后》《田横五百士》，国画有《九方皋》《愚公移山》《会师东京》等。最能反映徐悲鸿个性，表达他思想感情的莫过于他写马的画卷。他画的马图笔墨酣畅，奔放处不狂狷，精微处不琐屑，筋强骨壮，气势磅礴，形神俱足。另有一些人物、狮、猫等题材作品，也是质优量大。他的绘画创作坚持"师法造化，寻求真理"的原则。

（3）华彦钧，小名阿炳，生于清光绪十九年（1893年），卒于1950年12月，无锡县东亭小四房人，后双目失明，人称"瞎子阿炳"。

华彦钧的音乐透露出一种来自人民底层的健康而深沉的气息。他共留下《二泉映月》《听松》《寒春风曲》等三首二胡作品和《大浪淘沙》《龙船》《昭君出塞》等三首琵琶作品，其中《二泉映月》获20世纪华人经典音乐作品奖。

华彦钧作为一位中国的民间艺人，在中国民间音乐文化的历史积淀上，以自己度过的沧桑岁月和不平凡的经历凝聚成了逐渐获得世界性声誉的传世之作。他是一位在中国音乐史上罕见的、走向世界的民族、民间音乐家。

（4）刘半农（1891—1934年），名复，原名寿彭。江苏江阴人。历任北京大学教授、北平大学女子文理学院院长等。是我国"五四"新文化运动的先驱之一，著名的文学家、语言学家、教育家。他是白话诗歌的拓荒者，现代民歌研究的带头人，具有开拓精神的杂文家。他是新文学运动初期重要的作家之一，又是我国语言学及摄影理论奠基人，是我国第一个获"康士坦丁语言学专奖"的语言学家。著有《半农杂文》、诗集《扬鞭集》以及《中国文法通论》《四声实验录》等。

刘半农与鲁迅是好友，刘半农去世后，鲁迅写了《忆刘半农君》一文以示悼念。

（5）刘天华，原名寿椿，刘半农二弟，中国现代民族音乐事业的开拓者，作曲家、演奏家、教育家，中国现代民族音乐的一代宗师。他是民族乐器的革新者，第一次将二胡、琵琶的表现力达到前所未有的境地。他在我国音乐史上第一个沿用西方五线谱记录整理民间音乐，不仅创作了《病中吟》《良宵》《空山鸟语》《光明行》等不朽名曲，而且培养了大批二胡、琵琶传人。

（6）钱钟书（1910—1998年），字默存，号槐聚。江苏无锡人。历任清华大学外文系教授、中国科学院文学研究所研究员、哲学社会科学部学部委员、中国社会科学院文学研究所研究员和中国社会科学院副院长、院特邀顾问、第六届全国政协委员、第七及第八届全国政协常务委员。

钱钟书博学多能，兼通数国外语，学贯中西，在文学创作和学术研究两方面均做出了卓越成绩。其中，长篇小说《围城》被译成多国文字在国外出版。《谈艺录》融中西学于一体，见解精辟独到。学术巨著《管锥篇》体大思精，旁征博引，是数十年学术积累的力作，曾获第一届国家图书奖。

【方言俚语】

无锡话，是一种吴语方言，为主流吴语太湖片的一支。无锡位于太湖流域，是吴文化的发源地之一。吴语既是吴文化的重要象征又是吴越人的标志。

第二节　精华景区

一、太湖—鼋头渚景区

国家 AAAAA 级旅游区

【景区概况】

太湖，又名震泽、具区，面积 2040 多平方千米，是我国五大淡水湖之一。鼋头渚为太湖西北岸无锡境内的一个半岛，因有巨石突入湖中，状如浮鼋翘首而得名，是太湖风景名胜区的主景点之一。

萧梁时，此地建有"广福庵"，明初，"太湖春涨"被列为"无锡八景"之一。明末，东林党首领高攀龙常来此踏浪吟哦，留有"鼋头渚边濯足"遗迹。清末无锡知县廖伦在临湖峭壁上题书"包孕吴越"和"横云"两处摩崖石刻，既赞美了太湖的雄伟气势和孕育吴越两地（现为江苏、浙江两省）的宽阔胸怀，也蕴含了对此地风光尽纳吴越山水之美的中肯评价。20 世纪 80 年代后，经统一规划布局，后又不断扩建新景点，使这一太湖风景名胜游览区日趋完美，面积达 300 公顷，成为江南最大的山水园林之一。

鼋头渚独占太湖最美的一角，向南望，太湖有着青岛海滨的气概；向北望太湖又有着杭州西湖的明媚风光。在这一片真山真水的自然景色中辅之以别具匠心的人工点缀，使之成为观赏太湖最为理想的游览胜地。诗人郭沫若畅游太湖之后，作出了"太湖佳绝处，毕竟在鼋头"的评价。鼋头渚以其"山不高而秀雅，水不深而辽阔"的无边风月，以及早中晚、晴阴雨景致各异的神奇变幻和春花、秋月、夏荷、冬雪的四时之景吸引着历代文人墨客和无数中外游人。

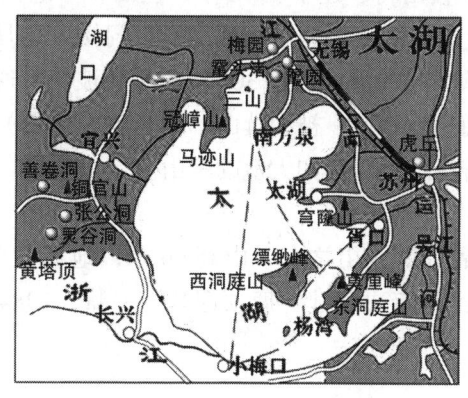

图 6-1　太湖平面示意图

【游览线路】

充山大门→十里芳径→鹿顶山→中日樱花友谊林→江南兰苑→游览中心→太湖仙岛→太湖佳绝处→具区胜境→鼋渚春涛→广福古寺→七十二峰山馆→万浪桥→苍鹰渚→湖山真意→充山大门

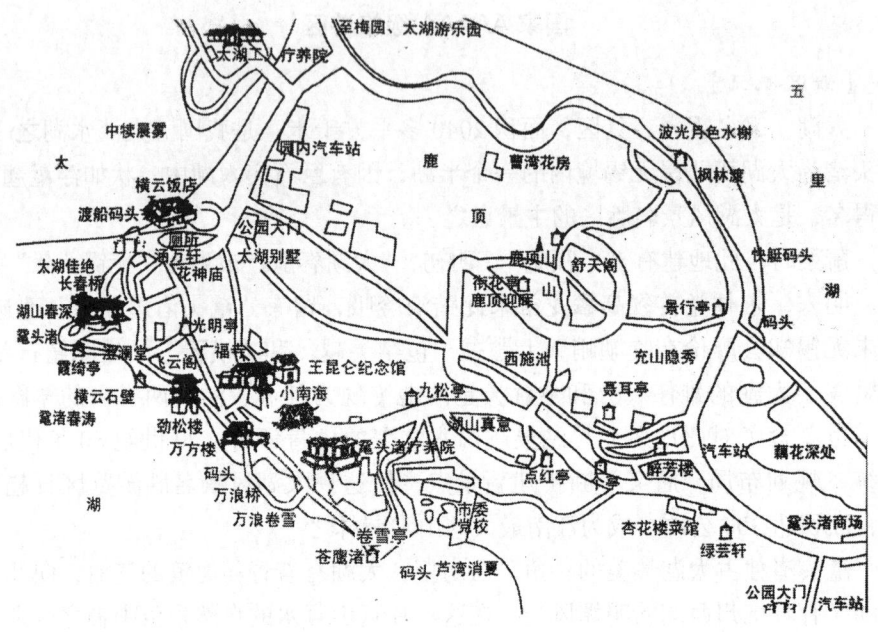

图 6-2 太湖景点示意图

【鼋头渚门楼】

鼋头渚门楼在充山脚下，呈牌楼状，建于 1986 年。由此前行 3.5 千米直通老门楼。老门楼位于犊山村，建于 1972 年，正面有"鼋头渚"三个镏金大字；背面书"山辉川媚"。入门左侧为"太湖别墅"门楼，穿月洞门、循齐眉路可登七十二峰山馆；顺大路向前，走过 300 米的杜鹃坡，有通往太湖仙岛的轮渡码头，此处露出太湖一片水域，被中犊山、小箕山（锦园）、大箕山诸峰环抱。湖水广阔处，可见若沉若浮、形如大龟的三山。

【鹿顶迎晖】

鹿顶山，位于鼋头渚充山之东，山高 96 米，地理位置优越，视野开阔。1983 年，无锡市人民政府决定建"鹿顶迎晖"一景，1984 年动工兴建，1986 年元旦正式开放。

【中日樱花友谊林】

中日樱花友谊林是由日本"中国温灸疗法普及会"会长板本敬四郎和三重县支部部长谷川清倡议，有五万余人为中日樱花林捐资而建。1988年，在鹿顶山下植樱花150余株，建花岗岩友谊亭，并立碑撰文。石亭至太湖别墅处建800米长的樱花道，组成赏樱区。

【江南兰苑】

江南兰苑在广福寺下的齐眉路中，占地2.5公顷。无锡有较长的艺兰历史，清代已兴盛于民间。鼋头渚引种兰花50余属、180种，数千盆之多，并建成一个江南式庭院建筑的兰苑，有国香馆、留香亭、流芳涧、香帘等景点。进苑是倚墙而立的碑廊，壁间嵌王献之、文徵明、郑板桥、吴昌硕等历史名人的兰花画刻。南部山坡地是兰花的栽培区。以兰居为中心的一组厅堂，是品赏兰花的去处，室内圆台、方桌、高脚茶几陈列兰花展品。国香馆面水而建。荫棚区用平台、曲廊，或让兰花自然生长在溪边、石隙，或附生在乔灌木间，形成绝妙的幽境。

【太湖仙岛】

太湖仙岛位于鼋头渚西南2.6千米的湖中"三山"之上，形如神龟，俗称"乌龟山"。岛上建有仙岛牌坊、会仙桥、月老洞、天都仙府、天街、太乙天坛、灵霄宫、大觉湾、仙佛洞等景点，加上灵猴戏耍，是一处融中华传统历史文化于秀美山水的特色景观。

【太湖佳绝处】

"太湖佳绝处"牌坊原为"横云山庄"门楼，始建于1931年，结构古典。1975年根据郭沫若诗句并集其手迹制作。牌坊右侧，有砖砌拱门，正、反面有砖刻"利涉""问津"。1934年前的鼋头渚，都要乘渡船到此，渡船在此停泊，故称"利涉"。渡船将游人送到这里，不知"桃花源"在何处，就得"问津"。进牌坊，立以照壁，饰以凤穿牡丹。壁后临水而筑"涵万轩"水榭，轩内悬挂"湖山鼋画"一额，系乾隆手笔。1934年，园主得之于北京地安门外烟袋斜街，据说还是圆明园中古物。

【"具区胜境"牌坊】

屹立于长春桥畔船坞处，面临太湖，斗拱飞檐，古朴清雅。背额"横云山庄"。具区，是太湖古称；横云山庄则是公园的原名。牌坊前正中，湖石耸立，状如作揖迎客。前行还有王荫之的"到此忘机"石刻，以示游人到此凡念顿消，超然世外。

【鼋头春涛】

鼋头渚是纵观太湖山水组合最佳处。渚头巨石，三面湖水拥抱，显示出一只栩栩如生的神鼋，昂首于碧水之中，雄姿英发。

鼋头渚有一灯塔，临湖危立。鼋头渚刻石，立于灯塔后，高2米有余。正面刻"鼋头渚"三字，为光绪年间无锡举人秦敦世所书。背面题刻"鼋渚春涛"，原为清末状元刘春霖所书，毁于"十年动乱"。后集唐驼为"花神庙"所书联句中的"鼋渚春涛"四字，补刻于石上。鼋头渚上还建有"涵虚亭"，八角形，亭中悬有清末大臣陈夔龙1919年书的匾额。

横云石壁在涵虚亭下的一个天然大水湾里。"横云"和"包孕吴越"摩崖石刻，为晚清无锡县令廖纶所书。山坡上建有"霞绮亭"，方形，有杨寿楣的《霞绮亭记》刻石，林散之书于1990年的亭额。

澄澜堂雄峙于半山腰，建成于1931年，建筑仿宋、明宫殿式，面阔五间，气势宏伟。"澄澜堂"匾额，为清末无锡华世奎所书。堂下，列"震泽神鼋"，青铜铸成，高1.3米、长1.7米、重700千克，龙头鳖身，系上海青铜文化复兴公司献给1985年首届太湖之春艺术节的礼物，雕塑家徐宝庆主持创作，朱复戡篆"震泽神鼋"四字。

飞云阁和戊辰亭从澄澜堂旁，沿山坡拾级而上，有阆风亭、飞云阁、秋叶涧、憩亭、戊辰亭等一组随山起伏的小品建筑，可从各种不同的角度领略太湖风光。

光明亭建于号称"巨鼋之脊"的南犊山顶端。重檐八角，黄顶朱柱，如一金色明珠镶嵌在翠峦深处。

【广福寺】

在戊辰亭上坡，峭壁绝岩间有山路可通。路旁有泉名"一勺"，是以"有源之水聚而为一勺，散而为三万六千顷"而命名。峭壁顶端，就是广福寺。广福寺建成于1925年，寺名含"广土众民同登福地洞天"之意。寺前古朴山门，三拱圈，两旁立钟鼓楼，中有砖刻"广福寺"，尉天池书。头幢天王殿，塑四大金刚、弥勒佛。中间天井，两厢供观音、地藏。大殿塑释迦牟尼、迦叶、阿难，1979年，由惠山泥人研究所重塑，颇具惠山泥人风格。殿上"大圆满觉"匾为赵朴初所书。寺后有蔡缄三的"退庐"和僧房"华严精舍"。已增设"文物陈列室""玉佛殿""三圣阁"。内藏鸵鸟蛋、古画《百鸟图》，以及明末隐士杨紫渊的铁鞭。

小南海，在广福寺左，为普善和尚所募捐。塑有鳌鱼观音和善才、龙女像，供应寺院风味的素面素菜。

【七十二峰山馆】

位于南犊山西南坡，是王心如先生始建于1927年的太湖别墅主体建筑。占地106平方米，为中西合璧式砖木结构的宽敞大厅。王心如先生之子王昆仑（1902—1985年），年轻时曾在此居住并进行革命活动；新中国成立后，历任政务院政务委员、北京市副市长、中国国民党革命委员会主席、全国政协副主席等职，著名红学专家，有《王昆仑文集》等传世。1986年该建筑经全面修缮，辟为王昆仑故居，全国政协原主席邓颖超题额。1986年7月，由无锡市人民政府公布为市级文物保护单位。

【万浪桥和苍鹰渚】

万浪桥，在广福寺东山坡下，每当东南风大作，卷起万千巨浪，涛声如吼，因而得"万浪桥"之名。

苍鹰渚，位于万浪桥南侧，是著名的太湖"湖东十二渚"之一。山渚形如鹰首伸入湖中，两侧群山如鹰展开的双翼。1984年，渚头立巨石，高2.20米，宽1.20米，石上刻周而复所书的"苍鹰渚"三字。

【湖山真意】

在鹿顶山下的挹秀桥南。这里原为1931年无锡民族工商业者郑明山建造的"郑园"，所占山地百亩，内有岩洞、石峰、假山、轩亭、小桥等。1983年改建成"湖山真意"一景。在面对挹秀桥处，有一仿佛古松形成的门楼，摩崖上为姬鹏飞所书"湖山真意"。由此拾级登山，山脊上松柏森列，小亭翼然，题额"点红"。同点红亭相对，紧贴石壁，建成半亭，名"隐胜"。穿亭而入，就是郑园原有的山洞，长达数十米。过此境界豁然开朗。临湖有两层碧琉璃瓦、歇山顶的"天远楼"，轩昂宏丽，飞阁流丹，点缀在太湖美景之中。天远楼，取意于文徵明的"天远洪涛翻日月"诗句，倚栏望，两侧山峦错落，中间湖水溶溶，湖中岛屿纵横，景色变幻无穷。

二、灵山胜境

国家AAAAA级旅游景区　中国最佳佛光普照景区　最美中国·文化魅力旅游目的地景区　20个最受欢迎的长三角世博主题体验之旅示范点
世界佛教论坛永久会址

【景区概况】

灵山大佛坐落于无锡马山秦履峰南侧的小灵山地区，是一座规模宏大、文化精深、意境空灵的佛教主题园区。该处原为唐宋名刹祥符寺之旧址，为保存古迹，弘扬文化，落实宗教政策，由修复祥符禅寺建造大佛立像筹建委筹划，在恢复祥符寺的同时，兴建88米高的露天青铜释迦牟尼佛立像。大佛所在位置系唐玄奘命名的小灵山，故名灵山大佛。

【游览线路】

灵山大照壁→五明桥→胜境门楼→洗心池→佛足坛→五智门→菩提大道→九龙灌浴→降魔浮雕→阿育王柱→天下第一掌→百子戏弥勒→祥符禅寺→灵山大佛（佛教文化博物馆、随喜堂）→五印坛城→曼飞龙塔→灵山梵宫［梵宫圣坛（妙音堂）欣赏《灵山吉祥颂》演出］

【大照壁】

进入胜境文化园区前，首先是被誉为"华夏第一壁"的灵山大照壁，照壁长约40米，最高处达8米。照壁南、北两面烫金大字均为全国政协原副主席、中国佛教协会会长赵朴初居士题写。照壁面向太湖的一面题有"湖光万顷净琉璃"七个大字，反面是"小灵山"一诗。

【五明桥】

照壁对面，柔美的"五明桥"横跨玉带河上，精美的汉白玉桥身凸显典雅、古朴。"五明"是古印度对人类文化的总括以及对人类知识、学问的分类。每座桥分别以"五明"之一命名，桥栏杆则选用北京房山的精品汉白玉。

【"灵山胜境"门楼】

走过五明桥，是"胜境门楼"。正门悬挂"灵山胜境"匾额亦为赵朴初先生题写。门楼反面，另一梵文书写的"灵山胜境"匾额，由研究梵文的泰斗季羡林教授亲笔题写。

【佛足坛】

灵山的第一个景点就是"佛足坛"。这两只长1.2米，宽0.6米的巨大佛足印，是佛祖释迦牟尼留下的足迹。佛足足底平满，五趾齐平，掌底有法轮和万字符。

【五智门】

五智门是目前全国屈指可数的大型手工雕刻石牌坊，全长38.4米，高15.5米，全部采用花岗岩建造而成，共用石料1000余吨。

【菩提大道】

穿过智慧之门，便是"菩提大道"。大道两边种植有百余棵银杏树，菩提大道中央饰有7朵莲花，这取自佛祖出生时"步步生莲"的典故。菩提大道两侧是投资3000多万建设的绿化带，引进了许多珍贵树种如榉树、檫树、罗汉松、白皮松等，这草坪也是引自美国矮生百慕大与燕麦草混播的终年常绿草坪。

【九龙灌浴】

走过菩提大道，便是文化园区主体景观——"九龙灌浴·花开吉祥"，当《佛之诞》音乐奏响，顶端六瓣莲花会缓缓绽开，金身太子佛像从中冉冉升起，顺时针环绕一周，隐喻"花开见佛""佛光普照"。莲花每天定时开启五次（10：00、11：30、14：00、15：15、16：30），开启时，周围蹲踞的九条巨龙将一齐喷出高达30多米的弧形水柱，当这九股水柱直冲天际轰然交汇沐浴佛身时，广场四方鼓乐齐鸣，喷泉水体百媚千姿，这一神奇的动态景观是依据佛经中所记载佛祖出生时的故事建造而成。小太子全身镏金，共使用黄金18千克，重12吨、高7.2米。在"九龙灌浴"喷水即将结束时，四周8组凤凰口中将会喷出72道涓涓细流，在佛教称之为"八功德水"。这水是经过引自德国200多万的净化器完全净化，可以放心饮用。

【转经廊】

转经廊广场四周是安放有108只转经筒的转经廊，供游客一路"转经"。

【降魔铜雕】

在看完佛祖四相成道之一的"出生"以后，是一座长26米，高将近8米的大型铜雕，展现的就是佛祖"降魔成道"的过程。

【阿育王柱】

阿育王柱广场上四根经幢中间高耸的石柱就是"阿育王柱"。这根整料雕刻的阿育王柱，通高16.9米，直径1.8米，重达200吨，是目前大陆上罕见的手工雕刻石柱，堪称"中国第一柱"。最顶端的四只狮子面向东、南、西、北，四个方向，象征着要把佛教弘扬到四面八方。狮子下面刻有法轮和四种动物，分别为狮子、牛、马及大象。狮子代表释迦王族，牛代表忍辱负重，马代表王子逃离皇宫，大象代表大行大力。阿育王柱是古印度佛法所行之处的标志，它体现和见证着佛教文明承前启后的发展历程，也是国泰民安、佛教兴盛的标志。

【天下第一掌】

天下第一掌广场左侧矗立有"天下第一掌"。它高达11.7米，相当于三层楼房的高度，宽5.5米，仅手指直径就达1米，掌心千辐轮直径2米，总重量达13吨。这是按灵山大佛右手以1：1的比例复制而成，佛掌的印相为"施无畏印"，寓意驱除众生痛苦，抚慰众生心灵，令众生无畏无惧。

【百子戏弥勒】

天下第一掌广场右侧的大型青铜艺术珍品名为"百子戏弥勒"，它高3米、宽7.8米、重9吨。斜倚而卧的弥勒神情和蔼，笑容可掬。在弥勒硕大的身体上，塑有整整 100 个正在嬉戏耍闹的小顽童，个个形神各异，栩栩如生。

【祥符禅寺】

祥符禅寺是一座始建于唐代，且几度兴废的千年古刹。走过普渡桥、大觉桥和慈恩桥即可进入千年古刹"祥符禅寺"。正对的天王殿，便是祥符寺山门。走出天王殿，可以看到钟楼、鼓楼。钟楼里设置有"江南第一钟"。重 12.8 吨，高 3.5 米，下口直径 2.5 米，由安徽芜湖造船厂铸造。每年的元旦和除夕都会举行隆重的撞钟仪式，站在这里可以看到一尊佛，这尊佛高 8 米，是江苏著名的雕塑家吴显林设计的，他一共设计三尊小佛，一尊是 1 米，一尊是 2.5 米，还有一尊是 8 米高的小佛，88 米高的大佛就是根据这尊 8 米高小佛通过计算机放大 11 倍建造的。接下来就是寺庙正殿大雄宝殿。"大雄宝殿"一匾为赵朴初先生题写。殿内中间供奉的是佛祖释迦牟尼和阿难、迦叶，两旁边的抱联是由中国佛教协会副会长、江苏省佛教协会会长、原方丈茗山所题写的。两侧是十六罗汉。后面则是由整块汉白玉雕成的净瓶观音像。

【杏坛广场】

杏坛广场上有一棵古银杏，是祥符寺悠久历史的见证，植于唐贞观年间，已有近 1400 年的历史。

【登云道】

要参与"平安抱佛脚"，需要登上长长的阶梯，称之为"登云道"。登云大道一共 218 级，共分七个平台，中间设有七幅巨型石刻，组成了一幅灵山史卷。登云道上的一口古井，称为"六角井"，据说茶圣陆羽曾品过井中的泉水，认为甘洌清甜，非常推崇被誉为江南十大名泉之一。

【灵山大佛】

灵山大佛高 88 米，连同三层石头基座在内通高 101.5 米。比四川乐山大佛还高出 17 米，是目前世界上最高的青铜佛像。这一神州大佛坐落于太湖之滨，左挽青龙（山），右牵白虎（山），背靠小灵山，北踏青峰，南面太湖，地理环境十分优越。灵山大佛佛体由 1560 块铸造铜壁板拼装焊接而成的。加上莲花座的 440 块，刚好 2000 块。其中最大的有 20 多平方米，其他每块铜壁板的展开面积平均 4~6 平方米，全部铜板展开面积可达到 9000 多平方米，约有一个半足球场大小。总共耗用铜 725 吨，焊缝总长度达 35 千米，壁厚为 6~8 毫米。大佛的莲花座共由四层莲花瓣组成，每层 22 瓣，共 88 瓣。整个大佛建造运用高科技拼装焊接而成，并且采用了完整的抗风、防震、耐腐蚀、避雷等措施。灵山大佛是分块铸造，然后再在现场将它们一块块地拼装、焊接在一起，使它达到"天衣无缝"的程度。

【佛教文化博物馆】

佛教文化博物馆、随喜堂、万佛殿在灵山大佛基座上、下三层，集聚着佛教文化的所有精髓。走进底层基座的佛教文化博物馆可看到佛博馆"镇馆之宝"——汉代金丝楠木雕刻的北京万寿山五百罗汉堂。另有展示佛教文化、佛教艺术的佛教三大教派、三大石窟、四大名山、五方五佛，接着可乘电梯上莲花宝座，参与"平安抱佛脚"活动。从楼梯下到中层随喜堂，堂内可博览佛教法器，欣赏佛教诗画，聆听佛教经典，还可参加祈愿贴金、佛光普照等特色佛教文化活动。上层万佛殿内，供奉有近万尊灵山大佛的真身小佛像，万佛朝宗，气势恢宏。

【五印坛城】

五印坛城矗立于碧波荡漾的香水海之中，与灵山梵宫、曼飞龙塔交相辉映，是一座风格独特，原汁原味的藏式文化景观。五印坛城占地面积8000平方米，高31.55米，共计6层。坛城内供奉五方五佛，即南方宝生佛、西方阿弥陀佛、北方不空成就佛、东方阿閦佛、中央的毗卢遮那佛。

五印坛城外观庄严而辉煌，耀目的金顶、巨大的镏金宝瓶、醒目的经幢和经幡交相辉映，凸显出藏族古建筑的迷人风采。五印坛城内饰圣洁而绚丽，完美融合了彩绘、壁画、木雕、唐卡、壁饰、镀金等藏族装饰技艺，美轮美奂地展示了独特的坛城艺术。

为了让游客感受藏族民俗和文化艺术，走进坛城，游客既能鉴赏源自藏域各地的各类佛教文化艺术珍品，还能参与点燃酥油灯、推转玛尼经筒等互动民俗活动。

【曼飞龙塔】

曼飞龙塔位于灵山梵宫的东南面，是南传佛教中的代表建筑。塔身以白色为基色，显示出多层立体感，造型美观，玲珑精致。

曼飞龙群塔属砖石结构，塔基为一圆形须弥座，由主塔和八座小塔组合而成，是一座金刚宝座式的群塔。塔身上有各种浮雕、陶塑、佛龛、佛像和其他各种纹饰。整座塔显得庄严肃穆、富丽堂皇。刹杆上装置着上下串连的华盖和风铃，微风拂来，叮当作响，悠远肃穆。

【灵山梵宫】

灵山梵宫坐落于烟波浩渺的太湖之滨，钟灵毓秀的灵山脚下，气势恢宏的建筑与宝相庄严的灵山大佛比邻而立，瑰丽璀璨的艺术和独特深厚的佛教文化交相辉映。灵山梵宫建筑气势磅礴，布局庄严和谐，总建筑面积达7万余平方米。灵山梵宫的建筑形式突破传统，以石材等坚固耐久材料为主，大量运用高大的廊柱、大跨度的梁柱、高耸的穹顶、超大面积的厅堂等,既体现佛教的博大精深与崇高,又将传统文化元素与鲜明时代特征相融合。

梵宫内部各建筑空间独立且互相贯通,由门厅、廊厅、塔厅、圣坛、三传会议厅、千人宴会厅等组成。精雕细琢的东阳木雕、敦煌技师的手工壁画、光灿夺目的琉璃巨制、精致典雅的瓯塑浮雕壁画、技艺精湛的扬州漆器、恢宏大气的油画组图、古雅精丽的景泰蓝须弥灯、精美的景德镇青花斗彩缸……这些汇集众多文化遗产、众多艺术瑰宝的艺术珍品遍布灵山梵宫的各个区域,将优秀的传统文化演绎得淋漓尽致,令人目不暇接、回味无穷。

具有会议和演出多功能的梵宫圣坛,可以举行2000人的大型国际会议。休会期间,由林兆华、何训田等组成的国内顶尖团队导演排练的,以弘扬传统文化、启迪心灵智慧为主旨的大型情景演出《吉祥颂》将每日举行。一组组如梦如幻的美妙景象将再现奥运开闭幕式般神奇壮观的场景,带给观者前所未有的崭新体验和难以忘怀的文化体验。

三、无锡中视影视基地(三国城、水浒城、唐城)

国家AAAAA级旅游景区

【景区概况】

中央电视台无锡影视基地坐落于江苏省无锡市美丽的太湖之滨,是我国首创的、大型影视拍摄基地和文化旅游胜地,是影视文化与旅游文化完美结合的主题景区。无锡影视基地始建于1987年,占地面积近100公顷,可使用太湖水面200公顷。

无锡影视基地拥有大规模的古典建筑群体,三国城内的建筑雄浑刚劲,水浒城内的建筑工巧华丽,唐城内的建筑金碧辉煌。另外还有"老北京四合院""老上海一条街"等怀旧风格的建筑景观。丰富多彩的演出节目是无锡影视基地的旅游亮点,这里每天有20多场马战、歌舞、影视特技类的节目连续上演。

(一)三国城

【游览线路】

城门广场、城门楼→三国人物雕塑群→汉鼎→跑马场→桃园→曹营水旱寨→竞技场→长坂坡→周瑜点将台、七星坛→吴王宫主殿→聚贤堂→后宫→甘露寺→火烧赤壁特技场

【城门广场、城门楼】

广场上的两尊石雕，称为天禄和辟邪。入三国城后，首先看到的是城门楼，这里是当年剧中诸葛亮智设空城计的拍摄场景。

【三国人物雕塑群】

进入门楼，右边的山坡上有一组三国人物群雕，这组雕塑在拍完《三国演义》之后建成，正中是蜀国的人物，有刘备、关羽、张飞、诸葛亮、赵云等，右侧是吴国孙权的军队，左侧是魏国的军队。

【汉鼎】

门楼后广场中间矗立着一尊大鼎，它不仅是三国城的标志，同时又寓意魏、蜀、吴三国鼎立的意思，这尊大鼎全部由生铁铸成，重达15.8吨，高度有5.17米，其重量和高度均为世界之最。1997年4月19日，该鼎在三国城内通过世界吉尼斯评审委员会认定，载入吉尼斯世界纪录。

【跑马场】

在汉鼎左侧，是一片周长400米的跑马场，每天上午10:00推出大型古战争演示"三英战吕布"，参加演出的主要演员和40多匹骏马，都曾参加过电视剧《三国演义》的拍摄。

【桃园】

桃园是展示三国城建筑和风貌不可缺少的一部分。今天的桃园中，石径曲折，香案上青烟缭绕，园内桃花盛开，耳边不断有悲壮雄浑的《结义曲》，仿佛置身于其中。

【曹营水旱寨】

曹营水旱寨是《三国演义》中火烧赤壁的重要拍摄场景。整个曹营东西长300米，南北宽100米，采用木结构和水泥仿木结构建造，进入寨门后，登上三层高的曹操点将台，点将台两侧战鼓矗立，旌旗飞扬。整个水寨建在太湖边上，当时"火烧赤壁"这场戏，就在此拍摄。进入水寨后，伸入湖中的一艘大船就是曹操的指挥船，底层是曹操议事厅，是曹操议事、宴请宾客的地方。走出议事厅来到船头，《三国演义》中曹操"横槊赋诗"这场戏便是在此拍摄，二楼为曹操的书房，正中一个篆体的"曹"字，桌上放的是曹操发号施令用的令牌，两边墙上的剧照就是电视导剧中"火烧赤壁"的场景。

【竞技场】

这是一座具有汉代特色的综合表演场馆，整个建筑结合了古代戏台的形式建筑。在这里每天有《武功集锦》的演出。

【长坂坡】

右边围起来的大片场地是一个古战场,是拍摄长坂坡这场戏的地方。

【周瑜点将台、七星坛】

坐落于8.5米高的山坡上的是周瑜点将台,整个造型为军帐形,在电视剧中"周瑜点将"这场戏便是在此拍摄的。

走过周瑜点将台,便看到了金字塔形的七星坛,七星坛当中所绘制的是阴阳鱼形,坛四周是绘制的八卦图象,《三国演义》中诸葛亮借东风便在此拍摄。

"九宫八卦阵",也是由孔明所设的"八阵图"演变而来的,九宫八卦阵是由13 000根直径为5厘米的木桩搭建而成,景象随角度变化,内外门户,成阵成行,暗合八卦。

【吴王宫主殿】

宫门前两座阙楼,高达21米,是三国城里最高的建筑物,走进宫门,吴王宫主殿,重檐庑殿顶,是《三国演义》中"刘备招亲"的拍摄场景,厅内供桌上放着"天地、高祖"的牌位,下面一张几案上放的是媒人送的礼物,一只大雁和一对如意。

【聚贤堂】

走出大殿,便来到聚贤堂,在这里拍摄了"诸葛亮舌战群儒"片段。现在这里有表演《华夏古韵》《连环计》等表演节目。

【后宫】

走出聚贤堂,两层楼的建筑是吴王宫的后宫,一楼是孙权的议事厅,在电视剧中孙尚香就是在这里迎接刘备的,左侧是孙权的用膳房,右侧是孙权的书房,里面的道具都是当时拍摄电视剧时留下的。走上二楼是刘备的洞房,中间陈列着有象征长命百岁的大金龟,象征吉祥如意的金凤凰。

【甘露寺】

走出后宫,向右拾级而上就是甘露寺,是为了拍摄"吴国太相女婿"而建的,整个建筑依山而建,面向太湖。甘露寺由山门、偏殿、偏佛殿、鼓亭及砖塔等景点组成,寺门前的一块试剑石是在电视剧中孙权与刘备"劈石许愿"的地方。正佛殿中间供奉的是现在佛释迦牟尼,右边是吴国太的念经房,左边是吴国太的会客厅。

【火烧赤壁特技场】

通过遥控、电控、气控的手段操作,让游客能够形象、生动地欣赏到电视屏幕上"火烧赤壁"烈焰翻腾、火逐风飞的壮观场景,特技场内以微缩的曹营水寨、旱寨、小战船、军帐、江河、点将台、辕门、兵将和周围环境布置,

200余条船中有65条用钢板制成，涂以耐高温油漆可以反复燃烧，七八条用铁索连环，6条遥控船在水域中来回游弋，表演时配有音乐和战场喊杀声，火烧、刮风、烟雾集中控制，整体效果以假乱真、惟妙惟肖，让游客了解影视技术的奥秘，真正参与到影视创作中来。

三国城演出时间

演出时间	节目名称	演出地点
09：30/15：45	不倒翁表演	香宁宫广场
09：50/11：00	出师表（需预约）	聚贤堂
10：30/16：00	三英战吕布	表演场
11：30/13：30	影视魔法	特技场
14：00	三国经典诵（需预约）	聚贤堂
15：00	洛神赋（需预约）	聚贤堂

（二）水浒城

【游览线路】

翠仙楼→中央电视台纪念品专卖店→阳谷县衙→西门庆药铺→紫石街→武大郎家→王婆茶馆→郑屠肉铺→梁山区→快活林→石碣村→演义广场→浔阳楼→大相国寺→樊楼→皇宫→清明上河街→高俅府

【翠仙楼】

走进城门后下台阶，进入内门，左边有一处宅第，这里就是当初剧组拍摄施恩家外院的地方。右前方这一楼阁便是翠云楼，这翠云楼其实是座酒楼，在当时是河北第一大酒楼，全楼三檐滴水，有上百个阁子，规模宏大，是大名府的标志性建筑。

【中央电视台纪念品专卖店】

中央电视台纪念品专卖店是景区的特色旅游产品，所有的商品都有中央电视台的标记。

【阳谷县衙】

电视剧中几乎所有涉及"衙门"的情节全是在这儿拍的。如及时雨宋江当押司的郓城县衙、武松武都头在衙门当差等。

【西门庆药铺】

在县衙左边是西门庆药店。

【紫石街】

这里有吉祥赌坊、朱继酒店、武大郎炊饼店、王婆茶馆、郑屠肉铺。吉祥赌坊门里出售的是各种赌具，内部也可供游客休息。

【武大郎家】

在酒坊隔壁是武大郎和潘金莲家，进门便看到一副担子，这就是每天早上武大郎卖炊饼的担子，左边便是武松的卧房，还有厨房，内有灶台，案板上有一根擀面杖，灶台上还有蒸笼。

【王婆茶馆】

在武大郎家斜对面便是王婆茶馆，"西门庆和潘金莲偷情"的戏就在这拍摄的。

【郑屠肉铺】

鲁提辖拳打镇关西就是在这儿拍摄的。

【梁山区】

梁山有"三关雄壮"之称，第一关就是山寨门，这是出入梁山的必经之道，中间有一块沙地是梁山好汉操练的地方，是比武教场，《水浒传》中"大破连环马""杨志、索超比武"就是在这儿拍的；第二关扭头门，是梁山弟兄驻扎守兵的地方，边上有望哨岗，途经断金亭，拍摄过"林冲火拼王伦"一场戏；第三关是忠义堂，当中这三把交椅分别为：智多星吴用、呼保义宋江、玉麒麟卢俊义，整体的设计是根据他们的性格以及当时的建筑特色，参照有关书籍资料而建成。这里是景区里的最高点，可以看到三国水浒景区的全景。后面有两个绿色的建筑物是水浒城中两个摄影大棚，每一个大棚的面积有1200平方米，很多剧组在里面搭景拍摄。在大棚旁边是"大宅门"拍摄景区。

【快活林】

这里每天11：00和15：30有水浒城艺术团表演《武松醉打蒋门神》节目。

【石碣村】

这里是阮氏三兄弟的住处。剧中在这茅草屋中拍摄了"智取生辰纲""李逵接母"这两场戏。

【演义广场】

演义广场，是华东地区最大的表演场地，有大型表演《义取高唐州》。

【浔阳楼】

浔阳楼是北宋江州府浔阳江畔的一座著名酒楼，剧中拍摄宋江被发配江州，在此喝酒。

【大相国寺】

大相国寺由山门、大雄宝殿、六角观音阁、钟楼和鼓楼组成。

【樊楼】

又名白樊楼,北宋晚年改称丰乐楼,是北宋东京城最大的酒楼,这座楼三层相高,五楼相向。

【皇宫】

皇宫是京城区的主体建筑,由宣德门、文德殿、睿思殿、御花园等建筑组成,体现了典型的宋代建筑风格。在皇宫门前有一条街称为御街,是皇帝专用的街道。在剧中"元宵夜闹东京""宋江受招安"等戏都在此拍摄。文德殿是宋徽宗每天处理朝政的地方,这里的场景和道具都是剧组为拍摄需要精心制作的,后宫睿思殿是宋徽宗生活起居的场所。御花园的建筑风格具有江南特色,这里的假山都是用太湖石垒砌的。

【清明上河街】

清明上河街是根据宋代画家张择端《清明上河图》所作,真实地描绘了北宋都城汴梁和汴河两岸清明时节世俗风情,现在所见到的这条街市是按《清明上河图》的基本布局设计,把《清明上河图》中最具特色的建筑和场景重新组合,这条街上现在有伞铺、《清明上河图》专卖店、算命铺、无锡特产泥人坊等。

【高俅府】

高俅府里的白虎节堂也是军机重地国防部,当时"林冲带刀私闯白虎堂"的一场戏就是在这里拍摄的。现在看到的就是他的府院,是一个工字形的双进工庭院,这也是宋代建筑中比较典型的高等府第,分为前院和后院两个部分,后院就是白虎节堂。

水浒城演出时间

演出时间	节目名称	演出地点
09:15/15:00	燕青打擂	擂台
09:30/10:30 13:30/16:00	金家杂耍	紫石街
10:00/11:00 14:30/15:30	不倒翁表演	快活林
11:30/14:00	斗杀西门庆	翠仙楼表演场

（三）唐城

唐城在无锡市西南郊大浮山麓，是中央电视台无锡外景基地，原是专为电视剧《唐明皇》、电影《杨贵妃》摄制而建的大型仿唐皇家园林景区，后又于扩建，作为一个影视文化旅游景点向社会开放。

进入唐城，迎面为高十几米的"仙人承露"雕像，再现盛唐时期国泰民安。繁荣发达景象的"唐街"，两旁有"留连回香楼""自在逍遥阁""太白酒楼"等建筑，其间茶馆、酒肆、钱庄、布号、道观等一应俱全。

穿过后街，为掩映于青山翠竹之间的一组大型皇家建筑群，由"沉香亭""演乐台""俪山画阁"等组成。沉香亭左边，有一巨型水库，里面安装着举世无双的搅车水轮，它直径十八米，重十吨，四周是二十四只龙头水斗，是专供皇宫降温的设施。在这组建筑的左侧是另一组独特的建筑群"唐宫"，正面是一座高大的仿唐宫殿，周围有古城墙和城楼。宫殿内部包容有三个演播厅，城楼本身也由二个小演播厅组成，城墙内则是大大小小的道具库、服装间等。芙蓉苑是一组园林景区，苑内假山叠石、花团锦簇，亭台楼榭掩映其间，游客能领略当年长安城中号称"都中第一胜景"的优美景色。

唐城不仅重现了盛唐长安风光，城内礼仪和服务小姐皆身穿唐服，并有唐代婀娜多姿的歌舞表演，使人们恍若回到了一千多年前的唐代。到此既可领略盛唐风貌，又可了解影视技艺。

四、惠山古镇

国家 AAAAA 级旅游景区

【景区概况】

惠山古镇地处无锡市西、锡山与惠山的东北坡麓，距市中心仅 2.5 千米，京杭大运河紧靠其北流经。它以地理位置独特、自然环境优美、古祠堂群密集分布为特色，是无锡老街坊风貌保存完好的唯一街区。2006 年 6 月，经国务院批准，公布惠山古镇祠堂群为全国重点文物保护单位。惠山古镇已被纳入世界文化遗产预备录名单。古镇的文化底蕴丰厚，大运河支流惠山浜直达古镇腹地。两岸历史文物林立，人文荟萃，又是无锡地名的发源地"无锡锡山山无锡"。

2019 年 12 月 31 日，文化和旅游部确定惠山古镇为国家 5A 级旅游景区。

【游览线路】

惠山古镇由秦园街、绣嶂街和上、下河塘等老街围合而成。这里自古就是风景佳绝、钟灵毓秀之地,达官显贵、帝王将相抵锡必游之处,乾隆帝曾亲笔题字"惟惠山幽雅闲静"。这里历史古迹众多,被誉为集中展示江南吴地文化的"露天历史博物馆"。现仍保存着较为完整的古代祠堂及遗址共100余处,时间跨度自唐代(公元8世纪)—民国(1949年)约1200余年,涵盖着十大类共22种祠堂类型的完整系列,包括七十个不同姓氏的祭祀人物,形成了沿河、临街、近泉、靠山密集的祠堂分布群落。在这些祠堂中,保存较为完好的主要祠堂约50余座。祠堂建筑的形制,多数以江南民居建筑的硬山式为主,粉墙黛瓦、不重雕镂、质朴无华,也有一些形制较高的歇山式厅堂,砖木结构。祠堂建筑的年代以明、清及民国各时期为主体。

著名的景点有良渚锡山先民遗址、战国时春申君饮马处、南北朝时期惠山寺庙园林、唐代天下第二泉、宋代金莲桥、明代古园寄畅园、愚公谷,明代二泉书院和碧山吟社,还有自唐以来至民国的118个祠堂及园林,二泉映月与阿炳墓园。有最佳植物专类园——中国杜鹃园。春有杜鹃秋有菊,四季花开芬芳。惠山老街彰显江南山麓水乡古镇韵味,人杰地灵,人们在此寻根祭祖,慎终追远。惠山泥人,惠山庙会,体现无锡乡风民俗。

惠山古镇景区自古以江南第一山,锡山晴云、胜地名泉而闻名于世,风景资源独特灿烂。历代文人雅士来惠山品泉凭吊,寻古探幽;清代康熙、乾隆皇帝六下江南,七巡惠山,留下了无数瑰丽诗篇和轶事佳话。苏轼"独携天上小团月,来试人间第二泉",乾隆"惟惠山幽雅闲静"是这个景区最精彩的推介词和文化名片。

【历史文化街区】

历史文化街区位于无锡城西惠山古镇景区,地处锡惠山麓,江南运河之畔,由绣嶂街、秦园街和寺塘泾河两侧的上、下河塘围合而成,旁及听松坊街区,面积0.3平方千米,为首批江苏省省级历史文化街区,其中"惠山老街"是"中国历史文化名街"。

明代歌谣云:"惠山街,五里长;踏花归,满鞋香。"惠山自古都是著名的游赏之地,具有山麓水乡古镇淳朴风貌,悠久历史可上溯到南北朝时期,以比邻而筑、数量百余、明清以来的祠堂建筑群和花园而著称,彰显礼义廉耻、贤良忠节的祠堂人物,发源于此的国家级非遗惠山泥人,省级非遗惠山庙会、惠山油酥等文化名片,任您穿越历史烟尘,流连寻常巷陌;感受乡风民俗,品读无锡故事。

【文物古迹区】

紧邻历史文化街区，游览面积约0.05平方千米，包括惠山寺庙园林、天下第二泉及庭院、寄畅园、二泉书院、碧山吟社、华孝子祠、愚公谷等景点群，荟萃唐宋元明清至今的名胜古迹和文化遗产，展示寺庙文化、茶泉文化、古典园林、书院文化、祠堂文化等多种文化形态，是文人雅士、帝王将相流连忘返的胜地，也是惠山古镇景区的核心和精华。

【锡惠名胜区】

与文物古迹区和历史文化街区相邻，游览面积0.15平方千米。包括锡山、映山湖、中国杜鹃园、阿炳墓园、吴文化福寿天地、九龙壁、锡山先民遗址、龙光寺、龙光塔、游乐园、索道、划船、茶室等景点和游乐休闲设施，大片的疏林草坪，点缀于山林间的名胜让你在休闲中放松心情，领略园林之美。

五、无锡太湖旅游度假区

国家级旅游度假区

【景区概况】

无锡太湖旅游度假区是1992年10月国务院批准成立的旅游度假区，地处无锡西南美丽的马山半岛，总规划面积65平方千米，地域分布在太湖十八湾（12平方千米）、马圩圩区（20平方千米）、马迹山岛（33平方千米），下辖灵山景区管理处、生命科学园区管理处、吴都阖闾城管理处三个管理处和古竹、群丰、嶂青、西村、和平、万丰、栖云、耿湾、阖闾、湖山、峰影、乐山、迎晖13个社区，常住人口4.3万。

【游览线路】

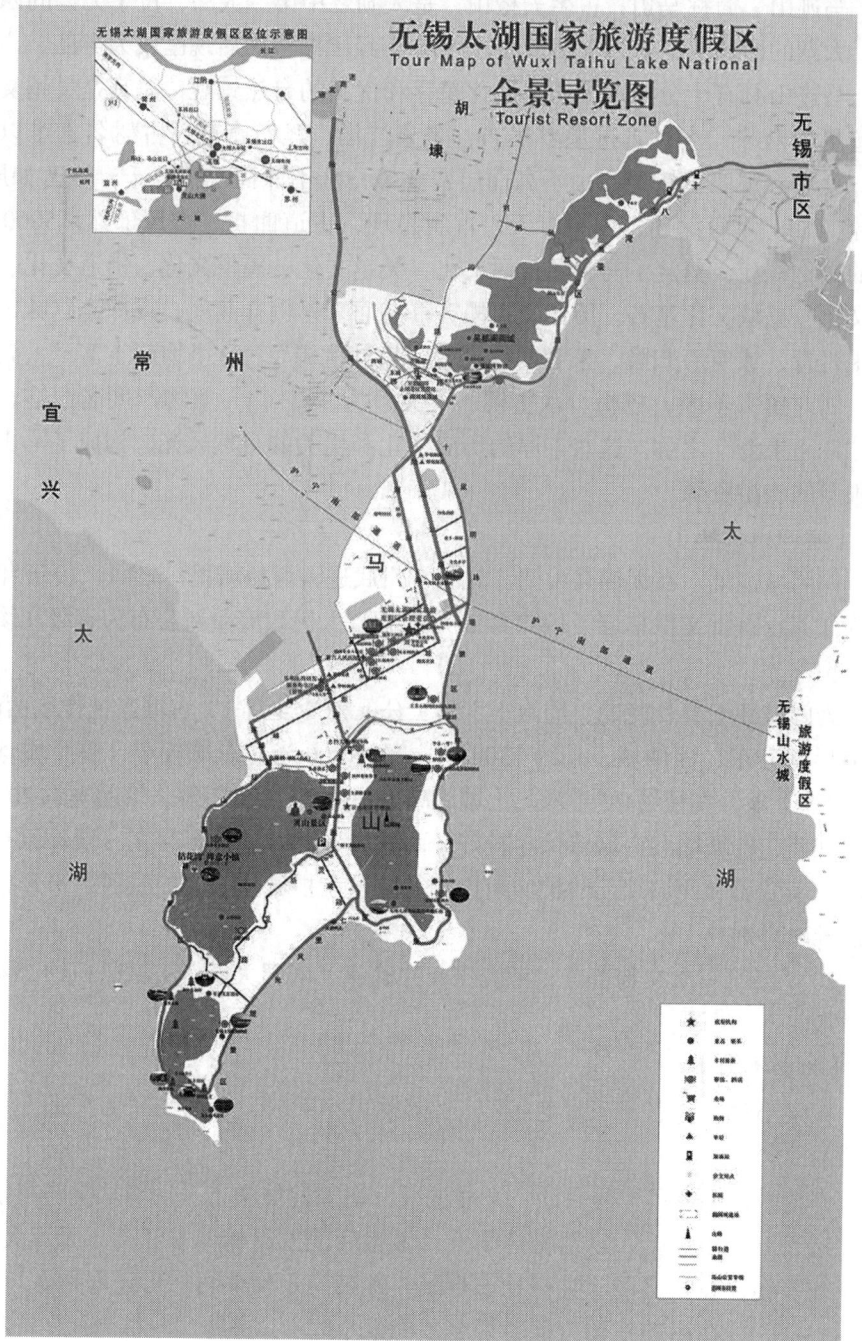

图 6-3 无锡太湖旅游度假区导览图

【太湖马迹山】

马迹山，简称马山，古名夫椒山，是太湖之中第二大岛，位于无锡的西南端，太湖的西北部，原为太湖孤岛，1970年经围湖造田后现已成为半岛。

马迹山具有十分丰富的历史文化遗存和优美的自然景观，尤其是吴越文化史迹更为众多，名胜古迹星罗棋布，名泉佳涌、怪石奇观、古树名木难以胜举。自然景观四季皆绝，山不高而层峦叠嶂，水不深而气象万千，峰峦如屏，溪流如画，津弯深迷，古树参天，古刹隐现，古道曲折，古风郁然。5000多年的文化积淀，奠定了马山"神话文化、吴越文化、民俗文化、佛道文化、现代文化"五块文化基石。历代文人墨客慕名而来，徜徉其间，或挥毫题咏，或泼墨丹青，或筑庐归隐，来者都称之为"世外桃源"。这里物产丰富，太湖水鲜，四时鲜果不断，杨梅、水蜜桃、芋头、"太湖三白"等物产闻名遐迩，素有"江南果篮"之称。这些丰厚的历史文化和优美的自然风光，构成了马山得天独厚的旅游资源。

【阖闾城遗址】

阖闾城遗址，在无锡马山闾江村和常州武进雪堰桥城里村之间。1956年被定为江苏省首批文保单位。1982年3月江苏省人民政府重新公布为省级文物保护单位。

阖闾城建于春秋晚期，周敬王六年（公元前514年），古城遗址作东西向，城的形制分东、西两城，长约1300米，宽约800米。东城较小，整个城址周长约1.5千米，直径约0.5千米。土城墙高出地面2—3米不等，墙基宽约20米。东内城墙、外城墙和南城墙保存较好，西城墙和北城墙已不存在。城外原有护城河，南城墙和西城墙前的护城河比较完整，东护城河和北护城河由于开挖鱼池已难以辨别。

2008年第三次文物普查，考古探查并确认了阖闾大城，大城面积约294万平方米。

【梅梁小隐】

梅梁小隐，亦名"三檀老屋"，坐落桃坞小墅村，是南宋"名医进士"许叔微的故居。

许叔微，字知可，号白沙，又号近泉。南宋翰林学士。幼年从父随高宗南渡，绍兴五年中进士，官至翰林学士。做官后他见赵构偏安江南，无意大举，且亲奸害忠，丧权辱国，觉得壮志难酬，遂归隐于檀溪村。后迁居桃花坞帝，别称小墅，并在屋前植树三棵，帮名"梅梁小隐"，亦称"三檀老屋"。归隐后他潜心医学行医乡里，为乡邻治病从不收钱，且医术高明，药到病除。著有

《伤寒歌》《仲景脉法》《翼伤寒论》《辩类》《类证普济本事方》等著作。乾隆年间收入《四库全书》。

梅梁小隐在抗战以前规模较大，有瓦房30间，名人字画祖先肖像匾额40余幅，古籍古玩器皿较多。经历抗战、土改、文革后已荡然无存。1982年由政府购置修缮。

梅梁小隐建筑共一进两院，系明清式建筑。有抗金名将韩世忠亲书"名医进士"，陆定一手书"梅梁小隐、许亦鲁书"河汾耆德"匾额三块。

梅梁小隐旧居前，现存两棵榉树，距今870余年，盘根错节，虬枝耸霄。旁有一柞木，俗呼"鸟勿歇"，树龄千年以上，枝干盘曲，形状奇特，被誉为"江南灌木"。

【云居道院】

俗称神仙庵，在西村东头湾底。相传是三国时道士葛云炼丹处。丹室已毁，丹井犹存。

葛玄，字孝先，江苏句容人。曾从羽士左慈学道，葛玄传给郑隐，居马山。史料载：郑隐仁鸟兽，有一虎生二子，母虎丧于猎人，郑隐抱回二小虎回庵饲养，二小虎驮经书、衣物相随。葛玄孙葛洪，字稚川，晋初来马山，后去"南海"，入罗浮山，著《抱朴子》一书，记载了用矿物炼丹、药、金、银的方法和用植物治疗疾病的一些知识，对化学、矿业、医药的发展有一定的贡献。他是晋代道教理论家、医学家、炼丹家。云居道院原有玉皇殿、十皇殿31间。元代人铁崖道人也修真于此地。

【胜子岭真武行宫】

真武行宫为道教圣地。明嘉靖十九年里人邵德创建，历代香火旺盛。康熙二十三年建灵宫殿，三十年重建正殿，咸丰庚申毁，后建又毁。1555年倭寇扰洞庭山，将乘南风血洗马山。众百姓至真武行宫前求神保佑，礼毕，突然风向转北，倭寇乘的船纷纷翻入太湖之中。民以为神佑，邑人邹之麟书"反风御寇"。

【战鼓墩】

位于和平村七里堤旁，相传为吴越大战时擂击战鼓之地，在灵山元一希尔顿逸林酒店旁。公元前483年，吴王夫差以屯兵要地马迹山为据点，亲率兵士苦苦操练三年，而越王勾践不听范蠡、文种劝谏，终日无所事事，沉湎于歌舞酒色之中，以致后来吴王夫差下达战书后，只得仓皇应战。夫差在大平湾南面广阔的太湖水域里摆开战场，为了激励将士，亲自擂击战鼓，督阵助战。由于夫差求胜心切，擂击战鼓过猛，战鼓被其击破竟未察觉，接着又是狠狠一下，却击在脚下摆鼓的高土墩上。谁知这一击，却如天鼓震耳，震得马山撼动，太湖水啸，越军闻声失魂落魄，吴军听得这鼓声不同凡响，想知定是天庭众神助威，士气大振，锐不可当，一鼓作气，大败越军，获得全胜。

【赵翼墓】

建于清嘉庆二十（1815年），于1983年冬重修。赵翼（1727—1814年），字雲崧，一字耘松，号瓯北，江苏阳湖人（今武进市）人。清文学家、史学家。乾隆二十六年（1761年）进士。历任广西镇安知府、贵州贵西兵备道。后辞官归里，主讲安定书院，潜心著述。长于之中考据，又善诗文。墓道两旁存有较多的石文碑刻，体现出墓地主人的文学地位和造诣。"江山代有才人出，各领风骚数百年"的诗句已成为传诵的经典。

【鸳鸯古银杏】

鸳鸯银杏，位于桃坞岭西钮村。树高26米，胸围8.5米，五六个人才能合抱。沿马山环湖东路前行，过了檀溪湾，远远地就可见路边有一棵高大的银杏树，苍劲挺拔，凌云蔽日。这棵820岁的古银杏原是两株同栽，相距咫尺，后逐年壮大，竟搂合一体。现两株合一之痕隐约可辨。故名。

树杈间，还共生一棵石楠。民国34年（1945年）侵华日军准备锯走，传说锯时树上掉下白蛇，日军心怯而走，树得以幸存。如今苍劲挺拔，凌云蔽日。

村民介绍，曾有一段树根伸入农家灶间内，当了几代烧火凳。1983年此树嫁接了雌芽，1986年起开始结银杏，故又名鸳鸯古银杏。1983年，马山桃坞西钮的这棵古银杏被列为无锡市号古树，并围铁栏保护

第三节 热门景区

一、锡惠公园

国家AAAA级旅游景区

【景区概况】

锡惠公园位于无锡市西2.5千米处，包括锡山和惠山，全园面积达6.85平方千米。

锡惠公园因山而得名,西部是惠山,东部是锡山。惠山高329米,周围约20多千米,素有"江南第一山"的美称。它是天目山的支脉,从东南连绵而来,山有九峰,蜿蜒似龙,又称"九龙山"。惠山因晋代开山禅师慧照在此建寺,后人就用慧照命名"惠山"。古时"慧""惠"两字相通,惠山就由此得名。惠山以泉著名,有天下第二泉、龙眼泉等十多处,名胜古迹有春申涧、惠山寺、听松石床、竹炉山房等数十处。

锡山背靠惠山,高75米,周围长约1.5千米,相传因周秦时盛产锡矿而得名。锡山是惠山东峰脉断处突起的小峰。山顶建有龙光塔和龙光寺,山下有龙光洞。1958年开凿映山湖后与惠山连成一片,使之形成"真山假水",产生"山水掩映"的情趣。

【游览线路】

锡惠公园全园分为三个游览观赏区:一是名胜古迹区,包括惠山寺、寄畅园、天下第二泉等;二是自然风景区,包括映山湖、愚公谷、春申涧等;三是文娱活动区,在锡山南麓。

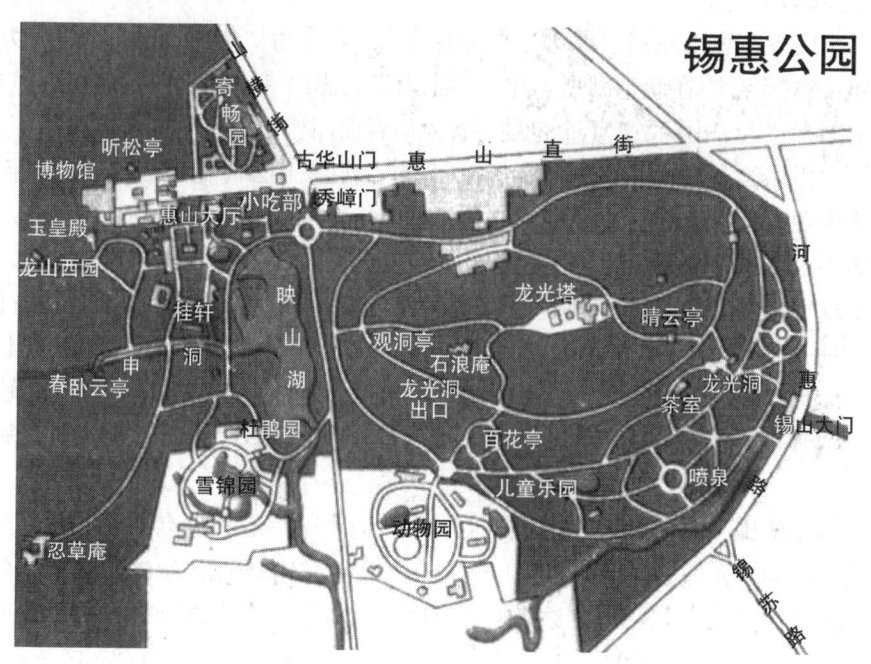

图6-4 锡惠公园示意图

【锡山】

锡山大门,面对大运河,飞檐翘角,大门正中高悬"山色溪光"横匾,为当年康熙南巡时所书。进入大门，一块巨石屹立于水池之畔，上刻"锡山"两个大字。下刻《无锡金匱县志》所载无锡和锡山的几句话，点出了此处地名的来历。

沿山路向上，锡山顶上就是龙光塔。锡山脚下是龙光洞，为地下游览场所，于1979年春建成。洞前回廊、楼亭相连，入口处拱门上砖刻"隐辰"两字，"辰"属龙年，"隐辰"是把龙隐于山内之意。洞内有三百多米长的通道，两边壁上灯火通明。东部的地下剧场，可容纳五六百人。另有13个厅室，陈列工艺、陶瓷、泥人等。这里的气温常年保持18℃，冬暖夏凉，游人至此，仿佛进入了另一个世界。

沿山路向南便是九龙壁，全长26.71米，高4.09米。向西是"吴文化福寿天地"，它沿锡山山坡而建，前面立的石碑上，刻着著名书画家朱屺瞻102岁时题写的景点名称。石阶上是金石砌成的承露台，台前石柱上有巨大的福寿石桃。绕过承露台，上面两座方亭合并而成的双亭，名"降福亭"。亭名和对联均由我国书法家协会代主席沈鹏书写。

【惠山】

惠山寺在惠山东麓，原为"历山草堂"，后改为"华山精舍"。梁朝大同三年（537年），在此基础上，建立了惠山寺。惠山寺山门是座黄色拱形建筑，门上刻有"古华山门"4个金色题字，大门背面门槛上刻有"胜地名泉"4字。

山门内，有两座古老的石经幢，南侧一座建于唐代乾符三年（876年），是无锡现存最古老的石刻经幢。八角形幢身上刻有《佛顶尊胜陀罗尼经》，由白鹿山人李瑞符书写。北侧一座建于宋代熙宁三年（1070年），幢高6.22米，幢身刻"大白伞盖神咒"。两座石幢分别用几块圆形湖石垒成，极具历史价值。

进入古华山门，迎面是金刚殿，也叫"山门殿"。始建于明正统十年（1445年），改建于1976年。正中高悬"惠山寺"匾，匾额最早为明代陈勉所写，清雍正时蒋衡重书，现在看到的是1979年根据影片《无锡景》画面复制而成。

过金刚殿，一泓池水，名"日月池"。池上架一石桥，名"香花桥"。池是南北朝刘宋元徽二年（474年）开凿的，距今已有1500多年的历史了。香花桥是明代建造的。二山门古银杏树下有座六角小亭，亭中横卧一石，名"听松石床"，长1.99米，宽0.87米，高0.56米，它是驰名全国的江南奇石之一。"听松石床"前的古树为银杏，相传为明代洪武初年（1368年）惠山寺僧人普真（字性海）所植，已经历了600多年风霜。

大同殿，也叫大雄宝殿，始建于梁朝大同三年（537年）。到清同治年间，大同殿及周围建筑被毁。后来在此旧址建造了一座"昭忠祠"。前厅里壁上嵌有李鸿章所撰《敕建惠山昭忠祠记》等两道石碑。殿后天井中还保留三株老桂，已有1300多年树龄。

由大同殿出南边门，不远处就是"竹炉山房"。这里原是惠山寺弥陀殿，始建于明洪武初年（1368年）。正中匾额"竹炉山房"是1979年李苦禅重题。

【寄畅园】

寄畅园是我国著名的古典园林，已有近五百年的历史了。它是我国明清两代造园艺术所达到的高超水平，不仅有着一般的游赏价值，更具有宝贵的艺术和文物价值，因此被列为全国重点文物保护单位。寄畅园充分利用得天独厚的山水之胜，在园内采用借景、缀山、引泉、理水，使只有1公顷的园地，经过精心布局，收纳了锡山、惠山秀丽景色，使满园青山绿水，朱栏曲槛，清泉幽谷，野趣横生，因而具有古朴、幽静、清旷、疏朗的独特风格。

寄畅园位置在锡惠公园北部，有两座大门，一座是从古华山门入内过香花桥，在右侧有一座不显眼的向南大门。还有一座在惠山镇的横街上，是原有的大门，用精致的砖刻装饰，古朴清雅。目前寄畅园仍完整地保持古园风貌，内有不少古建筑以及九狮台、美人石、锦汇漪、郁盘廊、知鱼槛、七星桥、八音涧等优美景点。

八音涧总长36米，深1.9米至2.6米。八音涧的涧名为清末举人许国凤书题，其命名是说它好似用"金、石、丝、竹、匏、土、革、木"等8种材料制成的乐器，合奏出"高山流水"的天然乐章。八音涧的掇石艺术，堪称中国古典园林中黄石假山的翘楚。在假山之巅，有重建于1981年的点景建筑"梅亭"。

【"天下第二泉"】

出竹炉山房南行，就是闻名于世的"天下第二泉"所在地。"天下第二泉"得名于唐朝，至今已有1200多年历史。唐代茶圣陆羽，遍尝天下名泉名茶，认为"庐山康王泉第一、惠山石泉第二"，从此惠山泉就以"天下第二泉"的美名享誉四海。

"天下第二泉"泉址于1954年进行了全面整修。1992年6月对"二泉"进一步清理疏浚。现在"二泉"泉水随山势自西向东，分上、中、下三池。上池为八角形泉井，深1.94米，水质最好；中池深1米，正方形，紧靠上池，两池都是石底，青石围栏。池上的"二泉亭"，初建于南宋初期，现在的亭子重建于清同治初年（1862年）。亭壁上石刻"天下第二泉"出自元代书法家赵孟頫手书。泉水通过暗渠从漪澜堂底流入下池，三池中下池最大，长8.6米，宽5.7米，深0.33米，是北宋明道二年（1033年）开凿的。西池壁正中有一石螭首(俗称龙头),始建于明朝弘治初年(1488年),最初采用无锡本地黄色阳山石雕凿而成,至今已有近500年的历史,为"天下第二泉"内现存年代最早的一件古迹,泉自龙口倾注而出。池前一组太湖石,叠成观音立于鳌背像,世称"观音石",右为龙女,左为善财。

漪澜堂位于二泉庭院正中,四周游廊环绕,游客们在此可小憩品茗。堂前匾额是现代书法家费新我所书。

【华彦钧墓】

无锡历史上最著名的民间音乐家阿炳——华彦钧的墓,坐落在锡惠公园春申涧流向映山湖的洞口南边的山坡上,音乐台背后山头墓地林间,竖立着这位民间音乐家的铜像。阿炳墓原在河口灿山下"一和山房"道教墓地。1983年12月,迁葬于此。

【愚公谷】

二泉东侧就是"愚公谷",原是惠山寺的净月住所,名"龙泉精舍",是明代晚期极负盛名的我国四大私家园林之一。它是无锡人邹迪光在明万历年间建造的,占地约3.4公顷,先后用十多年时间建成。邹迪光以愚公自勉,故命名为"愚公谷"。

现在的"愚公谷"于1958年重建,具有明代古典园林特色。"愚公谷"匾是1960年郭沫若题写的。大门向南,由长廊通向荷花池畔,廊一轩二亭,轩名"荷轩",荷轩以南的泉亭,名"滤泉"。由滤泉穿过小石桥,假山旁有一株古玉兰,树龄已达400多年。

【春申涧】

春申涧又名"黄公涧",现为无锡观瀑的景观,因战国时代楚国国相春申君黄歇曾率军在此饮马而得名。山涧前石牌坊,古拙雅致。洞中一块大石横卧,如中流砥柱,使洞水分流而下。涧边三角亭,名"卧云亭"。

【映山湖】

顺春申涧东下,位于锡、惠两山之间的是映山湖,古时称"秦皇坞"。1958年这里开挖出1400平方米的湖面,清澈如镜的水面使锡、惠两山的景色融为一体。湖东面建有一石牌坊,题有"映山湖"匾额。

二、蠡湖风景区

蠡湖风景区西起犊山大坝,东至蠡湖大桥,总面积135万平方米,自2002年起,无锡市政府对沿太湖风景区进行了全面整治,经过退渔还湖、生态清淤、拆房建绿等一系列工程，这里的水面由6.4平方千米扩大到8.6平方千米，水质明显改善。如今，沿太湖9千米的湖岸线已建成无锡最大的开放式公园，成为一个集自然、人文特色于一体的无锡都市中心观赏花园。从青祁路口的蠡湖大桥至犊山坝，一条长长的开放式景观带沿湖而建，不花一分钱就可让人饱览蠡湖美景。

蠡湖大桥，是中国第一座集拱梁、悬索和斜塔于一体的景观大桥，它于2004年4月21日建成通车，是本地建造的第一座跨太湖大桥，也是无锡打造长江三角洲地区区域性交通枢纽中心的主要标志建筑之一。占地20公顷的蠡湖公园，有"春之媚""夏之秀""秋之韵""冬之凝"的四季花木林带。

蠡园，是太湖的主要景点之一。坐落在蠡湖北岸的青祁村，面积8.2公顷，水面占3.5公顷。该园三面环水，假山就水而叠，因水而活，1995年国家邮电部发行的《太湖·蠡湖烟绿》和1996年朝鲜发行的《太湖》邮票，都将蠡园作为其主景。

"水秀垂雪"。湖岸曲折，垂柳依依，湖水清澈，可以在这里忘情地垂钓，将一湖风光尽收眼底，让人流连忘返。

"宝界双虹"。指的是由我国著名实业家荣德生、荣智健祖孙二人所建的新老两座宝界桥将蠡湖分为东蠡湖、西蠡湖。桥的北头有一个亭子，亭中立了块碑，刻有"宝界双虹"四个大字，是我国前国家副主席荣毅仁手书。老的宝界桥是荣德生老先生在60大寿时捐资所建。1994年，荣德生之孙、荣毅仁先生之子荣智健又独力捐资3000万元，在老桥东侧10米处，再建新桥，桥宽18.5米，长390.74米，于1994年10月16日举行通车典礼。

"湖门溢彩"。湖门位于望湖桥堍。景区内有激光喷泉、游船码头。沿着望湖路一路行，是观赏鹿顶山的最佳点

"渔岛晓月"。渔父岛位于环湖路西侧，占地7公顷。是西蠡湖带状景区中凸入湖中的唯一岛屿，同时也是整个西蠡湖景区最佳观景点。民间将范蠡称为渔父，并将这个小岛取名"渔父岛"以表纪念。现在岛上刻有《养鱼经》，并有百步沙滩、演出平台等。渔父岛与岸边通过一条湖堤相通，这就是西堤。西堤因西施随范蠡泛舟于此而得名。它长300米，两边桃红柳绿，一条长堤将里内隔开，形成动静、大小两重对比。

"飞泉帆影"。蠡湖景区的标志性景点，高达120米的喷泉位于距湖岸400米的湖中，主喷120米，周围6只辅喷高40米，外有20只花瓣形裙喷，高30米。整个喷泉平台呈圆形，直径24米，净重60吨，全部采用不锈钢制作。喷泉分三个层次，中心从平静湖面冲出，第二层是6个40米高的可调式水柱，

外层是6组如花瓣的裙喷。喷泉时，形成高低起伏，错落有致的各种造型，这里是蠡湖新城标志性的建筑。

"卧石醉波"，这里有上千块太湖石散卧湖畔，最大的有2米多高，重一二十吨，这些湖石千姿百态，相映成趣，就像是"太湖七十二峰"的浓缩盆景。

三、梅园

梅园，距市区7千米，距离太湖1.5千米，位于无锡市西郊东山、浒山和横山，现有面积54公顷。始建于1912年，是我国近代著名的民族工商业家荣宗敬、荣德生所建。1955年，荣德生之子荣毅仁将园献给政府。1960年园林部门扩建东部新区，1988年又扩建至横山。使梅园成为集名卉、绿化、建筑、文化于一体的游览胜地。无锡梅园的梅花有70多年的栽培历史，有三四十个品种，并有各种梅桩艺术盆景。园内一些古梅桩有200年以上的高龄。最佳赏梅处：天心台、香雪海等观赏处，是较为典型的江南园林式赏梅景点。

天心台，名出于"梅花点点皆天心"之句，建于1915年，台用黄石筑成，高2.5米，上建六角亭。台下，三面小溪萦绕，上跨"野桥"。这里梅林最盛，品种尤繁。

香海是梅园赏梅的著名一景，建于1914年。拱圈形门窗房屋三间，四周环廊，面对梅林。现"香海"一额，是康有为女弟子萧娴所书。香海屋后，悬有金峙程所书的"一生低首拜梅花"匾。右旁有刘海粟的《梅花》刻石。

香雪海前，立有荣德生铜像，铜像由佛山球墨铸铁研究所潘鹤设计，澳门商会会长马万祺赠送。

开原寺，在横山与浒山之间，始建于1934年。由荣德生出资10余万元，广福寺量如和尚建寺。1984年重建天王殿，新建钟楼、鼓楼。大殿、祖师殿、藏经楼亦修葺一新。殿内重塑了释迦牟尼佛祖、西方四大天王、十八罗汉、观世音、韦驮等金身。

梅园以梅花驰名，现有面积约54公顷，其中梅林占3.7公顷。梅树5000多株，梅桩2000多盆，植梅数千，多为果梅。花梅有银红、朱砂、骨里红、素白台阁、小绿萼等。至今植梅已有70多年历史。新中国成立后，梅树的数量和品种均逐渐增多，园中有梅树4000多株，盆梅2000多盆，品种近40个，不少是从苏州、常熟、扬州、杭州、成都、武汉、安徽引进的。

著名的有素白洁净的玉蝶梅，有花如碧玉萼如翡翠的绿萼梅，有红颜淡妆的宫粉梅，有胭脂滴滴的朱砂梅，有浓艳如墨的墨梅有枝干盘曲、矫若游龙的龙游梅等。还有造型幽雅、虬枝倒悬、枯树老干、疏影横斜的梅桩艺术盆景。

四、南禅寺老街

南禅寺，位于无锡南隅、古运河畔，距今1450年的南朝480寺之一。始建于梁武帝太清年间，规模宏大，南朝名寺无与伦比，号称"江南最胜丛林"。20世纪80年代始，南禅寺建成文化商城，规模不断扩大，已建成商业用房9.5万平方米，规划建设12万平方米，似无锡的"城隍庙"，南禅寺已成为人们游玩、购物的好去处。其中妙光街被无锡市定为旅游一条街。

南禅寺的建筑结构，具有我国唐代建筑的显著特点。主殿内，梁架由立柱支撑，柱上安有雄健的斗拱承托屋檐。看去，许多曲折形斗拱层层叠加，层层伸出，出檐深远高大，气势磅礴。大殿内，没有立柱，梁架结构简练，举折平缓，是明显的唐代建筑风格。妙光塔位于寺东侧，高43.3米，始建于北宋雍熙年间，距今已逾千年。古塔为七级八面阁楼式，檐角悬挂铜质铎铃，有"十里传闻金铎响，半天飞下玉龙来"之美誉，无锡八景之一。

在南禅寺，除了烧香拜佛，也可以逛逛附近的步行街，那里有卖古玩的，也有游乐场所，最负盛名的要数小吃一条街了，你不仅可以吃到穆桂英娘子军们的三鲜馄饨、无锡小笼和酱排骨，还可以吃香喝辣到全国各地的有名小吃。

五、灵山小镇拈花湾

拈花湾，坐落在无锡马山国家风景名胜区附近，这里向来有"净空、净土、净水"之称，生态秀美，环境优越。拈花湾的命名，一方面源于灵山会上佛祖拈花而迦叶微笑的经典故事，另一方面也缘于它所在的地块形似五叶莲花的神奇山水，从导览图上看到，拈花湾正是由五条山谷分布排列组成，神似一枝伸展的五瓣莲花。

拈花湾靠山面湖，更与灵山大佛依山为邻，得尽天地人文灵气。五条山谷组成了拈花湾景区的主要功能，分别是鹿鸣谷——生态禅谷区，禅心谷——论坛会议中心区，银杏谷与竹溪谷——度假物业区，香月花街——禅意旅游主题商业街区，云门谷——旅游综合服务区。

拈花湾最让人动"心"的，莫过于丰富多彩、富有创意的禅文化体验活动了。比如香月花街——拈花湾的禅文化大动脉，荟萃了近百家国内知名的文创产品和特色体验的工坊店，涵盖茶道、花道、香道、书道、剑道和禅餐、禅饮、禅乐、禅画、禅SPA、工艺品、糖果工坊等文化形态，在这里体验独具创意和禅味的生活方式，让人放松身心、打开心结、收获感悟。还有坐忘、经行、出坡、抄经、禅趣品茗、禅艺手工、拈花一时禅、香道雅习、莲心会茶……让人在轻松愉悦中感悟人生，感悟幸福。当然，最为知名、也是最为震撼的就是《禅行》演出活动。

拈花湾目前有13家禅意客栈：一花一世界、吃茶去、棒喝、一池荷叶、半窗疏影、门前一棵松、萤火小墅、芦花宿、百尺竿、云半间、一轮明月、无门关、无尘。这些客栈在禅意风格的设计思路下，使用原木和棉麻材质，处处隐喻东方美学的质朴。

六、江阴鹅鼻嘴公园

鹅鼻嘴公园位于江阴长江大桥旅游区西北部，距市区仅2千米，逶迤临江，因山势蜿蜒多姿，形如鹅伸鼻江中而得名，被称为"山环芙蓉城，私怪鹅鼻状"。

公园占地23公顷，以山体为主，森林茂密，野趣浓郁。由商贸服务区、滨江游览区、森林休闲区、炮台博物馆区等功能区组成，景点众多，各具风貌。有鹅州览胜、江尾海头、江滨晓步、澄江古渡、寒江独钓、鹅鼻积雪、辛候亭等十八景。

景区内可以看神龟、穿越仙鹅洞、凭吊"霞客寻源"、唐公碑，谒咏江诗碑、摩崖石刻，游览被长江冲刷的古渡口、渡江第一船、石湾古炮等文物古址，看古鹅鼻积雪、听潮阁，临江品茗，沿江滨栈道，水边渔网、渔猎烧烤，登上观光塔、望江楼，观赏雄伟壮观的中国第一桥——江阴长江大桥。

鹅鼻嘴公园，是一座秀美的公园。因山而势，将楼、亭、阁、廊等组成的建筑群落与山、水、桥等人文自然景观融为一体，虽由人作，宛若天成，成为人们旅游、度假、休闲的理想之地。

七、宜兴溶洞

陶都宜兴东临美丽富饶的太湖之滨，位于苏、浙、皖三省交界处，地处沪、宁、杭的中心，是一个文化发达的新兴城市。宜兴古称阳羡、荆溪，自秦始皇设阳羡郡起，至今已有2200多年历史。

宜兴多溶洞，现已探明的石灰岩溶洞有80多个，故称"洞天世界"。这些溶洞集"古、大、奇、美"于一体，以善卷洞、张公洞、灵谷洞最著名，其中尤以洞龄3万多年的善卷洞最具特色，被誉为"海内奇观""万古灵迹"。

善卷洞，是著名石灰岩溶洞、宜兴"三奇"之首。位于宜兴城西南约25千米的祝陵村螺岩山上，面积约为5000平方米，长约800米，全洞分上中下后四洞组成，洞洞奇异而相通。最奇的是下洞和水洞。水洞长120米，游人多以洞中泛舟为一乐事。

张公洞，又名庚桑洞，是著名石灰岩溶洞、宜兴"三奇"之一。位于宜兴城西南约22千米的孟峰山麓，距东北的无锡市60多千米。该洞面积约3299平方米，游览线路约1000米。大小洞穴达72个，洞中套洞，上、下有1500多级台阶，各洞的温度又不相同，素有"海内奇观"之称。相传汉代张道陵曾在此修道，唐代张果老在此隐居，故称张公洞。

灵谷洞，坐落在宜兴西南石牛山南麓、阳羡茶场境内，距市区30千米。唐代诗人陆龟蒙在宜兴探茶时，发现此洞，曾雇人开凿，因工程艰巨而罢。1979年进行查考，经两年开发，于1982年7月1日正式开放。面积8160平方米，游程1113米，内有7个石厅。

第四节 特色文化

【无锡梅园梅花节】

梅园有全国第一家也是世界上唯一的"国际梅品种登录园"，不但能欣赏到各色梅花竞相开放的场景，还穿插"花开富贵"马年迎新牡丹展、"马到成功过新年"新春游园活动、中华梅文化展、"梅花三弄"古琴会等系列文化旅游活动，更有各地特色美食供大家品尝。

地址：梅园横山景区

时间：1~3月

【灵山除夕吉祥撞钟活动】

除夕之夜，闻钟声、烦恼消、智慧长，灵山景区内的祥符禅寺将撞响108声吉祥钟声，共祈国泰民安，共祝幸福安康。

【鼋头渚樱花节】

无锡太湖鼋头渚景区内有三万多株樱花，是目前国内规模最大、品种最全的樱花种植基地。目前已享有"世界三大赏樱胜地"之一及"中华第一赏樱胜地"的美誉。樱花季节，早樱、粉樱、晚樱次第开放，煞是美丽。

地址：无锡鼋头渚景区内

时间：3月底~4月

【中国（无锡）吴文化节】

以"传承吴地文明，发掘人文底蕴，彰显城市个性，建设文化名城"为主题的吴文化节通过丰富多彩的活动"扬山水名城之名，显吴地文化之蕴"。固定的活动有太伯祭祀典礼、惠山民俗文化庙会、中国文化遗产保护无锡论坛、吴文化国际研讨会。已成为无锡一年一度举办的重要节庆活动之一。

地址：无锡市内多个地点

时间：4月10~16日

【中国徐霞客国际旅游节】

徐霞客是我国明代杰出的地理学家、旅行家，其所著的《徐霞客游记》被誉为千古奇书。从1991年开始，江阴市每两年举办一次徐霞客文化旅游节，进行徐霞客的研究和交流，推出特色旅游线路，同期还举行一些经贸活动。徐霞客文化旅游节的一项重要内容是"天华杯"民乐演奏比赛，演奏乐器为二胡或琵琶。该项比赛由来自全国各省市、国家重要院校以及海外的民乐爱好者参加，是全国性的重要民乐比赛交流活动。

时间：5月中旬~6月底

【中国无锡太湖博览会】

将会展、交流、经贸、研讨和文化旅游活动有机结合，充分挖掘无锡的人文与自然资源，突出主题，营造特色，打造"太湖明珠——无锡"的城市名片。太博会期间将举行一系列当今领军企业的产品，开展产业交流。

地址：无锡市内多个地点

时间：8月底~11月上旬

【南禅寺庙会】

南禅寺是古运河最热闹的岸边之景，为"南朝四百八十寺"之一。现已规划发展成为超大型的文化市场，是特有市井风味的"好吃好白相"的理想去处。南禅寺庙会有各种民俗表演、灯会、灯谜、商品展览等丰富多彩的活动。

【宜兴陶瓷艺术节】

江苏宜兴陶瓷艺术节，由宜兴市人民政府主办，首届于1990年5月上旬举办，此后每年举办一届。在"以陶为媒，以艺会友，扩大交往，促进发展"的宗旨指导下，通过办节，扩大了宜兴陶器的知名度，紫砂工艺陶更是远销海内外，成为行家收藏的珍宝。在举办陶瓷艺术节期间，除组织陶瓷精品博览交易会、宜兴陶瓷艺术研讨会外，还充分发挥宜兴的旅游资源优势，开展宜兴旅游观光活动。

【鸿山泰伯祭祖节】

殷商末年，周太王长子泰伯为让位于弟季历，偕弟仲雍由陕西来到无锡，开创了吴文化。泰伯卒后，葬于鸿山南麓。泰伯墓始建于东汉年间（154年），后历代都有修建。为了缅怀这位淡泊权位、开拓江南的吴国始祖，每逢清明节前后附近百姓和泰伯后裔便会自发祭祀泰伯，由此形成一年一度的泰伯庙会，参加人数达几十万。

【锡剧】

锡剧是中国江南一带的地方戏剧，由江苏省无锡、常州一带的"滩簧"演变而来，曾与越剧、黄梅戏并称为华东三大剧种，被誉为"太湖一枝梅"。唱腔感情奔放，旋律丰富，节奏朴素欢快，是一种带有叙事、叙情的曲调。伴奏则以二胡为主，琵琶、三弦、扬琴为辅，并有箫、笛、中胡参与，传统剧目有《宝莲灯》《武松杀嫂》《薛刚闹花灯》等。2008年6月7日，被列入第二批国家级非物质文化遗产名录。

【惠山泥人】

惠山泥人是江苏省无锡市的一项民间艺术，至今已有四百余年的历史，造型简朴、完整、单纯，分"粗货"与"细货"两类，"粗货"大多以喜庆吉祥题材为表现内容，如大阿福、蚕猫、老寿星、渔翁等，其造型粗犷简洁，色彩明快，挥洒写意，形神兼备；"细货"即手捏泥人，这类作品主要取材于传统的戏曲人物、神话传说、民风民俗，人物塑画生动传神，色彩色调秀丽明隽。2006年被列为国家级非物质文化遗产。

【阳山水蜜桃】

阳山水蜜桃是无锡著名特产之一，已有近70年的栽培历史。有形美、色艳、味佳、肉细、皮韧易剥、汁多甘厚、味浓香溢、入口即化等特点。水蜜桃的品种很多，其中以早熟的"雨花露"、中熟的"白凤"和晚熟的"白花"水蜜桃为最佳。不仅色、香、味俱佳，而且含有一定的蛋白质、脂肪、维生素及多种矿物质，是畅销港澳地区及海外的无锡特产。

【手工紫砂陶技艺】

宜兴手工紫砂陶技艺是指分布于江苏省宜兴市丁蜀镇的一种汉族民间传统制陶技艺。该工艺产生于宋元，成熟于明代，迄今已有600年以上的历史。以其独特的原料材质，精湛的手工技艺，古朴的自然色泽和百态千姿的造型艺术,在工艺美术苑林中独树一帜,异彩纷呈、经久不衰。2006年5月20日,被列入第一批国家级非物质文化遗产名录。

【无锡留青竹刻】

无锡竹刻历史久远,技法多样,风格清雅古朴,在江苏竹刻艺苑中独树一帜。而在无锡传承最独特的当数"双契轩"了。双契轩竹刻世家传承了120余年,名家辈出,蜚声江南,是无锡竹刻的传承主体,竹刻艺人在未经刮去外皮的竹子表面写字绘画,然后将图文以外的表皮铲掉,形成以竹青为凸起图纹,竹肌为衬底的阳文雕刻,这种雕刻方法就称为"留青",也称"雕皮留青"或"皮雕"。2008年,被列入第一批国家级非物质文化遗产(扩展)项目。

【羊尖道教音乐】

羊尖道教音乐属传统音乐,是道教祈求上天赐福、降妖驱魔以及超度亡灵等诸法事活动中使用的音乐。演奏时身穿道服,头戴道帽。其唱词兼收儒、佛、道三教内容,宣扬忠孝仁义、歌颂神仙佛陀、讲述历史故事、反映生活情趣等。作为一种古老的宗教音乐,道教音乐渗透着道教的基本信仰和美学思想,形成了自己独特的格局。2009年被列入无锡市第二批非物质文化遗产保护项目名录。

【二胡之乡】

在中国的音乐史上,无锡出了不少民乐界的大家、演奏家。如我国卓越的民间音乐家华彦钧(阿炳,我国杰出的民族器乐作曲家、革新家、二胡学派的奠基人)和音乐教育家刘天华,以及中国音乐学一代宗师杨荫浏等先驱的赫赫成就,使无锡在中国音乐史上占有重要的一席之地。此外无锡每年还会举办"阿炳音乐艺术节""中国音乐金钟奖全国二胡比赛"赛事活动等。随着人民文化生活的普及,无锡的二胡制造业也享誉全国。

【鱼米之乡】

无锡是四大米市之一,应称了"米"字;而无锡濒临太湖、运河,淡水鱼向来是无锡的盛产之一,这应称了"鱼"字。由此可见,用鱼米之乡来称呼无锡也不为过。传承千年的鱼米之乡,历久弥新的工业摇篮;这里风光绝美,陶冶了人们的文化气质;这里教育发达,培养了无数的杰出人才。蒙蒙烟雨,秀美江南,祥和文明,宜居之城。

第五节　综合训练

训练项目一：价格考察

【目的和要求】

（1）了解旅行社华东线旅游产品的成本构成。

（2）了解旅行社的常见协议结算方式，掌握常见票据的填写方法。

（3）了解旅行社常规价格营销战略，深度思考旅行社产品低价竞争的原因。

（4）了解旅行社产品低价竞争可能引发的问题及旅行社可能由此承担的法律责任。

【准备】

（1）从当地主要报纸、杂志和相关网站收集旅游广告、报价等宣传资料。

（2）打电话给旅行社，询问公开报价所包含的服务内容，以及必选或自选的自费项目情况。

（3）搜集旅行社采购协议、财务结算单等。

（4）了解《旅行社管理条例》等法律法规中关于旅行社价格问题的条文。

【步骤】

（1）选择某一条媒体常见的华东线旅游产品，搜集各个旅行社不同的报价资料，根据日程对产品成本进行分解。

（2）实地考察过程中搜集门票、住宿、餐饮、交通、购物等方面的信息，了解旅行社采购中的常见协议结算方式，分析其产品报价的特性。

（3）对某些报价明显低于成本价的旅游产品，进行分组讨论，分析其存在的价值、原因以及操作中应该注意的问题。

（4）根据自己了解的情况，结合国家关于旅行社经营的法律法规，分析可能的法律责任。

【考核】

（1）上交一篇经过调查后关于旅行社产品价格的小论文。

（2）对一些关于旅行社产品低价竞争的案例进行分析。

训练项目二：旅游行业的回扣问题

【目的和要求】

了解旅游行业的回扣现象是违反《中华人民共和国反不正当竞争法》《中华人民共和国消费者权益保护法》等法律法规的，形成解决旅游行业回扣的观点。

【准备】

（1）查阅《中华人民共和国反不正当竞争法》《中华人民共和国消费者权益保护法》《导游人员管理条例》《旅行社质量保证金赔偿标准》，了解有关回扣的法律法规。

（2）查找有关旅游行业回扣问题的案例。

（3）分析回扣问题存在的原因。

【步骤】

（1）案例提供

某商厦以每年从中收取固定摊位租金的形式，把招商出租经营权交给金易物业管理有限公司（以下简称"金易公司"），由金易公司负责招商具体事宜，金易公司根据合同约定向商厦每年交固定数额的摊位租金，具体每个摊位的租金由金易公司根据市场情况和摊位地点向个体经营户收取。金易公司在经营期间，为促使导游引导外地来本地的游客到其商厦购物，规定凡导游带领游客到商厦购物的，按游客人数给付导游和司机一定金额的"导购费"。经查明，金易公司向李、王、张等三名导游分别给予现金5万元。

（2）组织讨论

①导游人员拿回扣违反了哪些法律规定？需要承担什么法律责任？

②导游人员拿回扣的原因分析。

【考核】

撰写有关处理旅游行业回扣问题的小论文。

【延伸与扩展】

旅游业的商业贿赂行为，是指旅游经营者以财物或者其他手段进行贿赂来从事旅游市场交易的行为。商业贿赂的形式多样，可以是金钱、物品或其他利益，我国旅游商业贿赂的主要表现形式是"回扣"。"回扣"一般是指销售商品或者提供服务的经营者将交易对方支付的价款或者报酬的一部分返还给交易对方或者其代理人，返还的部分即"回扣"。旅游业中的回扣是多年来屡禁不止的一种不正当竞争手段。有的地方甚至越禁越多。该行为的特点是回扣给予者和回扣接受者双方勾结在一起，各自得到好处而损害旅游消费者的合法权益。常见的做法是旅游商店同旅行社（或旅行社的导游人员）串通，后者许诺为前者带来旅游者购物，前者许诺给后者一定的回扣。在这种安排下，旅行社及其导游为了得到商店的回扣，不惜违反旅游日程安排，尽可能多地将旅游者带到商店。例如，一些导游接团时将刚入境的游客直接拉到购物商店，而非先住饭店或先行游览。

按照《中华人民共和国反不正当竞争法》的规定，在账外暗中给予对方单位或者个人回扣的，以行贿论处；对方单位或者个人在账外收受回扣的，以受贿论处。

回扣与折扣和佣金不同，折扣和佣金是为《中华人民共和国反不正当竞争法》所许可的。折扣是指交易双方事先商定好的关于价格的优惠；佣金是指在商品交易中，买卖双方成交之后，由双方或者一方支付给中间人的一种劳务报酬。按照《中华人民共和国反不正当竞争法》的规定，给予或者接受折扣、佣金，必须"明示"和"入账"，即在合同、发票中明确表示，并入单位的正规财务账，且依法纳税。经营者销售或者购买商品，可以以明示方式给对方折扣，可以给中间人佣金。经营者给对方折扣、给中间人佣金的，必须如实入账。接受折扣、佣金的经营者必须如实入账。

第七章
扬州市

第一节 扬州概况

【地理位置】

扬州市地处江苏省中部，位于长江北岸、江淮平原南端，东部与盐城市、泰州市毗邻；南部濒临长江，与镇江市隔江相望；西南部与南京市相连；西部与安徽省滁州市交界；西北部与淮安市接壤。扬州城区位于长江与京杭大运河交汇处。

【地形特点】

境内地形西高东低，以仪征境内的丘陵山区为最高，从西向东逐渐倾斜，高邮市、宝应县与泰州市、兴化市交界一带最低，为浅水湖荡地区。仪征市、邗江县和扬州市郊区的北部为丘陵。沿江和沿湖一带为平原。境内主要湖泊有白马湖、宝应湖、高邮湖和邵伯湖等。

【气候特点】

扬州属于亚热带季风性湿润气候向温带季风气候的过渡区。气候主要特点是四季分明，日照充足，雨量丰沛，风向随季节有明显的变化。冬季偏长，达4个多月，夏季约3个月，春秋季较短，各为2个多月。年平均气温15℃，与同纬度地区相比，冬冷夏热较为突出。无霜期年平均222天。年平均降水量1030毫米，梅雨季节一般在6月中旬到7月中旬。台风一般最早出现于6月，最迟11月，以八九月居多。

【面积人口】

全市辖区总面积6591.21平方千米，其中市区面积2305.68平方千米。根据第七次全国人口普查公布结果，全市常住人口为455.98万人，其中市区人口128万。

【历史变迁】

春秋时期，今扬州市区附近称邗。公元前486年，吴灭邗，筑邗城，开邗沟，连接长江、淮河。越灭吴，地属越；楚灭越，地归楚。公元前319年，楚在邗城旧址上建城，名广陵。

秦统一中国后，设广陵县，属九江郡。汉代，今扬州称广陵、江都，长期是王侯的封地。吴王刘濞"即山铸钱、煮海为盐"，开盐河（通扬运河前身），景观盛极一时，促进了经济的发展，开始了扬州历史上的第一次繁华时期。

589年，隋文帝改吴州为扬州，置总管府。隋炀帝开大运河，扬州成为水运枢纽，促进了黄河、淮河、长河三大流域的经济文化发展，奠定了唐代扬州空前繁荣的基础。

唐代的扬州，农业、商业和手工业相当发达，出现了大量的工场和手工作坊。不仅在江淮之间"富甲天下"，而且是中国东南第一大都会，时有"扬一益二"之称（益州即今成都）。日本遣唐使来扬州和高僧鉴真东渡日本，促进了中日两国的政治、经济、科学和文化的交流。

北宋时，扬州为督帅之所，商业进一步繁荣，再度成为中国东南部的经济、文化中心。

元、明两代，扬州经济发展加快。清代，康熙和乾隆多次"巡幸"使扬州出现空前的繁华。城市人口超过50万，为当时世界上10个拥有50万以上居民的大城市之一。各地商人增多，纷纷在扬州建起了会馆，各有营业范围和地方特色。这期间出现了"扬州八怪"。

新中国成立后，古城扬州焕发青春，1982年扬州被国务院首批公布为我国24座历史文化名城之一。

【行政区划】

扬州现辖邗江、广陵、江都3个区，高邮、仪征2个县级市和宝应县。

【市树市花市歌】

扬州市市树为银杏和柳树，扬州最古老的银杏，当推石塔路中的唐代银杏，树高20余米，树冠直径18米，此树与唐代石塔相映成景，成为扬州的标志之一。

扬州市市花为琼花和芍药。琼花属忍冬科荚属，是一种落叶或半常绿灌木，高可达数米。每年4月中下旬开花，5月上中旬终花。花为大型聚伞花序，由大型不孕花和两性小花两部分构成。大型不孕花多为8朵，分布于花序周围，每朵花冠直径约3.2厘米~4.5厘米，最大可达7厘米，每朵5瓣，初开芽绿色，渐转黄白色，盛开全白色；另一部分为花序中间簇生的数十朵乃至近百朵两性小花朵，花冠轮状，白色，直径仅 7 毫米~10 毫米。琼花是中国特有的名花，传说隋炀帝就是为到扬州赏琼花而下令开凿了大运河，王世充则因画出了琼花图被隋炀帝赏识，以此飞黄腾达。

芍药为毛茛科芍药属多年生宿根草本植物，花蕾单生于分枝顶端，立夏前后开花。花大而艳丽，有单瓣或重瓣，花型多样，花色或红或白或紫或黄，灿烂绚丽，很多品种都能散发芳香，令人心醉。芍药在我国已有 3000 多年的栽培历史，历史上以扬州芍药最负盛名。芍药又称"将离"，古代男女交往中会以赠送芍药，表达结情之约或惜别之情。扬州芍药的栽培始于隋唐，极盛于宋和清，历代记载皆称芍药"处处有之，扬州为上"，"芍药之种，古推扬州"。

2003 年 3 月 21 日，扬州市第五届人民代表大会常务委员会第一次会议决定扬州市市歌为扬州民歌《茉莉花》。

【经济发展】

2020 年全年实现地区生产总值 6048.33 亿元，可比价增长 3.5%。其中第一产业实现增加值 307.1 亿元，增长 2.9%；第二产业实现增加值 2786.35 亿元，增长 3.6%；第三产业实现增加值 2954.88 亿元，增长 3.5%。三次产业结构调整为 5：46.1：48.9，第三产业增加值占地区生产总值的比重比上年提高 0.9 个百分点。

【知名人物】

扬州八怪包括：郑燮、罗聘、黄慎、李方膺、高翔、金农、李鱓、汪士慎八位画家。从康熙末年崛起，到嘉庆四年"八怪"中最年轻的画家罗聘去世，前后近百年。他们绘画作品为数之多，流传之广，无可计量。仅据今人所编《扬州八怪现存画目》记载，为国内外 200 多个博物馆、美术馆及研究单位收藏的就有 8000 余幅。他们作为中国画史上的杰出群体已经闻名于世界。

【城市荣誉】

扬州被评为"世界遗产城市""世界美食之都""世界运河之都""东亚文化之都""中国首批历史文化名城""国家园林城市""国家环境保护模范城市""中国人居环境奖城市""联合国人居奖城市"。

第二节　精华景区

一、瘦西湖

国家重点风景名胜区国家　AAAAA级景点　全国重点文物保护单位

【景区概况】

"天下西湖，三十有六"，只有扬州的湖，占得一个恰如其分的"瘦"字。瘦西湖原名"炮山河""保障河"，乾隆年间，钱塘诗人汪沆写道："垂杨不断接残芜，雁齿红桥俨画图。也是销金一锅子，故应唤作瘦西湖。"

瘦西湖湖面曲折迤逦，时宽时窄，犹如嫦娥起舞时抛向人间的一条玉色飘带。清代、康熙、乾隆屡屡南巡。扬州盐商争地构园，形成了"两岸花柳全依水，一路楼台直到山"的局面，其中更有二十四景著称于世。

【游览线路】

大虹桥→南大门→长堤春柳→小方亭→桃花坞→四桥烟雨→徐园→月观→小金山→吹台→五亭桥→白塔→望春楼→熙春台→二十四桥→北区景点

【大虹桥】

"扬州好，第一是虹桥。"虹桥景色优美，曾吸引了众多的文人雅士在此指点江山、切磋诗文，留下了许多珍贵的墨迹和动人的故事。康熙年间王渔洋有一首诗："红桥飞跨水当中，一字栏杆九曲红。日午画船桥下过，衣香人应太匆匆。"更是脍炙人口，就连乾隆皇帝也曾作诗赞赏过虹桥的景色。

【南大门】

瘦西湖南大门，"瘦西湖"三字匾是扬州已故书法家孙龙父手笔。电视剧《红楼梦》中，元妃省亲的重头戏就是在此拍摄的。

【长堤春柳】

"长堤春柳最依依，才过虹桥便入迷。"春天踏访长堤春柳是最有意趣的。沿湖滨漫步，看三步一桃，五步一柳。融融的春风中，桃花缤纷艳丽，柳丝婀娜起舞。长堤犹如挂满彩色珠帘的画廊。难怪当年的李白也要"烟花三月下扬州"。

【四桥烟雨】

"四桥烟雨"楼的景致是"四桥飞跨烟雾里"，四座色彩和造型各有不同的是春波桥、大虹桥、长春桥、莲花桥。烟雨朦胧中，四座桥有远有近，有浓有淡，有高有低。当年乾隆皇帝十分喜爱这里的景色，多次吟诗作赋，并亲笔御赠"趣园"。

【徐园】

长堤的尽头便是"徐园"。它是辛亥革命时期军阀徐宝山的祠堂。徐宝山曾任辛亥革命时期的国民革命军第二军军长，曾追随孙中山，被袁世凯设计害死。与徐宝山共事过的著名书法家吉亮工主动题写了"徐园"两字。

园中听鹂馆取名来自"两只黄鹂鸣翠柳，一行白鹭上青天"的诗意。馆内的楠木罩隔，是扬州现存罩隔中的精品。听鹂馆门前的两大口铁镬，是1500多年前的镇水神器，当年扬州冶炼业的发达、扬州经济的繁盛由此可见一斑。徐园中有一馆、一榭、一亭，外有曲水，内有池塘，花木竹石，恰到好处，充分体现了江南园林的精巧雅致。

【月观】

扬州是"中国的月亮城"，扬州的月色美，赏月的地方也多，"月观"就是其中之一。"月观"坐西朝东，前临开阔的湖面，每当皓月东升，凭栏而立，天上水中的两个月亮交相辉映，月光和湖水相融，云影和山影相连。月观中的海梅家具也很有特点，雕刻的内容都和赏月有关。那些莲花、鸳鸯、荷叶、藕节，无不自然生动，是扬州木雕工艺的代表作品。

【小金山】

小金山是湖中一小岛，原名长春岭，建于清代中叶。当时扬州士绅为了打通瘦西湖至大明寺的水上通道，在瘦西湖之西北开挖了莲花埂新河，挖河的土堆成了一座小山，这就是今天的小金山。

小金山四周环水，水随山转，山因水活。山顶有"风亭"一座，是全园最高点。从这儿可以看到瘦西湖的主湖区。《望江南百调》里这样描述道："扬州好，入画小金山。亭榭高低风月胜，柳桃错杂水波环，此地既仙寰。"

【钓鱼台】

小金山西麓有一堤通入湖中，堤端为一方亭，名"吹台"。相传乾隆皇帝在这里钓过鱼，因而又叫钓鱼台。钓鱼台三面临水，各有圆门一孔，原来是演奏丝竹乐器的地方。

在中国，以"钓鱼台"命名的景点非常多，但扬州的钓鱼却是众多钓台中体量最小，也是极富特色的一座。它是中国名亭建筑的典范，是中国园林"框景"艺术的代表作品。站在钓鱼台斜角60°，可以在北边的圆洞中看到五亭桥横卧波光；而南边的椭圆形洞中则正好可以看到巍巍白塔。这一景象一彩一素、一横一卧，真是堪称绝妙。这里也是外地游客到扬州一定要留影的地方。那洞中借景的画面正好对应了"三星拱照"的名称。

【五亭桥】

　　五亭桥不但是瘦西湖的标志,也是扬州城的象征。它建于清乾隆二十二年(1757年),至今已有了两百多年的历史。

　　五亭桥上建有极富南方特色的五座风亭,亭上有宝顶,亭内绘有天花,亭外挂着风铃。五亭桥全长55.5米,桥墩由12块青石砌成,形成厚重有力的"工"字形桥基。清秀的桥身和沉雄的桥基,两者为什么能配置得如此和谐呢?答案就在桥洞。五亭桥的桥身由大小不一形状不同的券洞组成。空灵的拱顶券洞配上敦实的桥基,桥基的直线配上桥洞的曲线,加上自然流畅的比例,就取得了和谐统一的视觉效果。难怪中国著名桥梁专家茅以升这样评价:"中国最古老的桥是赵州桥,最壮美的桥是卢沟桥,最具艺术美的桥就是扬州的五亭桥。"

　　桥东面这座四面环水的建筑,叫作凫庄。凫庄建于1921年,因为形状类似浮于水面的野鸭而得名。它的整体建筑紧凑得体,有效地烘托、映衬了五亭桥和白塔,成为瘦西湖上不可缺少的一处点缀。

【白塔】

　　五亭桥南面为"莲性寺",寺内有著名的白塔。据说在1784年,乾隆皇帝第六次坐船游览扬州瘦西湖,从水上看到五亭桥一带的景色,不由遗憾地说:"只可惜少了一座白塔,不然这儿看起来和北海的琼岛春阴就像极了。"说者无心听者有意,财大气粗的扬州盐商当即花了十万两银子跟太监买来了北海白塔的图样,当晚连夜用白色的盐包堆成了一座白塔。这就是在扬州流传至今的"一夜造塔"的故事。

　　扬州的白塔高27.5米,下面是束腰须弥塔座,八面四角,每面三龛,龛内雕刻着十二生肖像。和北海白塔的厚重稳健不同,扬州白塔比例匀称,亭亭玉立,和身边的五亭桥相映成趣。

【望春楼】

　　与玲珑花界隔湖相对的建筑是望春楼和小李将军画本。它们完全是江南园林的风格,建筑规模从属于熙春台,色调显得清新淡雅,体现了南方之秀。望春楼下层南北两间分别为水院、山庭,将山水景色引入室内。卸去楼上的门窗就变成了露台,是中秋赏月的好地方。

　　小李将军指的是唐代大画家李思训的儿子李昭道。这一对父子虽然不曾经带过兵,却都有将军的封号和待遇。父子二人共同开创了中国唐代金碧山水画派。取名小李将军画本是指此地的景色和小李将军的山水画画意十分相近。

【熙春台】

　　熙春台是二十四桥景区的主体建筑。它与小金山遥遥相对,都处在湖面的转折处。这里也是扬州"二十四景"之一的"春台明月"。"熙春"一词出自老子的"众人熙熙，如登春台"。意指熙春台前人来人往、摩肩接踵的繁华场面。郁达夫曾评论说："二十四桥的明月是中国南方的四大秋色之一。"相传当年扬州盐商曾在这里为乾隆皇帝祝寿，所以这一景又被称为"春台祝寿"。熙春台一带的建筑都选用了绿色的琉璃瓦朱栋、白玉的玉体金顶，处处体现出皇家园林富丽堂皇的宏大气派。

【二十四桥】

"二十四桥"出自唐代著名诗人杜牧的诗句，"青山隐隐水迢迢，秋尽江南草未凋；二十四桥明月夜，玉人何处教吹箫"。

扬州人心目中的二十四桥由落帆栈道、单孔拱桥、九曲桥及吹箫亭组合而成，中间的玉带状拱桥长 24 米、宽 2.4 米，桥上下两侧各有 24 个台阶，围以 24 根白玉栏杆，高、宽各 2.4 米。此处未见二十四桥桥名，但却处处隐含二十四之意。但二十四桥到底指哪些桥，至今众说纷纭。

【扬派盆景博物馆简介】

总体占地面积约 40 亩（约 2.6 公顷）左右，建筑面积约 3000 平米，主要分为有三大区域：室内展馆、室外展区和生产养护区。2008 年 6 月扬派盆景入选"中国非物质文化遗产"，是目前中国五大流派中唯一入选"非遗"的。它是中国盆景"五大流派"之一，融"诗、书、画、技"于一体，"清秀、古雅、飘逸、写意"的风格和"一寸三弯"的剪扎技艺，至今仍然是它区别于其他各派盆景的最显著特征。

二、大明寺

国家 AAAA 级旅游景区全国重点文物保护单位

【景区概况】

名扬四海的千年古刹大明寺，雄踞在扬州北郊蜀冈中峰之上。大明寺及其附属建筑，因其集佛教庙宇、文物古迹和园林风光于一体而历代享有盛名，是一处历史文化内涵十分丰富的民族文化宝藏。

大明寺初建于南朝刘宋孝武帝大明年间（457—464 年）。1500 年来，寺名多有变化，如隋代称"栖灵寺""西寺"，唐末称"秤平"等。清代，因讳"大明"二字，一度沿称"栖灵寺"，乾隆三十年（1765 年）皇帝亲笔题书"敕题法净寺"。1980 恢复原名。

1979 年，古寺全面维修，佛像贴金，大明寺焕然一新。

【游览线路】

石狮→牌楼→山门殿→大雄宝殿→藏经楼→平远楼→鉴真纪念堂→栖灵塔→仙人旧馆（平山堂、谷林堂、欧阳文忠公祠）→天下第五泉→鹤冢→康熙碑亭→听山石房

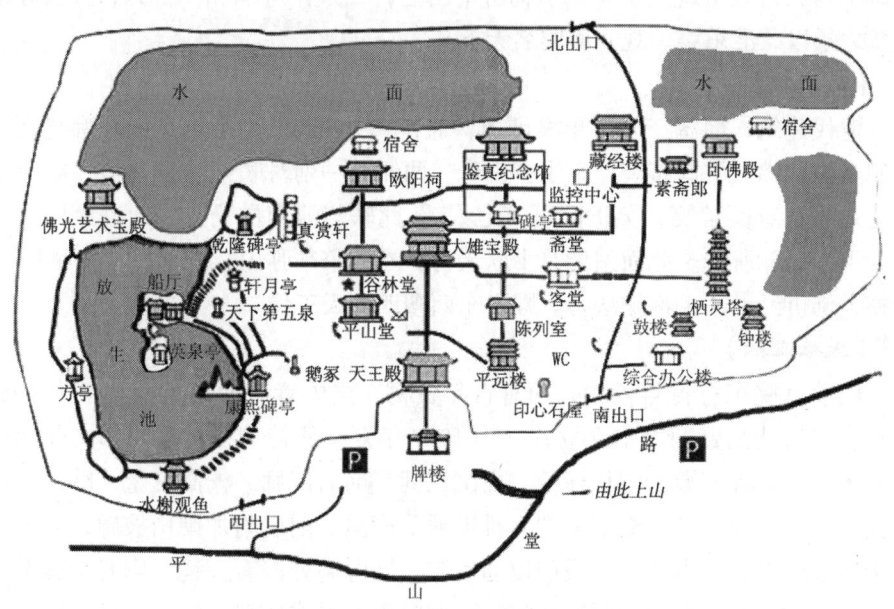

图 7-1　大明寺游览示意图

【石狮】

大明寺牌楼前两侧面南雄踞石狮两只，为清代乾隆时重宁寺遗物。1949年后移至渡江桥，不久一石狮被车撞入运河，1961年钱辰方市长遣人打捞，遂将两只石狮移至大明寺门前。石狮按皇家园林规格而镌正头。造型雄健，蹲身、直腰、口微张、牙咬合、前爪平伏、傲视远方。

【栖灵遗址牌楼】

大明寺山门前有一座庄严典雅的牌楼，四柱三楹，下砌石础，仰如华盖。为怀古栖灵塔、栖灵寺而建。中门之上朝南有篆书"栖灵遗址"四字，又因旧属大仪乡丰乐区，因此朝北有篆书"丰乐名区"四字。朝南、朝北篆书皆光绪年间盐运使姚煜手书，字体雄美。

【大明寺门额】

寺门面南黄墙山门，正门上额"大明寺"三字是中国佛教协会赵朴初会长集隋朝《龙藏寺碑》而镌，字体古风流溢。

【淮东第一观石刻】

嵌于大明寺山门外东偏壁上面南,立于雍正年间。由扬州知府襄平高士钥提议用秦少游赞颂之句意"淮东第一观"而书刻,书法由金坛书法家蒋衡书写,立石资金及布局由光禄寺少卿新安汪应庚承设。北宋著名文学家苏辙(字子由)与大诗人秦观(字少游)畅游平山堂,二人作诗唱和。自此,大明寺平山堂之景以"淮东第一观"而闻名天下。

【山门殿】

清代建筑,面阔三间,单檐硬山,兼作"天王殿"。殿内正南雕佛龛供弥勒佛坐像,佛左手握布袋,右手持佛珠。两侧有一副对联:"大腹能容,容天下难容之事;慈颜常笑,笑世间可笑之人。"此联与河南白马寺内对联相同,为明太祖朱元璋所撰。北面站像是韦驮天将,左手擎须弥山,右手按"降魔杵",护持大佛讲经说法,称护法神。殿之东西塑四大天王像。

【大雄宝殿】

殿前庭院东有百年桧柏,西有百年黄杨,当中置有两尊宝鼎,一为1981年秋,住持能勤暨两序僧众立;一为1987年夏,住持瑞祥、监院修文暨两序大众敬立。大雄宝殿为清代建筑,面阔三间,前后回廊,檐高三重,歇山灰瓦屋面,镂空花脊。二层檐下悬"大雄宝殿"横匾。前后附加硬山披廊,内檐配二十四扇门格,后沿墙正中设门以通后院。屋脊高处嵌有宝镜,阳有"国泰民安"四字,阴有"风调雨顺"四字。大雄宝殿内法像庄严,经幢肃穆,法器俱全,正中坐于莲花高台之上的是释迦牟尼佛。

【藏经楼】

由清初"福缘寺"残存的藏经楼拆迁而来。1985年4月投资40万元重建而成。藏经楼面南,二层五楹,九架梁,单檐硬山,镂空花脊。轩敞疏廊,楼前筑月台,围以石栏,两侧砌有石阶。屋脊之上阴刻"国泰民安"四字。正厅供南无本师释迦牟尼佛白玉坐像,坐佛乃香港弘勋法师赠送。坐佛东侧供白玉卧佛祖师,白玉卧佛原系缅甸赠送高贯寺,藏经楼建成后,高贯寺转赠给大明寺。"藏经楼"匾额由赵朴初会长题书,藏经楼正厅两侧赵朴初集金刚经句题联为:"当知是处恭敬供养,不可以百千万劫说其功;若复有人受持读诵,已非于三四五佛种诸善根。"匾额及对联款署佛历2529年(大佛生于公元前544年阴历四月初八,大佛出生之年为佛历元年。藏经楼于1985年建成,即佛历2529年)。

【平远楼】

此楼位于大明寺庭院东侧"文章奥区"内,现为大明寺贵宾接待处。平远楼高三层，阔三间，单檐歇山顶。楼下前置卷棚廊，二楼槛窗横陈，三楼正中悬"平远楼"匾额。此楼初建于清雍正十年（1732年），由汪应庚建平楼，其孙汪立德增高为三层，取宋代画家郭熙《山水训》中："自近山而望远山，谓之平远。"以此句义命名为"平远楼"。咸丰年间毁于兵火，同治年间两淮盐运使方浚颐重建，增题"平远楼"额。光绪、宣统之际，楼已荒芜，"民国"二十三年（1934年）王茂如修复。1957年牮正维修。

【鉴真纪念堂】

此为纪念唐朝律学高僧鉴真而建。鉴真是当时淮南地区极有名望的佛教首领，他拜唐代律宗祖师道岸为师，受请东渡日本传法，于奈良东大寺设坛传戒，又创建唐招提寺，成为日本律宗初祖。鉴真是友好使者，他曾6次东渡，历时10年，虽双目失明而矢志不渝，在日10年不仅辛勤传法，而且把唐代绘画、书法、雕塑、医药、工艺、印刷、建筑等成就的文化带至日本，实际上是一僧团形式的文化代表团，他使魏晋以来中日两国人民友好相处的夙愿得以圆满实现。

纪念碑是梁思成一夜之间设计而成的，采用横式，周围边框突出，中间阴文镌字，正面为郭沫若题"唐鉴真大和尚纪念碑"，背面刻赵朴初在纪念堂奠基典礼上写的文章。这就打破传统格局，在传统基础上创新，有了时代感。底座的花饰采用莲花座作底，莲花座托碑，莲花座之上有卷叶草为主题的纹样花饰，原来梁思成在快设计完毕时感到"唐"这个字不好体现，陈从周立刻提议用该草为纹饰，因其是唐朝特有的草，以象征鉴真生活的年代。正堂完全仿照日本招提寺主体建筑金堂样式，只是形制由七楹变为五楹，金堂是鉴真当年亲自设计，保持了中国盛唐的建筑风格，又糅合了日本当时建筑的特点，现在纪念堂又仿照金堂，其用意当然是体现中日文化互相交融的特点。

纪念堂由我国著名建筑专家梁思成先生设计。坐北朝南，面阔五间，进深四间，四周高大的台基上粗可两人合抱的檐柱，柱为腰鼓状，柱头斗拱三重，线条浑圆飞动，正殿中央坐像为鉴真干漆夹像，是雕塑艺术家刘豫按照日本招提寺"模大和尚之影"而造，结跏趺坐，合闭双目，神态安详。殿前石灯笼是鉴真大师像回故里时，现招提寺住持森木孝顺长老所赠，已经十多年，长明不灭。

【栖灵塔】

隋文帝仁寿元年（601年）于大明寺内建栖灵塔，塔高九层，雄踞蜀冈，塔内供奉佛骨，谓之佛祖即在此处。可惜在唐武宗会昌三年（843年）一代胜迹化为焦土。1980年，鉴真大师塑像回扬"探亲"，各界人士倡议重建栖灵塔。

1988年，大明寺方丈瑞祥法师在该寺东园选址重建栖灵塔并立奠基石，仪式隆重。端祥法师圆寂后，能修法师主持大明寺工作，于1993年8月27日开机钻探，12月7日正式动工打桩。

能修法师欲以一流的风采，恢复当年栖灵塔之幽峻，专请扬州市建筑设计院精心设计，塔身方形、平面为22米×22米，底层面积484平方米。九级佛塔置于2.50米高的承台之上，塔下设地宫4.00米，主体结构为钢筋混凝土，木构楼阁式，总建筑面积1865平方米。风格仿唐，东西南北每面四柱三间，一门二窗，平座腰檐，平座与屋檐由斗拱支撑，出檐大而平，柱以腰鼓形、窗形直棂。塔高各层不一，第一层8.20米、第二层6.30米、第三层6.20米、第四层6.15米、第五层6.10米、第六层6.05米、第七层6.00米、第八层5.95米、第九层8.50米，塔尖10.55米，总高度为70.00米。

【仙人旧馆】

仙人旧馆位于大明寺西侧，院墙上有一八角形门洞，上嵌："仙人旧馆"砖额，此额乃星悟禅师所题。仙人旧馆由平山堂、谷林堂、欧阳文忠公祠三部分组成。

【平山堂】

进入仙人旧馆，便是古风流溢的"平山堂"，此堂初建于宋庆历八年欧阳修知扬州时所建。42岁的欧阳修初到扬州后，政务庞杂，应接尤多，但纲目不乱，关心民众，抨击暴敛，深受百姓爱戴。欧公在公务之余，寄情于山水诗酒，游目骋怀，筑平山堂作讲学、游宴之所，数月而成。平山堂前筑石台，围以栏槛，欧公亲植柳树，时称"欧公柳"。因望江南诸山，含青吐翠，飞扑于眉睫而恰与堂平；加之欧公内心所思，江南及各路诸才子，若可攀跻，寄此情于此景之中，故定堂名为"平山堂"。康熙帝南巡时，至平山堂题"平山堂""贤守清风""怡情""澄旷"四额，并制《平山堂》诗一首。乾隆元年（1736年）又整修山堂，规模益大。今日之平山堂是同治九年（1870年）盐运使方浚颐重建。其建筑为宏宇敞口，面南五楹，七架梁，前有卷棚廊。在明间北廊柱轴线上设落地罩，从罩到檐柱以北设走廊与"谷林堂"相连，今平山堂为方浚颐所题。1979年又大修平山堂，山堂面目一新，令人流连忘返。

【欧阳文忠公祠】

欧阳修，江西吉水人，生于北宋景德四年（1007年），卒于熙宁五年（1072年），字永叔，别号醉翁、六一居士，谥"文忠"。天圣年间中进士，北宋文学家、史学家、诗文革新运动的领袖，唐宋八大家之一。欧阳修于庆历二年（1042年），入京知谏院谏官，参与范仲淹的"庆历新政"，失败后遭贬谪，于庆历五年贬为滁州太守。庆历八年至扬州。一年后，因眼疾隐退，求移颍州（今安徽阜阳）。后仁宗对欧阳修被诬有所觉察，欧公于嘉祐五年（1060年）官至枢密副使（副宰相）。

欧阳修任扬州知府时，民感其德，曾建生祠于"旧城"，岁久祠废，后移于平山堂后。乾隆五十八年（1793年），盐运使曾按宫廷藏本临摹欧阳修图像悬于壁间，咸丰年间，祠毁于兵。光绪五年（1879年），两淮盐运使欧阳正墉集族人白金五千余，以楠木重建今日之欧阳文忠公祠。祠堂面南五楹，九架梁，单檐歇山顶，四周皆卷棚廊，挑角正檐，梁柱皆方，迎面装雕花隔门，次间后壁置落地雕花罩格。明设神龛，龛壁供欧阳修石刻像，此像于光绪五年九月由欧阳修裔孙江苏候补道欧阳炳按清宫内府藏本临摹滁州醉翁亭欧公画像。石刻像上方由欧阳正墉临摹乾隆壬申年（1752年）为欧阳修画像题之御书，欧阳修石刻像与题书由邗江著名石工朱静斋勒石，刀工精微，欧公容颜微笑，胡须纤细有波，加之石面稍凹，刻纹有反光作用，造成远看白胡须，近看黑胡须，此像不仅黑、白有变，而且从任何角度看，欧公双目均与观者对视可亲，欧公双足均向观者，栩栩如生，世称神品。

【谷林堂】

谷林堂位于平山堂北处，元祐七年（1092年）二月苏轼56岁任扬州知府时，八月离任，历时半年，苏轼为纪念恩师欧阳修建"谷林堂"，堂成后作诗曰："深谷下窈窕，高林合扶疏。"以诗的第一、二句的第二个字"谷""林"为堂名，宋以后久不存。清同治九年（1870年）盐运使方浚颐在真赏楼旧址处建今之"谷林堂"并题额，方浚颐题联曰："遗志在栖灵，稚竹老槐，风景模糊今异昔；开轩偕真赏，焚香酹酒，仙踪戾止弟从师。"额与联今无存。该堂坐北朝南，面阔五楹，七架梁，前后单步梁木构架，前廊置木栏，后为白粉墙，封檐封山。东山墙与大明寺大雄宝殿相连，堂上悬"谷林堂"额，三字系扬州浅刻家黄汉候集东坡法帖。东壁悬扬州书画家李亚如草书"谷林堂"诗，西壁悬《赤壁夜游图》，堂内陈设古朴、典雅。

【特色活动】

主题时间简介除夕撞钟活动每年12月31日晚游客撞钟迎新年、除夕宴会、席间小型文艺节目，向旅游者祝贺新年，发吉祥物鉴真文化节每年4、5月份赏琼花等。

三、何园

国家 AAAA 级景区　全国重点文物保护单位　晚清第一名园

【景区概况】

何园坐落于江苏省扬州市的徐凝门街。何园又名"寄啸山庄",是清乾隆年间双槐园的旧址。清同治年间,道台何芷舠(同"子")在双槐园的旧址上改建成寄啸山庄,园名取自陶渊明《归去来兮辞》"归去来兮……倚南窗以寄傲……登东皋以舒啸,临清流而赋诗"之意,以"寄啸"两字为园题名。辟为何宅的后花园,故而又称"何园"。光绪九年(1883年),园主归隐扬州后,购得吴氏片石山房旧址,扩入园林。

何园吸取了中国传统造园艺术的精华,又融入了西洋建筑的格调,形成了自己的特色。全园空间由东西花园、住宅庭院和片石山房三部分组成,建筑总面积7000多平方米,厅堂98间,主体建筑前后三进,全部用水磨砖砌成。《扬州览胜录》一书,称其为"咸(丰)同(治)后城内第一名园",是清代后期扬州园林的代表作。

【游览线路】

牡丹厅→船厅→贴壁假山→读书楼→水心亭→蝴蝶厅→桂花厅→太湖石假山→复道回廊→赏月楼→煦春堂(清楠木厅)→玉绣楼→骑马楼→石涛叠石→明楠木厅→水中月

【牡丹厅】

进入大门,就来到何园的后花园,整个后花园可分为东、西两部分。穿过"寄啸山庄"圆洞门就来到东园部分。东部以厅堂为中心构成一组院落,南面是嵌有"凤穿牡丹"砖雕的牡丹厅。这幅砖雕是扬州晚清时期一件不可多得的砖雕工艺品,正中还刻有牡丹、凤凰等图案,四周牡丹枝叶的形状有正有反,花纹有疏有密,刀工明快,线条流畅,整幅画面造型丰满、主题突出、层次分明、错落有致。

【船厅】

在东部所有建筑群中,最精致的要数北面的船厅。厅似船形,台阶前以鹅卵石、瓦片铺地,花纹作水波状,给人以水居的意境,北面铺丹凤朝阳,象征着吉祥、长寿。在船厅正厅两旁柱上有对联:"月作主人梅作客,花为四壁船为家。"

【贴壁假山】

船厅后侧风火墙上是一座秀丽的假山,长60余米,上有盘山道,下有空谷相通，水绕山行，遍植梅树，山上有座小亭，过小亭可登串楼。远远望去，假山就像一幅祖国的大好河山图。如果把风火墙比作画家笔下的宣纸，那么眼前的贴壁假山就是刚画好的山水画，拐弯处给人以悠远的感觉，令人无限遐思。

【水心亭】

如果说东园是何园的序幕，那么西园就是何园的主体。楼台的豪华，层次的深密，复廊的透迤曲折，山石的深幽空灵，在中国园林中也是独树一帜。西园以水地居中，空间开阔，四面设景，都以楼为主体，并有石板曲桥延伸至水池中央的水心亭。水心亭，顾名思义，是在"水中央"休息的地方。此亭是为了巧用水面和环园走廊的回声，增强其音响的共鸣效果而建，供园主人观赏戏曲、歌舞和"夏日招凉"之用。这种水心方亭，在扬州园林中称作"小方壶"，"方壶"即海中仙山。电影《红楼梦》《毕昇》，电视连续剧《青青河边草》等影视剧都把它作为拍摄的场景。

【蝴蝶厅】

西园楼台极富层次，在水池北面，有上下两层的七楹楼房，中间三间稍凸，两侧两间稍敛，歇山顶式建筑四角昂翘，就像振翅起舞的蝴蝶，称之为"蝴蝶厅"。这里原为园主人接待宴请宾客之处，所以也称"宴厅"。这些厅堂一个个都装扮得极为富丽，厅内木壁上雕刻有历代名碑字画。如苏东坡的竹，郑板桥的兰，唐寅的花鸟，曹操的诗等，雕刻面积达140平方米，从这些书画作品美术工艺中，可以看出画家飞逸的翰墨，雕刻家明快的刀刃、流畅的线条，都得到了极为细致的体现。

【桂花厅】

在水池的西面古木相映，绿意盈野，花丛中矗立三门厅房，这就是桂花厅。厅前种有大量的金桂、银桂、丹桂、四季桂等，每当中秋佳节，桂子月中落，花香云外飘，此厅是赏桂的最佳处，因此称之为"桂花厅"。

【太湖石假山】

在水池的南面有太湖石假山一座，峰高约14米，是全园的最高处，有险壁、悬崖、奇峰、幽岩，或如一人，或似一物，或像群猴嬉闹，或如雄鹰高踞，底部还有梅花三洞，互相串联，碧水灌注其中，远远望去，显得幽深清冷。这里是何园的边缘，仅一墙之隔就是园外，而游客们看着眼前高耸的假山边缘，定会产生"正人万山圈子里，一山过后一山拦"的感觉，这就增加了景深，开拓了意境。而整座假山既有盘山曲道，直达山顶，又与山脚空谷相连通。园主人在工作之余，来此散步之际，既可沿山道玩味山石奇趣，又可登山

顶俯视全园美景，还可来到山谷品味纳凉，叙谈话旧。

【复道回廊】

西花园的楼台虽然参差不齐，但却极富层次，虽为单体建筑，却也浑然一体。其中起纽带作用的就是复廊了。复道回廊是何园建筑的一大特色，全长430米，并把整个后花园的主要景点和玉绣楼贯穿起来。它分上下两层，形成立体面，起到分离客流的作用。漫步复廊里欣赏全国美景，还可以观赏到水心亭上的戏曲表演。即使在下雨天，也能免遭淋雨之苦，从这一点可以看出构园者用心良苦、独具匠心。

廊的东南两面都开有漏窗，有的用水磨花花窗作为分隔，有的直接开成空心窗洞，置两排平行12个什锦花盆，有折扇形、花瓶形、梅朵形、海棠形。这样人在廊上走，就可以看到外面的景色，加深了园林的层次，使花园与住宅相互关照，增加了园林内部环境气氛的曲折变化，各景之间相互呼应。从复廊曲折南行，一幢重檐歇山顶建筑便是"赏月楼"，这里是主人母亲居住的地方，廊旁铁栏花案刻有"延年益寿"的字样。

【煦春堂（清楠木厅）】

住宅区主要由一座面积约160平方米的煦春堂和两座七开间的西洋楼组成，煦春堂是一幢单檐歇山顶建筑，整座煦春堂大厅分正厅、耳厅，是目前扬州市保存最大、最完整的楠木厅。正厅大门两侧，融合了西方建筑方法，选用整块4平方米玻璃配成窗，有利于采光。在朝南一面走廊上有13个西式木雕月牙门，上面雕有折枝、牡丹花和牡丹花篮，象征着主人对如意、美好、吉祥、富贵生活的神往。

【玉绣楼】

楠木厅后面有两进具有异国风格的双层楼房，叫玉绣楼，共有28间，中西合璧，新颖别致。这里曾是小姐闺房，是园主人女儿居住的地方，顶上廊板中有个方孔，配有滑轮升降，这是专为小姐输送食物和茶水之用的。

庭院区的各栋住宅，它们有一个共同的特点，都带有西方建筑特色，这是因为园主人从小留学过欧洲，接受了外来文化的影响。

【石涛叠石】

在何园东端还有一个规模不大的"片石山房"。何园自古就有大花园、小花园之说，如果把何园比作大花园，那么小花园就是园中之园片石山房了。片石山房，原名"双槐园"，是清朝初期画坛巨匠石涛叠石造园的唯一遗迹。后因年久荒废，仅有假山主峰残石倚墙而立。1989年年底进行了修复，使胜景得以再现。石涛是清代著名的山水画家，明朝宗室的后裔，明朝灭亡之后，为避免清统治者的迫害，出家为僧，亡国之痛使之寄情于山水，并在叠石时将胸中郁愤转化为佳山秀水。石涛死后葬在扬州蜀冈。

片石山房门厅处置有一滴泉，形成"注雨观瀑"之景。水池前一厅为复建的水榭，厅中以石板进行空间分隔，一边为书屋，另一边为棋室，中间是涌动的泉，并配置琴台，琴棋书画合为一体。在池的南面有三间水村，与假山主峰遥遥相对，高山流水，此情此景正能体现石涛的诗意："白云迷古洞，流水心檐然。半壁好书屋，知是隐真仙。"

【明楠木厅】

在园中之园的东面的楠木厅，是整个何园保存年代最久的一幢建筑，距今已有400多年历史。它结构严谨，典雅端庄。在楠木厅西侧有一"不系舟"，临池停泊，坐在船上俯视池中游鱼，就像游船正从外面远航回来，其乐无穷。楠木厅东院墙上嵌有砖刻"片石山房"四字，是后人临摹石涛真迹而放大的。

【水中月】

假山之上，用连皮杉木新建的半亭，名为"葫芦亭"，充满野趣。假山丘壑中的"人工造月"堪称一绝，光线通过留洞，映入水中，宛如明月倒影。在西廊壁上新刻了碑文，选用石涛诗文等九篇。壁上还嵌置一块硕大镜面，整个园景可通过不同角度映照其中。

片石山房虽占地不广，却使廊、厅、亭、假山与水达到有机的统一，给人以动中有静、静中有动的意境，在有限的天地中给人以无限的遐思。

四、个园

国家 AAAA 级旅游景点　全国重点文物保护单位

【景区概况】

个园位于扬州市内东关街318号宅后，原为寿芝园旧址。寿芝园之叠石，相传为清初大画家石涛手笔。清嘉庆二十三年（1818年），两淮盐总黄至筠在明代寿芝园的旧址上重建。黄至筠认为竹本固、心虚、体直、节贞，有君子之风；又因三片竹叶的形状似"个"字，取清袁枚"月映竹成千个字"的句意命名"个园"。苏东坡曾说："宁可食无肉，不可居无竹，无肉令人瘦，无竹令人俗。"道出了园主人以竹命名的本意。

个园以假山堆叠精巧而闻名于世。运用不同的石头，分别表现春夏秋冬景色，号称"四季假山"。入园，春景选用石笋插入于竹林中，着重雨后春笋；夏景于荷花池畔叠以湖石，过桥进洞似入炎夏浓荫；体现秋景的是坐东朝西的黄石假山，峰峦起伏，山石雄伟，登山俯瞰，顿觉秋高气爽；冬景采用雪石堆叠的雪狮图如隆冬白雪。透过冬山西墙圆形漏窗，又可窥见春晖融融的春山，体现了前呼后应的构筑匠心。游园一周，如隔一年。体现了画家所谓"春山淡冶而如笑，夏山苍翠而如滴，秋山明净而如妆，冬山惨淡而如睡"和"春山宜游，夏山宜看，秋山宜登，冬山宜居"的画理。

【春山】

园的入口处，造园者别具匠心地设置了一组竹石小景，开宗明义地点出了这座园林以竹、石为中心的主题。花台上翠竹亭亭，竹间叠放了参差的松布石笋，远远看去，就像刚破土的春笋，缕缕阳光把稀疏竹影映射在园门的墙上，形成"个"字形的花纹图案，烘托着园门正中的"个园"匾额。那在微风中摇曳的新笋又象征着春日山林，这一真一假的竹景，被前面住宅部分的白墙一衬，立于园门两边，很有"春山是开篇"的意味。领略到春回大地，气象万千的感觉。这就是个园著名的四季假山景中的春景。

【宜雨轩——夏山】

园门内的一座四面厅原先称为桂花厅，现在匾额上已改名为"宜雨轩"。从厅中朝南而望，到处是绿意盎然，近处是青竹、丛桂。透过围墙上四个水磨石砌的漏窗及月洞门，可以看到竹石小景。近景远景既内外有别，又隔而不闭。这种以内外互对互借来增加入园第一景的深度的造园手法，这是个园的独特之处，可谓别出心裁。

夏山是一座苍古浓郁、玲珑剔透的太湖石假山，山下有石洞，山上有石台，形态多变，形状宛如天上的云朵。山前有一泓清澈的水潭，水上有曲桥一座，通向洞口，巧妙地藏起了水尾，给人以"庭院深深深几许"的观感。池中遍植荷花，一眼望去，"映日荷花别样红"，突出了"夏"的主题意境。

走在曲桥上，可以饱览夏山的秀色，可谓是佳景俏石，使人目不暇接。洞室内石隙中落下丝丝光线，忽而又豁然开朗。小池里的水又分出一支流入洞中，加上湖石色呈青灰，夏日在洞中赏景，更觉凉爽。洞室可以穿行，拾级而上，转上数转始到山顶。上有一小亭子孤立于假山之上。亭前留有一株古松，伸出崖际，增添了夏山的葱郁的气氛。站在亭中，回首再看假山，在山洞石缝中，广玉兰盘根错节，石阶两旁，雨打芭蕉亭亭玉立。走在其间，只见浓荫泼洒，绿影丛丛，真让人感到心旷神怡。

【秋山】

如果夏景是以有清新柔美的曲线的太湖石表现秀雅恬静的意境，那么秋景则以黄山石粗犷豪放的直线表现雄伟阔大的壮观。因为黄山石既具有北方山岭之雄，又兼南方山水之秀，因此秋山是个园最富画意的假山。整座假山，都用悬崖峭壁的安徽黄石堆就，其石有的颜色呈储黄，有的赤红如染。假山主面向西，每当夕阳西下，红霞映照，色彩极为醒目。在悬崖石隙中，又有松柏傲立，其苍绿的枝叶与褐黄色的山石恰成对比，宛如一幅秋山图景。山巅建有四方亭，人在其中，俯瞰四周景观，往北远眺绿杨城郭、瘦西湖、平山堂及观音山诸景又一一招入园内，这也是中国传统的造园手法之一——借景。在我国古代，向有秋日登高远望的传统。个园黄山石是全国的制高点，又以重阳登高来渲染秋的主题。

秋山的外形高峻突兀，内部结构复杂。石洞、石台、石磴、石梁与山中小筑交错融合在一起，形成一条扑朔迷离的山中立体游览通道，它不仅有平面的迂回，更有立体的盘曲。

【透风漏月轩——冬山】

园内有一处幽静的景区，这区域的主体建筑是一座南北敞达，东西用墙围闭的小厅，这些建筑给人的感觉好像带了某些"京味"。这些房子，屋角起翘较小，屋面较平缓，造型显得比较厚重，为什么呢？原来在清朝盛世，帝王南巡，都要在扬州游玩。扬州盐商经济实力雄厚，为了所谓的"迎銮"，费尽心机来揣摩皇帝的喜好，因而有不少园林建筑就仿照了北京建筑的款式，渐渐地，扬州园林中有些建筑也带有了某些"京味"。这幢叫作"透风漏月轩"的小厅也不例外。

在厅的南面有一座用宣石平叠的花台，台上倚着花园的南界墙，又有宣石堆起的小型倚壁假山，这就是冬山。宣石产于安徽的宣城，其色洁白如雪，人们又称它为雪石。这一景区，原是冬日围着火炉，边赏雪边品茶的地方。为了使假山在不下雪之时仍有雪意，便将宣石山置于南界墙北面的墙下，从厅中望去，台上小山一色皆白，犹如积雪未消。因为宣石中含有石英，其色虽白，但在阳光下会闪闪发光，如将其置于向阳处，就与赏雪的主题有些相违，冬山背阴，也可见叠山家观察得仔细了。

宣石山的东侧界墙外，便是个园的入口处。为了使冬天的意味更足，造园家在墙上有规律地排列了24个圆洞，组成一幅别具一格的漏窗图景。每当阵风吹过，这些洞口犹如笛箫上的音孔，会发出不同的声响，像是冬天西北风呼叫，以声来辅助主题意境。更为奥妙的是，通过那几排透风漏月的圆润，看到的是春景的翠竹、石笋。让人产生"冬去春来"的联想。

第三节 热门景区

一、汉陵苑

扬州汉陵苑，又名汉广陵王墓博物馆，是1992年5月建成并对外开放的一处扬州人文景观。地处古邗沟的源头、汉广陵古城的南城垣、相别桥东侧的神居山之上；东临铁佛寺，南望笔架山，西接汉唐古城、平山堂，北近雷塘隋炀帝陵和阮元墓，现址占地3.3万平方米，为国家AAA级景区。

汉陵苑是瘦西湖蜀岗风景名胜区的重要旅游景点之一，更是名胜区内的一颗流光溢彩的明珠。苑内地形起伏，林木葱郁，仿汉建筑古朴雄浑，是一处集文物与园林于一体，反映扬州汉代文化的展示中心。

"黄肠题凑"是中国古代一种特殊葬制，它与玉衣、梓宫、便房、外藏椁同属帝王陵墓中的重要组成部分。"黄肠"是指黄心的柏木，"题凑"是指题头向内拼凑而成的结构，即是以木代砖，在棺外垒墙围之。广陵王刘胥墓中的"黄肠题凑"，以楠木作构件，每块题凑尺寸大小有别，四面企口高低错落有序，块块紧扣，层层相叠，坚固细密，宛如魔方，放错一块，无法复原。与全国出土的10座"黄肠题凑"墓相比，其用料之大、制作之精、结构之严、保存之好，确为惊世之作，堪称世界之最。

目前，苑内主要展示了西汉第一代广陵王刘胥及王后的木椁墓，规模宏大，结构严谨，是全国罕见的大型汉代墓葬之一，距今已有两千多年的历史。另外，还包括"兴盛的汉代扬州"陈列、"扬州第一女"——刘细君专题展和新开发的汉代娱乐活动。

二、汪氏小苑

汪氏小苑坐落在东圈门历史街区地官第14号，是扬州保存最为完整的清末民初大型盐商住宅之一。占地3000余平方米，遗存老屋近百间，建筑面积1600余平方米。小苑组群布局规整：住宅横为三路并列，纵为主房三进延伸，前后中轴贯穿，左右两厢对称，体现儒家中庸之道思想。正厅旁厢边廊，堂后寝室耳房，体现尊卑有等、男女有别的封建伦理观念。构屋取奇数组合，体现奇数为阳、偶数为阴的神秘风水意识。住宅庭院比例均衡，通风采光充足，纵横互联相通，内外分合自如，是扬州大宅门传统格局形式之一。

庭园玲珑精巧：厅前屋后辟"可栖""小苑春深""迎曦"小苑，使住宅小苑糅合为一体，曲折多变。装修雕琢精湛：木雕、砖雕、石雕与装修、墙面、地面巧妙结合，交相辉映。取材珍贵，有汉白玉、金丝楠木、红木、柏木等；技法多样，有阴刻、平、浅、深浮雕、单面、双面透雕；题材丰富，有几何图案、飞禽走兽、花鸟鱼虫、人物山水，寓意深刻。文史蕴含深厚：门楣、石额、匾额、楹联包含书法"楷、隶、行、草、篆"，出自名家佳作，用典精巧，耐人寻味，且与小苑内环境融为一体，相映成趣。秘闻鲜为人知：苑内有暗门、暗室、暗壁、暗阁、暗藏宝洞、地下室等。

三、史公祠

史公祠位于扬州市史可法路南端梅花岭畔，是明末抗清英雄史可法的祠堂，内建史可法衣冠墓。墓前为"史可法纪念馆"，馆内陈列有史可法 2 米高的塑像和多幅史可法手迹，以及其他珍贵的文物资料。

史可法是河南祥符县（今开封市）人，生于明万历三十年（1602 年），他为官清廉，政绩卓著，是明末著名的政治家。史可法曾拜东阁大学士兼兵部尚书，督师扬州。清摄政王多尔衮，以数万人马进攻扬州，多次劝降，史可法不应，终因寡不敌众，扬州失守。自刎未成被俘，不屈就义，时年仅 44 岁。扬州是江南顽强抵抗清军的第一座城，也是清军入关以来首次遇到的军民一体的坚强抵抗。清军为了对扬州人民进行报复，也是想杀一儆百，多铎下令，烧杀抢掠持续 10 天。扬州城破后，史可法就义已 12 天，由于当时天气较热，尸体腐烂不能辨认。次年，史可法义子史德威葬史可法衣冠于扬州梅花岭下。乾隆四十一年（1776 年）正月追谥"忠正"。因此牌坊上题额为"史忠正公墓"。

1962 年史可法 360 周年诞辰，当代大文豪郭沫若作诗以为纪念，"国存与存亡与亡，巍峨庙貌甚堂堂，梅花岭下遗香在，铁煅何时返故邦"。

进入庭院，首先映入眼帘的是悬挂在史可法墓前上的一副楹联："数点梅花亡国泪，二分明月故臣心，"是由清代文人张尔所撰。

四、吴道台宅第

建于 1904 年，坐落在扬州市区泰州路中段，是江苏省文物保护单位。当年宅主吴引孙道台（光绪乙卯年中举，曾任广东、甘肃、新疆、浙江布政使、巡抚等职）用 40 万两纹银，邀其表兄周颖孝督建，从浙江请设计施工人员，仿造宁绍台道衙署，结合扬州建筑风格，建设而成。

吴道台宅第原占地面积 7930 平方米，建筑面积 5584 平方米，现存面积 2650 平方米，坐北朝南。原有五条轴线，吴道台宅第除住宅部分外，在原北河下街东面，有一花园，名为"芜园"；北面有吴氏祠堂。1945 年夏天发生火灾，烧毁将近 3/5 的面积。日军侵占扬州时又强行将花园与祠堂铲平，作为日军的练兵场。

现存的第二条轴线至第五条轴线均为住宅部分，吴道台宅第呈四方形，四周均为青砖垒砌的高大风火墙。现存建筑由大门厅、测海楼、小洋楼、观音堂、大仙堂、爱日轩、轿厅、仪门、照壁等组成。整个宅第融入了中国古典建筑与西洋古典建筑的特色，展现了中国古典文化与旧时官府文化的精髓，是不可多见的古典建筑之一。

五、八怪纪念馆

"扬州八怪"是清代活跃在扬州画坛上的一批具有创新精神的画家。扬州八怪纪念馆是宣传和弘扬扬州八怪艺术成就的专业纪念馆。纪念馆占地 4452 平方米。现存古建筑明代的楠木大殿，今辟为主展厅，来展示 18 世纪扬州的风土人情，便利的交通，繁荣的经济。

东西廊房及珍品陈列厅，陈列有"八怪"书画及扬州书画家代表作，供游客品赏。还有金农寄居室复原陈列，展现"八怪"书画创作生活的历史氛围。馆内保存有千年古树，增设了假山水池，绿草如茵，洁净清幽，是扬州独具特色的参观游览景点。

扬州八怪生前即声名远播。李鱓、李方膺、高凤翰、李勉，先后分别为康熙、雍正、乾隆三代皇帝召见，或试画，或授职。乾隆八年（1743 年），乾隆皇帝见到郑燮所作《樱笋图》，即钤了"乾隆御览之宝"朱文椭圆玺。乾隆十三年（1738 年），乾隆皇帝东巡时，封郑燮为"书画史"。罗聘尝三游都下，"一时王公卿尹，西园下士，东阁延宾，王符在门，倒屣恐晚；孟公惊座，觌面可知。"

扬州八怪大胆创新之风，不断为后世画家所传承。近现代名画家如王小梅、吴让之、赵之谦、吴昌硕、任颐、任渭长、王梦白、王雪涛、唐云、王一亭、陈师曾、齐白石、徐悲鸿、黄宾虹、潘天寿等，都各自在某些方面受"扬州八怪"的作品影响而自立门户。他们中多数人对"扬州八怪"的作品作了高度评价。徐悲鸿曾在郑燮的一幅《兰竹》画上题云："板桥先生为中国近三百年最卓绝的人物之一。其思想奇、文奇、书画尤奇。观其诗文及书画，不但想见高致，而其寓仁悲于奇妙，尤为古今天才之难得者。"

六、东关街历史街区

东关街是扬州城里最具有代表性的一条历史老街。它东起古运河边，西至国庆路，全长1122米，街道路面为长条板石铺设，这条街以前不仅是扬州水陆交通要冲，而且是商业、手工业和宗教文化中心。东关街拥有比较完整的明清建筑群及"鱼骨状"街巷体系，保持和沿袭了明清时期的传统风貌特色。街内现有50多处名人故居、盐商大宅、寺庙园林、古树老井等重要历史遗存，其中国家级文保单位2处，省级文保单位2处，市级文保单位21处。这种"河（运河）、城（城门）、街（东关街）"多元而充满活力的空间格局，体现了江南运河城市的独有风韵。

繁华的东关街上曾经"老字号"云集，有1817年开业的四美酱园、1830年的谢馥春香粉店、1862年的潘广和五金店、1901年的夏广盛豆腐店、1909年的陈同兴鞋子店、1912年的乾大昌纸店、1923年的震泰昌香粉店、1936年的张洪兴当铺、1938年的庆丰茶食店、1940年的四流春茶社、1941年的协丰南货店、1945年的凌大兴茶食店、1946年的富记当铺，此外，还有周广兴帽子店、恒茂油麻店、顺泰南货店、恒泰祥颜色店、朱德记面粉店等。这里是扬州手工业的集中地，前店后坊的连家店遍及全街，如樊顺兴伞店、曹顺兴箩匾老铺、孙铸臣漆器作坊、源泰祥糖坊、孙记玉器作坊、董厚和袜厂等，现在有些仍在经营。

和东关街紧紧相连的是东圈门的古街区，集中了众多古迹文物：有逸圃、汪氏小苑，全国重点文物保护单位个园，还有扬州较早创办的广陵书院、安定书院、仪董学堂，和明代的武当行宫、明代的准提寺等。

七、扬州中国大运河博物馆

扬州中国大运河博物馆，简称"运博"，选址江苏扬州三湾，占地200亩（约13.3公顷），总建筑面积约8万平方米，主体由大运塔和博物馆两部分组成，是集文物保护、科研展陈、休闲体验于一体的现代化综合性博物馆。

展陈面积约1.8万平方米，内设11个专题展览。专题展览计划以大运河发展变迁为时间轴，空间上涵盖大运河全流域，并重点展示大运河带给民众的美

好生活。

博物馆整体基调为唐代建筑风格，由中国工程院院士、中国建筑西北设计研究院总建筑师张锦秋领衔设计。

博物馆整体馆形采用了巨型船只造型，同时融入风帆元素，就像运河边一艘即将扬帆起航的巨船。大运塔则以唐塔的风格设计，塔高百米，可通过馆顶建设的长虹卧波式长廊进入高塔。大运塔距离文峰寺的文峰塔大概 1.2 千米，距离高旻寺天中塔大概 4 千米，站在三湾风景区最高的观景台远眺，南北两方分别可以看到一座塔尖：北边是文峰塔，曾是唐代高僧鉴真东渡日本的起点；南边是天中塔，曾是清朝皇帝的行宫所在。文峰塔、大运塔、天中塔在运河边形成了"三塔映三湾"的景观

大运河塔

作为大运河文化带建设的标志性工程，扬州中国大运河博物馆主体部分已基本完工，正在进行内部装修和周边环境提升。100 多米高的"大运塔"巍然耸立，博物馆主体部分犹如一艘行驶的巨轮，散发出独特的历史人文气息。

展览陈列

中国大运河博物馆的展览将全流域、全时段、全方位展示中国大运河的历史和文化。展览的总体定位是"运河带来的美好生活"，共设有"大运河——中国的世界文化遗产""因运而生——大运河沿岸的传统生活""大运河两岸非物质文化遗产""世界知名运河与运河城市""中国大运河艺术史诗""紫禁城与大运河""隋炀帝与大运河""运河与自然展""运河上的舟楫""流动的文化——中国大运河""探索大运河：青少年互动体验展"等 11 个专题展。

第四节　特色文化

【扬州评话】

扬州评话，又叫扬州评词，是以扬州方言说表的古老曲种，流行于江苏北部和南京、镇江、上海等地。"看戏要看梅兰芳，听书要听王少堂"，王少堂是现代扬州著名的评话表演艺术家。

扬州评话，始于明末，兴于清初，到清代中叶达到极盛阶段。在艺术上扬州评话以描写细致、结构严谨、首尾呼应、头绪纷繁而井然不乱见长，讲求细节丰富，人物形象鲜明，语言生动有趣。艺人在创作和表演时，还刻意渲染

扬州本地风光，充满了浓郁的地方色彩。它演出方便，表演不需舞台、不需化妆，亦不要道具、布景和音响设备，只要一张桌子和一把椅子即可演出。说者多为一人，说中夹评，只说不唱，以扇子、手帕为道具，以醒木击桌加强气氛。表演时注意运用口技，绘声绘色；一人多角，以手、眼、身、步、神与口头说表紧密配合，使观众如见其人，如闻其声，如入其境。

扬州评话的传统书目十分丰富，已经发掘整理出来的有20余部，《水浒传》和《三国演义》是其中的代表作。新创作的书目，近年来也多有问世，在全省、全国的曲艺会演中屡获奖励。

【扬州八刻】

扬州雕漆嵌玉。扬州特有工艺，或用木坯做胎，或用夹苎脱胎，再用涂漆至白层左右，然后用刀制出浮雕，但是要求线条圆滑，不见刀痕。雕漆嵌玉因原料价值昂贵，工艺细腻精巧，所以显得富丽华贵，属于高档的装饰品。在扬州民间流传的，多为刻漆、雕填、雕漆一类制品，扬州是书画之乡，名人的字迹、画迹刻在雕漆上，显得特别雅致。郑板桥长期卖画扬州，遗作极多，扬州的雕漆往往刻几页兰、一竿竹、一段桥板体的题词、一方朱红的"七品官耳"，悬于壁间，颇见地方风采，别有情趣。漆雕工艺源远流长。扬州郊区所发掘之汉代墓葬，已可见若干雕漆器皿。唐代扬州的"剔红"雕漆名气很大。扬州高僧鉴真东渡日本即携有雕漆制品。

扬州玉器。工艺精湛，许多玉雕作品进入皇宫的珍宝馆，其中最著名的是玉山"大禹治水"，高224厘米，宽96厘米，座高60厘米，重5000千克，是清宫中最大的玉雕，现藏于北京故宫博物院；用新疆和田青玉制，以《大禹治水图》画轴为稿本，历经6年，于乾隆五十二年（1787年）在扬州雕成。

扬州木刻。木刻小件多选椴杨木，雕刻成鸟、兽、鸭、蝶等小件，饰以彩绘，可以做装饰品，可做玩具。园林匾对亦多木雕，刀法精细，以保留笔锋笔意者为贵。

扬州砖刻。城乡保存至今的明清建筑上，有不少刻画作为装饰。砖刻的内容多为人物、山水、花卉、虫鸟之类，精致者中心镂空，富于立体感。

扬州竹刻与牙刻。这些大都属文人用品，用竹刻制成的扇骨、镇纸、笔筒、笔山、砚盒之类，水磨以后施以线刻，经常是仿制古代名人书画，涂以青绿，属于雅饰。也有以竹刻为庭院对联或者在竹器上雕刻的。在象牙件上雕刻，自然是小饰品，或为插屏，或为镇纸，或者制成物形，刻以书画。也有一种微雕，微而不乱，功力惊人。从事竹刻、牙刻的，往往本身就是书画名家。

扬州石刻。往日扬州多庙宇，亦多衙门、多石狮、石鼓，大户人家的门边往往也有长方形石鼓，一方面以示威严，另一方面也与建筑形成一体。扬州制作的石狮具有温驯、玲珑、娇憨之南方特色。

扬州剪纸。在国内外享有盛名，由于需要者日益增多，刻纸业逐渐兴起。刻纸用刀如用笔，以画稿为草本，在方寸之间刻有景物、人物，纤毫毕具，线条清晰，常令人爱不释手。因为用料普通，所以能够成为扬州千门万户的日常装饰。

漆、玉、木、砖、竹、牙、石、纸以外，扬州还有核刻与瓷刻。核刻常用桃核，在一颗桃核上，刻制一舟、一楼、一宅、一山，景物依稀，人物布置其间，或坐或卧，或老或少，栩栩如生。这是精品。至于一般核刻，常制成一只倦鸟、一只玩猴、一枚鲜果，作为坠饰，别有情趣。至于瓷刻，往往以扬州著名画家为蓝本，刻在挂屏插牌或其他装饰性瓷件及使用器皿上，以增加文化色彩和艺术趣味。

【扬州盆景】

扬州盆景是我国优秀的传统艺术之一。它始于唐代，盛于明清，为我国树桩盆景的五大流派之一。扬派盆景受扬州明清时期画风的熏陶，并受古城造园、养花传统的影响，形成了自己独特的风格。它仿效名山大川，借鉴山水名画，方寸之间，意境阔大。造型严谨而富有变化，清秀而不失壮观。"一寸三弯，功在剪扎。"品种多达五六十种，在国内外享有盛誉。

【淮扬菜】

淮扬菜，是世界知名的中国四大菜系之一，以其独具的风味特色，倾倒了海内外无数食客。淮扬菜是长江中下游（扬子江）、淮河中下游的代表风味。扬州是淮扬菜的中心和发源地。

在西方，知"清炖狮子头""扬州炒饭"者大有人在。大洋彼岸也不时电话订餐，指名要"文思豆腐"之类的名菜。在海内，淮扬菜更是广布各地，成为人们追求一尝的对象。例如，北京的钓鱼台国宾馆、人民大会堂和北京饭店，淮扬菜也历来都是主供风味之一。这些，与淮扬菜在漫长的历史优选中所积淀的艺术与科学内蕴有着密不可分的关系。由此也就可以理解，新中国成立之初"开国第一宴"用淮扬菜，自非偶然的选择。时至今日，淮扬菜更是名厨辈出，高手如林。他们不仅继承、发扬了优良传统，而且深谙创新是发展之灵魂、兴盛之动力的道理，不断开拓、创新，创新菜点层出不穷，创新宴如红楼宴、满汉全席、板桥宴、梅兰宴等也接踵而至，并且引起海内外的广泛兴趣。淮扬菜正稳步走向新的高度。

特色菜：三丁包、大煮干丝、翡翠烧卖、蟹粉汤包、千层糕、魁龙珠茶、蟹黄包、扬州干丝、霉干菜包、清炒虾仁、蟹粉干丝、蟹黄汤包、蒸饺、蟹粉狮子头、虾仁、千层油糕、煮干丝、油糕、扬州炒饭……

【扬州三把刀】

扬州三把刀,即扬州厨刀(美食)、扬州修脚刀(沐浴)、扬州理发刀(美发美容),以其固有的休闲性和大众性,成为极具影响力和开发价值的文化品类而日益凸显出来。

扬州三把刀,是一个历史品牌。2500年来,扬州在汉、唐、清的几度繁华,催生并刺激了三把刀行业的发展与兴盛;几度衰落,又"逼迫"并推动扬州先民怀揣三把刀背井离乡、扎根外埠、漂洋过海、艰苦创业。历经千年风雨深邃磨砺的扬州三把刀走出了本乡,走向了全国,走向了世界。如今,以"厨刀"成就的淮扬菜成为中国四大菜系之一,以"修脚刀"叫响的"扬州沐浴"的招牌高挂各大都市的浴城温泉,以"理发刀"为标志的美发美容业赢得众人的青睐,扬州被公认为三把刀的故乡、摇篮与源头,三把刀成为扬州悠久历史的又一重要载体和象征。

【维扬灯会】

一年一度的灯节,阴历正月十三上灯,十八落灯,十五是高潮,称元宵佳节。传统的维扬灯会就在这时举行。《望江南百词》中说:"扬州好,灯节庆元宵。绛蜡满堂家宴集,金龙逐队市声嚣,花鼓又高跷。"

扬州扎彩灯,集彩扎、裱糊、书画、诗文、剪纸、刺绣、编结等技艺于一体。灯的式样很多,有简单普及的兔子灯、西瓜灯、元宝灯、荷花灯、蛤蟆灯……有工艺复杂的龙灯、船灯、麒麟灯、寿星灯……还有扬州特产琉璃灯。维扬灯会还和猜谜结合起来,称为灯谜。

【节令习俗】

正月十三、十五晚上吃圆子,十八晚上吃面,俗称"上灯圆子落灯面,正月十五过小年。"

"二月二,龙抬头"。到了二月,春意萌动,天气渐暖,春耕大忙即将开始。扬州民俗,出嫁女儿于二月初二带子女回娘家小憩。故扬州有"二月二,龙抬头,家家带活猴(外孙)"之说。

百花生日。阴历二月十二为百花生日,也称花朝。扬州时俗,花朝日用红布条系在花枝上,谓之挂红,用祈良辰美景,百花繁盛。

三月初三,是传统的踏青挑荠之日。民谚有"三月三,荠菜花赛牡丹"之说。踏青挑荠,采回荠菜,或包饺子,或做圆子,滋味特别鲜美。此外,三月三还是江都仙女庙逢集的日子。

立夏尝新。立夏之时，早种的果蔬菜已成熟登盘。扬州人立夏所尝之"新"，有樱桃、新笋、青蚕豆、扬花萝卜、鲥鱼或咸鸭蛋。此外，扬州人还有立夏称体重，吃绿豆糕、茶叶蛋的习惯，说是这天吃了茶叶蛋，夏天可以不中暑。

端午节在五月初五，扬州人口语称"五月节"。五月节前几天，家家户户就忙着包粽子。粽子是用新鲜芦叶（俗称粽络）包裹糯米制成，有的还掺红豆、蚕豆瓣、红枣、咸肉、鲜肉、火腿、香肠等，味更鲜美。这天，扬州人有用百草水洗澡，午饭喝雄黄酒和吃"十二红"的习俗，还有插蒲艾以驱邪和用艾草烟熏室内的习俗，也有划龙船的习俗。

六月六晒伏。扬州有"六月六，家家晒红绿"的说法。"红绿"是指五颜六色的衣物。此俗现在已不限于六月初六，只要进入伏天都可以晒衣物，故又称"晒伏"。六月六，扬州还有吃饺子的习惯，说是这天吃了饺子不会疰夏。

六月十九观音会。相传阴历六月十九为观音菩萨生日，扬州信佛的男女都要到观音山烧香，人如潮涌，热闹非常。四乡八镇的人，也都纷纷赶来。上山的路上，有些特别虔诚的信徒，在膝盖上绑了纸，走三步就叩一个头。六月十九算是正日，但六月初一就开始有人烧香，直到六月二十以后，才算完了香事。

乞巧节。七月初七，相传为牛郎织女相会之日，扬州人有七月初七看巧云和月下穿针应"巧"的习俗。旧时七月初七出生的孩子，多取名"巧"字。

第五节　综合训练

训练项目一：以扬州为例，介绍中国饮食文化

【目的和要求】

（1）了解中国饮食文化的起源、历史，中国饮食主要风味流派。

（2）掌握淮扬菜的主要特点、著名菜品的历史典故、主要制作工艺、风味特色等。

（3）了解淮扬菜的小吃种类，著名点心的制作工艺等。

【准备】

（1）查阅中国饮食文化的相关知识。

（2）查阅关于淮扬菜的主要知识。

【步骤】

（1）查阅资料，了解中国饮食文化的历史、中国饮食主要风味流派的各自特点。

（2）实地考察，了解淮扬菜系的主要特点，风味名菜、著名点心的制作工艺等。

（3）现场品尝，增加对主要名菜、风味点心了解。

【考核】

（1）可以分小组进行，就某一个知识点，进行深入探讨，并撰写实习报告。

（2）举办主题美食节，参照著名菜品、点心，自己动手制作。

训练项目二：餐饮服务

【目的和要求】

（1）了解导游餐饮服务中可能遇到的问题。

（2）掌握餐饮服务中导游常用的应对技巧。

（3）体味导游餐饮服务技能的优化关键点。

【准备】

（1）旅游消费合同和游客的详细名单（包括籍贯、年龄、性别、民族等）。

（2）地域、民族特点等旅游常识。

（3）根据名单对游客进行分类，查阅资料了解其饮食习惯和偏好。

【步骤】

某山东济南团队到扬州旅游，请根据游客的要求科学合理安排餐饮，并处理以下特殊要求：

（1）部分游客对预订的团队餐不满，不愿吃荤，不吃油腻辛辣食品。

（2）游客用餐前两个小时要求换餐，将原定的风味餐更换成西餐。

（3）某游客要求单独用餐。

（4）生病的游客希望能够在客房内用餐。

（5）部分游客要求自费品尝风味餐，导游员协助订妥后又突然想更换其他餐厅。

（6）部分游客因为白天旅游比较累，想推迟晚餐时间。

【考核】

分组进行角色扮演和情景模拟，小组内成员分别扮演导游，几名同学固定扮演游客提出不同要求，其他小组代表现场对导游的临场表现评价打分。

第八章
镇江市和常州市

第一节 镇江市

一、镇江概况

【地理位置】

镇江,古时称"润州",位于江苏省中部,长江下游南岸,扼守在长江和京杭大运河"十字黄金水道"的交会点上,京沪铁路横亘东西,自古以来就是交通要津。北宋《太平寰宇记》记载:"京口西距汉沔,东连海峤,为三吴襟带,百越舟本之会",古有"九省通衢"的美称。民国时期为江苏省省会。

【地形特点】

镇江市区位于东经119°28′,北纬32°13′。城内有山有水,风光秀丽,资源丰富,气候宜人,土地肥沃,为长江三角洲的富庶之地。镇江市地势西高东低,南高北低,呈波状起伏,形成了以丘陵岗地为主的地貌特征,其间,宁镇山脉大体为东西走向,茅山山脉略呈南北走向,最高峰为句容的大华山(437米),市区最高峰为十里长山(349米)。滨江低地和江心沙洲系近代由长江泥沙淤积而成,江心沙洲自西向东有世业洲、征润洲、新民洲、江心洲、高桥洲和扬中4洲(雷公嘴、太平洲、西沙、中心洲)。

【气候特点】

镇江地理位置独特,深受海洋性气候的影响,终年温暖湿润,年平均气温15.4℃,年降水量在1000毫米以上。年平均日照率为47%,全年日照时数在2000小时以上。全年温和湿润,四季分明;春季风和日丽,夏季炎热多雨,秋季天高气爽,冬季干燥稍冷;全年降水量适中,季节分配比较均匀。

【面积人口】

镇江，东近常州，西邻南京，北望扬州，总面积3840平方千米。根据第七次全国人口普查公布结果，全市常住人口为321.04万人。

【历史沿革】

"宜"为镇江最早地名，是3000年前周康王封给宜侯的领地；春秋时镇江称朱方，后曾用谷阳、丹徒、京口、润州等名称。北宋建镇江府（1113年），始称镇江，历经宋、元、明、清。辛亥革命后称丹徒县，1928年改为镇江县。1929年至1949年2月为江苏省政府所在地（其中，1937—1945年镇江沦陷期间，省政府迁往苏北）。

【行政区划】

镇江辖京口、润州、丹徒3个区和丹阳、扬中、句容3个县级市。

【城市发展战略】

镇江是一座清新秀丽、充满灵气和活力、适宜居住和投资兴业的现代化城市。镇江市政府最近又描绘出新一轮科学发展的宏伟蓝图——将镇江建设为"新花园城市"，即把镇江建设成国内一流、国际知名的旅游人居胜地；建设成华东地区重要的水陆交通枢纽；建设成长三角地区的"清洁"工业基地。

【市树、市花、旅游口号】

市树：广玉兰；市花：杜鹃花。

旅游口号：以"水漫金山、情系镇江"旅游宣传口号为主线，以"城市山林、大江风貌""长江运河相约的地方——镇江""一座美得让您吃醋的城市"等为辅助的系列旅游宣传口号。

【购物娱乐】

镇江枕山濒江，东、西、南三面山峰起伏，北面大江如画，是一座天造地设、鬼斧神工的著名古城。"城在山中，山在城中"，素有"城市山林"之称。镇江是我国重点发展的旅游城市之一。

镇江风光旖旎多姿，具有"真山真水"的独特风貌，向来以"天下第一江山"而名闻四方。金山之绮丽，焦山之雄秀，北固之险峻，风姿各异，人称"京口三山甲东南"；镇江不仅自然风景见长，且古迹遗存星罗棋布：享誉千古的金山禅寺，久负盛名的焦山碑林中的《瘗鹤铭》，昭明太子读书台，六朝陵墓石刻等，记下了这座古老城市漫长的足迹，反映出它丰富的文化资源。

镇江的特产有：镇江香醋、汉白玉插屏、金山灯彩、丹阳封缸酒和绒花制品等。镇江的醋享誉海外，"酸而不涩，香而微甜，色浓味鲜"，多次获得国内外的嘉奖。汉白玉插屏，选用优质汉白玉，加工精细，画面清秀古雅、朴素自然。镇江灯彩久负盛名，设计精巧、造型美观、装饰华丽。丹阳封缸酒的缸酒酿造技艺荣获江苏省首批非物质文化遗产称号。镇江绒花既是珍贵的艺术佳品，又是颇具特色的旅游纪念品。

【知名人物】

沈括（1031—1095年），字存中，杭州钱塘（今浙江杭州）人，北宋科学家、政治家。沈括的科学成就是多方面的。他精研天文，所提倡的新历法，与今天的阳历相似。在物理学方面，他记录了指南针原理及多种制作法；发现地磁偏角的存在，比欧洲早了400多年；又曾阐述凹面镜成像的原理；还对共振等规律加以研究。在数学方面，他创立"隙积术"（二阶等差级数的求和法）、"会圆术"（已知圆的直径和弓形的高，求弓形的弦和弧长的方法）。在地质学方面，他对冲积平原的形成、水的侵蚀作用等都有研究，并首先提出石油的命名。医学方面，对于有效的方药，多有记录，并有多部医学著作。晚年以平生见闻，在镇江梦溪园撰写了《梦溪笔谈》。

赛珍珠（1892—1973年），Pearl Buck，美国女作家。本名珀尔·巴克。赛珍珠是她自己起的中文名字。出生于弗吉尼亚州西部，父母是传教士，自小随父母来中国，曾阅读中国的经书。17岁回美国进弗吉尼亚州伦道夫·梅康女子学院攻读心理学，毕业后又回到中国。赛珍珠于1922年开始写作，1931年发表长篇小说《大地》，成为畅销书，1938年因此而获诺贝尔文学奖。赛珍珠一生写了85部作品，包括小说、传记、儿童文学、政论等。她也写了许多短篇小说、广播剧和文艺评论。赛珍珠曾把《水浒传》译成英文，译名为《四海之内皆兄弟》（1933年）。

【城市荣誉】

镇江是国家历史文化名城、中国优秀旅游城市、国家卫生城市、全国双拥模范城市、全国园林绿化先进城市、国家园林城市、国家环境保护模范城市、全国综合实力百强城市。

【方言俚语】

镇江话虽属北方方言范畴，但构成复杂。句容、丹徒、扬中的方言类似镇江话，虽构成复杂，但均属北方方言系统。大港以东、宝堰以南、句容傍茅山一线及至丹阳市西部的语言自西向东渐次出现吴方言特点。丹阳东部则进入吴语区。

最能代表镇江方言的词有：①麻镍木作：应该是"麻里木谷"，意为稀里糊涂、麻木不仁。②来丝：有办法、有本事。例如，你蛮"来丝"的嘛。③结棍：厉害。例如，今天冷得结棍呢嘛。④杀铿：小气，吝啬。⑤烙轴：其实是"蜡烛",加长一点就是"蜡烛不点不亮",意思是这个人不教训一下或不吃一点苦不晓得道理(厉害等)。⑥歇耗:其实是"蚀耗",就是比原来的分量少掉了,如贩菜的卖时,由于水分流失等原因,卖出去的比原来的少掉了。⑦甲区:其实是"嚼蛆",就是乱说瞎说了。⑧胡子吗汤:就是稀里糊涂、马马虎虎的。例如,这件事重要呢,你不要胡子吗汤的。⑨西大落刚:就是要重视,不要不当回事。例如,这关系到你的一生呢,不要西大落刚的。⑩黑漆吗刮:就是天很黑,或者一样东西很黑,很脏。⑪走头落怪:就是与别人拧着干(说)。⑫挖五答机:很脏。⑬血糊里啦:血糊糊的。⑭烂鸡呱嗒:下雨后地上泥糊糊的样子。⑮歪吃拔轴:应该写作"歪七八走"吧,就是不正。⑯呆不拉猴:这人很呆,带一点嘲笑的意思。

二、著名景区

(一)金山

国家重点风景名胜区　国家 AAAAA 级旅游风景区

【景区概况】

金山,冠京口三山之首,雄峙在镇江市区西北的长江南岸,原名氐无山,又名金鳌岭,也称浮玉山,唐代起通称金山。金山以绮丽著名,山上江天大禅寺依山而造,殿堂楼台层层相接,远望只见寺庙不见山,素有"金山寺裹山"的说法,家喻户晓的"白娘子水漫金山寺"神话故事即源于此。金山山势巍峨,风景优美,有"江南诸胜之最"的美誉。

金山之所以享誉古今,蜚声海外,成为一座江南名山,一是与金山佛寺有不可分割的渊源。金山佛寺建筑独特,依山而造,殿宇厅堂,亭台楼阁,椽木栋梁,栉比相衔,丹辉碧映,加上慈寿塔耸立于金山之巅,拔地而起,突兀云天,远望只见寺庙不见山,使整个金山仿佛就是一座宏伟的寺庙,构成了一种金碧辉煌寺裹山的奇特风貌。二是由于金山名胜古迹十分多,约有二十多个景点。金山上除寺院外,还有慈寿塔、白龙洞、古法海洞,附近还有中泠泉等。每一个景点都经过人工精心地雕琢和巧妙的安排,自然与人工相互结合,融为一体,使金山的风光更加美丽多姿,妩媚动人。三是金山上每一座古迹,甚至一泓清泉,一方碑碣都有迷人的神话,美丽动人的传说和有声有色的历史故事,特别是"白娘娘水漫金山""白龙洞暗渡断桥相会",情节离奇,引人入胜。巾帼英雄梁红玉亲擂战鼓,大破金兵;爱国忠臣岳飞和爱国僧人道月"七峰岭"道别；苏东坡十游金山，妙高台赏月起舞等这些千百年流传的脍炙人口的故事，更为金山平添了几分神奇魅力。故金山又称"神话山"。

【游览线路】

江天禅寺→夕阳阁→观音阁→楞伽台→佛印山房→金山四宝→慈寺塔→古法海洞→留云亭→妙高台→七峰亭→白龙洞→朝阳洞→古仙人洞→玉带桥→御码头→郭璞墓→天下第一泉

【江天禅寺】

在金山寺门口，抬头仰望"江天禅寺"匾额，是清代康熙皇帝随太后来金山祈祷时亲笔题写的。江天寺即金山寺，自古就是一座中外闻名的禅宗古刹，始建于东晋年代，距今已有1500多年，初名泽心寺，南朝、唐朝初称为金山寺。寺宇规模宏大，全盛时有和尚3000多人，僧侣数以万计。清代金山寺与普陀寺、文殊寺、大明寺并列为中国四大名庙。

【夕照阁】

夕照阁存有清代乾隆帝南巡驻跸金山留下的七块御碑，保存完好。石碑记载的内容大多是乾隆帝六次下江南到金山，对金山风景的评价和如何继承清室传统，统治大清帝国的决心。

【观音阁】

从夕阳阁登山而上，南面正中有观音阁，又叫士阁，因阁中供奉观音，故名。此建筑与楞伽台、妙高台，西与慈寿塔、法海洞丹辉碧映，椽摩栋接，连成一气，足以壮此名山胜概。

【楞伽台】

"楞伽"是印度语，意为"不可住"，或说是大海中远不可达，高不可攀的一座大山。楞伽台在金山的东南，傍山驳石而建造。相传苏东坡晚年受老朋友佛印和尚相托在此写《楞伽佛经》，故又称书经楼。登台顶长廊远眺，碧空万里，磅礴江流，尽收眼底，江天一色，气势十分壮观。由山下登楞伽台，需经三重楼阁，每进一层，疑无上处，洞门一开，豁然有阶可登，迂回曲折，上下错落，往往令游客迷其所在。

【佛印山房】

宋代著名的金山、焦山寺庙的主持佛印法师住宅。相传佛印与苏东坡是青年时好友，一次两人打赌，佛印败赌无奈入空门。由于学识高超，终成为金、焦二山寺的大方丈，东坡则成宋有名学士，两人经常在金山吟诗作画。

【慈寿塔】

慈寿塔又名金山塔，此塔玲珑、秀丽、挺拔，矗立于金山之巅，和整个金山及金山寺配合得恰到好处，仿佛把金山都拔高了。塔为砖木结构，七级八面，内有旋式梯，供游人登塔远眺。每层四面有门，走廊相连，面面有景，风光各异。

【古法海洞】

法海洞又名裴公洞，在慈寿塔西下侧的悬崖上，相传是金山寺开山祖师法海和尚来到金山时住的地方。现洞中塑有法海塑像一尊，洞口横额"古法海洞"。在神话故事《白蛇传》中，法海是一个阻挠破坏青年男女美满婚姻的恶僧，可历史上他却是位有德行的高僧。

【留云亭】

金山最高处，有一石柱凉亭，名留云亭，又名江天一览亭和吞海亭。亭中石碑是300多年前康熙皇帝来到位于大江之中的金山寺游览时留下的古迹。康熙登高远眺，大江东去，水天相衔，诚雄观也。遂奋笔手书"江天一览"四个大字。这里是领略金山风姿，俯瞰镇江全城美景的最佳观赏点之一。

【妙高台】

妙高台又名晒经台，"妙高"是梵语"须弥"之意译。刘编《金山志》载："妙高台在伽蓝殿后，宋元祐僧佛印凿崖为之，高逾十丈，上有阁，一称晒经台。"几经兴废，明代僧适中，清代薛书常相继重建。1948年与金山寺大殿、藏经楼等同毁于火，如今仅存台址。当年妙高台，还是赏月佳处，并且流传着名士苏东坡曾在此赏月的逸事。此外，据传"梁红玉击鼓战金山"故事也发生在这里。

【七峰亭】

七峰亭在山的西侧金鳌岭上。古代因有七座小山突起，名七峰岭。后削山建阁，故以七峰阁而名。

【白龙洞】

白龙洞在金山西北山脚下玉带桥旁。相传唐朝武则天的侄孙灵坦来到金山，在这洞里打坐参禅，白蟒就避走了，毒气也没有了。白龙就是指这条白蟒。现在洞内塑有白娘娘、小青两座白石像，各高一米左右。这个洞有一条石缝，一人可进去达数丈深，再往前进洞即变小，人不能进去，恐怕只能白蛇可进了，不然为何称白龙洞呢？

【朝阳洞】

朝阳洞又名日照岩、观音洞。在金山东北山腰间，洞上是一片悬崖，上有"日照岩"三个字。当金山还在江心的时候，每当旭日东升，从朝阳洞向南一带石壁上，金碧辉煌，水天皆赤，可称奇景。所以朝阳原是观日出的最佳之处。至今留在岩上的"朝阳洞"三个石刻大字，是明代滕谧所书。

【古仙人洞】

古仙人洞位于金北侧金鳌岭下，深6.6米，依山洞筑有半亭一座。这里道教遗存。传说八仙中的吕洞宾在这里面窥视江面，故名"仙人洞"。明代程敏政诗云："鬼斧穿山骨，明明透一窗；仙人时举武，璧立下窥江。"

【玉带桥】

金山白龙洞前有座玉带桥，传说是苏东坡与金山方丈佛印打赌输了玉带，佛印如获至宝，经常给人看，看的人多了，又恐弄坏，于是就命人仿照玉带的式样建造了一座桥。谁要再看玉带，去看桥就行了。玉带桥长16米，桥下绿波荡漾，清澈见底，令人心旷神怡。

【金山四宝】

在慈寿塔下的屋内陈列着金山寺的一批珍贵历史文物，其中苏东坡的玉带、周鼎、金山图、铜鼓为金山四宝。

玉带：宋神宗年间，大学士苏东城与金山和尚佛印交往甚密，称为"忘形交"。有一次两人以禅语对句，用东坡玉带作赌，东坡一时迟钝而输，玉带便成寺院镇山之宝。

周鼎：是西周宣王时代的铜器，迄今已有2700多年。当时周宣王北伐成功后，铸造铜鼎酬劳北伐统帅遂启祺的，所以此鼎又称遂启祺鼎。

金山图：这幅图是我国明朝著名画家文徵明所绘，画中江水茫茫，微波荡漾，金山如浮玉漂浮在波涛之上，山色青碧，上面有一栋栋画檐朱宇，展现了当时金山和金山寺屹立扬子江心秀美雄姿。

铜鼓：是一种鼓状铜器，高八寸，径一尺五寸，重11.9千克。传说是诸葛亮发明的，行军时可做煮饭的炊具，战斗时可作战鼓敲打，所以又叫诸葛鼓。

【御码头】

在山北有十三级台阶，原作伴月式，两边护有石栏，左右有钟鼓楼（清咸丰年间被毁）。清康熙、乾隆两帝南巡时，先后几次来金山都由这码头上岸，故称御码头。现护栏上刻有"御码头"三个大字。

【郭璞墓】

郭璞墓在金山之西的石簿山上，又称云根岛。岛上葬有东晋著名文学家、训诂学家郭璞的遗物，俗称郭璞墓。郭璞（276—324年），河东闻喜（今属山西）人，他博学多才，人称其辞赋为东晋之冠。

【天下第一泉】

天下第一泉又名中泠泉，南泠泉，在金山以西一里之遥。唐朝以来，中泠泉水一直为人们所喜爱。唐代评茶专家陆羽品中泠泉水为天下第一，后唐名士刘伯刍分全国水为七等，扬子江的中泠泉为第一，从此中泠泉被誉为"天下第一泉"。用此泉水沏茶，清香甘洌，相传有"盈杯不溢"之说：贮泉水于杯中，水虽高出杯口二三分都不溢；水面放上一枚硬币，也不见沉底。泉水绿如翡翠，浓似琼浆，其醇可知。

（二）焦山
国家重点风景名胜区　国家 AAAAA 级旅游风景区

【景区概况】

焦山，系"京口三山"名胜之一，向以山水天成，古朴幽雅闻名于世。其位于市区东北，岿然耸峙于扬子江心，与对岸象山夹江对峙。焦山之所以享誉中外，其一是因为焦山耸峙于江心，犹为"中流砥柱""镇江之石"，气势磅礴；加上山寺隐约，林木苍翠，水域广阔，环境幽美，宛若人间仙岛在水中缥缈。其次，由于焦山藏有许多珍贵的文物和著名的古迹，摩崖石刻举世皆知，碑林墨宝之多，仅次于古都西安碑林，为江南第一大碑林。其中被称为"碑中之王"的《瘗鹤铭》碑为稀世之宝。笔法之妙为"书家冠冕"，极富有珍贵史料及书法艺术价值，故有"书法山"之称。其三是焦山多禅寺精舍亭台楼阁。焦山的寺庙、楼阁等名胜古迹颇具特色，大多掩映在山荫云林丛中，故有"山裹寺"之谚。焦山与金山不同，焦山高大雄伟，金山小巧玲珑；焦山以苍翠的竹木取胜，金山以辉煌的塔寺建筑争长。自古以来，就流传着焦山"山裹寺"、金山"寺裹山"的民谚。郑板桥、柳亚子、康有为等，曾在焦山攻读。焦山还办过佛学院，慕名来此朝佛受戒的学徒很多，因此，焦山有"文化山"之喻。焦山还具有珍贵的"四古"，古寺庙、古树木、古碑刻和崖铭文物皆闻名于世。

【游览线路】

不波亭→慧寺→东泠泉→御碑亭→观澜阁→宝墨轩→焦山古炮台→华严阁→摩崖石刻→三诏洞→壮观亭→别峰庵（板桥读书处）→百寿亭→吸江楼

【不波亭】

不波亭是"海不扬波"亭的简称，即定慧寺山门。从长江边上与焦山对峙的象山脚下的渡口摆渡过江，不到 5 分钟就可踏上绿色的小岛——焦山。迎面的焦山大门，朱漆彩画，一对石狮镇守大门。门旁左右悬挂着清代光绪年间巴州廖伦所写的一副楹联"长江此天堑，中国有圣人"，显得古朴典雅。进入山门，迎壁就是对联的横批"海不扬波"四个大字，为明代书法家胡缵宗所书，意为焦山矗立江心，犹如镇海之石，驱逐水妖，故而海不扬波。在佛教上"海不扬波"是清平世界的意思。

【定慧寺】

由"海不扬波"亭向东,只见一株800年古银杏树下有一座千年古刹,即定慧寺。墙上嵌有"横海大航"四个篆体大字,上挂横额"定慧寺"。它是中国古代著名的古刹,曾有"十方丛林""历代祖庭"之称。

定慧寺原名普济禅寺,始建于东汉兴平年间,距今1700多年。清代康熙南巡来游焦山时才将寺名改为定慧寺,沿用至今,寺庙现仍保持明代的建筑风格。大雄宝殿内雕龙描凤的屋顶不用钉子,全部用小方块木头拼合而成,图案美观,还有飞檐、斗拱,艺术高妙,国内少见,加上殿堂三尊金碧辉煌的大佛,更显得大殿气宇轩昂。康熙帝亲书的"香林"两字闪烁于烛光香雾之中。

【东泠泉】

在大雄宝殿西侧原海云堂的天井里,有一口井,叫东泠泉。相传是焦光炼丹取水之处,又称炼丹井。其实这里本不是一个泉,而是焦山和尚模仿金山中泠泉开凿的一口井。因焦山在金山之东,故称为"东泠泉"。

【御碑亭】

定慧寺天王殿前是一座木结构的古式方亭,上盖琉璃瓦,亭中竖立一块石碑,上面碑文是乾隆皇帝第一次南巡时作的《游焦山歌》,背面是乾隆第三次来焦山时作的《游焦山作歌叠旧作韵》。因是皇帝手书刻碑建亭,所以称"御碑亭"。诗中乾隆将金山、焦山两处风景加以比较,认为就山水本色来说,焦山更胜金山一筹。

【观澜阁】

走过一排枫树,只见前面一座精致小巧的古雅庭院,一株400多年前的古枫杨挺拔秀丽,这里便是乾隆南巡时逗留的行宫,行宫为两层建筑,50多年前阁前还未形成沙滩,阁外惊涛拍岸,波澜起伏,故名观澜阁。楼上下东、南、西三面都有透明大窗,于楼上长廊观赏江景,视野开阔,近看花木扶疏,远眺江潮汹涌,白云飘逸,群山整秀,真是一幅绝妙的图画。

【宝墨轩与《瘗鹤铭》碑】

宝墨轩又名焦山碑林,从观澜阁穿小桥,过假山,便就是掩映在银杏树下的宝墨轩。碑林内现珍藏着历代碑刻四百多块,数量之多,仅次于西安碑林,为江南第一大碑林。

历史书法家的碑刻甚多,其中最著名的有东晋虞世南书《破邪论序》;唐颜真卿《题多宝塔五言诗》30首,共44块碑刻;宋代名书画家米芾的"城市山林"横额;黄庭坚的《蓄狸说》;苏东坡《题文同墨竹跋》及《墨竹自题》;

元赵子昂小楷石刻两块等。

碑林中称为"碑中之王"的《瘗鹤铭》，是我国保存价值极高的"二铭"之一，即南有镇江《瘗鹤铭》，北有洛阳《石门铭》。相传《瘗鹤铭》为东晋大书法家王羲之所书。《瘗鹤铭》碑之所以为古时书法家所推崇，是因为它是隶书发展成楷书的演变过程中著名石刻之一，也是我们今天研究书法发展史的重要实物资料。焦山碑林所收集的历代碑刻，无论从史料和书法艺术方面都有很高的价值，并蜚声海外，焦山也被誉为"书法之山"。

【焦山古炮台】

焦山东侧的山脚下，石块嶙峋，8个用石灰土夯实的炮堡，呈扇形，面对着长江的入海口，这就是著名的焦山炮台。整个炮台是暗堡式，每个炮堡都附有一座小弹药库，另有一大弹药库在炮堡南端门外偏西处。整体都用三合土分层浇灌而成，坚固异常。抗战时，炮台被日军摧毁，现存遗址，为省级文物保护单位。

炮台建于1840年鸦片战争时期，当时清政府为了加强长江的防务，决定筹建焦山炮台，焦山抗英炮台是我国近代反帝斗争的重要遗址，也是镇江人民英勇抗击外国侵略者的见证。

【华严阁】

位于定慧寺西南的华严阁，面临大江，背倚峭壁，是一座两层楼临水建筑。华严二字出于《华严经》，比喻这里是"百花齐放，包罗万象"的胜境。华严阁是赏月的好地方，"华严月色"是焦山最富诗意的十六景之一。焦山十六景为：山门松影、定慧潮音、枯木品泉、华严月色、香林花圃、海云墨宝、自然问道、危楼观日、别峰果园、岩洞寻仙、石屋藏铭、庵院槐荫。

【摩崖石刻】

在焦山西麓沿江一带。全为陡岩峭壁，有浮玉、栈道、观音、瘗鹤铭等岩，其间有千百年来历代名人的诗人题刻。时间上有六朝、唐、宋、元、明、清；字体上有正、草、隶、篆各种书法，内容丰富，犹如古代书法天然展览，琳琅满目，美不胜收。一到浮玉岩，便看到宋书法家赵孟奎所写的"浮玉"两个苍劲秀丽的大字。在它的左面是陆游与游人踏雪寻访《瘗鹤铭》留下的题名石刻，最为引人注目。

【三诏洞】

三诏洞又名焦公洞，位于焦山西麓引人上山顶的路旁。焦山原建有焦公祠，内有焦公塑像。相传东汉末年，学士焦光，不愿做官，避乱流寓镇江，隐居在此。汉献帝刘协闻其高名，曾三下诏书请焦光出山做官，他都拒不应诏，世称"三诏不起",故名三诏洞。后人为了纪念他,改当时山名樵山为焦山。

【壮观亭】

亭名取自李白"登高壮观天地间"的诗意。登亭远望,只见白水青山,江山景色荟萃于此,自然壮观美丽。亭旁有千年古柏一株,号称六朝柏,挺拔潇洒,如蛟龙昂首,顶天立地,至今千余年还枝叶茂盛,苍翠葱郁,自成一景。

【万佛塔】

万佛塔位于焦山顶峰,塔体高42米,海拔70.4米,建筑面积583平方米。

(三)北固山

国家重点风景名胜区　国家AAAAA级旅游风景区

【景区概况】

北固山坐落在镇江市区北面长江边上,又名北顾山,长约200米,有前、中、后三峰。山壁陡峭,形势险固,南朝梁武帝曾题书"天下第一江山"来赞其形胜。北固山由前峰、中峰和后峰三部分组成,主峰即后峰,是风景最佳处。雄踞山巅的甘露寺建于东吴甘露年间,游人至此,不由要以刘备招亲的故事为线索去寻找有关胜迹和传说。北固山与金山、焦山成掎角之势,三山鼎立,在控楚负吴方面北固山更显出雄壮险要。

【游览线路】

清晖亭→铁塔→"天下第一江山"石刻→"南徐净域"题额→古甘露禅寺→溜马涧→狠石→多景楼→凌云亭→太史慈墓→试剑石

【铁塔】

铁塔是北固山的主要文物,位于清晖亭旁,北宁元丰元年(1078年)建成,已有900多年的历史。

铁塔又名卫公塔。铁塔的结构为平面八角形。下有塔基(即莲座),每层有四门,有腰檐,每层都铸有精致的佛像和飞天像,姿态生动。铁塔不仅艺术价值很高,而且表现了我国古代冶铁工人的精湛铸造技术,为省级文物保护单位。

【"天下第一江山"石刻】

"天下第一江山"石刻是一块长方形条石,字迹雄秀,气魄很大,现横嵌在北固山甘露寺的坡墙壁上。相传三国时,刘备来东吴招亲,孙权宴罢陪刘备观赏江景,见北固山雄峙江滨,大江东去,一望无际,气势雄伟,不禁赞道:"北固山真乃天下第一江山。"后来梁武帝游北固山时,看到江山景色非常壮观,兴致勃勃地挥毫写下了"天下第一江山"六个大字。

【"南徐净域"题额】

西晋末年，北方混乱，东晋偏安江左，建都于建业。当时北方人士纷纷南下，东晋政府为此侨置了徐州，州治即在京口。到了刘宋时，正式定名为南徐州，以后南徐便一直成为镇江的别名。"天下第一江山"廊壁对面的券门有一副对联："地窄天宽江山雄楚越，沤浮浪卷栋宇自孙吴。"此联是清末镇江名书画家苏涧宽用篆书书写，既表达了北固山的雄秀气势，又点出了甘露寺建造年代，其横批则为"南徐净域"，可谓言简意深，寄托无限。

【古甘露禅寺】

北固山后峰上的甘露寺，传说是三国刘备结婚的大殿，始建于东吴初期，寺额是张飞的亲笔。到唐朝时李德裕布施宅地，扩建甘露寺。后甘露寺又几经兴废。现在的甘露寺是清光绪年间，由镇江观察黄祖络等筹款修建的。

【溜马涧】

位于北固山后峰西北侧的溜马涧，相传是孙、刘二人私下较量，暗卜成败、一道赛马的地方。后人称他们跑马的地方为"溜马涧"，又名"驻马坡""走马涧"。

【狠石】

狠石又名石羊，在多景楼西侧，状如伏羊，大小与真羊差不多，没有头。石羊的左侧腹上刻有"狠石"二字。相传孙权曾坐其上与刘备共商破曹大计，定下赤壁之战之计。

【多景楼】

此楼二层，面对大江，楼名取自唐李德裕诗句"多景悬窗牖"，为古代长江三大名楼之一；与黄鹤楼、岳阳楼齐名。米芾所书"天下江山第一楼"的匾额，高悬在楼额之上。宋元以来，历代文人名士，达官显贵，在此诗酒唱和，欧阳修、苏轼、米芾、辛弃疾和陆游等，都曾留下许多著名的诗作。登上多景楼，凭栏远眺，山光水色，奇景异姿，尽入眼帘。

【凌云亭】

多景楼之东的凌云亭，又称祭江亭，传说刘夫人孙尚香在听到刘备去世的消息后，曾在此遥祭，而后投江自尽。南宋爱国词人辛弃疾登此亭时，触景生情，感慨系之，写下了名篇："何处望神州？满眼风光北固楼……"

（四）茅山

国家 AAAAA 级旅游风景区　全国百家爱国主义教育示范基地
江苏省重点文物保护单位

【景区概况】

茅山位于江苏省的西南部，常州的西部，距常州大约 60 千米，南北约长 10 千米，东西约宽 5 千米，面积 50 多平方千米。宛如一条绿色苍龙横卧于江苏省句容、金坛、溧水、丹徒、丹阳五大县（市）之间。茅山风景区有四大特点：一是风景秀丽，景色宜人，素有九峰、十八泉、二十六洞、二十八池之胜景，还有众多星罗棋布的奇岩怪石，使茅山形成了一种奇特而又美妙的大自然风格。二是茅山以它的道教圣地而著称。茅山成为道教上清派的发祥地，被后人称为："第一福地，第八洞天"，享有"秦汉神仙府，梁唐宰相家"之美誉。三是茅山还是新四军苏南抗日根据地的中心。茅山被毛主席列为全国六大抗日根据地之一。四是茅山是二十世纪六七十年代，知识青年上山下乡接受革命传统教育的地点，六七千名常州知青这里留下了一代青年的青春和热诚，为茅山的开发立下了不可磨灭的功绩。

【大茅峰】

大茅峰，系茅山主峰，位于积金峰南，海拔 372.5 米。登临其巅，东望太湖，云水苍茫；西观赤山，烟雾缥缈。元代诗人僧惟则在《登大茅峰》一诗中写道："白云剪作瑶台雪，寒旭蒸开玉洞花；山北山南看更好，炊烟朵朵是仙家。"峰顶观雪又是一番情景。明代笪昕在《大茅峰看雪》中写道："一夜高云四幕凝，西风吹雪雪如崩；花飞福地三千里，人在瑶峰十二层。"

【二茅峰】

二茅峰，位于积金峰北，海拔 301 米。是定录真君茅固鹄集之峰。元延祐三年（1316 年）建德观，专祀二茅君。观之殿宇已毁，现遗址上留有四块殿柱基石和砖瓦。

【小茅峰】

小茅峰，位于二茅峰北，海拔 267.9 米。是三官保命真君茅衷鹄集之地。元延祐三年（1316 年）建仁观，专祀三茅君。殿宇已毁，仅存遗址。

【抱朴峰】

抱朴峰，位于大茅峰东北，海拔 288 米。葛洪曾在此修道炼丹。

【积金峰】

积金峰，位于大茅峰和二茅峰之间，海拔 271.5 米。因山上树木花草繁茂，深秋黄叶红叶相间,远眺犹如黄金覆盖,故名积金峰。峰上连石纵横,犹如遍地积金,也是积金峰名来源之一。

【五云峰】

五云峰,位于积金峰东南,山峰险峻。据传说,三茅君曾各乘五色彩云在峰顶上空观看容山八景,后峰巅常有五色云彩出现,故名五云峰。于北宋天圣年间(1023—1032年)建观,南宋时敕为五云观,后因年久失修渐毁。

【茅山新四军纪念馆】

茅山新四军纪念馆坐落于云雾缭绕的茅山主峰大茅峰西麓,1938年夏,陈毅、粟裕等同志率领的新四军东进抗日,创建以茅山为中心的苏南抗日根据地。它是中国共产党在华东敌后最早创建的根据地之一,为中国革命作出了重要贡献。纪念馆占地面积16 000多平方米,展厅建筑面积3700多平方米,基本陈列是《新四军苏南抗日战争历史陈列》。展览共分"苏南人民奋起抗击日军侵略者""新四军开辟茅山抗日根据地""新四军东进北上""苏南抗日根据地的艰苦坚持""苏南人民夺取抗日斗争的最后胜利"五大部分。展出各种珍贵文物和历史资料3000余件。近年来纪念馆被省、市有关方面列为"校外德育基地""青少年革命传统德育基地""中小学生德育基地"等。

(五)中国镇江醋文化博物馆

中国镇江醋文化博物馆是国内首个专业性主题醋文化博物馆,也是镇江市第一个集文化遗产保护、科普教育、工业旅游等功能于一体的主题展馆。博物馆分醋史馆、老作坊、陈列馆三大主体展馆,以及一个体验馆。全馆采用声、光、电等现代表现形式,全面展示醋文化、解读醋文化、品味醋文化。中国镇江醋文化博物馆占地30多亩(2公顷)、建筑面积4000平方米。是由恒顺集团投资3000多万元建设,被列入"长三角世博主题体验之旅示范点"。

镇江香醋具有得天独厚的地理环境与独特精湛的酿造工艺。镇江香醋用料极其考究,选用江南地区优质糯米为主要原料,采用优良的酸醋菌种,经过固体分层发酵及酿酒、制醅、淋醋三大过程,40多道工序,历时70多天精制而成,再经6~12个月的储存期,然后才能包装出厂。镇江广为流传的"杜康造酒儿造醋"的民间传说,为镇江香醋蒙上了神奇的色彩。

博物馆坐落于镇江市312国道旁,分醋史馆、老作坊、陈列馆三大主体展馆,以及一个体验馆。全馆采用声、光、电等现代表现形式,全面展示醋文化、解读醋文化、品味醋文化。

馆内曲折的回廊,典雅的马头墙,精致的木格花窗,白墙黛瓦的仿古建筑;

醋坛、醋罐、醋缸、醋作坊；醋史、醋艺、醋知识融汇在一座精致的江南小园内，在现代高超的"做旧"工艺下，整个博物馆又处处透露出古典气息。走进博物馆大门，一组从恒顺中山西路老厂区搬迁过来的食醋主题雕塑矗立在广场东部，似乎在静静诉说着镇江制醋人为镇江醋业繁荣而默默探索、追求的奋斗历程。在醋史馆，一座仿20世纪70年代镇江恒顺酱醋厂的老厂门建筑，唤起人们亲切的记忆。在老作坊，游人既可领略到民国时期镇江醋厂的造醋场景，又可探寻到电视剧《血色沉香》里的众多元素。陈列馆里布展了包括恒顺、山西、山东等地，以及来自美国、日本、德国等10多个国家的数百个醋产品。在体验馆内，游客可以动手制作一款有自己肖像的商标，张贴在香醋瓶上带回家。

（六）宝华山

国家森林公园　国家AAAA级旅游风景区　省级文物保护单位

【景区概况】

宝华山是一座闻名遐迩的佛教圣地，层峦叠嶂、逶迤环绕、形似莲花，主峰海拔437.2米，宛如花蕊，高踞群山之中，宝华山原名花山，因盛夏时黄花满山而得名，因古时"花"和"华"通用，亦称华山。后因南北朝梁代高僧宝志来此结庵讲经，遂易名宝华山。宝华山素有"林麓之美，峰峦之秀，洞壑之深，烟霞之胜"四大奇景。1981年被省政府批准为"省级自然保护区"，1996年4月被批准为国家级森林公园。2003年被批准为国家AAAA级景区。

宝华山为宁镇山脉之最高峰。古人称赞此山"东临铁瓮（镇江），西控金陵，南负句曲（句容），北俯长江"，周围群山环抱，争雄斗奇，气势雄伟，景色壮丽，素以"林麓之美，峰峦之秀，洞壑之深，烟霞之胜"四大奇秀而著称。此外，宝华山有丰富的自然资源，山中生长着多种珍贵树木和多种药材，尤以宝华玉兰为稀世之宝，现为省级自然保护区。还有宝华山名胜古迹颇多，足资游览的风景点有数十处之多，著名的有隆昌寺、铜殿、无梁殿、拜经台、九洞、四池、钓鱼矶、将台、行宫、御碑亭等。

【隆昌寺】

距今1400多年。寺庙殿宇宏敞，伽蓝千间，曲廊逶迤，大雄宝殿雕梁画栋，琉璃覆顶，金佛危坐，金刚屹立，神情各异，用大理石砌成的广场可容千人。清乾隆皇帝七次下江南，六上宝华山，为大雄宝殿亲笔题匾"光明法界"。隆昌寺因戒律严明"为金陵四百八十梵刹之最上者"，被佛教称为"律宗第一山"，不但全国70%以上的僧尼来此受戒，而且东南亚许多国家的僧人也前来朝佛受戒。

【铜殿】

铜殿的梁、栋、桶、窗、瓦、屏、楹悉范铜为之,殿后壁嵌铜一方,故名铜殿。其形式为楼阁式,高7.7米,结构精巧,雕刻细腻,供观音大师像于殿中,四壁刻画如来诸菩萨及帝、释、天、人像,殿前丹墀石栏围炉,有石阶进出,殿左右对称,是明代万历三十三年(1605年)释妙峰禅师奏请创建,神宗生母慈圣皇太后赐金两千两,以助其成。这些雕像是寺内重要古迹,距今已有370多年历史,现被列为省级文物保护单位。

【无梁殿】

无梁殿分布在铜殿左右两侧,左边是文殊无梁殿,右边是普贤无梁殿,均系明代建筑物,高约10.6米,三间两层楼阁式,无梁无柱,门窗不用一木,外形仿木结构,内用砖瓦代替,纯系砖瓦建造而成。门窗头上印刻着云纹、二龙戏珠等图案。现为省级文物保护单位。

【拜经台】

拜经台位于西部山峰,上有巨石,形似台,一名晒经台,又名会君台,相传是梁武帝与宝志相会处。

【御碑亭】

御碑亭位于武圣庵前,康熙皇帝南巡至宝华山时;豁免了康熙四十二年(1777年)以前句容县的丁钱粮,当地人民遂建此亭。

(七)南山风景区

国家AAAA级风景名胜区 江苏省级自然风景保护单位

【景区概况】

南山风景名胜区在南北朝至明代为鼎盛时期。六朝后,历代文士名流曾在此居住、游览,留下了珍贵的古迹和名篇,其中有梁代昭明太子博邀《文心雕龙》著作刘勰等天下贤才,在招隐增华阁编纂了中国文学史上第一部文学选集《昭明文选》。东晋南朝刘宋两代间的著名雕塑家、音乐家戴颙隐居在招隐山中,谱就了《广陵》《游弦》《止息》三首古曲。北宋大书画家米芾、米友仁父子居此40年,创"米氏云山"。宋代大文豪苏东坡在鹤林寺留下"苏公竹院",哲学家、文学家周敦颐的"茂叔莲池"等。在竹林景区东侧有纪念辛亥革命先烈赵伯先将军的陵墓,还有曾出土史前骨化石的莲花洞。

自1980年南山开发建设以来,先后恢复了招隐区、竹林景区、黄鹤山景区、九华山景区四大景区,景区内峰峦叠翠、茂林修竹、山深水秀、泉涌溪流,山上有树木160余种,飞禽70多种,游人到此有泉可饮、有洞可探、有鸟可听,"城市山林"正以崭新的面貌迎接八方来客。

【游览线路】

(1)招隐寺→招隐坊→听鹂山房→虎跑泉→鹿跑泉→玉蕊亭→增华阁→昭明太子读书台→珍珠泉→鸟外亭

(2)竹林寺→林公泉→挹江亭→伯先墓

(3)鹤林寺→杜鹃花→苏公竹院→茂叔莲池→米芾墓

【招隐寺】

招隐山原名兽窟山,因南朝著名艺术家戴颙隐居于此,拒不出仕而得名。招隐寺初建于山上,由戴颙故宅改建。颙只生一女,颙死后,女矢志不嫁,舍宅为寺,故名招隐寺。由于南朝著名艺术家戴颙隐居于此,梁朝昭明太子萧统在此编撰了名著《昭明文选》,使历史人物与名山共存,更招引着历代名人:唐朝诗人刘禹锡、骆宾王、宋大学士苏东坡、著名书画家米芾、清朝乾隆皇帝都曾登游此山,并且留有许多诗画。

【听鹂山房】

听鹂山房坐落在增华阁东北山腰里。过去这里古树参天,浓荫蔽日,风凉清幽。招隐山上花鸟众多,以黄鹂为最,终日鸟声不绝,黄鹂叫声非常婉转动听。

【虎跑泉】

虎跑泉在山路左侧,相传东晋法安禅师初来山时,饮水困难,虎为他刨出此泉,故名虎跑泉。泉方池,中有井,泉眼在井中,水清澈,可烹茶。上有虎跑亭,一名虎泉亭,长方形,设计美观大方。

【鹿跑泉】

鹿跑泉在听鹂山房东侧。据清代文学家夏慎枢《招隐有夏序》载,"吸鹿泉,煮新茗,甘香润吻",泉旁有亭,三角形,下大上小,造型别致,名鹿泉亭,亦称"如斯亭"。

【鹤林寺】

鹤林寺位于南郊磨笄山北麓,旧名竹林寺,是镇江南郊的著名古寺之一。相传始建于东晋,在雍正年间全盛一时,全寺有殿宇259间。因战争不断,竹林寺最终毁于抗日战争。目前仅剩下金刚殿(天王殿)、林公泉和挹江亭。鹤林寺右边大院中长满了苍翠的修竹,据说是苏东坡栽种的,故叫苏公竹院。

（八）西津渡古街
国家 AAAA 级风景名胜区

西津渡古街位于镇江城西的云台山麓，依附于破山栈道而建的一处历史遗迹；是镇江文物古迹保存最多、最集中、最完好的地区，是镇江历史文化名城的"文脉"所在。这里共有文物保护单位12处，其中国家级文物保护单位1处，省级文物保护单位2处。西津渡古街全长约1000米，始创于六朝时期，历经唐宋元明清五个朝代的建设，留下了如今的规模，因此，整条街随处可见六朝至清代的历史踪迹。镇江自唐代以来便是漕运重镇，交通咽喉。西津渡则是当时镇江通往江北的唯一渡口，具有极其重要的战略地位，自三国以来一直是兵家必争之地。

科技的进步，社会的发展，环境的改变使西津渡逐渐淡化并削弱了作为渡口的功能，但是它活化石般的风貌却得以基本完整地保存了下来。西津渡古街的文化内涵在于它的津渡文化、宗教文化和民居文化。古街上的建筑多为明清时期的遗迹。砖木结构、飞檐雕花的窗栏一律油漆成朱红色，给人以"飞阁流丹"的感觉。现在，仍能清晰地看到沿街"民国元年春长安里""吉瑞里西街·1914""德安里"等题额。据老人们回忆，从观音洞下行一直到现在的长江路，这短短的几百米长的街道上竟有各式店铺150多家。青石板路面上那深深的车辙足以证明这千年古渡、千年老街当年的繁华。那错落有致的两层小楼，那翘阁飞檐，那窗上的雕花，那斑驳的柜台，那杉木的十板门，无不向我们娓娓诉说着"千年古渡、千年老街"的沧桑。

不仅如此，西津渡还是宗教与世俗、人文与自然的和谐交融，本身就是一部令人玩味无穷的历史长卷。关于这一点，古街上由东向西的四道券门石额上的题刻就给了我们明白无误的提示。题刻分别是："同登觉路""共渡慈航""飞阁流丹""层峦耸翠"。无疑，呈现在我们面前的是原汁原味的历史风情和风貌。西津渡古街救生会、昭关石塔、观音洞的维修和保护，获联合国教科文组织2001年亚太地区文化遗产保护杰出项目奖。

三、特色文化

自古名城出名食，镇江"三怪"的传说古老而富有魅力，在镇江流传着颇具顺口溜色彩的《三怪谣》："香醋摆不坏、肴肉不当菜、面锅里面煮锅盖"，故有"不到长城非好汉，不尝'三怪'太遗憾"之说。

第一怪：香醋摆不坏

镇江恒顺香醋酿制技艺已被列入首批国家级非物质文化遗产名录，这也是江苏省食品制造业中唯一入选的传统手工技艺。

醋，是我国传统酸性调味品，古人给醋冠以"食总管"的美称。千百年来，人们在爆、炒、拌、熘等烹制中，都要加些醋，去腥解腻，增进菜肴风味。提到酿醋，在镇江流传着一个古老的传说。据说，醋是杜康的儿子黑塔创造出来的。那一年，杜康发明了酿酒后，发现镇江在长江中下游，其水质好，利于酿酒，就举家来到镇江小鱼巷，开了个前店后作的小糟坊，酿酒卖酒。黑塔力大无穷，憨厚勤劳，家里重活粗活全包了。当初，还不知道酒糟的用处，黑塔把酒糟放进大缸里，倒进两担长江里的龙窝水。累了，就捧起坛子喝上家酿米酒八九斤，便呼呼大睡了。梦中似有一位老翁说：黑塔，到21天后，日落西时你将造出调味浆。醒后，原来是一场梦，也没有在意。20多天后，满屋飘香，杜康父子很纳闷，找来找去，原来是酒糟变成了香喷喷、酸溜溜、甜滋滋的调味浆。杜康说叫什么名字呢？黑塔说："酒糟泡了21日，到酉时浆水才这么好吃，这21日加酉时不是'醋'字吗，就叫醋吧！"

第二怪：肴肉不当菜

提起熟食猪蹄，各地都有，红烧猪蹄、五香猪蹄、酱猪蹄、清汤猪蹄等各具特色。然而，以选料之严格，加工之精细，口味之鲜美要首推镇江的水晶肴蹄。水晶肴蹄肉色鲜美，皮白光滑晶莹，卤冻透明，肉质清香而醇酥，肥而不腻，瘦不嵌齿。故而近人有诗赞道"风光无限数金焦，更爱京口肉食饶，不腻微酥香味溢，嫣红嫩冻水晶肴"。

制作水晶肴蹄，其加工工序有十四道之多：主要有选蹄（以猪前蹄为好），去毛剔骨，以铁钎在瘦肉上不规则地戳上几下（以不戳破皮为度），然后均匀地洒上硝水（浓度不高），用粗盐揉匀，层层叠于腌制缸中，腌7天（随着气候的变化，用盐量和腌制天数也略有不同），然后将腌制过的生蹄取出，放水内浸泡，换水三次，将血卤洗净，去掉涩味。开始加水和香料、葱姜、料酒、少许盐，武火煮后保持在95℃左右持续4小时，出锅放入盆内叠好、压平，用原汁把油卤冲净，经清汤的卤汁倒入蹄盆，冷却后凝冻即成。

肴蹄既可作为筵席上的主碟；又可在吃早茶时，做肴蹄面；还可切成块，装盘当早点吃，故有"肴蹄不当菜"之说。水晶肴蹄不仅为餐桌上的佳肴，而且是馈赠亲友的佳品。用的水晶肴蹄礼盒里放上一瓶宴会醋（镇江恒顺香醋），既携带方便，又可延长储存期和便利品尝。

第三怪：面锅里面煮锅盖

"面锅里面煮锅盖"，是镇江饮食技艺中的一项创造。锅盖面，用的面条是"跳面"。所谓"跳面"，就是把和成的面放在案板上，由操作人员坐在竹杠一端，另一端固定在案板上，既上下颠跳，又似舞蹈、似杂技，反复挤压成薄薄的面皮，用刀切成面条，这种面条有毛孔，卤汁易入味，吃在嘴里耐嚼有劲，味道独具。

至于汤面名称，品种繁多，且如春初刀鱼上市，时新的汤面要数"刀鱼面"；夏时，有"长鱼面"；秋、冬有各式"盖浇面"。平时，常吃的汤面为红汤面。面锅里面煮锅盖（面锅大、锅盖小），据说，过去镇江人下面不用锅盖，一次一家小面店的张嫂为了让面熟得快，无意中盖了锅盖，误把汤罐盖放入面锅中，却起到了意想不到的效果。后来，这种方法就沿用下来。当面条下入沸水锅后，再用一只小锅盖盖在面汤上，可达到以下好处：一是生面条逐份投入，熟后不黏结，不散乱，规格准确；二是面汤滚沸时，易于清除浮沫，保持汤面不混浊；三是面条易熟透，不生不烂。

第二节　常州市

一、常州概况

【地理位置】

常州地处江苏省南部、长三角腹地，东与无锡相邻，西与南京、镇江接壤，南与无锡、安徽宣城交界。常州市属长江下游平原，兼有高沙平原和山丘湖圩。

【地形特点】

常州地处长江下游三角洲苏南平原，地貌类型属冲积平原，境内地形复杂，山区平圩兼有。常州地貌类型属高沙平原，山丘平圩兼有。南为天目山余脉，西为茅山山脉，北为宁镇山脉尾部，中部和东部为宽广的平原、圩区。境内地势西南略高，东北略低，高低相差2米左右。拥有丰富的自然植被，森林覆盖率达70%。

【气候特点】

常州位于江苏省南部，属于长江下游地区，北靠长江，南临太湖，距海仅有一步之遥，属于亚热带海洋性气候，常年气候温和，雨量充沛，四季分明。常州春末夏初时多有梅雨发生，夏季炎热多雨，温度常高达35℃左右，冬季空气湿润，气候阴冷。

【面积人口】

全市总面积4385平方千米。根据第七次全国人口普查公布结果，全市常住人口为527.8万人。

【历史沿革】

常州是一座具有2500多年悠久历史的文化古城，底蕴深厚。公元前547年春秋时期，建邑立邦，始称延陵。别名龙城，系春秋时期吴王寿梦的第四子季扎的封邑。秦置县。西晋以后，向为郡、州、路、府治，城名多次更迭为毗陵、毗坛、晋陵、兰陵、常州、南兰陵、尝州、武进等。"常州"之名始于隋，此前称"郡"，此后至宋称"州"，元称"路"，明、清称"府"，均有辖县。清雍正四年（1726年）起，常州府辖武进、阳湖、无锡、金匮、宜兴、荆溪、江阴、靖江等8县。清末，城内尚有一府（常州府）两县（武进、阳湖）治所。1912年废常州府，阳湖县并入武进县。新中国成立初期，常州专署辖常州市和无锡、江阴、武进、宜兴、溧阳、金坛6县；1953年1月常州市定为省辖市，当年3月共辖6区；1958年7月，镇江专区迁常州，改称常州专区，常州属之。

【行政区划】

常州现辖钟楼、天宁、武进、新北、金坛5个区和1个县级市溧阳市。

【城市发展战略】

常州作为中国社会发展综合示范实验区，城市建设、社会事业与经济协调发展，交相辉映。城市可持续发展已有了良好开端。改造老城区、建设新常州的发展战略已经确定，框架正在拉开，城市基础设施建设步伐明显加快，现代化村镇建设由点到面稳步推进，城乡各地充满着朝气蓬勃的生机和活力，人民生活开始步入小康，正向初步现代化迈进。

【市树、市花、旅游口号】

市树：广玉兰；市花：月季花

旅游口号：中华龙城江南常州

【购物娱乐】

常州有着2500余年的历史，人文荟萃，古迹众多，在历史上就是游览胜地。数千年的文明史为常州留下了诸如东南第一丛林的天宁禅寺和目前我国保存最完整、最古老的地面城池——淹城等众多名胜古迹，它们无不以流光溢彩的英姿为游人所倾倒。近几年来，常州旅游业发展迅速，已构筑并初具规模的六大景区是：常州古城文化旅游区；常州新区现代旅游区；武进春秋淹城遗址和滆湖旅游区；武进横山风景区；金坛茅山风景名胜区；溧阳天目湖旅游度假区。

【知名人物】

瞿秋白（1899—1935年），是中国共产党早期的主要领导人之一，伟大的马克思主义者、卓越的无产阶级革命家，理论家和宣传家，中国的革命文学事业的奠基者之一。

曾参加党的"三大一六大"，当选为中央委员、中央局委员、政治局常委，第一次大革命失败后的危急关头，主持召开"八七"会议，会后主持中央工作。在1931年1月中共六届四中全会上，遭王明等人打击，被解除中央领导职务。此后，在上海同鲁迅一起领导左翼文化运动。1934年到苏区任中央政府教育人民委员。红军长征后被留在苏区，1935年2月26日在福建长汀县水口镇小径村被国民党军队逮捕。同年6月18日在长汀县罗汉岭英勇就义。

刘海粟（1896—1994年），是我国近代美术事业的奠基人，新美术运动的拓荒者，杰出的美术教育家。1911年创办第一所中国专门美术学校——上海国画美术院。此间在美术界做了三件事，均为开风气之举：一是1914年始用裸体模特儿；二是1918年首创大规模的旅行写生；三是1919年赴日本考察，回来推行现代派画风，倡导自由研究的学术空气。在他长达80余年的艺术生涯中，学贯中西、艺通古今，创作了大量艺术珍品，为中华民族赢得了世界性荣誉。晚年，将其一年耗尽心血收藏保存下来的历代名家稀世珍品和自己的作品无偿献给国家。

华罗庚（1910—1985年），出生于金坛金城镇，是世界著名数学家，是中国解析数论、矩阵几何学、典型群、自安函数论等多方面研究的创始人和开拓者。在国际上以华氏命名的数学科研成果就有"华氏定理""怀依—华不等式""华氏不等式""普劳威尔—加当华定理""华氏算子""华—王方法"等。他为中国数学的发展作出了举世瞩目的贡献。美国著名数学家贝特曼著文称："华罗庚是中国的爱因斯坦，足够成为全世界所有著名科学院院士"。被列为芝加哥科学技术博物馆中当今世界88位数学伟人之一。

【城市荣誉】

常州是全国综合实力50强城市、中国优秀旅游城市、国家卫生城市、国家环保模范城市、"中国人居环境范例奖"城市、全国投资环境50优城市。

【方言俚语】

常州方言保留了古入声，和普通话相比，常州话就有一种独特的情韵。著名语言学大师赵元任先生，在其所著的《谈谈汉语这个符号系统》一文中，曾以常州话为例来说明用常州话阅读古诗词，就能读出普通话不能表达的情韵美。常州话能使古诗词的阅读欣赏进入更高的艺术境界。常州方言中保留了许多古汉语词语，有些古汉语词语在现时的常州人口语中仍有较高的使用率。如米糁（饭粒）、垦田（翻土）、囥（藏）、隑（靠）、渧（滴）、沥（水自行晾干）、潽（溢出）、汏（洗）、搛（夹）等。

二、著名景区

（一）天宁寺

国家 AAAA 级旅游风景区　全国汉族地区佛教重点寺院　省级文物保护单位

千年古刹天宁寺，是我国重点保护寺院和江苏省文物保护单位，被誉为"东南第一丛林""一郡梵刹之冠"。它始建于唐代贞观、永徽年间（627—655年），先后易名为"广福寺""齐去寺""万寿崇宁寺""报恩广孝寺"；至元代仍复称天宁寺，一直沿用至今。乾隆曾三次到天宁寺拈香，并为寺题"龙城象教"匾额和楹联。

千百年间，天宁禅寺历经沧桑，屡毁屡建五次，现存的主要殿宇，是清同治、光绪年间，复建的。天宁禅寺规模宏伟，建筑精美，法会之盛，闻名遐迩，庄严妙胜，甲于东南。故有东南第一丛林之称。主要建筑有八殿、二十五堂、二十四楼等。走进山门就是宽敞的天井，迎面是天王殿，殿内左右两边是高达 7.8 米的四大天王，在全国同类塑像中是最高大的。天王殿中的弥勒佛坐在汉白玉神台上，佛龛飞檐翘角，上端刻有 90 尊佛像，精致美观。天王殿左右两旁分别是普贤殿和文殊殿。殿后门外天井两侧是罗汉堂，供奉五百罗汉。大雄宝殿殿顶重檐九脊，高 33 米，宽 26 米，进深 27 米，殿内八根梨木大立柱，每根高达 1835 米，直径 80 厘米，直撑殿顶大梁。素有"栋宇摩霄汉，金碧灿云霞"之称。殿内供奉高大奇特、辉煌庄严的三世如来佛像，中间站着阿难和迦叶，背后供奉海岛观音，又称童子拜观音。大殿两侧分立形态各异的二十诸天。大殿右前角的一口巨钟，重达 4 吨。左前角是一面直径约 2 米的大鼓。大殿右后角有一尊泰国佛教协会赠送的铜佛。大雄宝殿左右两侧分别是地藏殿和观音殿。在地藏殿的西、南两侧，观音殿的东、南两侧的壁上有砖刻的五百罗汉像，神态各异、栩栩如生。大雄宝殿后面还有藏经楼等建筑。

（二）淹城遗址

淹城位于常州市南面，距市区约 7 千米，是我国目前西周到春秋时期保存下来的最古老、最完整的地面古城池。据说，这也是世界上仅有的三城三河形制的古城，面积约 0.6 平方千米，迄今已有将近 3000 年的历史，现为全国重点文物保护单位。淹城遗址有土墙三重，分为外城、内城、子城，各城均有护城河环绕，只在西面有一出口通道。

关于淹城的来历和淹城的主人究竟是谁，史学界和考古界众说纷纭，至今仍无定论，一说淹城曾是商末周初奄国的国都，奄君就是当时在山东曲阜之东的奄国君主，其被周成王所灭后，带领残部从山东辗转逃到江南，在这里凿河为堑，堆土为城，仍称"奄"。因为古代三点水的"淹"字与没有三点水的"奄"字通用，一直流传至今，遂有"淹城"之名。另一说是春秋晚期吴国公子季扎不满阖闾刺杀王僚夺取王位，决心与阖闾的强暴政治决裂，"终身不入吴国"，便在封地延陵筑城挖河，以示淹留之决心，取名"淹城"。

"明清看北京，隋唐看西安，春秋看淹城"。1958 年以来，淹城出土了大量几何印纹陶罐、缸、瓮、钵和青铜器（如铜编钟、铜鼎），在内城发掘出的独木船，轰动了中国考古学界，最大的一只为整段楠木火烤斧凿而成，长 11 米、宽 0.9 米、深 0.45 米，被誉为"天下第一舟"，现珍藏在北京博物院。

（三）天目湖旅游度假区
国家首批 AAAAA 级旅游景区

天目湖旅游度假区位于苏、浙、皖三省交界处的江南历史名城溧阳市境内。天目湖东临烟波浩渺的太湖，北望工业发达的常州，西接六朝古都南京，南连蜿蜒起伏的天目山脉。整个度假区总面积 320 平方千米，包括沙河和大溪两座国家级大型水库，素有"江南明珠"之称，因属天目山余脉，故名"天目湖"。天目湖兼有太湖烟波浩渺之势，西湖淡妆浓抹之美，千岛湖环拱珠琏之局，给人以身入"绿色仙境"，宁静安谧，具有质朴率真、回归大自然的美妙感觉。

在 300 多平方千米的区域内，分为旅游中心区、度假休闲区、森林公园区、农业历史文化区、环境保护区和湖上娱乐区 6 个功能区。主要景区包括以"山水情、亲山水"为主题的山水园，以反映周文王访贤招纳姜子牙兴周灭商历史故事的太公山和以体现苏南小区乡村生活和山野风光的小岭生态休闲园。主要景点包括胜似闲庭信步的湖里山公园、全国唯一反映科举文化的状元阁、揭开人类起源之谜的"中华曙猿"馆、展示五彩缤纷海底动物的水族馆、体验当地民俗民风的乡村田园、品味高雅茶艺文化的绣球岛、展现异地他乡习俗的怡心岛、源于佛教"四报恩"的报恩禅寺、重温脍炙人口《游子吟》的德泽亭、具有国际先进水平的水上乐园、领略真枪实弹刺激的射击城、体验曲径通幽的南山竹海以及用于大型集会的百花广场。

茶香、水甜、鱼头鲜构成天目湖三绝,是天目湖精华所在。湖区周围茶园茗香越岫,精制"沙河桂茗""南山寿眉""水西翠柏"已成为国家和省、市名茶。湖水保持天然山泉的纯度和矿物成分,经江苏省环保部门测定,达到国家二级饮用水水源标准。湖中鱼类丰富,盛产特具风味的"沙河鱼头"的原料大灰鲢。"沙河鱼头"为天目湖一绝,构成了天目湖独特的饮食文化。

天目湖旅游度假区旅游资源丰富,环境质量较高,周围被低矮起伏的丘陵山地所环绕,并被原始和人工植被所覆盖,植被覆盖率达80%以上,拥有动物164种,植物236种。山清、水秀、茶香、鱼鲜、空气好构成天目湖旅游度假区"湖光山色风景独秀,碧水蓝天江南明珠"的幽雅意境,不仅使天目湖旅游度假区成为动植物生息繁衍的乐园,而且给游客以"绿色仙境""返璞归真"的美妙感觉,具有发展度假旅游和休闲旅游的优越条件。

(四)刘海粟美术馆

常州市人民政府为弘扬刘海粟先生的光辉业绩和爱国精神,按海翁"魂归故里、埋骨桑梓"的遗愿,拨款于1993年建成刘海粟美术馆一期工程,1998年建成以海粟先生故居"静远堂"命名的二期工程,内设刘海粟文史资料、生平事迹馆、精品陈列馆、画廊及大小展厅、接待会议室多处,占地2500平方米,建筑面积3000平方米,展厅总面积1200平方米。"静远堂"与陵园互为借景,移景变形,设计新颖,成为常州市社会事业发展标志性项目和重要的文化旅游景点。

刘海粟美术馆具有现代美术馆和名人纪念馆双重功能,是兼容展览、收藏、交流、研究和普及美育的多功能、多维立体艺术中心。将展示、陈列高质量和各类艺术,收藏研究当代不同风格和流派的作品,增进与海内外艺术家之间的友谊和交往,努力服务于社会和大众。

（五）华罗庚纪念馆

江苏省爱国主义教育基地

华罗庚纪念馆坐落在金坛目前最具生态与文化魅力的区域——城南文化园区内。纪念馆是一幢集古典与现代风格于一体的两层建筑，外观既有江南园林的意境，又缀以简约抽象的几何图形，显得新颖别致。馆内展品分为文字、图片、实物和声像系统几大部分。详细介绍和再现了华罗庚的生平，突出了他自学成才、自强不息的精神，甘做人梯的高尚风格，创立"中国数论学派"的杰出贡献，成为美国科学院120年中第一位中国籍院士的国际影响以及爱国爱民，"不为个人而为人民服务"的精神境界，高度概括了华罗庚作为杰出数学家、教育家、社会活动家不平凡的一生。

（六）常州中华恐龙园

国家AAAAA级旅游景区　中国青年科技创新行为教育基地
国家首批文化产业示范基地

常州中华恐龙园享有"东方侏罗纪"美誉的中华恐龙园位于江苏省常州新区的现代旅游休闲区内，在沪宁沿线上占有得天独厚的地理优势，水、陆、空交通十分便捷。它是一座将博物、高科技声光电、影视特效与多媒体网络等完美结合，融展示、科普、娱乐、休闲及参与性表演于一体的以恐龙为主题的综合性主题游乐园。

作为恐龙园的标志性建筑物，中华恐龙馆的馆体外形充分运用仿生建筑手法，远远望去仿佛三条恐龙高昂着龙头在窃窃私语，一条丰盈巨硕的恐龙躯体呈现出大写意的造型，由此勾勒出恐龙馆的博览、娱乐及科普空间，全馆总面积2万平方米以上，龙首最高处达71米，馆体穹顶最高处达36米。中华恐龙馆内设有5个主厅和6个辅助厅。其中主厅包括中厅、陈列厅、景观厅、观光厅和影视厅；辅助厅有入口大厅、贵宾接待厅、学术报告厅、备用展示厅及屋顶花园等空间。恐龙馆以生物演变史作为设计背景，重点突出恐龙从生存、繁衍、演化直至毁灭的构思主线，揭示了生命与环境相互依存，人类必须保护生态、保护环境的深刻主题。

恐龙园注重绿色生态环境的营造，在园内栽种70余种、4000多株树木，园区的绿化占全园总面积的70%以上。园区内围绕恐龙馆设有穿越侏罗纪、恐龙山探险、动感立体电影、高空滑索、高空弹射、夏日雪橇、龙海探秘、模拟攀岩、情侣单车，以及水上自行车等数20余项刺激、动感的游乐活动，使游客放松身心，流连忘返。

（七）环球动漫嬉戏谷
国家 AAAA 级旅游景区　　中国创意产业最佳园区

嬉戏谷位于美丽的国际花园城市常州武进的太湖湾旅游度假区内，一座国际动漫游戏体验博览园。景区以"动漫艺术、游戏文化"为主题，以满足逾 4 亿中国互联网用户的庞大娱乐需求为目标，以更适合未来前往的体验型公园为前瞻，将超前的数字娱乐和高科技完美融合，通过游戏虚拟场景局部实景化的手段，将一个从未有过的、神秘未知的、超越现实的"奇幻世界"带入现实！使每一位游客以主角的身份，在现实中演绎"穿越奇幻世界"之神话传奇。

环球动漫嬉戏谷拥有中国大陆唯一、世界第二座天幕影院"天幕幻想"和亚洲第一的 360 度环形过山车"云之秘境"、亚洲最高最长最快的飞行式过山车"撕裂星空"在内的近 30 个体验游乐项目。

二期嬉戏海于 2014 年 7 月 5 日奇幻开放。同一天，华东最大、最丰富的"完美水世界"、璀璨星光动漫夜公园同步揭开神秘面纱。嬉戏谷一期二期连通为一体，除"完美水世界"外，均采用一票制游玩。嬉戏谷二期嬉戏海包括与游戏巨头"完美世界"联袂打造的华东超级"完美水世界"；与腾讯首度携手合作的线下儿童体验区"洛克王国"区；还原秘境探险、神话传说的"幻想森林"区；将普罗旺斯的唯美浪漫空运而来的"太湖吧街"四大主题体验区。囊括数十项如：国内唯一可公转兼自转的浪漫摩天轮、动感座舱式秋千"飞天火箭塔"、两大殿堂级室内体验项目梦幻封神及斗战西游等丰富崭新的体验内容，为游客打造世界顶级的主题文化娱乐体验。

主要游乐项目：

英雄门

在嬉戏谷前广场，三座美轮美奂精雕细琢的引桥，"人""神""兽"设计主题清晰明朗，游客穿过桥梁，便可进入梦幻广场。梦幻广场上，色彩、音乐和谐律动，植被、装饰色彩明丽。广场中央，以金属打造而成的"环球动漫嬉戏谷"大型球体标志金光璀璨，以 360 度的环形轨迹匀速运转，昭示着永恒延续的创新精神。正对广场，"英雄门"雄伟高耸，"人""神""兽"浮雕形象惟妙惟肖，气势威武。在英雄门的左右两侧，分别设有两栋辅建筑，右侧为售票大厅及 VIP 贵宾休息区，左侧为游客出口区，内设置旅游纪念品及嬉戏谷主题衍生产品购物区。穿过宏伟的英雄门，心跳里程正式开启。

淘宝大街

穿过嬉戏谷气势恢宏的"英雄门","淘宝大街"纵延向前,临街两侧店铺林立,建筑造型奇特风格各异,成千上万款的主题商品更是让人目不暇接、心动不已。"淘宝大街"汇聚了众多全球知名的动漫形象品牌衍生商品销售旗舰店,是全球品牌动漫游戏衍生产品的一站式消费目的地。对于游客来说,这无疑是场盛大的线下淘宝集会,其囊括了全球知名的动漫衍生产品——卡通玩具、漫画图书、电子产品、工艺品、装饰品、服装鞋帽等,更有全球同步首发及限量版商品;对于商家来说,资深漫迷游民巨大的购买力,蕴藏着巨大的商业价值。

神秘之岛

遮掩不住的绿意、随风起舞的树影、奇思妙想的雕塑。每处景致都在极力烘托各区域的主题特色。漫步在嬉戏谷,收获的不仅是自然的灵感、生活的情趣,更有让人禁不住会心微笑的细节和不经意间心灵的震撼。最美不胜收的乐园中心的"精灵湖",湖中挺立着一座精致典雅、风格独特的"神秘之岛",湖岛相连,脉脉依依,给人以无尽想象,续写着不朽的浪漫传奇,夜晚。彩色喷泉与夜色相交,体现出与自然景色不一样的美——科技美。

摩尔庄园

精灵湖西岸,嘹亮响彻的风笛,这里是"摩尔庄园"与"传奇天下"的所在,这里是守护者CC公主的领地,这里更是孩子与大人们的玩乐天堂。以卡通动漫为主题的儿童娱乐天地,是适合儿童娱乐体验的童话王国,场景造型生动可爱,色彩搭配绚丽缤纷,在这天真烂漫的小小世界里,小朋友们将开始神秘梦幻的庄园历险。摩尔庄园区,将中国最大的儿童网络社区"摩尔庄园"移植至线下,囊括"海底精灵城""宝贝地盘""空中大巡逻""飞旋骑士""魔法精灵""可口可乐快乐工坊"等游乐项目。

可口可乐快乐工坊

是中国主题公园第一个可口可乐体验中心。在这里,游客不仅可以参观有关可口可乐的艺术品,还可免费品尝到来自全球各国口味各异的多种可口可乐产品。

传奇天下

以古典武侠、传奇英雄为主题,喷泉、雕塑、尖塔、八角房等中世纪建筑错落有致,装饰简洁而不乏堂皇之气,融合欧式建筑特有的刚健、富丽、浪漫气息,使"传奇天下"透露着中西合璧的古风古韵。传奇天下区,作为"人"文化的象征,以竞技挑战、奇趣冒险为特色,涵盖"猎魂""冰剑国度""云之秘境""龙行天下""天堂之舵""嬉戏飞车""游戏要塞""海盗王号"等游乐项目。

星际传说

雄奇的暮光神庙与泛着光泽的合金飞船，身着太阳袍的大祭司与 AI 机器人，神圣与神奇，于亿万光年外交汇，而也许这就是未来。"星际传说"，位于"精灵湖"东南，是"神"文化的繁衍之地。这里以未来、科幻为主题，以天空的蓝色为建筑基调，从不同的角度演绎着神族美学，于简约明朗的设计中显露出祥和、圣洁的氛围；这里未来科技色彩浓郁，异域星球的至高文明，是令人仰望的神迹。星际传说区，是"神"文化的繁衍之地，包括"大话嬉戏""撕裂星空""天际骇客""飞天侏罗纪""雷神之怒"等游乐项目。

迷兽大陆

悲凉的贫瘠之地，呜呜的霜之哀伤，莫高雷草原上的苍月，掩映着神秘的暗黑国度，燃烧的号角，召唤真正勇者的到来。"迷兽大陆"位于"精灵湖"之东，空间色调暗沉厚重，建筑风格大开大合，饱含魔幻色彩，是对"兽"文化主题的完美演绎。在这里冒险、超越极限是生动的主题，以惊险、刺激的游乐氛围，鼓励人们勇于尝试、挑战自我。迷兽大陆区，饱含魔幻色彩，以"冒险""挑战"为核心主题，拥有"热砂港""兽血征程""迷兽天途""梦幻擎天"等顶尖刺激的大型游乐设施和个性服务。

天幕影院

这是世界上最大的 XD 飞行动感球幕影院。最大的看点就是选用了悬挂式动感座椅，可实现自由角度转换。嬉戏谷还为球幕影院量身打造了"大游戏"题材影视大片，观众置身于悬挂座椅之上，身临其境，尽情享受刺激的魔幻历险。（注：此项目非天幕幻想）

圣殿山

在嬉戏谷中轴线的最南端，矗立着一座宏伟的"圣殿山"，这是嬉戏谷的中央之极，全园的地标性建筑。圣殿山由下至上，规划有星光大道、八大主题雕塑及"中华龙塔"。作为全球动漫游戏玩家精神圣地，也作为全园建筑景观核心，中华龙塔采用全钢结构，塔形奇谲，尽显无限想象力与无穷王者霸气。游客乘坐观光电梯，可登上龙塔观光平台，居高临下，尽览全园美景。正在建设中的"中华龙塔"有三层观光平台，随观光电梯登顶，不仅可尽赏全园，更可俯瞰太湖盛景。圣殿山，是承载动漫游戏文化过去与未来的基石，蕴藏着深刻的文化内涵，是全球数字娱乐玩家的集聚地与朝圣地，"中华龙塔"将成为寓意的挑战、团结、超越、追求自由的浓缩年轻精神的图腾！

嬉戏谷大剧院

与国际电竞博览中心对应，位于英雄门东侧的建筑则是嬉戏谷配套的梦幻演艺大剧场。该剧院是园区的常态化演出剧院，每天将设有多场"幻境"主题秀表演，通过先进视频、音频等技术，为观众呈现一台媲美"阿凡达"的梦幻视觉盛宴。嬉戏谷大剧院，拥有全球第一台室内全景3D立体秀，在壮观的270°主动3D成像LED屏围绕的演厅中，观众将戴上3D眼镜欣赏一流的真人舞台剧，而整幕剧的音乐由全球知名的音乐家植松伸夫亲自操刀，在全息投影、激光、3D等高科技手段辅助下，为观众倾力打造现实剧院版的"阿凡达"，让奇幻世界无处不在。

（八）红梅公园
国家AAAA级旅游景区

【景区概况】

红梅公园位于常州市中心繁华的罗汉路，紧邻天宁寺，占地面积约500亩（约33公顷），因文物古迹众多而享有"文笔圣地，江南名园"之美誉，是常州市区规模较大的综合性公园。

红梅公园始建于1958年，1960年正式建成开放，因红梅阁而定名红梅公园，全园著名八景：文笔夕照、红梅春晓、曲池风荷、青峦倒影、翠薇秋霞、林园钟声、雪山劲松、吴风遗韵。1983年，全国人大常委会副委员长胡厥文应邀为红梅公园题写园名。

【红梅阁】

红梅阁始建于唐昭宗年间（889—904年），距今已有一千多年的历史，宋代曾作为贡士试院，后成为道院，传说号称紫阳真人的道教南派鼻祖张伯端曾在此聚徒修炼，著有《悟真篇》一卷。现存建筑为清光绪二十六年（1900年）重建，市级文物保护单位。清朝常州籍著名诗人赵翼诗赞红梅阁美景："出郭寻春羽客家，红梅一树灿如霞；樵阳未即游仙去，先向瑶坛扫落花。"

红梅阁建于2米高之土台上，砖木结构，重檐歇山顶，下有回廊，斗拱翘角，气势壮观。阁高17米，分上下两层，四周原筑垣墙，现改为石栏杆。南端有云鹤纹石坊，下有石阶，为出入通道。坊额刻"天衢要道"四字，有明崇祯时题款；两旁石柱楹联为"道有源头，立言立功立德；工无驻足，希贤希圣希天"。

阁前有一段石花柱，这是原有石牌坊遗迹，又名冰梅石，圆形，长2.5米，直径0.40米。

【嘉贤坊】

嘉贤坊，是为纪念常州古城的奠基人季札所建。常州最早文字记载的名称是延陵，吴馀祭元年（公元前547年），吴王寿梦第四个儿子季札封于此地，号延陵季子，后人为纪念他建季子祠三座，唐代垂拱四年（688年），江南巡抚狄仁杰赠额"嘉贤"，嘉贤坊名由此而来。坊于1352年毁于战乱，1993年由常州园林局拨款重建。嘉贤坊为砖木结构，高8米，宽11米，厚1.4米，斗拱装饰，飞檐戗角，古朴大气。

【吴风遗韵 袈裟塔】

吴风遗韵是一处展示常州"八邑名都，中吴要辅"风采的新建景点，其从常州的几百座牌坊中选择出了与崇文密切相关的八坊：早科坊、状元坊、世科坊、兄弟翰林坊、双桂坊、正素坊、椿桂坊、进贤坊，作为吴风遗韵传与后人。这是老房子画家季全保呕心沥血之作，再有女雕刻家秦虹二度创作，有令人游一园而知全城的创意。

附近还有高3米多的5层石塔，名为袈裟塔，是常州人民为纪念南宋末年率领众僧奋勇抗击侵犯常州的元兵而壮烈牺牲的护国寺高僧万安和莫谦之而建的纪念塔。

【知音坊 塔影山房】

知音坊是一个船形古建筑，为了纪念俞伯牙、钟子期高山流水遇知音的故事而建。

知音坊旁是塔影山房，原太平寺长老打禅之地。相传苏东坡与长老是莫逆之交，当知道苏东坡被贬到海南时，长老怕连累自己，就将东坡题在墙上的诗词一一铲除。东坡回到常州后，长老又想借东坡的名望往自己脸上贴金，请东坡为自己肖像配诗。东坡感到世态炎凉，人情淡薄就潇洒地写下了"一夕灵光出太虚，化生成佛人腾去，秋莲宝华不用火，凡是悟空点点除"长老很得意，不久洪太守来太平寺，看到画和诗说：你得罪苏东坡了，他骂你是死秃，诗的前两句隐射了死，后两句描述了秃。长老懊悔不已。

【文笔塔】

文笔塔建于南齐建元年间，距今已有1500余年的历史，原名太平讲寺塔。武进县志记载，塔好像一支巨笔，每当塔顶祥光出现，当年府人参加科举考试就有得第一名的可能，文笔塔由此得名。文笔塔屡经沧桑，几毁几建。现存的文笔塔是常州市人民政府1981年拨款50余万元修复，七级八面，高48.38米，底层外径9.85米，为楼阁式砖木结构，其中塔身为晚清建筑，莲瓣状古塔基座为南齐遗物。

三、特色文化

（一）天目湖"砂锅鱼头"

天目湖"砂锅鱼头"始创于江苏省天目湖宾馆，由江苏省特级名厨朱顺才近30年的精心烹制研发，现已被誉为江苏最佳传统名菜，成为中国美食天地的一朵奇葩。烹制天目湖砂锅鱼头，选用天目湖水体中天然生养的大花鲢鱼头作原料，纯天然天目湖水为汤基，加上特有的烹调工艺加工而成，由于山清水秀的天目湖不仅周围山体绿色植被过滤了湖水，而且湖底为沙质而非淤泥，这一独特的自然环境造就了天目湖水清澈甘甜，纤尘不染，故其中生长的鱼类也绝没有土腥味。因而，"天目湖"砂锅鱼头以其成品"鲜而不腥，肥而不腻"的优良品质备受广大美食爱好者的赞誉。

（二）常州梳篦

常州梳篦（简称栉）是我国古代八大发饰之一，自南北朝流行，至今已有1500余年历史，曾享有"宫梳名篦"之称。

常州梳篦系天然材料制成，技术精湛，造型美观，经常使用，有缓解头痛、治疗失眠、提神醒脑、聪耳、明目之保健功效，既是生活必需品，又是玲珑精致的工艺欣赏品。

常州梳篦驰名中外，近百年来，多次获得国际、国内金银质奖，1915年获巴拿马国际和平展览会银质奖，1926年获美国费城博览会金质奖，1979年获我国轻工部优质产品银质奖，1991年获国家银质奖，1990年长寿相拼梳获得国家专利权，1991年获第二届北京国际博览金质奖，并被评为常州市十大名牌产品。梳篦产品远销东南亚、西欧及非洲等国，美誉交加，深受国内外各界人士的喜爱和欢迎。

（三）景泰蓝掐丝工艺画

景泰蓝——古代称金属胎珐琅器、金属胎掐丝珐琅器，是全世界工艺美术作品宝库中最珍贵的财富之一。

金属胎掐丝工艺画是采用传统的纯手工掐丝工艺，在金属材料底面上构制画面，画面主色调与底色采用现代新技术及配色技巧，画面清晰、新颖，色彩丰富、艳丽，晶莹剔透，立体感强；在底色映衬下，主题突出，寓意更为深刻，给人耳目一新之感。

（四）砖刻屏

砖刻屏是一种用篆刻艺术的刀法，将汉碑文字、汉画图像刻在明清时期的古砖上，再配上用红木雕花精制而成的座屏和挂屏。砖刻屏重量轻、体积小、携带方便，其外观古朴典雅，图像既有汉代碑刻和画像石的雄强阳刚之气，又有古代碑刻的金石之气，具有较高的艺术价值，观者能从中感受到汉朝文化艺术的博大精深，得到美的享受。

（五）乱针绣

乱针绣由我国著名刺绣艺术家杨守玉教授首创，将绘画艺术与刺绣技法相结合，打破传统"密接其针，排比其线"的框架，以针代笔、以线代色，运用长短交叉的线条，来表现物体的深度和广度。作品具有独特的艺术效果，宛如油画或近似艺术摄影。

（六）留青竹刻

留青竹刻是一种在竹子表面极薄的一层青筠上进行镌刻的传统艺术。竹刻艺人在竹筠上巧施全留、微留、不留、多留、少留的功夫，使作品展示层次、明暗、浓淡、透出较强的立体感；又因竹皮为黄色，竹肌为红色，年深日久，竹皮竹肌的色泽反差很大，竹肌颜色渐呈紫红，犹如初熟樱桃、抛光琥珀，令人赏心悦目、爱不释手。

第三节　综合训练

 训练项目一：旅行社拼团（并团）问题的处理

【目的和要求】

通过本次训练，了解到旅游实践过程中的转团行为的性质，规范处理转团和拼团问题。

【准备】

查阅《旅行社管理条例》《中华人民共和国消费者权益保护法》，了解旅行

社的基本职责和旅游合同的变更、解除的相关知识以及消费者的权利。

【步骤】

1. 案例提供

"十一"长假之前,常州的徐女士决定一家三口参加一次出国游。看了许多广告之后,他们找到了当地一家旅行社。经过协商,他们确定参加该社的一个出国旅行团。出行前,该旅行社通知徐女士,因为人数不够,需要"散客拼团"。徐女士以为"散客拼团"就是人数不够,又吸收了该市的其他一些游客,也就没在意。到了上海浦东机场才发现,接待自己的已经不是当初她找的那家旅行社,而是另一家旅行社,常州的游客也只有徐女士一家,其他游客则分别来自苏州、上海、杭州等地。徐女士觉得自己上当了,可钱也交了,人也来了,一家人只得先随团出发了。不仅如此,旅行社还增加了许多所谓"自愿"参加的自费旅游项目。这些项目的收费很高,徐女士不愿参加,但如果真的不参加,他们一家会碰到更多的不如意。无奈之下,徐女士只好硬着头皮"自愿"参加,又白白花了不少钱。徐女士一回国就去找当初那家旅行社交涉。旅行社认为自己根本没有责任,因为出游前已经告诉徐女士要"散客拼团",之所以没有向徐女士解释什么叫"散客拼团",是因为这是行业惯例,人人都知道,没有必要解释。

2. 组织讨论

(1)旅行社以行业惯例来解释自己的行为是否成立?为什么?

(2)旅行社私自增加自费项目的行为,侵害了旅游者的何种权利?为什么?

【考核】

根据讨论内容,选取一个方面,撰写小论文。

【延伸与扩展】

旅行社拼团(并团)的实证分析。在旅游合同的转让实践中,旅行社转让基本上以"并团"的形式出现。当A旅行社组织了一个人数不够的旅游团,A旅行社往往会和其他旅行社联系,询问是否有发团时间、行程、服务档次相同或相似的旅游团。如果回答是肯定的,A和B可能就约定把A的游客交于B旅行社,进行"并团"。如果发生了旅游纠纷,A旅行社会主动承担责任;B也仅仅对其原来的游客负责。"并团"似乎和游客无关,其实不然:①它侵害了游客的合法权益。旅游产品的提供带有个性色彩,即使两个旅行社的旅游产品从表面上看完全一致,但实际上不同的旅行社提供的服务显然是有差异。不同旅行社的美誉度也是不同的,随意并团侵犯了游客的知情权和自主选择权。②它降低了旅游服务的质量。A旅行社在转团时，肯定要有一定的经济利益，而B社也同样以盈利为目的，很容易导致旅游服务质量的下降。当然，在旅行社的经营正在走向集团化、网络化的今天，旅行社合法、规范的"并团"不仅不应当指责，而且应该鼓励，因为"并团"将成为旅行社规模经营的模式之一。

旅行社在转让时，应尽量提前通知游客，做好必要的说明工作，便于游客有所准备，在自愿的基础上同意组团社的"并团"行为。

 训练项目二：旅游活动中的加点问题的处理

【目的和要求】

通过本次训练，使学生了解到旅游过程往往涉及旅游合同的变更以及赔偿的问题，导游需要保留相关证据以维护旅行社和导游自己的合法权益。

【准备】

请查阅《旅行社管理条例》《中华人民共和国合同法》《中华人民共和国消费者权益保护法》，了解旅游合同的赔偿相关的规定。

【步骤】

1. 案例提供

张×等20余名游客参加某旅行社组织的"镇江二日游"，由于适逢"五一"，各地蜂拥而至的游客远远超过了当地旅游接待，该团无论吃、住、游等安排都不尽如人意。旅行社为表示歉意和对该团的一种补偿，经全体团员书面同意，免费增加游览景区——宝塔山公园。游览结束后，游客张×提出：由于他以前已经游览过宝塔山公园，本不想同意增加景点的游览，只是当时其他人都同意，加之导游员的劝说，他才签了同意，是违反自己意愿的，因此，旅行社应退还他一部分费用。同旅行社协商未果，张×以旅行社提供的旅游服务质量"质价不符"为由，向旅游质量监督管理部门投诉。旅游质量监督管理部门查明：张×已经签字同意，并且提供不出当时不同意的有效证据。

2. 组织讨论

（1）旅游质量监督管理部门对游客张×的要求是否应该予以支持，为什么？

（2）碰到类似情况，导游要采取哪些措施以保证在被旅游者投诉时处于合法有利的地位？

【考核】

请结合讨论情况，谈谈本案例对导游工作的启示。

【延伸与扩展】

旅行社已经讲明"免费加点"是为了补偿游客的损失，并经全体同意签名，相当于旅行社和游客签订了一个新合同，对双方当事人均有约束力。根据我国《合同法》的规定，张×游客与旅行社重新签订的协议是有效的，并受法律保护。旅游质监部门对其经济赔偿的要求不予支持是对的，因为其不能提供当时不同意"免费加点"的有效证据，依照上述的法律法规的规定，对张×游客的要求不予支持。

第九章
宁波市、绍兴市、舟山市

第一节　宁波市

一、宁波概况

【地理位置】

宁波位于我国东海之滨，大陆海岸线中段，长江三角洲南翼，东有舟山群岛为天然屏障，北濒杭州湾，西接绍兴市，南临三门湾，并与台州的三门、天台相连，是我国东南沿海重要的港口城市和长江三角洲南翼经济中心。

【地形特点】

宁波市地势西南高，东北低。自西南向东北方向倾没入海。西南浙东低山丘陵区，有西南—东北走向的四明山脉，发源于天台，分布于余姚、奉化、鄞县。天台山支脉，由宁海西南入境，经象山港展延成南部诸山。东北部和中部为宁绍冲积平原的甬江流域平原，地势平坦，河流纵横。市区海拔4—5.8米，郊区海拔为3.6~4米。地貌分为山地、丘陵、台地、谷（盆）地和平原。全市山地面积占陆域的24.9%，丘陵占25.2%，台地占1.5%，谷（盆）地占8.1%，平原占40.3%。

【气候特点】

宁波属亚热带季风气候，温和湿润，四季分明，年平均气温16.2℃，平均气温以7月份为最高，达28.8℃，1月份最低，为4.2℃。全年无霜期一般为230~240天，年平均降水量为1300~1400毫米。5~9月降水量占全年的60%。

【行政区划】

宁波辖海曙、江东、江北、镇海、北仑、鄞州六个区，宁海、象山两个县，慈溪、余姚、奉化三个县级市。

【面积人口】

全市陆域总面积9816平方千米，其中市区面积为2462平方千米。经技术部门初步测量，全市海域总面积为8355.8平方千米，岸线总长为1594.4千米，约占全省海岸线的24%。全市共有大小岛屿614个，面积255.9平方千米。

根据第七次全国人口普查公布结果，全市常住人口为9 404 283人。

【市树、市花、旅游口号】

市树：樟树；市花：茶花。

旅游口号：一脉书香，三江通商，千年海港——中国宁波。

【知名人物】

王守仁（1472—1529年）因曾筑室于会稽山阳明洞，自号阳明子，学者称之为阳明先生，亦称王阳明。明代著名的思想家、文学家、哲学家和军事家，陆王心学之集大成者，精通儒家、道家、佛家。王守仁的学说思想王学（阳明学），是明代影响最大的哲学思想。

方孝孺（1357—1402年），宁海人，字希直，一字希古，号逊志，明朝大臣、学者、文学家、散文家、思想家。曾以"逊志"名其书斋，因其故里旧属缑城里，故称"缑城先生"；又因在汉中府任教授时，蜀献王赐名其读书处为"正学"，亦称"正学先生"。

黄宗羲（1610—1695年），汉族，浙江绍兴府余姚县人。字太冲，一字德冰，号南雷，别号梨洲老人、梨洲山人、蓝水渔人、鱼澄洞主、双瀑院长、古藏室史臣等，学者称梨洲先生。明末清初经学家、史学家、思想家、地理学家、天文历算学家、教育家。"东林七君子"黄尊素长子。与顾炎武、王夫之并称"明末清初三大思想家"；与弟黄宗炎、黄宗会号称"浙东三黄"；与顾炎武、方以智、王夫之、朱舜水并称为"明末清初五大家"，亦有"中国思想启蒙之父"之誉。

【城市荣誉】

宁波是中国进一步对外开放的副省级计划单列市，是全国历史文化名城、优秀旅游城市、环保模范城市和国家园林城市。

【方言俚语】

宁波话，俗称"宁波闲话"，是吴语的一种重要方言。属于吴语太湖片—甬江小片，分布在浙江宁波、舟山及周边一带。宁波各地方言十分接近，内部一致性很高。历史上宁波话对上海话影响极大。

二、著名景区

（一）天一阁——月湖景区
国家 AAAAA 级景区　全国重点文物保护单位

天一阁毗邻风光秀美的月湖，是我国现存历史最久的藏书楼，是亚洲现存最古老的图书馆，也是世界上现存最古老的三大家族图书馆之一。党和国家领导人刘少奇、薄一波、郭沫若、李鹏等曾先后来天一阁视察，国内外著名专家、学者前来考察者更是络绎不绝，属全国重点文保单位。

天一阁本是明朝兵部右侍郎范钦的藏书楼，建于明嘉靖四十年至四十五年（1561—1566 年）。范钦（1506—1585 年），字尧卿，号东明，宁波鄞县人，嘉靖十年进士。范钦爱书，宦游各地精心收集各类书籍，他建阁藏书更是独具匠心。依据古书中"天一生水，地六成之"的说法，取"以水制火"之义，他把藏书楼定名为"天一阁"，并在阁前凿一水池，蓄水防火。书楼为两层六开间，楼下六间，楼上无分间壁，为一统间，以合"天一地六"之意。

清康熙四年（1665 年）范钦的曾孙范文光，又在阁前增造池亭、环植树木、建造假山，用山石堆成"九狮一象"等动物形态，神情毕肖、精巧雅致，颇具江南园林特色。

1994 年宁波博物馆与天一阁文保所合并，建立天一阁博物馆。天一阁博物馆而今已扩展为藏书文化、陈列展览、园林休闲三大功能区，集藏书文化、社会历史、文化艺术于一体，成为展示宁波历史文化的窗口。

（二）天一广场

天一广场位于市中心繁华商业街中山路南侧，占地面积 20 万平方米，主体建筑由 22 座欧陆风情浓郁的现代建筑群组成，总建筑面积 22 万平方米。围合式建筑群中央为 3.5 万平方米的中心广场和 6000 平方米的景观水域，同时设有总长 200 多米，最高喷高 40 米的亚洲第一音乐喷泉和高 20 米、宽 60 米的大屏幕水幕电影。

天一广场是目前国内最大的"一站式"购物商业广场，有 10 个商业区，分别是超市区、百货区、精品区、服装区、儿童区、数码区、酒店区、娱乐区、美食区和综合区，集中了大、中、小 300 多家商店。其中精品区汇聚了一批世界著名品牌。天一广场具备了"吃、行、娱、购、游"等基本旅游要素内容，是宁波市中心最具活力、最时尚的商业广场和最新的商业形态，是顾客购物的天堂，游客旅游休闲的好去处。

（三）宁波城隍庙

城隍庙又称宁波郡庙，为中国现存规模最大的府城隍庙之一。现存的庙殿是清光绪十年（1884年）重建的。庙内有照壁、头门、二门、戏台、大殿、后殿等建筑，其中戏台尤为精致、华美，庙内还保存着30余块碑刻等古迹。现在的城隍庙是宁波最大的购物中心，这里商店林立，小吃店遍布，实为了解宁波民间风情的一大好去处。度假区位于绍兴市区东南，距市中心5千米，面积10.8平方千米。

（四）奉化蒋氏故居

奉化蒋氏故居包括丰镐房、玉泰盐铺和小洋房。丰镐房在奉化市溪口镇中街，面街临溪，是蒋介石、蒋经国父子的故居。丰镐房占地4800平方米，建筑面积1850平方米。整个建筑为前厅后堂、两厢四廊的传统格局。楼轩相依，曲廊回环，墨柱赭壁，富丽堂皇。前庭及左右还有三个花园，有洞门相通，中间小天井，两边有金银桂花各一株，为宋美龄亲手所栽。两旁为东西厢房，东由宋美龄居住，西为毛福梅（蒋介石先生的原配夫人）的住所。西厢房西面的独立小楼系蒋母所居。中堂为报本堂，是蒋家祭祖宗、拜天地之处。堂门外走廊上有匾一块，上书"寓理帅气"，是蒋介石为儿子蒋经国40岁生日所书，以鼓励他继承父业，以理服人，统帅万物。

玉泰盐铺位于溪口中街簟墙弄口，系蒋介石祖父、父亲开设的盐铺所在地，也是蒋介石的出生地。大门为石砌框架，门额上书"清庐"两字，门前墙角基石有"玉泰盐铺原址"字样，为蒋介石所题。

洋房为两层西式楼房，通面宽3间，建于1930年，背靠武山，面临剡溪，环境清幽。1937年，蒋经国从苏联留学回来居住于此。屋内有一石碑，镌刻蒋经国手书"以血洗血"四字，表示他对日本侵略者的痛恨及替在日军飞机轰炸中死去的母亲复仇的决心。

奉化蒋氏故居被国务院公布为全国重点文物保护单位。

（五）蒋母墓

蒋母墓道坐落在溪口镇西两华里白岩山鱼鳞岙，初建于1923年。入口处设三个门：中门宽3.7米；左、右两边门宽2.1米。墓道长668米，细卵石路面；道路按坡而上，途中有"下轿亭""墓庐""八角亭"等建筑；坟墓坐南面北，黄土封顶；位置十分考究，属"甲子穴"。当地人称龙脉之地。

蒋母王采玉的坟墓坐落在青山丛林之中，蒋母墓道宏大。包括"石牌坊""下轿亭""墓庐""八角亭""坟墓""卵石路"等群体建筑。

"石牌坊"有三个门洞，中门上面刻着"蒋母墓道"，左右两道边门。从这里直到坟墓，统称"蒋母墓道"。

石牌坊上行约300米，有个跨路构造的亭子，称为"下轿亭"。蒋介石每次到他母亲坟前扫墓，轿子抬到这里下轿。从"下轿亭"上行200米，有个房子，叫蒋母墓庐——"慈庵"。墓前的"墓庐"，通常是后代子孙扫墓时用来居住、落脚的地方。因蒋母墓里没安葬蒋介石的父亲，所以，称墓庐为"慈庵"，即纪念慈母之意。

"慈庵"建于1923年年初，1930年扩建成如今这样的规模。"慈庵"的式样、色彩跟一般庵堂相类似，黄墙青瓦，四周树荫覆盖，里面十分幽雅、清静。庵内平房三幢，主房五间。主房正中有四块石碑。正门而立的石碑，是孙中山写的祭蒋母文，记述了孙中山与蒋介石之间的关系以及孙中山对蒋介石的评价。石碑背面刻着蒋介石亲自书写的《先妣王太夫人事略》，记述了王采玉的生平及蒋介石孩提时的顽皮。左边石碑上刻着蒋介石的《哭母文》，表达了蒋介石对他母亲王采玉的深厚感情，文中透露了兄弟不和、家庭矛盾之内情。右面石碑上刻着国民党中央执行委员《慰劳蒋总司令文》，碑文反映了国民党新军阀内部四分五裂的矛盾和斗争以及蒋介石所起的作用。

主房左边两室套间，是蒋介石回乡扫墓时住宿的地方。1936年12月西安事变后，蒋介石在这里住了110天。右边两个套间用来接待蒋介石的亲朋好友及他的部下。

从"墓庐"沿卵石路上行168米，到达蒋介石母亲王采玉的坟墓。墓面青石拼接，正中"蒋母之墓"四字，是孙中山先生题写。扇形栏上刻"壶范足式"，意指女中模范，足为榜样。两边柱上刻着蒋介石撰写的对联。上联："祸及贤慈当日顽梗悔已晚"；下联："愧为逆子终身沉痛恨靡涯"。此联中当时蒋介石对其母亲的爱和对自己的悔恨溢于言表，表达了他的悲痛和无可奈何的心情。然而，为时已晚，只有刻石千古，永志追念！

（六）雪窦山风景区

雪窦山风景区，位于浙江省奉化市溪口镇西北，为四明山支脉的最高峰，海拔800米，有"四明第一山"之誉。山上有乳峰，乳峰有窦，水从窦出，色白如乳，故泉名乳泉，窦称雪窦，山名亦因此得名，风景区包括溪口镇、雪窦山、亭下湖三部分。有千丈岩、三隐潭瀑布、妙高台、商量岗、林海等景观。

雪窦寺始建于唐代,千百年来,香火旺盛,高僧辈出,在我国佛教界将它与杭州中天竺天宁万寿永祚寺、南京蒋山太平兴国寺等9寺并称"天下禅宗十刹",有极高地位,据《寺志》记载:在唐宋时期,雪窦寺先后受几代皇帝的41道敕谕,至今寺内尚存"钦赐龙藏"的经书5760本、玉印、龙袍、龙钵、玉佛等。寺屡兴屡废,最后一次毁于1968年,现存清顺治年间所建厢房7间。

雪窦寺内建筑雄伟,引人入胜,寺外古木参天,别有一番古刹风光。两株汉代银杏,径约5人围,树叶旺盛,高耸入云。殿后两棵挺拔的楠木,为张学良将军被软禁于此时手植。历代文人学士在此留下不少诗词对联如:四面青山,山山朝古刹;环列翠峰,峰峰叩弥勒。

(七) 天童寺

天童寺位于浙江省宁波市鄞县天童乡太白山麓,有"东南佛国"之美誉,为我国"五大丛林"之一。始建于西晋永康元年(300年)。它从义兴结庐至今近1700年。天童寺建筑面积约4.5万平方米,建成殿屋999间,规模宏伟,建筑华丽,佛像高大,为国内罕见。

天童寺寺院殿堂顺着山势,由低渐高,从寺前的六塔到天王殿到佛殿到法堂再到罗汉堂,整个建筑梯级布局,错落有致。中轴线由南向北依次为外万工池、七塔苑、内万工池、照壁、天王殿、大雄宝殿、法堂、先觉堂、罗汉堂,均重檐歇山顶,筒瓦骑缝,并饰以鸱尾脊兽。天王殿、钟楼、东禅堂等重建于1936年。

寺内佛殿前有清顺治帝书"敬佛碑"、康熙帝书"名香清梵"匾、雍正帝书"慈云密布"匾,及宋、元、明、清碑刻30余方。

天童寺四周群山环抱,峰峦叠翠,古松参天,有"深径回松""凤岗修竹""双池印景""西涧分钟""平台铺月""玲珑天凿""太白生云"等十大胜景。2006年5月25日,天童寺作为明至清时期古建筑,被国务院批准列入第六批全国重点文物保护单位。

(八) 阿育王寺

阿育王寺位于宁波市区东20千米处,是我国禅宗名刹,"中华五山"之一。由于寺内珍藏着一座名闻天下的佛祖舍利宝塔而享誉中外佛教界。阿育王寺也是国内现存的唯一以印度阿育王命名的千年古刹。

阿育王寺建筑规模恢宏,占地8万平方米,有殿、堂、楼阁、轩等600多间，建筑面积 14 000 平方米。寺依山而筑，一进入山门，便见鱼乐池、天王殿、大雄宝殿、舍利殿、法堂、藏经楼等，建筑结构古朴、庄重，集建筑、雕刻、园林、绘画艺术之大成。特别是璀璨辉煌的舍利殿，上面铺盖着黄色玻璃瓦，金碧辉煌。寺内的舍利塔，佛光闪熠，塔内供奉镇寺之宝舍利，寺后侧壁的石雕"四大金刚"及法堂两侧壁上的"十六王子"砖雕，神态逼真，气韵丰富多彩，吸引了众多的国内外游客及佛教徒。

阿育王寺保存的珍贵文物众多，其中有元代上下塔、有唐范的所书大唐阿育王寺常住田碑，宋苏轼撰书宸奎阁碑，宋张九成撰写妙喜泉铭以及钦赐龙藏经卷 7247 卷。宋高宗、宋孝宗、乾隆皇帝御书"佛顶光明之塔""妙胜之殿""觉行俱圆"匾额至今仍悬挂于舍利殿。

阿育王寺旁还有不少名胜古迹引人访游，诸如相传迦叶佛左足踏过的"佛足迹"巨石，上盖一石亭，称"佛道亭"。由亭向上蜿蜒而行，可至峰顶"极目亭"，又名"望海亭"。从亭下来，有"损岩"，岩上可坐十数人，岩下有小涧，涧中流水潺潺。"仙书岩"葛仙翁所书"才坤"二字隐约可辨，传说中"七佛深浴之处"七佛潭，潭水清洌，是夏天避暑的好去处。

（九）国清寺

国清寺坐落在华顶山麓，是我国著名古刹之一，被中日两国佛教奉为发祥地。国清寺始建于隋文帝开皇十八年（598 年），是依据天台宗创始人智凯亲手所画的样式所建的。纵观山门外各建筑物，莫不是经过精心设计的。隋塔、寒拾亭、"教观总持"照壁，丰干桥、"隋代古刹"照壁和国清寺山门。它们顺地势安排，没有一个相互平行，也没有互相垂直，自自然然地散落各处，却显得非常协调。加上青山绿水，古松曲径，给人们高雅的美的享受。山门之内，给人们似小不小，似封闭而又不封闭的特殊空间。一进朝东的山门转入正中甬道，甬道两旁是仅高 1.7 米的黄色矮墙，矮墙后面是茂密的竹林，黄绿相衬，色彩和谐，人行其中，有一种轻松自然、亲切舒适的感觉。

国清寺建筑雄伟、庄严，形成了四条建筑轴线。正中轴线为山门弥勒殿（门神殿）、钟鼓楼、雨花殿（四天王殿）和大雄宝殿。西轴线为安养堂、三圣殿、罗汉堂（文物室）、妙法堂（楼上为藏经阁）。东一轴线为聚贤堂（僧众餐厅）、方丈楼、迎塔楼。东二轴线为里客堂、大彻堂和修竹轩。

国清寺现有 6000 多间房舍、2.8 万平方米建筑面积，占地达 7.3 万平方米。寺中每一殿堂楼舍的建筑都十分精美，是古代建筑的珍品。

（十）宁波市奉化溪口——滕头旅游景区

国家级 AAAAA 旅游景区，由溪口景区和滕头生态旅游区两大景区组成。溪口风景区位于浙江省宁波市西南 40 千米的奉化区溪口镇，东靠武岭，南濒剡溪，北靠雪窦山，水绕山环，景色秀丽，是"国家 5A 级旅游区"和"浙江十佳美景乐园"，深得旅游爱好者的青睐。滕头旅游景区是田园秀美，生态怡人，将国际时尚与中国经典乡村文化结合起来的生态旅游度假区。

滕头村地处浙东沿海平原奉化市城北，距宁波市区 27 千米。自 20 世纪 60 年代初，特别是党的十一届三中全会以来，滕头村发扬"艰苦创业、永不满足，坚持两手抓、一犁耕到头"的豪迈精神，把昔日贫穷落后的旧滕头建设成为经济、社会和生态环境协调发展的社会主义新农村，基本实现了农业农村现代化。1991 年 10 月，时任国家领导人江泽民亲临滕头村视察，连声赞誉是个"了不起的村子"；1993 年联合国副秘书长伊丽莎白·多德斯韦尔女士考察滕头村后惊叹道："我到过世界上许多国家，很少见到像滕头这样美丽、整洁的村庄。"近年来，滕头村相继获得全国村镇建设文明村、全国模范村委会、全国先进基层党组织、全国文明村及联合国"全球生态 500 佳"等荣誉称号。

三、特色文化

【宁波特产】

1. 杨梅

杨梅是宁波著名特产，并以余姚、慈溪一带所产杨梅最为著名。宁波杨梅历史悠久，享有盛誉，从余姚河姆渡文化遗址中发现，当地人在 7000 年前已食用野生杨梅了。汉朝辞赋家司马相如在《上林赋》中把杨梅作为贡品加以称颂，苏东坡也曾为杨梅作为评语："闽广荔枝，西凉葡萄，未若吴越杨梅。"明代王象晋著的《群芳谱》中载："杨梅，会稽产者为天下冠。"

2. 宁海根雕

树根雕，亦叫柴株雕，是宁海地区传统工艺品。树根雕主要选用杜鹃、蕲漆、栎树、黄杨等树根为原料，浸水去皮，略施加工雕成各种鸟兽、花卉、人物，融艺术于自然美之中，成为一种抽象艺术品。宁波树根雕工艺品制作，已有悠久历史。据《宁海县志》记载："柴株雕系宁海民间工艺……"其代表作有：明代的《麻姑》、清代的《雄鹰》《寿星》《奔马》等。

3. 奉化水蜜桃

宁波靠山面海，物产丰富，在众多水果珍品中，以奉化水蜜桃独占鳌头，并以"琼浆玉露""瑶池珍品"的美称闻名遐迩。奉化水蜜桃有别于其他地方蜜桃特点是：果大皮薄、色泽鲜艳、核紫肉厚、蜜汁丰富、甘美清香。

4. 余姚榨菜

余姚榨菜是宁波新发展起来的特产，尤其是余姚市，由于土质及气候等自然条件得天独厚，所产的榨菜，块形圆匀，质地脆嫩、肥厚、色泽鲜艳、空心率低，加工成的榨菜，具有鲜、香、脆、嫩的特点，味道鲜美。

【民俗节庆】

1. 慈溪杨梅节

"六月杨梅，城西烂紫霞。"每年的夏至过后，宁波慈溪南部的群山翠岭上沉甸甸的杨梅挂满树梢，凝翠流丹，给人们带来好看、好吃、好玩、好心情。

数千年来文人墨客为之吟诗作赋。这闻名于世的杨梅，吸引着无数海内外客人，热情的慈溪人民也喜欢用杨梅来馈赠亲友，款待宾客。

当地政府则以杨梅这一口感好、能健身、人人喜爱又能传递感情的果品，大作杨梅文化与发展经济相结合的文章。1989年6月，慈溪市人大常委会决定：每年的6月28日为慈溪杨梅节。

2. 东钱湖龙舟节

东钱湖的龙舟节起始于钱湖庙会，旧时每逢阴历九月十一、十六是钱湖两个热闹的庙会。先是画船殿"菩萨出巡"，接着上塔山庙神祇鲍盖"诞庆"。届时，庙脚下所属各村都要参加行会。行会那天，有铜铳队、礼炮队、抬阁、高跷、沙船等作前导，"出巡"的菩萨后面有"起解犯人"的化装队伍。行会活动热闹有趣，而最精彩的内容要数赛龙舟。

东钱湖的龙舟节与中国龙文化有着渊源关系，其植根于美丽的东钱湖，故又有其独特的地域文化特色，与东钱湖山水相融合。今后的龙舟节，活动内容更加丰富多彩，体现时代精神，赋予新的内涵。

3. 中国开渔节

宁波的象山半岛拥有800千米的海岸线，象山县是全国渔业大县，捕捞业在当地海洋渔业经济中占据重要地位。为唤起渔民对海洋资源日趋衰减的忧患意识，教育渔民自觉保护海洋资源，自1998年始，象山县委、县府首创中国开渔节，决定在东海休渔结束的那一天举行盛大的开渔仪式，欢送渔民开船出海。

开渔节以"开渔"为号召，请来四方客人，举行带有"海"字文化特色的文艺活动，利用开渔节这一文艺舞台，演奏开发海洋、保护海洋、经贸洽谈、滨海旅游、学术交流等推动发展经济的交响曲。

第二节 绍兴市

一、绍兴概况

【地理位置】

绍兴市位于浙江省中北部、杭州湾南岸。东连宁波市，南临台州市和金华市，西接杭州市，北隔钱塘江与嘉兴市相望，属于亚热带季风气候，温暖湿润，四季分明。全市陆域总面积为8273.3平方千米，市区面积2942平方千米。

【地形特点】

绍兴市境处于浙西山地丘陵、浙东丘陵山地和浙北平原三大地貌单元的交接地带，地貌比较复杂。在地质构造上，绍兴—江山大断裂位于市境西侧，上虞—龙泉隆起带位于市境中部，在内外营力的相互作用下，形成了群山环绕、盆地内涵、平原集中的地貌特征。地形骨架略呈"山"字形。

【气候特点】

绍兴市境地处亚热带季风气候区，季风显著，四季分明，气候温和，湿润多雨。但由于地处中纬度，地形较复杂，小气候差异明显，灾害性天气频繁。全市年平均气温16.2~16.5℃。四季气温（以1、4、7、10月的气温代表冬、春、夏、秋四季的气温分布）：1月份（冬季）全市平均气温3.9~4.4℃；7月（夏季）全市平均气温28.2~28.7℃；4月（春季）平均气温15.7~15.9℃；10月（秋季）平均气温17.7~18.3℃。全市年均无霜日234~246天。全市年降水量为1301~1465毫米。

【历史变迁】

绍兴夏称於越，亦称大越，简称越。春秋时期，於越民族以今绍兴一带为中心建国，称越国。秦王政二十五年（公元前222年），降越君，称会稽郡。晋称会稽国，为东扬州治所。隋开皇九年（589年）改置吴州，治会稽县。大业元年（605年）起称越州，此后越州与会稽郡名称交替使用。南宋高宗赵构取"绍奕世之宏休，兴百年之丕绪"之意，于建炎五年（1131年）改元绍兴，升越州为绍兴府，是为绍兴名称之由来，并沿用至今。

【行政区划】

绍兴辖越城、柯桥、上虞3个区，诸暨、嵊州2个县级市和一个县新昌县。

【面积人口】

全市陆域总面积为8273.3平方千米，市区面积为2942平方千米。

根据第七次全国人口普查公布结果，全市常住人口为5 270 977人。

【市树、市花、旅游口号】

市树：香榧；市花：兰花。

旅游口号：品不尽的江南，读不完的绍兴。

【知名人物】

陆游，字务观，号放翁，越州山阴（今浙江绍兴）人。12岁即能诗文，一生著述丰富，有《剑南诗稿》《渭南文集》等数十种存世，存诗9000多首，是我国现有存诗最多的诗人。陆游具有多方面文学才能，尤以诗的成就为最。其中许多诗篇抒写了抗金杀敌的豪情和对敌人、卖国贼的仇恨，风格雄奇奔放，沉郁悲壮，洋溢着强烈的爱国主义热情，在生前即有"小李白"之称，不仅成为南宋一代诗坛领袖，而且在中国文学史上享有崇高地位。

徐渭（1521—1593年），汉族，绍兴府山阴（今浙江绍兴）人。明代著名文学家、书画家、戏曲家、军事家。徐渭出生在浙江绍兴的一个官绅家庭，徐渭出生百日，父亲去世，由母亲抚养成人。徐渭的戏剧创作有杂剧集《四声猿》，其中包括《狂鼓史》《翠乡梦》《雌木兰》《女状元》四个独立的戏。徐渭的书法和明代早期书坛沉闷的气氛对比显得格外突出，他最擅长气势磅礴的狂草，他对自己的书法极为喜欢，自己认为"书法第一，诗第二，文第三，画第四"。

张景岳（1563—1640年）明末会稽（今浙江绍兴）人，名介宾，字惠卿，号景岳，因其室名通一斋，故别号通一子。同时因为他善用熟地，有人又称他为"张熟地"。他是杰出的医学家，古代中医温补学派的代表人物，时人称他为"医术中杰士""仲景以后，千古一人"，其学术思想对后世影响很大。

秋瑾（1875—1907年），近代民主革命志士，原名秋闺瑾，字璿卿，号旦吾，乳名玉姑，东渡后改名瑾，字（或作别号）竞雄，自称"鉴湖女侠"，笔名秋千、汉侠女儿，曾用笔名白萍，祖籍浙江山阴（今绍兴），生于福建厦门。秋瑾蔑视封建礼法，提倡男女平等，常以花木兰、秦良玉自喻，性豪侠，习文练武，曾自费东渡日本留学。她积极投身革命，先后参加过三合会、光复会、同盟会等革命组织，联络会党计划响应萍浏醴起义未果。1907年，她与徐锡麟等组织光复军，拟于7月6日在浙江、安徽同时起义，事败被捕。同年7月15日，秋瑾从容就义于绍兴轩亭口。

鲁迅（1881—1936年），原名周樟寿，后改名周树人，字豫山，后改豫才，"鲁迅"是他1918年发表《狂人日记》时所用的笔名，也是他影响最为广泛的笔名，浙江绍兴人。著名文学家、思想家，五四新文化运动的重要参与者，中国现代文学的奠基人。毛泽东曾评价："鲁迅的方向，就是中华民族新文化的方向。"鲁迅一生在文学创作、文学批评、思想研究、文学史研究、翻译、美术理论引进、基础科学介绍和古籍校勘与研究等多个领域具有重大贡献。他对于五四运动以后的中国社会思想文化发展具有重大影响，蜚声世界文坛。

蔡元培（1868—1940年），字鹤卿，又字仲申、民友、孑民，乳名阿培，并曾化名蔡振、周子余，汉族，浙江绍兴山阴县（今浙江绍兴）人，原籍浙江诸暨。革命家、教育家、政治家。民主进步人士，国民党中央执委、国民政府委员兼监察院院长。中华民国首任教育总长，1916年至1927年任北京大学校长，革新北大开"学术"与"自由"之风；1920年至1930年，蔡元培同时兼任中法大学校长。他早年参加反清朝帝制的斗争，民国初年主持制定了中国近代高等教育的第一个法令——《大学令》。

竺可桢（1890—1974年），又名绍荣，字藕舫，浙江省绍兴县东关镇人（今属浙江省绍兴市上虞区东关街道）。1909年考入唐山路矿学堂（现西南交通大学）学习土木工程，学习成绩居全班第一。当代著名地理学家、气象学家和教育家，中国近代地理学的奠基人，曾任浙江大学校长。1921年在南京高等师范学校（今南京大学）建立了中国第一个地学系，1929年到1936年任中央研究院气象研究所所长。1936年到1949年担任了13年的浙江大学校长，抗战期间他带领浙大师生进行了文军长征，使得当时的浙大成为了一所世界名校，被英国著名学者李约瑟誉为"东方剑桥"，竺可桢也因此成为浙大历史上最伟大的校长，被尊为中国高校四大校长之一。竺可桢被公认为中国气象、地理学界的"一代宗师"。

【城市荣誉】

绍兴是首批中国优秀旅游城市、国家园林城市、国家环境保护模范城、国家卫生城市、国家园林城市、最佳中国魅力城市、中国人居环境奖和联合国人居奖等。

【方言俚语】

绍兴话是吴语的一种方言，属吴语-太湖片-临绍小片。绍兴话同上海话、湖州话、杭州话、宁波话、苏州话同属北部吴语，彼此间互通度较高，可大致进行交流。

二、著名景区

（一）绍兴鲁迅纪念馆

绍兴鲁迅纪念馆，在市区都昌坊口。包括鲁迅故居、百草园、三味书屋和鲁迅生平事迹陈列厅。鲁迅诞生在都昌坊口新台门周家，并在这里度过了童年和少年时代。辛亥革命前夕，鲁迅又回到故乡，先后在绍兴府中学堂、山会初级师范学堂担任教职。他的光辉一生有 1/3 以上的时间是在绍兴度过的。新中国成立以后，鲁迅在绍兴生活和工作过的地方，以及他留下的许多珍贵的文物资料，得到了珍重和保护，建立了纪念馆。鲁迅故居现为全国爱国主义教育基地，全国重点文物保护单位。

（二）鲁迅故居　国家 AAAAA 级旅游景区

绍兴鲁迅故居位于都昌坊口周家新台门西首。1881 年 9 月 25 日鲁迅就出生在这里，一直生活到 18 岁去南京求学，以后回故乡任教也基本上居住此地。新台门是周家多年聚族而居的地方。这里原有的正中大门是六扇黑漆竹门，改建后已不复存在。新台门整座屋宇是江南特有的那种深宅大院，它是老台门八世祖周熊占（1742—1821 年）在清朝嘉庆年间购地兴建的，同时建造的还有过桥台门。鲁迅曾高祖一房移居新台门，世系绵延，到了清光绪、宣统年间，整个周氏房族逐渐衰落。1918 年，经族人共议将这群屋宇连同屋后的百草园卖给了东邻朱姓。房屋易主后，原屋大部分拆掉重建，但鲁迅家居住的地方主要部分幸得保存。新中国成立以后，人民政府多次拨款整修，已经恢复旧观，原来的家具也多数找回，并按原样陈列。鲁迅故居现为全国爱国主义教育基地，全国重点文物保护单位。

百草园在鲁迅故居的后面，占地近 2000 平方米，原来是新台门周姓十来户人家共有的一个菜园，平时种一些瓜菜，秋后用来晒谷。这是鲁迅童年时代的乐园，常来玩耍嬉戏，品尝紫红的桑葚和酸甜的覆盆子，在矮矮的泥墙根一带捉蟋蟀、拔何首乌，夏天在园内纳凉，冬日在雪地上捕鸟雀。这些童年趣事，在鲁迅的心里留下深刻而又美好的印象，一直到晚年还引起他亲切的怀念。百草园连同周家新台门的房产易主之后，园地的南北两端虽已改变了面貌，而它的主要部分仍基本上保持原样。

三味书屋是清末绍兴城里著名私塾。鲁迅12岁至17岁在这里求学。鲁迅的座位,在书房东北角,一张硬木书桌是鲁迅使用过的原物。有一次鲁迅因故迟到,受到先生批评,就在书桌右上角刻"早"字以自勉。塾师寿镜吾(晚署镜湖),是一位方正、质朴和博学的人。他的为人和治学精神,给鲁迅留下难忘的印象。三味书屋是三开间的小花厅,本是寿家的书房。寿镜吾在这里坐馆教书达60年,从房屋建筑到室内陈设以至周围环境,基本保持当年原面貌。三味书屋后面有一个小园,种有两棵桂树和一棵蜡梅树。

(三) 兰亭

兰亭是浙江省省级文物保护单位,地处绍兴城西南12.5千米的兰渚山下。兰渚山为越王勾践种兰之地,汉代置驿亭,名曰兰亭。东晋永和九年(353年)三月初三,王羲之与好友谢安、孙绰等42人修禊于此,泛觞赋诗37首,王羲之即兴撰书《兰亭集序》,被后世称为书法绝品、天下第一行书,兰亭亦因此成为中国书法圣地。

今兰亭为清康熙十二年(1673年)重建,1980年整修,占地2.27万平方米。有鹅池、鹅池碑、小兰亭、曲水、流觞亭、御碑亭、右军祠、书法博物馆诸景。兰亭为历代书法家的"朝圣"之地。1982年绍兴市人大常委会确定每年阴历三月初三为绍兴市书法节,每逢是日,国内外许多著名书法家奔赴兰亭,怀古续胜,追仿永和风流。

(四) 鉴湖

在绍兴城西南,为浙江名湖之一,俗话说"鉴湖八百里",可想当年鉴湖之宽阔。东汉永和五年(140年),会稽太守马臻发动民工,筑堤蓄水,总纳山阴、会稽两县36源之水,溉田600余平方千米,民享其利甚巨,为江南古代最大的水利工程之一。现在的鉴湖,通常是指城西偏门东跨湖至湖塘西跨湖桥一带水系,周围约25千米。

鉴湖原名镜湖,相传黄帝铸镜于此而得名。鉴湖还有长湖、庆湖、贺家湖、贺监湖等别名。鉴湖水质特佳,驰名中外的绍兴老酒,即用此湖水酿造。鉴湖湖面宽阔,水势浩渺,泛舟其中,近处碧波映照,远处青山重叠,有在镜中游之感。

鉴湖又是南宋爱国诗人陆游的故里。如今这里还有快阁、三山遗址。快阁地处东跨湖桥以西的鉴湖北岸,是陆游中年时赋诗读书处,后改为陆放翁祠,现尚存清代建筑数间。对岸有山阴道直通兰亭。

快阁向西行数里，就是陆游的故里三山，这是行宫山、韩家山、石堰山三座小山之间的临湖小村，古名西村。现在故居虽废，风景依旧，一派江南湖光山色，使人流连忘返。

（五）五泄景区

五泄景区，位于诸暨市西北郊20千米处，总面积为50平方千米，属国家重点风景名胜区、国家AAAA级旅游区、国家级森林公园。五泄景区主要由碧波荡漾的五泄湖，四季如春的桃源，一水五折飞瀑撼人的东源和幽雅深邃的西源峡谷等四个景区组成。景区以瀑、峰、林称胜，以五级飞瀑为精髓，景区内群峰巍峨，壁峭岩奇，飞瀑喷雪，溪涧峥琮，林海茫茫，是久负盛名的江南生态旅游胜地。

五泄风景区以宽阔水体、雄壮的瀑布、秀丽的景色、茂密的森林和宜人的气候、深厚的文化积淀展现在世人面前，成为旅游、避暑、度假和休养胜地，吸引着八方游客。

西源与东源五泄，是两个基本呈"V"字形的大峡谷。西源以峰、林、溪见长。当游人经五泄禅寺旁的石屏山，入西源峡谷，只见峡谷深幽，溪水清洌，两边的峰峦蔽天，棋盘峰、香炉峰、朝阳峰、垂云峰、滴翠峰、堆蓝峰……沿道旁的溪流，溪水清澈晶莹，凉气袭人。溪中的岩石或卧或立，形态各异。溪边高大的枫杨，枝杈上挂着长长的只有在空气和水都十分洁净的环境下才能生长的苔丝。约10千米长的峡谷，随着溪流的弯折，串起了峰、岭、潭、桥、石各景，静静地等待你去发现、去体会。

（六）会稽山旅游度假区

会稽山旅游度假区内拥有丰富的自然景观和人文景观资源。自南朝以来这一带旖旎的风光是有口皆碑的。众多文人学士泛舟若耶溪，轻步会稽山，留下许多丽词佳句，给人们留下人文和美景相融的记忆。晋朝顾恺之说会稽山水是"千岩竞秀，万壑争流，草木蒙笼其上，若云兴霞蔚"。东晋名士王羲之、谢安等都因"会稽有佳山水"而定居绍兴。南朝诗人王籍咏会稽山的诗句"蝉噪林逾静，鸟鸣山更幽"传诵千古。会稽山下的若耶溪，水清如镜，众山倒映，如诗如画。

会稽山，原名茅山，亦称亩山，是中国历代帝王加封祭祀的著名镇山之一。是中国山水诗的重要发源地之一，历代文人雅士留下了众多诗文佳作。会稽山文化积淀深厚。三过家门而不入的上古治水英雄大禹，一生行迹中的四件大事：封禅、娶亲、计功、归葬都发生在会稽山。春秋战国时期，会稽山一直是越国军事上的腹地堡垒。秦始皇统一中国后不久就不远千里，上会稽，祭大禹，对这座出一帝一霸从而兼有"天子之气"和"上霸之气"的会稽山表示敬意。汉以后这里成为佛道圣地，传说葛洪之祖葛玄在此炼丹成仙，山中的阳明洞大为道家第十一洞天，香炉峰为佛教圣地，至今香火旺盛。唐代这里成为浙东唐诗之路的门户，明代大儒王阳明（守仁）在此筑室隐居，研修心学，创"阳明学派"。会稽山内的山山水水都饱含着深厚的历史文化内容。

会稽山旅游度假区，是以历史文化、地方风情为特色，融自然山水风光于一体的城郊型度假区。整个度假区由大禹陵、香炉峰、宛委山、石帆山、若耶溪5个景区组成。

（七）安昌古镇

浙江历史文化保护区——安昌古镇，位于绍兴县，是一个具有千年历史的著名江南水乡古镇。

古镇保存有数里长的依河古街市。街市上古色古香的店铺、民居，别具特色的作坊、错落有致的翻轩骑楼、曲折幽深的石板小巷、古老小巧的小石桥，使得安昌古镇吸引越来越多的游客到此游览观光。

安昌的小桥非常有特色，"拱、梁、亭"各式，千姿百态，古朴典雅，素有"碧水贯街千万居，彩虹跨河十七桥"的美誉。

（八）绍兴沈园

原为沈姓旧业，是南宋时当地名园。园中有芦池，上有石板小桥，连同池边假山、水井，均为当年旧物。

南宋诗人陆游初婚唐婉，后被迫离异。绍兴二十五年（1155年），二人在沈园邂逅。当时唐已改嫁，陆亦另娶。陆游一时感慨万端，在园壁题《钗头凤》词一首云："红酥手，黄縢酒，满城春色宫墙柳。东风恶，欢情薄，一怀愁绪，几年离索。错，错，错！春如旧，人空瘦，泪痕红浥鲛绡透。桃花落，闲池阁，山盟虽在，锦书难托。莫，莫，莫！"极言痛苦之情。唐见后和词一首，中有："病魂常似秋千索"，"怕人寻问，咽泪装欢，瞒，瞒，瞒！"之语，不久抑郁而亡。《陆游集》中，有记咏沈园、追念往事的诗多首。

1987年和1994年两次扩建，全园占地恢复到约1.2公顷。园内新建了石碑坊、冷翠亭、六朝井亭、八咏楼、孤鹤轩、双桂堂、闲云亭、半壁亭、放翁桥等仿宋建筑，堆置了假山，栽植桃、梅、柳、竹，重修题词壁断垣，重镌陆游《钗头凤》词,使故园展现了原貌。沈园与绍兴博物馆合二为一后,按规划还将不断扩充修复,以重现宋时"池台极盛"的风采。2001年5月,沈园增添新景。主要有:陆游纪念馆、连理园、情侣园等3大部分,10多个景点。沈园将不断扩充修复,以重现宋时"池台极盛"的风采。

三、特色文化

【绍兴特产】

1. 嵊州紫砂

紫砂陶(简称紫砂),又叫紫砂器或紫砂陶器,它是陶器的一种。紫砂原料是经蚀化的紫砂岩,简称"紫泥""红泥""绿泥",经过粉碎、精练,软如棉,黏如胶,可塑性很强,渗透性良好,是一种品质极好的陶土。

嵊县紫砂是采用当地特有的非金属矿——细陶土,经过精选、精练、精制成型。然后放置1000多度的高温中烧炼而成。整个生产过程需要经过炼泥、制坯、雕刻、烧炼等工序,其中以制坯成型为主要工艺。嵊县紫砂以品种多、造型新、色泽雅、制作精而闻名于海内外。

2. 茴香豆

茴香豆是一种绍兴的小食用品,常作零食或下酒之用。由于鲁迅小说中的描写,使绍兴的茴香豆身价增长百倍,成为外地旅游者争相购买的商品之一。为适应游客购买的需要,茴香豆的包装已作了很大改进,因此小小的茴香豆已在绍兴形成了一个大市场。

3. 乌毡帽

绍兴乌毡帽,内外乌黑,圆顶,卷边,前段呈现畚斗形,冬经风雨夏遮阳,除酷暑炎日,四季可用。其制作精细,牢固耐磨,厚实硬邦,湿之即干,经济实惠,为农民及各种工匠所乐于购用。乌毡帽以厚薄均匀、手感松软、质地坚挺为上品。

4. 腐乳

选用优质黄豆作原料,与绍兴黄酒、红曲等辅料配制而成,含有丰富的植物蛋白质和多种氨基酸,质地细嫩,滋味鲜美,色香味俱佳。

5. 绍兴干菜

绍兴干菜除新昌制作的干菜多采用高脚白菜之外,大多利用油冬儿菜和芥菜。干菜的香味特殊,而且渗透能力非常强,如果同伴中有一人买得绍兴干菜而带进了飞机的客舱中,几乎每个乘客都能享受到你提供的特殊"待遇"。因此，你买了干菜后应单独装在一个手提袋中，避免与其他物品放在一起，尤其是不能同你自己的衣服保管在一起，否则你的衣服将染上干菜味而久久不散。如乘坐飞机，应将干菜包装得相对严密一点。

6. 绍兴老酒

绍兴老酒是用上等精白糯米作为主要原料，优质黄皮小麦作为酒曲酿制的，而得天独厚的鉴湖水是形成绍兴老酒特色的关键所在。鉴湖水系由于其独特的地质、地貌和土壤结构，形成了国内外少见的适于酿造黄酒的优良水质。鉴湖沿岸及湖底的泥煤层具有对金属离子的吸附和变换的功能，对湖水中有害物质有吸附与过滤作用，使鉴湖水常年保持高度的洁净状态。

绍兴老酒声誉斐然，清朝时被评为全国十大名产之一在全国众多的酒类中，绍兴老酒是获奖次数最多的品种之一。几年前，国家宣布礼宾改革，绍兴加饭酒代替茅台成为招待外宾的国宴酒。

【民俗节庆】

1. 诸暨五泄观瀑节

从1999年开始，诸暨市每年在4月举办五泄观瀑节，以"游西施故里，观五泄瀑布"为主题，推出诸如"炒茶、品茶、观茶艺"，"踏青、采青、做青稞"，"五泄写春"，"幽谷探宝"等活动，充满生机和野趣。

2. 鲁迅文化艺术节

2003年10月16日，为期一周的中国绍兴首届鲁迅文化艺术节拉开了帷幕。这是我国第一个以名人命名的文化艺术盛会，此后作为常设节日，两年举办一次。

3. 中国兰亭书法节

1981年阴历三月初三，江浙沪两省一市的27位著名书法家雅集兰亭，倡议成立"兰亭书会"，翌年获得浙江省文联正式批准；1985年1月，绍兴市人大常委会又作出了关于"以阴历三月初三为绍兴市书法节"的决议；1993年，还制定了节徽和节歌。这样，自1985年至今，中国兰亭书法节已成为一个相当成熟的地方新兴节会。

4. 祭禹大典

古代绍兴祭禹的日子，通常是在俗传为大禹诞辰的阴历三月五日，民国时期，绍兴地方政府曾"定九月十九日为会稽山大禹陵庙年祭之期。每届由县主办，著为常典"，所需经费则"列入本县地方概算"。

1995年4月20日，隆重举行了"浙江省暨绍兴市各界公祭禹陵大典"，时任全国政协副主席钱正英、孙孚凌出席，自1995年以来，祭禹已成为绍兴市的一个常设节会，五年一大祭，由政府出面主持，日子固定在 4 月 20 日，也有了一套相对稳定的程式。

5. 绍兴黄酒节

绍兴黄酒节每年秋季举行。黄酒是世界上的三大古酒之一，绍兴是中国著名的黄酒之乡，酿酒的历史十分悠久。

第三节　舟山市

一、舟山概况

【地理位置】

舟山市是我国第一个以群岛建制的地级市，地处中国东部黄金海岸线与长江黄金水道的交汇处，背靠长三角广阔经济腹地。舟山拥有 1390 个岛屿和 270 多千米深水岸线，是中国第一大群岛和重要港口城市，下辖定海、普陀两区和岱山、嵊泗两县，常住人口 114.6 万人。

【地形特点】

舟山群岛呈东北—西南向排列，地势由西南向东北倾斜，南部的桃花岛对峙山最高，海拔 544.4 米，多数岛屿山峰在海拔 200 米以下。南北地势差 400 米。岛屿分布总趋势受北北东主构造线控制，分两列向东北伸展。一列自象山半岛经六横、元山、虾峙、桃花、朱家尖、普陀山诸岛至浪岗山列岛；另一列由穿山半岛经大榭、金塘、舟山、岱山、衢山诸岛，到嵊泗列岛。北西西向构造控制线又将上述两列分割成横向四行，自南至北：第一行由杭州湾七姊八妹列岛经金塘、舟山、朱家尖、普陀山诸岛至里洋鞍列岛。第二行由火山列岛经岱山，大长涂山诸岛，至四姊妹岛、两兄弟屿。第三行由杭州湾滩浒岛经崎岖列岛、川湖列岛、衢山诸岛，至浪岗山列岛。第四行由嵊泗列岛、马鞍列岛组成。西南部岛屿分布密，岛体大，东北部反之。花鸟山以北不见岛屿，仅有暗礁。

【气候特点】

舟山属北亚热带南缘季风海洋型气候。整个群岛季风显著，冬暖夏凉，温和湿润，光照充足。年平均气温 16 ℃，最热 8 月，平均气温 25.8~28.0 ℃；

最冷1月，平均气温5.2~5.9℃。常年降水量927~1620毫米；年平均日照1941~2257小时，太阳辐射总量为4126~4598焦耳/平方米，无霜期251~303天，适宜多种生物群落繁衍、生长，对发展渔农业生产条件相当有利。

【历史变迁】

舟山是一座底蕴深厚的文化之城。早在5000多年前的新石器时代，勤劳智慧的舟山先民，就创造了灿烂的"海上河姆渡文化"。舟山古称海中洲，春秋时称甬东，清康熙年间置定海县。

【行政区划】

舟山市下辖2个市辖区（定海区、普陀区），2个县（岱山县、嵊泗县）。

【面积人口】

全市陆域总面积为1140平方千米，市区面积为988平方千米。

根据第七次全国人口普查公布结果，全市常住人口为115.78万人。

【市树、市花、旅游口号】

市树：舟山新木姜子；市花：普陀水仙。

旅游口号：美丽群岛，自在舟山。

【知名人物】

王金邦（1840年前后在世），定海厅（今舟山）岱山岛人。从小跟祖辈制盐。当时，制盐结晶用煮法，成本高，劳动强度大。一天偶然见盐箩、扁担上的卤水珠子经太阳暴晒结成盐粒，萌发用盐箩（底糊海涂泥）、锅盖等盛卤水让太阳猛晒，结晶成盐的设想。后又用门板等反复试验，逐步定型为用长约2米、宽1米的杉木板作底，四周钉上4—5厘米见方的木条作"堤"的盐板，并摸索出一套晒制工艺，称为"板晒法"，代替煮法制盐。板晒法工艺主要分摊板、收盐、沥卤三步。以10块盐板为一组，称一幢，开晒时将盐板摊置于四角钉有小木桩的晒场，既平整又通风，板内注卤，经日晒风吹结晶（盐粒），推拢铲入盐箩，沥干卤水，即成盐。一般早晒晚收，遇风雨或浓雾天，盐板收拢时10块一叠，最上面一块反面覆盖（俗称盖板）之，以免其余板内的存卤余盐遭雨（露）水稀释；并用绳索捆扎，防风刮倒损坏。待天晴，复摊板开晒。此法用力少而见效快，受到远近效仿，至19世纪中叶，岱山盐区全部推行，后又推广至江南各盐区。

黄以周（1828—1899年），字元同，号儆季，又号哉生，定海厅（今舟山）紫微乡（今属定海区）人。黄式三子。幼承父教，以"传经明道"为己任。清同治九年（1870）举人，初任浙江分水县（今桐庐）训导。光绪十四年（1888年）赐内阁中书衔，十六年升教授。时，江南学政黄体芳在江阴创建南菁书院，聘以周任讲席15年，江南不少学者多出其门下。边讲学边治学，搜集汉至清代典章制度，撰《礼书通故》100卷，考释中国古代礼制、学制、国封、职官、田赋、乐律、刑法、名物、占卜等，纠正旧注不少谬误，具有较高的学术价值。还著有《子思子辑解》7卷、《军礼司马法》2卷、《经训比义》3卷及《儆季杂著》等。

印光（1861—1940年），法名圣量，自号惭愧僧、饭粥僧，俗姓赵，陕西合阳人。清光绪七年（1881年）出家秦岭终南山莲花洞。后至北京圆光寺为僧。十九年，普陀山化闻和尚进京请领藏经，请印光协助，并邀至普陀山法雨寺主理藏经，研究净土法门。1912年起在上海《佛学丛刊》发表论著。至1917年，先后出版《印光大师信稿》《印光大师文抄》《净土法门》《净土十要》《嘉言录》等文集。1922年，获北洋政府赐"悟彻圆明"额，与定海王亨彦合纂《普陀洛迦新志》12卷。1930年去苏州报国寺闭关，著《答居士问道函》《彻悟语录》《莲花世界诗》《净土圣贤录》《净土四经》等，参与编纂《中国四大名山志》和创办"弘化社"；后又至上海觉圆寺等讲经。曾发起组织佛教义赈会普陀分会，1926年及1936年，两次捐献稿费6900元寄陕西、绥远赈灾。1940年圆寂时，遗物仅现金30余元，名僧弘一颂曰："大德如师者，三百年来第一人。"一生钻研净土，法语传遍教内，得度者万余人。民国《重修浙江通志稿》称："民国以来，在浙阐扬净土最负盛名者，当推印光。"佛教界尊为净土宗第十三代祖师。著作有《印光全集》。普陀山法雨寺将其主理藏经时住处辟作纪念堂。

金维映（1904—1941年），是中国共产党舟山地方党组织早期领导人之一，是舟山籍杰出女革命家，是新中国成立之后的党和国家领导人李铁映之生母。金维映参加了举世闻名的二万五千里长征。她是包括邓颖超、贺子珍、康克清在内走完漫漫长征路的中央红军30位女红军之一。

董建华，男，汉族，1937年5月生，浙江舟山人，英国利物浦大学毕业，大学学历。曾任香港特别行政区行政长官，十一届全国政协副主席。

【城市荣誉】

舟山拥有渔业、港口、旅游三大优势，是一座独具特色的魅力之城。舟山是中国最大的海水产品生产、加工、销售基地，素有"中国渔都"之美称。舟山风光秀丽旖旎，气候舒适宜人，素以"海天佛国、渔都港城"闻名海内外，令无数游客心驰神往。蓝天、碧水、沙滩、佛教、海鲜构成了舟山旅游的特色名片，"海天佛国"普陀山、"十里渔港"沈家门、"沙雕故乡"朱家尖、"南方北戴河"嵊泗列岛等闻名中外。舟山拥有优良的空气环境，空气质量连续几年

在全国74个重点城市中名列前三，彰显着宜居城市的独特魅力。

【方言俚语】

舟山话，是一种吴语方言，属于吴语太湖片甬江小片，保留浊音、入声。

二、著名景区

（一）普陀山风景区

国家级重点风景名胜区　国家AAAAA级旅游区

【景区概况】

普陀山位于舟山群岛东南部，是全国首批确定的44个国家级重点风景名胜区，与五台、峨眉、九华并称为中国四大佛教名山，古人誉为"海天佛国"。

普陀山，是中国四大佛教名山中唯一一个坐落海上的佛教胜地，秀丽的自然景观与悠久的佛教文化融汇一起，成了名扬中外的"海天佛国"。

优越的人文环境、一流的旅游服务使普陀山常年游人如织，佛事四季不断。每年三大香会节以及"普陀山之春"旅游节、中国普陀山南海观音文化节期间，游客更多，香火更旺。路上行人摩肩接踵，虔诚朝拜，一派"海天佛国、琉璃世界"庄严而又繁荣的景象。

普陀山已经成为中外文化交流的窗口，成为集礼佛观光、避暑度假、文物考古、海岛考察、书画写生、影视摄制、民俗采风于一体的国家重点风景旅游区。

【潮音洞】

潮音洞位于岛东南紫竹林庵前，龙湾之麓，不肯去观音院下入海处。洞半浸海中，纵深30米左右，崖至洞底深约10余米，洞内怪石交错，犬齿森然，不可容足。此处海岸曲折往复，巉岩峭壁，怪石层层叠叠。洞底通海，顶有两处缝隙，称为天窗。清康熙三十八年（1699年）御书"潮音洞"刻于洞壁。

【梵音洞】

梵音洞历来为普陀山的重要景观。梵音洞与潮音洞南北相对，它和潮音洞的潮音，各具特色，合称为"两洞潮音"。在青鼓垒山东南端有一天然洞窟，洞岩斧劈，高约60米，纵深约50米，峭壁危峻，两边悬崖构成一门，习称梵音洞。在普陀山众多历来被人们叹为神奇的洞壑中，梵音洞的磅礴气势和陡峭危壁，为其他洞所莫及。梵音洞山色清冽，苍崖兀起，距崖顶数丈的洞腰部，中嵌横石如桥，宛如一颗含在苍龙口中的宝玉。两陡壁间架有石台，台上筑有双层佛龛，名"观佛阁"，前可望海，后可观洞，相传为观音大士显圣处。凡欲观览梵音洞者，先要从崖顶迂回顺着石阶而下，然后来到观佛阁。洞深幽，在阳光海潮作用下，洞内岩石各显奇形变幻莫测。据传在这里观佛，人人看到的佛都不同，即使是同一个人，也会随看随变，极其奇异。清康熙三十八年（1699年），皇帝御书"梵音洞"额赐挂于此处。

【朝阳洞】

朝阳洞天然洞窟，广不逾丈，却幽邃窈冥。旭日"巨若车轮，赤若丹沙，忽从海底涌起，赭光万道，散射海水。"所以人们给它起名为"朝阳洞"，并把"朝阳涌日"列为普陀十二景之一。洞的右上方有一巨石，状如平台，称初映台。洞上部原筑有楼台三层，可观赏日出。在普陀山见日出，以朝阳洞为先。

【磐陀石】

磐陀石由上下两石相累而成，下面一块巨石底阔上尖，周广20余米，中间突出处将上石托住，曰磐；上面一块巨石上平底尖，高达3米，宽近7米，呈菱形，顶端平坦，可容30人，曰陀。上下两石接缝处间隙如线，睨之通明，似接未接，好似一石空悬于一石之上。

【二龟听法石】

相传东海龙王派两只海龟前来偷听观音说法，而这两只海龟因听得入迷，误了归时，龙王责罚下来，化龟为石。你看它们，一只蹲踞崖顶，回首顾盼，仿佛还留恋刚才的说法：另一只昂首伸颈，竭力攀援，一副急不可耐要赶回去复命的样子。

【普济寺】

普济寺位于普陀山灵鹫峰下，坐落在白华山南，为普陀山寺院之首，又称前寺（相对于法雨禅寺的"后寺"）。它的前身为不肯去观音院，创建于唐咸通年间。

现普济寺是普陀山佛教活动中心，凡重大佛事活动均在此举行，也是普陀山佛教协会所在地。1983年普济寺被国务院列为首批对外开放的全国重点寺庙之一。

【慧济寺】

慧济寺位于普陀山佛顶山上，为普陀山三大寺之一。原有石亭、供石佛。明朝僧人圆慧初创，名慧济庵。清乾隆五十八年（1793年）僧人能积扩庵为寺，建圆通殿、玉皇殿、斋楼等。1983年慧济寺被国务院列为首批对外开放的全国重点寺庙之一。由此向南走，有一条往法雨禅寺的山路。途中可以看到许多石刻，但有些已模糊不清了。刻在云扶岩上的"海天佛国"这四个大字比较有名，传说是出自明代抗倭名将侯继高的手笔。

【法雨寺】

为普陀山三大寺之一，也称后寺。明万历八年（1580年），蜀僧大智首创海潮庵于千步沙北上。后改称海潮寺、护国镇海禅寺。现寺宇庞大，有殿宇194间，计8800平方米，分列六层台基上。有天王殿、玉佛殿、九龙观音殿、御碑殿、大雄宝殿、方丈殿、印光法师纪念堂等。

【南海观音】

"南海观音"铜像矗立在普陀山南端龙湾山岗，此外势随岗起、秀林葱郁、气顺脉畅、碧波荡漾、水天一色。

南海观音宝像顶现弥陀，双目垂视，眉如新月，左手托起法轮，右手施无畏印，显现大慈大悲相。像身高18米，莲花座高米，三层基座总高33米，占地5500平方米，亚金铸造，总重70吨，其中面部重1.42吨，高2.65米，宽2.4米，含纯金约3.2千克。堪称当今世界观音铜像之最，是海天佛国之象征。

（二）朱家尖国家级风景名胜区

朱家尖国家级风景名胜区位于浙江省舟山群岛东南部，全岛面积72平方千米，与相距1.35海里（2.5千米）的"海天佛国"普陀山并称普陀山国家级重点风景名胜区，与中国最大的渔港沈家门一脉相连，是舟山群岛核心旅游区域"普陀金三角"的重要组成部分。

朱家尖岛风光秀丽迷人。岛上金沙连绵，碧浪荡漾，奇石峻拔，洞礁错置，海光迷幻，森林广布，潮音不绝，空气清新。现已开发白山、樟州湾、十里金沙、大青山四大著名景区。十里金沙拥有华东地区最大的沙滩群青沙、里沙、千沙、南沙、东沙等九个沙滩，绵延5千米，景色极为壮观，滨海旅游资源十分丰富。情人岛，海蚀奇观荟萃，涛声风鸣，鸟语花香，是回归自然的浪漫之岛；白山灵石，千岩竞秀，犹如一座琳琅满目的东海石景公园。乌黑发亮的乌石塘，如卧塘，神奇独特。大青山三面环海，常有云雾缭绕，有青山醉雾之称，古时称为"乌沙悬山"，是明代抗倭重地。朱家尖先后举行了全国沙滩排球赛、帆船比赛、中韩竹筏漂流，每年举行国际沙雕节，进一步吸引了国际、国内的旅游者和投资者。

（三）舟山桃花岛

桃花岛位于舟山本岛沈家门渔港的南面，面积43平方千米。其中南部的对峙山为舟山群岛的最高峰，山脉向四周延伸，形成群峰起伏、层峦叠嶂的山海风景。相传前秦隐士安期生在岛上白云山修道炼丹，"尝以醉，墨洒于山石上，遂成桃花纹"岛名由此而来。

全岛由塔湾金沙、安期峰、大佛岩、桃花港、鹁鸪门、乌石砾滩六大景区组成；有龙女峰、东海明珠、白雀寺、圣岩寺、含羞观音、仙人桥、黄药师居室、清音洞等60多处景点。桃花岛还以其石奇而吸引游客。有的巨石如同狮子下山，有的又像海豹顶球，有的还似仙女拜佛。对峙山山顶屹立的"大佛头"奇石群，如巨型雕塑，云雾缭绕，巍峨壮观。尤其在山顶之上，有一块大石块，形如佛头，不论从远至百里，还是从近在咫尺的地方，从任何角度观看，其大小始终如一。传说天上有位神仙下凡巡视，路过东海，为桃花岛的旖旎景色所迷恋，不愿返回天府，化身为石，长住于此。

（四）《射雕英雄传》旅游城

《射雕英雄传》旅游城坐落在金庸笔下桃花岛风光迷人的散花峰下，占地2.5平方千米。由宁波华东物资城市建设开发有限公司投资兴建。整体建筑具宋代风格且艺术精湛，巧妙结合了山、岩、洞、水、林自然景观，让你自然地融入武侠意境，追寻神奇多彩的武侠生活。

旅游城主要包括黄药师山庄、牛家村、东邪船埠、归云庄、八卦书屋、黄蓉房、冯氏墓、临安街、京城广场、南帝庙、清音洞、大佛岩、听雨居等景点。

2001年金秋桂月，内地版《射雕英雄传》电视剧在本城开拍，金庸先生专程观看了旅游城美景后，欣然笔书"射雕英雄传旅游城"。2002年11月，内地版《天龙八部》也在此拍摄。射雕城成为集影视拍摄、旅游、休闲、娱乐于一体的著名风景点。

（五）沈家门渔港

沈家门渔港一向以渔港商城著称，位于舟山本岛南侧，面临东海，背靠青龙、白虎两山，构成了一条长约5千米，宽约半里的天然避风良港。它与海天佛国普陀山（朱家尖）、海上仙山桃花岛形成东海旅游的金三角。远在清朝中期便形成了街市，曾有"市肆骈列，海物错杂，贩客麇至"的记载，素有"小上海"活水码头"之美誉。横贯沿海 10 多千米的渔港，它是全国最大的天然渔港，与挪威的卑尔根港、秘鲁的卡亚俄港并称世界三大渔港。这里常年万船穿梭。每逢鱼汛，沿海十几个省市的几十万渔民云集港内，桅樯林立，鱼山虾海，形成了一道海岛独特的渔港景观。入夜，渔灯齐放，似同繁星，如画一般，美不胜收。这里常年汇集着各地的鲜活鱼、蟹、虾、贝、海水产品，每到夜幕降临，沿港十里海鲜排档摊点，云集着来自各地的品鲜商客、游人，"尝海鲜、观海景、采海货"成为沈家门渔港的又一特色景观。

三、特色文化

【舟山特产】

1. 泉井牌杨梅烧酒

泉井牌杨梅烧酒系列产品是轻工部定点企业——舟山市酒厂在继承和发扬传统杨梅烧酒生产工艺的基础上，以浙江省优质农产品金奖——皋泄晚稻杨梅为原料，经独特工艺精制而成，不含任何添加剂。泉井牌杨梅烧酒具有祛湿御寒、消暑解困、止呕止泻、治痢疾止腹痛、解胸闷腹胀等药用奇效。同时也可作为餐用酒，其酒味清香，余味悠长。

2. 金塘李

金塘李是浙江省十大名果之一，因原产并盛产于金塘岛而得名，具有一百年的悠久历史。金塘李鲜果以其皮绿肉红、肉质松脆鲜甜、果大核小多汁、营养丰富等特点而深受各界人士的称赞，1999 年被浙江省农博会评为"优质农产品"。

3. 浙贝

浙贝是浙江省八味中药的主要品种，中医传统称为"浙八味"，金塘岛从 20 世纪 20 年代引种以来，经过长期海岛气候（冬暖夏凉、无环境污染、生长期相对延长）的影响，表现为个体大、药味浓郁、药理性强，是中成药经销商青睐的放心绿色中成药原药，也是重要外贸农产品。现金塘镇种植面积 67 公顷，年产浙贝 300 吨。

4. 水貂皮

水貂皮是从水貂身上剥取的一种珍贵毛皮，特征是，绒毛丰厚，光泽华丽，轻盈柔软。经鞣制后板皮结实，是制作裘皮服装的名贵原料，享有"裘皮之王"的美誉。养貂取皮是新中国成立后的新兴事业。年取皮量最高达 3 万多张。产品主要出口欧、美、日本等经济发达国家。

5. 蚂蚁虾皮

蚂蚁虾皮是由各种小鲜虾晒制而成的干品,营养丰富,味道鲜美,舟山渔区均有出产,其中最为有名的要数蚂蚁岛虾皮,含水量少,含盐量较低,色泽晶亮,肉质坚实,体形完整,少杂质,宜存放,堪称上品。

6. 舟山佛香柚

舟山佛香柚又名舟山水晶文旦,原产金塘镇水库村裘家庭园,故又称"裘家文旦"。舟山佛香柚植株高大、树形开张、枝梢粗壮强健,具有生态适应性强、成冠快、结果早特点,果实大小适中、果形美观、油胞细密、光滑黄亮鲜艳、香气浓郁四溢、果肉营养丰富、皮肉易剥离、可食率高、肉质爽脆、汁液适中、品质优异。

7. 勾山梨

勾山梨产地是勾山街道新塘、吴家岙、观矸头等村。主要品种有翠冠、清香,面积约 34 公顷,年产量 400 吨。勾山梨具有果实大、汁多、甜度高、清脆、口感好等特点。近年来,又引进"梨一号""绿宝石"等新品种。

8. 九死还魂草

九死还魂草形似佛手,外形美观,生长于岩石缝中,有活血、通经、止血功能,是一种珍稀草药。过去普陀山遍地皆是,后因缺乏栽培、管理,产量锐减。据传,此草存放数年,形似枯萎,稍加清水,即可恢复原貌。

9. 普陀水仙

"普陀水仙"系中国水仙,为我国十大名花之一,具有花球大、花茎多、花期长、花姿美、花香浓、养护方便等特点,被美称为"观音水仙",1996 年被列为舟山"市花"。"普陀水仙"资源丰富,历史悠久,早在南宋时期即有文字记载,它的人工栽培源自桃花岛,目前桃花岛每年有大量商品销往外地。

10. 普陀有机佛茶

普陀有机佛茶的主产地分布在桃花白云山一带,山顶常年雾气缭绕,清朝时曾被指定为进贡的"御茶"。普陀佛茶由幼嫩的牙尖妙制而成,具有形细小、色泽青翠、香气浓郁、滋味醇厚等特点。

【民俗节庆】

1. 舟山国际沙雕节

舟山国际沙雕节,每年 9~10 月份在风景秀丽的国家级风景名胜区——朱家尖举行,它是利用海洋文化资源优势开发出来的综合性大型旅游新产品。至今已经举办了 6 届,每届在形式和创意上都有突破,历届的主题分别为"和平与友谊""世纪奇观""欧洲文明起源""世界古代奇观""丝绸之路""至爱永恒"。另外，一系列特色鲜明、精彩纷呈的配套活动，凸显了沙雕节活动的海洋文化内涵和特色，把海洋海岛文化特色发挥得淋漓尽致，沙雕艺术的神奇让人们流连忘返。同时把旅游节庆活动与经贸活动有机结合起来，取得了一定的效果。

2. 海鲜美食文化节

2003年7月18日至9月18日举办的首届舟山中国海鲜美食文化节，主会场定在普陀区沈家门，各县区设分会场。主要活动沈家门民间风俗大会（暨开幕式）、华东烹饪名家演示、舟山烹饪比赛暨舟山十大名菜/小吃评选、海鲜烹饪家庭比赛、闭幕式（颁奖综艺晚会）5个主体活动下，还配套海鲜美食flash大赛、美食摄影比赛、优秀夜排档评选、舟山餐饮业青工技能演示、网上美食节等活动。

3. 普陀山观音文化节

2003年11月16日首届中国普陀山南海观音文化节在素有"海天佛国"之称的普陀山开幕，文化节为期7天。文化节以"观音文化与生命自然"为主题，本着观音慈悲为怀，普度众生，净化人心的特质。系列活动分为开幕式、弘法讲经大会、佛教文化大展、四海莲心交流大会、发愿祈福法会、闭幕式。

4. 舟山渔民画艺术节

2003年10月3日，首届舟山渔民画艺术节在朱家尖的舟山海洋科技馆内开幕，艺术节主体展览活动包括舟山渔民画新作展、舟山渔民画藏品展、舟山现代民间剪纸展、舟山渔民画立体视觉艺术展和中国现代民间绘画邀请展。作为艺术节主要配套活动的舟山民俗踩街活动、舟山渔民画墙体绘画大赛在舟山市政府驻地定海区主要街道举行。

5. 金庸武侠文化节

首届中国舟山桃花岛金庸武侠文化节暨中华武林大会，于2004年5月2日至4日在金庸笔下的桃花岛举行。近年来，随着内地版《射雕英雄传》《天龙八部》在桃花岛的拍摄及这两剧在荧屏的热播，桃花岛已声名远播。为进一步挖掘金庸武侠文化内涵、提升桃花岛对外知名度，展示中华武林的博大精深，有力地打响了桃花岛金庸武侠文化品牌，从而加快招商引资和景区开发步伐，推动桃花岛乃至舟山旅游金三角旅游事业新发展。

6. 中国国际普陀佛茶文化节

2021年4月27日，春风细雨，茶香四溢。第十三届中国国际普陀佛茶文化节在舟山市东港塘头佛茶园开幕。当天，作为本届佛茶文化节的配套活动，2021年中国普陀招商推介会和首届舟山茶产业发展高峰论坛在普陀海中洲国际大酒店举行。本届佛茶文化节以"茶和世界·共享美好"为主题。开幕式演出以茶文化为主线，情景舞蹈《雨润茶山》、歌舞串烧《茶园春曲》、器乐合奏《茶音梵乐》、主题诗朗诵《不如吃茶》等精彩节目，展示了普陀佛茶从生长发芽，茶叶丰收采摘，到杀青、揉捻、翻晒等全过程。当中，十八式佛茶茶道表演格外吸睛，融合了飞天敦煌舞蹈，动静结合，让观众感受到了禅茶融合的独特魅力。

附录　浙江省部分著名景区

一、嘉兴南湖

国家 AAAAA 级旅游景区　国家级风景名胜区　全国红色旅游经典景区
全国爱国主义教育示范基地

【景区概况】

嘉兴南湖因位于浙江省嘉兴市城南而得名。南湖原名滮湖、马场湖，又叫东湖，现已建成南湖风景名胜区，规划区域总面积276.3公顷，其中水域面积98公顷。南湖风景秀美，湖中有两个人工小岛。一是湖心岛，面积约1公顷，上有烟雨楼等古园林建筑群，亭台阁榭，假山回廊，疏密相间，错落有致，如同一颗璀璨的明珠镶嵌在南湖之中；另一小岛是称为小烟雨楼的仓圣祠，位于南湖的东北隅。南湖因中国共产党第一次全国代表大会在这里胜利闭幕而备受世人瞩目，成为我国近代史上重要的革命纪念地。

【南湖红船】

在湖心岛的烟雨楼前的湖边，停泊着一艘小船，这就是著名的南湖红船。

1921年7月23日，中国共产党第一次全国代表大会在上海法租界望志路106号（今兴业路76号）秘密召开。7月30日晚，因突遭法国巡捕搜查，会议被迫休会。根据上海代表李达的夫人王会悟的建议，"一大"会议转移到嘉兴南湖的一条游船上继续举行。王会悟是嘉兴桐乡乌镇人，曾在嘉兴女子师范念过书，对嘉兴以及南湖的情况非常熟悉，"一大"转到南湖开会的事务工作也是由她安排的。8月2日上午，"一大"代表毛泽东、董必武、陈潭秋、王尽美、邓恩铭、李达、张国焘、刘仁静、周佛海、包惠僧等，从上海乘火车转移到嘉兴,当即由王会悟带领,坐摆渡船到湖心岛,再由小拖梢船接上王会悟预先租借的开会游船。这条游船是一条单夹弄丝网船,长约16米,宽3米,船头宽平,内有前舱、中舱、房舱和后舱,右边有一条夹弄贯通,会议就在中舱举行。王会悟则坐在船头放哨。代表们以游湖为名,让船主把船停泊在离烟雨楼东南方向200米左右僻静的水域,上午11点左右,"一大"南湖会议正式开始。会议首先审议并通过了中国共产党第一个纲领和中国共产党第一个决议。经过无记名投票,选举陈独秀、张国焘、李达三人组成党的全国领导机构——中央局,陈独秀任中央局书记,张国焘分管组织,李达分管宣传。下午六点多钟,会议完成了全部议程,胜利闭幕,庄严宣告中国共产党成立!大会在闭会时全体代表轻声地呼出了时代的最强音:"共产党万岁!第三国际万岁!共产主义万岁!"会议结束后,代表们先后悄悄离船,当夜分散离开了嘉兴,他们把革命的火种带向全国各地,中国的历史从此写出全新的篇章,"自从有了共产党,中国革命的面貌就焕然一新了"(毛泽东选集第二卷《中国革命和中国共产党》)。

1959年,南湖革命纪念馆根据王会悟回忆,仿制了一只单夹弄丝网船模型,送到北京请中共一大代表董必武审定认可。后按模型原样仿制了一艘画舫,作为南湖革命纪念船,供群众瞻仰。

【烟雨楼】

烟雨楼是嘉兴南湖湖心岛上的主要建筑,现已成为湖心岛上整个园林的泛称。烟雨楼正楼两层,高约20米,建筑面积640余平方米,重檐画栋,朱柱明窗,在绿树掩映下,更显雄伟。楼前檐悬董必武所书"烟雨楼"匾额。烟雨楼,因唐朝诗人杜牧"南朝四百八十寺,多少楼台烟雨中"的诗意而得名。始建于五代后晋年间(936—947年),初位于南湖之滨,后毁。明嘉靖二十七年(1548年)嘉兴知府赵瀛疏浚市河,所挖河泥堆成湖心岛,第二年仿"烟雨楼"旧貌建楼于岛上,后经过扩建、重建,逐渐成为具有显著园林特色的江南名楼。乾隆六下江南,八次登烟雨楼,先后赋诗二十余首,盛赞烟雨楼。民国七年(1918年)嘉兴知事张昌庆会绅募捐重建烟雨楼。新中国成立后,党和人民政府多次大力修葺,古老园林焕发新貌,渐渐形成现在的格局。倚栏远眺,湖面上下烟雨朦胧,景色全在烟雾之中。

【南湖革命纪念馆】

南湖革命纪念馆成立于1959年,原设在嘉兴南湖湖心岛烟雨楼内,是中共一大嘉兴南湖会址的保护和管理机构。1985年9月,邓小平同志为南湖革命纪念馆亲笔题写馆名。1991年6月,嘉兴人民集资360多万在南湖之滨建成南湖革命纪念馆新馆。纪念馆从空中俯瞰为一个硕大的党徽图案，占地面积3800平方米，建筑面积1980平方米，展厅布置了《开天辟地大事变，中国共产党第一次全国代表大会》基本史料陈列和辅助专题陈列以及部分革命文物。

二、雁荡山

国家重点风景名胜区　国家文明风景名胜区　国家AAAAA级旅游景区
全国文明风景旅游区示范点　世界地质公园

【景区概况】

雁荡山位于浙江省东南部，总面积294.62平方千米，最高峰海拔1056.6米，主园区在乐清市（温州市所辖）境内，部分在永嘉县（温州市所辖）及温岭市（台州市所辖），距杭州297千米，距温州68千米。

雁荡山形成于一亿二千万年以前，是环太平洋大陆边缘火山带中最具完整性、典型性的一座白垩纪流纹质破火山，被中外地质学家称为"天然博物馆"。因山顶有湖，芦苇茂密，结草为荡，南归秋雁多宿于此，故名雁荡。

雁荡山，开山凿胜始于南北朝，兴于唐，盛于宋，素有"寰中绝胜""海上名山"之誉，史称"东南第一山"。500多个景点分布于8个景区，以奇峰怪石、古洞石室、飞瀑流泉称胜。其中，灵峰、灵岩、大龙湫三个景区被称为"雁荡三绝"，特别是灵峰夜景，灵岩飞渡堪称中国一绝。

【灵峰景区】

灵峰景区是雁荡山的东大门，沿鸣玉溪而上，以悬崖叠嶂，奇峰怪石，古怪石室，碧潭清润而著称。景区内层峦叠嶂，奇峰环拱，千形万状，美不胜收。每当夜幕降临，诸峰剪出片片倩影，"雄鹰敛翅""犀牛望月""夫妻峰""相思女""牧童骑鲸鱼"……——显灵，形神兼备，令人神思飞翔，浮想联翩。

果盒三景，鸣玉溪中的凝碧潭与跨越其上的果盒桥及果盒岩（连亭）合称"果盒三景"。凝碧潭，位于果盒岩与渡船岩之间，宽阔亩余，深10余米。潭水澄碧，清澈见底，似一块镶嵌在灵峰景区领口上的碧绿的翡翠，晶莹剔透，十分惹人喜爱。果盒桥，横跨凝碧潭上，紧靠果盒岩。岩上有亭叫果盒亭。"民国"二十四年（1935年）始建，木结构，1989年重建，为六角石亭，是游客休息和赏景的绝好地方。

观音洞，初名灵峰洞，又名罗汉洞，藏于合掌峰之中，朝东。洞高113米，深76米，宽14米，依岩构筑九层楼阁，为雁荡山第一洞天。进入山门即见天王殿,殿内供奉高大魁梧、威武庄严的护法神四大金刚。从山脚要经历403级透迤石磴,才达顶层大殿。正殿中央,供奉娴静庄严的观音菩萨坐像。旁立十八罗汉雕像,神态各异,骨相奇特,栩栩如生。岩壁上新增了三百应真,更显出一派佛门气象。洞顶有泉水三束,名洗心、漱玉、石釜。洗心泉从洞顶左侧石罅中滴入洗心池中,水质极清,掬饮一口,沁入心脾。漱玉泉在天王殿后,泉从洞顶洒下,似珠如玉,在阳光照射下,五彩缤纷。在第四层楼上往外看,石釜泉在漱玉泉的后面,水从釜形洞顶石缝中涓涓下滴,似一幅悬挂着的珠帘。仰望洞顶,中开一小罅,阔尺余,长三四丈,有一线天光泻下,名叫一线天。在第七层楼观看外面岩壁,左边可见"一指观音",当中可见"侧面观音像",右边可见"地藏王像",再往洞外观望,可见奇景林立。

北斗洞,原名伏虎洞,位于观音洞左侧,朝南,因洞口正对伏虎峰而得名,后因道家礼拜北斗元君,而改今名。清光绪初年,道人赵至贤始开此洞,后人修建凌霄殿和八仙楼等,1986年和1990年又进行了较大规模的修缮和扩建。古洞新貌,气象庄严,为雁荡山的一处著名道观。

【灵岩景区】

雁荡三绝,灵岩正当其中,被视为雁荡山的"明庭"。元代文学家李孝光云,"峭刻瑰丽,莫若灵峰;雄壮浑庞,莫若灵岩"。道出了"二灵"审美风格上的区别。以灵岩古刹为中心,后有灿若云锦的屏霞嶂,左右天柱、展旗二崖对峙,壁立千仞。因"浑庞"而生肃穆,身处其中,顿觉万虑俱息。

灵岩寺,背依灵岩,寺以岩名,是雁荡十八古刹之一。四周群峰环列,雄壮浑庞;古木参天,环境幽绝。清人喻长霖的一副楹联的下联,生动地写出了它周围的景色:"左展旗,右天柱,后屏霞,数千切,神工鬼斧,灵岩胜景叹无双。"

灵岩寺初建于宋太平兴国四年(979年),因寺境山水灵秀,名闻京师,宋太宗特赐御书五十二卷。咸平二年(999年)真宗赐额"灵岩禅寺"。宋仁宗天圣十年(1032年),赐金字藏经千卷。后多遭兵毁,几度兴废。1984年,显广法师率徒5人从国清寺返灵岩寺,恢复佛事活动,并着手修理殿宇。1996年冬,新建的五开间重檐翘角的大殿圆满落成。

背倚灵岩寺大雄宝殿,可见四面奇峰突起,宛如人间仙境。右边山峰,势若擎天,顶天立地,高270米,叫"天柱峰"。在天柱峰的右侧,有两座并列着的山峰,形似凤凰,头朝着灵岩寺,叫"双鸾峰"。在它右边背后,群峰林立,其中一峰卓立,叫"独秀峰",它与双鸾峰之间便是小龙湫。左边有一峰耸立,如大旗飘扬,气势磅礴,高达260米,叫"展旗峰",它与天柱峰相对峙，称之为灵岩寺的南天门。两峰之间距离250米，上方横空而过的铁索，用于空中飞渡。飞渡最早用于采石斛，石斛能清凉解毒，却生长在悬崖峭壁上，当地农民只好身系绳索，攀援峭壁采集石斛。这样就慢慢地练就了一身飞崖走壁的本领。大雄宝殿后面还有一山峰，叫"屏霞嶂"。灵岩古寺四周群峰环列，环境幽雅，为一风水宝地。

【大龙湫景区】

马鞍岭与东岭之间，古称西内谷。谷中有水名锦溪，源于大龙湫，流入筋竹涧，汇入清江。据说谢灵运当年探幽筋竹涧时，未能上溯入山，错过了和大龙湫邂逅的机会。

大龙湫落差197米，为中国瀑布之最，有"天下第一瀑"之誉。大龙湫在空中、潭底幻成两条龙，腾飞翻卷，仪态万千，变化无穷。历代文人墨客，无不为之倾倒。清人袁枚曾赋诗曰："龙湫之势高绝天，一线瀑走兜罗棉。五丈以上尚是水，十丈以下全以烟。况复百丈至千丈，水云烟雾难分焉。"

剪刀峰，剪刀峰屹立在涧水之中，此峰在雁荡山102峰中以秀、奇见长。明朱谏曾称其为"峰之最秀而奇者也"。剪刀峰秀在有水相伴，奇在移步易景。从大龙湫谷口直到瀑布前，溯源而上，一路上剪刀峰不同的造型不少于八种，因此古人云"百二奇峰各不同，此峰变化更无穷。"

三、古堰画乡景区

古堰画乡景区，位于浙江省丽水市莲都区碧湖镇和大港头镇境内，核心区块包括大港头、瓯江风光、堰头、坪地和保定。"古堰画乡"是2005年由时任丽水市委书记楼阳生在谈及大港头区域文化产业项目定位时首先提出的。"古堰"表明了深厚的历史文化底蕴，这里有建于公元505年的国家重点文物保护单位通济堰，有古街古亭古埠头、青瓷古窑址、大大小小的古村落和古樟树群，形象地表达了该区域真山真水，自然古朴的江南古镇的美丽风貌。"画乡"突出了文化特色和发展定位，有省内外著名的"丽水巴比松画派"，建有丽水巴比松陈列馆、丽水油画院、古堰画乡展览馆、古堰画乡分校等，另有专业美术写生创作基地"在水一方写生创作基地"（中国美术学院及其附中的教学实训基地）和丽水九龙巴比松写生创作基地。

古堰画乡的开发理念是：艺术之乡、浪漫之都、休闲胜地，其发展定位是"三基地一中心"：美术写生基地、油画创作基地、行画生产基地、生态休闲度假中心。通过古堰画乡的建设，打造中国知名特色文化园区，把这里建成长三角最大的自然风光写生和创作基地、长三角主要的中高档行画生产基地、长三角区域重要的生态文化休闲度假目的地以及原创画集散中心、绿谷文化展示中心。古堰画乡景区景点众多，可以感受千年古堰画乡，拥抱诗画风光。

第四节　综合训练

训练项目一：发生旅游交通事故后，旅行社和导游的义务

【目的和要求】

了解旅游过程具有不确定性的特点，明确在发生旅游意外事故时，旅行社和导游应该履行的具体义务。

【准备】

查阅《旅行社管理条例》《旅行社投保旅行社责任保险的规定》《中华人民共和国合同法》《中华人民共和国消费者权益保护法》，了解旅行社的基本职责和导游人员的义务。

【步骤】

1. 案例提供

山西省某旅游团赴江苏、浙江、上海考察。游客甲在苏州西山公园自由活动时，自费乘个体户的游艇游太湖。途中甲登上笠帽岛，被岛上的狗咬伤。在返程途中，旅游车在三门峡市附近高速公路与一大货车同向追尾相撞，造成了旅游车乘坐人员3人死亡、8人重伤、13人轻伤、车辆严重受损的特大旅游交通事故。后经过有关交通管理部门认定，该事故的发生是由于旅游车驾驶员疲劳驾驶，注意力不集中所致。

2. 组织讨论

（1）如果你是导游，针对这一意外事件，你会采取哪些应急措施？

（2）如果你是旅行社经理，针对这一意外事件，你会采取哪些应急措施？

（3）根据旅行社责任保险的规定，游客甲被狗咬伤，旅行社是否应该承担责任？为什么？

（4）游客因为交通事故受伤是否可以要求旅行社承担责任？为什么？其承担责任的范围有哪些？

【考核】

结合讨论情况，写出你的应急方案。

【延伸与扩展】

请结合讨论的问题，谈谈游客购买意外伤害险的必要性。

 训练项目二：酒店的安全保障义务

【目的和要求】

了解酒店对客人负有安全保障义务，但其有明确的范围。酒店的安全保障义务和其他经营者的安全保障义务一样，既有硬件方面的安全保障义务，也有软件方面的安全保障义务。在共性的基础上，酒店自身的特点也决定了其在保管物品、停车场管理方面有独特的内容。

【准备】

查阅《中华人民共和国民法通则》《中华人民共和国合同法》《中华人民共和国消费者权益保护法》《旅游饭店行业规范》《关于加强旅游涉外饭店安全管理，严防恶性案件发生的通知》的有关规定，了解酒店对客人负有安全保障义务的具体内容。

【步骤】

1. 案例提供

游客张先生随A旅行社到浙江绍兴旅游，下榻浙江绍兴B饭店。游览了一天后，到酒店浴室淋浴。在浴室门口，他要求该浴室服务员为其保管随身携带的手机、劳力士手表和5000元现金。服务员建议其到饭店大堂的服务总台寄存处寄存，并声明自己只负责看管浴室，不负责保管贵重物品。张先生急于洗浴，又估计短时间内不会发生盗窃，就把贵重物品和衣物缠在一起，放进更衣箱，上好锁，就去淋浴。等张先生淋浴出来，发现更衣箱已被打开，钱物等贵重物品不翼而飞。

2. 组织讨论

【考核】

结合实际，谈谈作为酒店的工作人员，如何保障住店客人的人身和财产安全。

【延伸与扩展】

请结合实际，谈谈作为旅行社的导游，在带团游览过程中如何保障客人的人身和财产安全。

第十章
江南古镇

第一节 周庄

国家 AAAAA 级景区 "中国第一水乡"

【景区概况】

周庄镇旧名贞丰里。据史书记载，北宋元祐年间（1086年），周迪功郎（官名）信奉佛教，将庄田200亩（13公顷多）捐赠给全福寺作为庙产，百姓感其恩德，将这片田地命名为"周庄"。但那时的贞丰里只是集镇的雏形，与村落相差无几。1127年，金二十相公跟随宋高宗南渡。迁居于此，人烟才逐渐稠密。元朝中叶，颇有传奇色彩的江南富豪沈万三之父沈佑，由湖州南浔迁徙至周庄东面的东宅村（元末又迁至银子浜附近），因经商而逐步发迹，使贞丰里出现了繁荣景象，形成了南北市河两岸以富安桥为中心的旧集镇。康熙初年（1662年）正式更名为周庄镇。

沈万三利用白蚬江（即东江）西接京杭大运河，东北接浏河的优势，出海贸易，将周庄变成了一个粮食、丝绸及多种手工业品的集散地和交易中心，促使周庄的手工业和商业得到了迅猛的发展。最突出的产品有丝绸、刺绣、竹器、脚炉、白酒等。周庄环境幽静，建筑古朴，虽历经900多年沧桑，仍完整地保存着原来水乡集镇的建筑风貌。全镇60%以上的民居仍为明清建筑，仅有0.47平方千米的古镇有近百座古典宅院和60多个砖雕门楼，周庄民居，古风犹存，最有代表性的当数沈厅、张厅。同时，周庄还保存了14座各具特色的古桥，它们共同构造了一幅美妙的"小桥、流水、人家"的水乡风景画。

悠久的历史，给周庄造就了诸多胜景。著名建筑学家罗哲文盛赞周庄"不但是江苏省的一个宝，而且是国家的一个宝"。

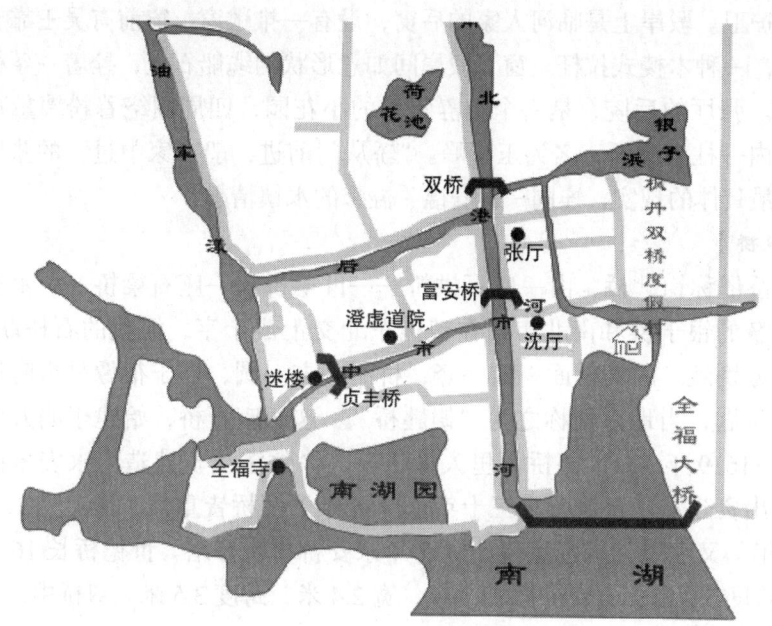

图 10-1 周庄游览示意图

【游览线路】

古牌楼→贞固堂→逸飞之家→双桥→古戏台→张厅→沈厅→全福讲寺→迷楼→蚬江渔唱→贞丰民俗文化街→贞丰古牌楼

【张厅】

张厅是周庄镇仅存的少量明代建筑之一,为江苏省重点文物保护单位。原名怡顺堂,相传为明代中山王徐达之弟徐逵后裔于明正统年间所建。清初卖给张姓人家,改名玉燕堂,俗称张厅。近年来经过有关部门精心维修,恢复了原有的风貌。作为殷富人家的宅第,张厅历经500多年沧桑,气派依旧。走过沿街的门厅,面前是一个天井。两侧是低矮的厢房楼,上下楼都不设窗户。在漫长的岁月中遭到损害的砖雕门楼,坚实的石柱,细腻精良的雕饰,仍不难看出张厅昔日的风采。大厅轩敞明亮,一抱粗的庭柱下是罕见的木鼓墩(柱础),这是明代建筑的明显标志。厅堂内布置着明式红木家具,墙上悬挂着字画和一副对联,上联是"轿从门前进",下联是"船自家中过",对联十分贴切地写出了张厅的建筑特色。大厅的东侧,有一条幽暗深长的陪弄。旧时,没有大事轻易不开正门,每逢婚丧喜庆或有贵宾来访,才打开大门,抬进轿子,平时家人进出都走陪弄。如今,陪弄成了旅游通道,直通一条小河,名叫"箸泾",与南湖相通,箸泾中段拓一丈见方水池,是船交会和掉头的地方,四周由花岗石驳岸护卫。驳岸上是临河人家的后窗，设有一排敞窗，窗前有吴王靠，也叫美人靠，一种木棱式拉杆。窗下驳岸间如意形状的缆船石上，拴着一条树叶般的小船。张厅的后院，是一个闲静素洁的小花园，四周围绕着粉墙黛瓦的民居。院内一柱太湖石，名为玉燕峰。"轿从门前进，船自家中过"的张厅，袒露的是最具体的现实，连同一份安谧、温馨的水镇情趣。

【双桥】

双桥俗称钥匙桥，由一座石拱桥——世德桥和一座石梁桥——永安桥组成。清澈的银子浜和南北市河在镇区东北交汇成十字，河上的石桥联袂筑，显得十分别致。因为桥面一横一竖，桥洞一方一圆，样子很像是古时候人们使用的钥匙，当地人便称之为"钥匙桥"。这两座石桥，始建于明万历年间（1573—1619年），世德桥由里人徐松泉、徐竹溪出资建造，永安桥由里人徐正吾出资建造。至清乾隆三十年（1765年）两桥皆重修，清道光二十三年（1843年）又由里人捐资重建。1957年永安桥再次修缮。世德桥长16米，宽3米，跨度5.9米；永安桥长13.3米，宽2.4米，跨度3.5米。双桥中，石拱桥横跨南北市河，桥东端有石阶引桥，伸入街巷；石梁桥平架在银子浜口，桥洞仅能容小船通过，桥栏由麻条石建成。画家陈逸飞以双桥为题材的代表作之一《故乡的回忆》被联合国选为首日封，于1985年5月10日起在联合国总部以及日内瓦和维也纳的联合国机构发售，深受集邮爱好者和各界人士的青睐。

【沈厅】

在周庄有近百座古宅院第和60多个砖雕门楼，还有一些过街骑楼和水墙门，这在江南水乡是堪称典型的、最具有代表性的当数沈厅。沈厅位于富安桥东堍南侧的南市街上，坐北朝南，七进五门楼，大小房屋共有一百多间房屋，分布在100米长的中轴线两旁，占地2000多平方米，为江苏省重点文物保护单位。

沈厅原名敬业堂，清末改为松茂堂，由沈万三后裔沈本仁于清乾隆七年（1742年）建成。沈厅共有三部分组成。前部是水墙门和河埠，专门供家人停靠船只、洗涤衣物之用，为江南水乡的特有建筑；中部是墙门楼、茶厅、正厅，是接送宾客，办理婚丧大事和议事的地方；后部是大堂楼、小堂楼和后厅屋，为生活起居之处。整个厅堂是典型的"前厅后堂"建筑格局。前后楼屋之间均由过街楼和过道阁连接，形成一个环通的走马楼，为同类建筑物所罕见。七进厅堂内，占地170平方米的松茂堂居中。正厅面阔11米，前有轩廊，进深七檩11米，厅后有廊。正厅正面呈正方形，厅两边是次间屋，有楼与前后厢房相接。屋面为两坡硬山顶，除6~7檩为单屋顶棚，其余都是双屋顶棚。厅内梁柱粗大,镌刻有蟒龙、麒麟、飞鹤、舞凤等花饰。厅堂中央悬匾一方,"松茂堂"三个突出的泥金大字,为清末状元张謇所书。朝向正厅的砖雕门楼是五个门楼中最宏伟的一个,高达6米,三间5楼,上覆砖飞檐,刁角高翘,下承砖斗拱,两侧有垂花莲,下面是五层砖雕,布置紧凑。正中有匾额,刻有"积厚流光"四字,四周额框刻有精细的红梅迎春浮雕。砖雕门楼上还镌有人物、走兽及亭台楼阁等图案,包括《西厢记》《状元骑白马》等古典戏文,线条精细流畅,人物神态各异,栩栩如生。在一块长不盈尺的砖板上镌刻前、中、远三景,其刻工之精、构思之巧,足可与苏州网师园中的砖雕门楼相媲美。大堂楼木梁架造型浑厚,一律为明式圆形图案。地板大多是60厘米左右宽的单幅松板,坚固结实,可以想见当年建造时工程的艰重。大堂楼的栏杆与棂窗制作较为精致,与前厅的建筑风格有所不同,属徽派风格。

沈厅在"文革"中遭受严重破坏。1983年以后,开始沈厅的修复工程,先后修复了松茂堂、茶厅和大堂楼,开通了走马楼,后厅屋也已与银子浜沟通。经过修缮的沈厅,恢复了清代建筑的风貌,成为受人欢迎的旅游景点。沈厅的第五进中,安放着江南豪富沈万三的坐像,他的面前有金光闪闪的聚宝盆。

【沈万三】

沈万三,名富,字仲荣,行三,吴人呼为沈万三。元时称人以郎、官、秀为等第,万三行秀者,故又称三秀。元朝中叶,沈万三的父亲沈祐由吴兴(今浙江湖州)南浔沈家漾迁徙至周庄东,后又迁至银子浜。沈万三致富后,把苏州作为重要的经商地,寻求进一步发展。他曾支持过苏州张士诚的大周政权,张士诚也曾为沈万三树碑立传。明初,朱元璋定都南京,沈万三捐资修筑了都城的1/3,后被发配云南充军,在荒凉的边境度过余生。沈万三在周庄、苏州、南京等地都留下了足迹,但始终把周庄作为立业之地。

在学术界,专家们分析沈万三发财致富的原因,大致有"垦殖说""分财说""通番说"三种说法。

(1)垦殖说。沈万三的财富,主要是依靠农业生产,依靠大片土地的重租剥削。他"躬耕起家",继而"好广辟田宅,富累金玉",以至"资巨万万,田产遍于天下",依靠垦殖发富是根本。周庄八景之一"东庄积雪",据记载那里有巨大的粮仓,实际上正是沈氏庄园的标志。

(2)分财说。有人认为,"沈万三秀之富得之于吴贾人陆氏,陆富甲江左……尽与秀"(《周庄镇志》卷六);又有人说,"元时富人陆德原,皆甲天下……暮年对其治财者二人,以资产付之","其一即沈万三秀也"(杨循吉《苏谈》)。总之,沈万三是得到了苏州陆氏的很大一笔资财,才成为江南巨富的。

（3）通番说。据《吴江县志》记载："沈万三有宅在吴江二十九都周庄，富甲天下，相传由通番而得。"历史学家吴晗也说过，"苏州沈万三一豪之所以发财，是由于作海外贸易"。这说明沈万三是由于把商品运往海外贸易，才一跃而成为巨富的。

事实上，沈万三之所以成为江南巨富，以上三个因素缺一不可，是密切相关，相辅相成的。沈万三是以垦殖为根本，以分财为经商的资本，大胆通番，而一跃成为巨富的。故周庄"以村落而辟为镇，实为沈万三父子之功"。

沈万三富可敌国，富得连朱元璋都生出妒忌之心。但他在遭受朱明王朝的三次沉重打击后，就很快衰落了。

第一次打击是在明洪武六年（1373年）前后。《明史·太祖孝慈高皇后传》记载："吴兴富民沈秀者，助筑都城三分之一，又请犒军，帝怒曰：'匹夫犒天子军，乱民也，宜诛。'后谏曰：'妾闻法者，诛不法也，非以诛不祥。民富敌国，民自不祥。不祥之民，天将灾之，陛下何诛焉！'乃释秀，戍云南。"沈万三仗着自己有钱，胆大妄为，居然想代替朱元璋犒赏军队。幸亏有人在皇帝面前为他说了情，才免于一死，被充军云南。随即，他第二个女婿余十舍也被流放潮州。在此之前，沈万三除捐资修筑洪武门至水西门一段城墙之外，相传还以龙角贡献，并献有白金两千锭，黄金两百斤，甲士十人，甲马十匹，还在南京建廊庑、酒楼等，耗资甚巨。这次打击不仅使沈氏家族失去了当家人，富气也减去了一大半，真可谓人财两空。不仅如此，沈万三当时被捕充军时，周庄人也被株连，有尽株周庄居者之说。幸亏镇人徐民望不避斧钺，告御状至京城，才救下周庄全镇老少。

第二次打击是在明洪武十九年（1386年），沈万三的两个孙子（沈旺之子）沈至、沈庄（伯熙）又先后为逃避赋役而入狱。沈庄当年就死在牢中，后移葬于周庄杏村。"至以户役故，缧继赴秋官时伯熙亦获戾京师，适与兄同系狱。"（《周庄镇志》卷三）。真是祸不单行。沈家的基业就这样从根本上被动摇了。

第三次打击是在明洪武三十一年（1389年）。沈万三长子沈茂、女婿顾学文、曾孙沈德全等被充军，没籍田地，或遭凌迟。洪武初年，因为花了钱，沈万三长子沈茂被朱元璋授为"广积库提举"，次子沈旺被授为"户部员外郎"。洪武二十六年（1393年）凉国公蓝玉案起，穷究党羽，株连致死者达一万五千人。沈万三女婿顾学文因夺人之妇，仇家怀恨在心，蓝玉事发，即诬告顾学文与蓝玉通谋。沈茂也受牵连，发辽阳从戎。据《吴江县志》记载，洪武三十一年二月，顾学文坐"胡蓝党祸"，连万三曾孙德全等6人并顾氏一门，同日凌迟。这次，沈氏家族有80余人被杀。沈万三苦心经营的巨大家业，急剧地衰落了。沈万三家族遭受这样三次沉重的打击，走向了衰落的低谷。出身低微的沈万三，由贫而富，又"即盈而覆"，成为元明之际江南地主豪富的一个缩影，让专家学者产生浓厚的兴趣。沈万三在周庄的遗迹，他后裔所建造的巨宅沈厅，也吸引了中外旅游者。

第二节　同里

【景区概况】

同里镇隶属于江苏省吴江市，位于太湖之畔，古运河之东，四面临水，八湖环抱（同里、九里、澄湖、沐庄、白砚、叶泽、南星、庞山湖），东距上海虹桥机场80千米，南接318国道、西连苏嘉高速公路、北离苏州18千米。同里，旧称"富土"，唐初，因其名太侈，改为"铜里"，宋代，又将旧名"富土"两字相叠，上去点，中横断，拆字为"同里"，沿用至今。

镇区被"川"字形的河道及纵横交叉的支流分割成7个"小岛"。由于同里处于泽国河网之中，历史上交通不便而少有兵燹之灾，古建筑保存较多，是江苏省目前保存最为完整的水乡古镇之一，1982年被列为省级文物保护单位。跨水筑桥，因水成园，家家连水，户户通船，构成层次错落有致的优美画卷。

同里原有八景、续八景、后四景等220处自然景点，至今仍有一些景点保存完好。现存著名的有退思园、耕乐堂、环翠山庄、三谢堂、侍御第、卧云庵、城隍庙、尚义堂、嘉荫堂、崇本堂等园林和古建筑，是目前江苏省保存最为完整的水乡古镇，也是省重点文物保护单位，已列为太湖十三大景区之一。

【游览线路】

退思园→丽则女学→三谢堂→文物馆→崇本堂→三桥→耕乐堂→丁字河→嘉荫堂→明清街→世德堂→五鹤门楼→陈去病故居

【退思园】

建于清光绪十一年至十三年（1885—1887年）。园主任兰生，字畹香，号南云。光绪十年（1884年），内阁学士周德润勋任兰生盘踞利津、营私肥己。光绪十一年（1885年）正月，解任候处分，旋因查所勋都不实，部议革职位。任兰生落职回乡，花10万两银子建造宅园，取名"退思"。其弟任艾生哭兄诗有"题取退思期补过，平泉草木漫同看"之句，可见园名取《左传》"进思尽忠，退思补过"之意。退思园的设计者袁龙，字东篱，诗文书画皆通。他根据江南水乡特点，因地制宜，精巧构思，历时两年建成此园。园占地仅九亩八分（约0.65公顷），既质朴无华，又素净淡雅，颇具晚清江南园林建筑风格。

退思园布局独特，亭、台、楼、阁、廊、坊、桥、榭、厅、堂、房、轩，一应俱全，并以池为中心，诸建筑如浮水上。格局紧凑自然，结合植物配置，点缀四时景色，给人以清澈、幽静、明朗之感。退思园因地形所限，更因园主不愿露富，建筑格局突破常规，改纵向为横向，自西向东，西为宅，中为庭，东为园。宅分外宅、内宅，外宅有轿厅、花厅、正厅三进。轿厅、花厅为一般作接客停轿所用，遇婚嫁喜事、祭祖典礼或贵宾来临之时，则开正厅，以示隆重。正厅两侧原有"钦赐内阁学士""凤颖六泗兵备道""肃静""回避"四块执事牌，重门洞开，庄重肃穆，令人望而却步。

【耕乐堂】

耕乐堂为明代处士朱祥所建。耕乐堂，占地约6亩4分（约0.42公顷），建时有5进52间，莫旦撰记，称有燕翼楼等。后经历几朝兴废，现尚存3进41间，有园、有斋、有阁、有榭。跨进门厅，露明3间，庄重朴实，高大宽敞，形为清代后期建筑。宅楼西侧有一条陪弄直通后园，园中置有荷花池，荷池四周湖石镶砌，高低参差，清幽别致。荷池南面有鸳鸯厅，面阔三间，窗明几净，与环秀阁隔池相望，一高一低遥为对景。出庭院，过三曲小桥，便来到清秀典雅的环秀阁。环秀阁跨水而筑，造型别致。从环秀阁绕假山辗转而下，便是桂花厅。桂花厅自成院落，院中植有金桂、银桂两株古树，历尽风雨沧桑，每年金秋季节，古桂依然馥郁芬芳。耕乐堂于1981年列为省际太湖风景区同里八景之一，1986年7月，又被列为吴江市级文物保护单位。

【崇本堂】

位于富观街长庆桥北塊，坐北朝南，面水而筑，东与嘉荫堂隔河相望，西与长庆桥等三桥相连，整齐的石驳岸护卫着这座古朴的宅第。如果把同里比作是一座古建筑的博物馆的话，那么崇本堂就是这座博物馆中一件雕刻精致的艺术品，其精湛的技艺和深刻的内涵，让每一位游人赞叹不已。

崇本堂的主人叫钱幼琴，同里人，于民国元年（1912年）购买顾氏"西宅别业"部分旧宅后翻建而成。整个建筑群体沿中轴线向纵深发展，共五进，由门厅、正厅、前楼、后楼、厨房等组成，该堂虽不足一亩，建筑体量不大，但非常紧凑和精致。崇本堂最吸引人的，是它的各种雕刻。叠有湖石花台的小院里，天竺和红枫相映成趣，砖雕门楼面北伫立，门楼上方设置了仿木结构的飞椽斗拱，拱眼板上刻有夔龙细纹，下面是花岗岩制作的条石门槛，中置"黄狼箱"活络门闩，"一块玉"两端饰有如意香草纹，"包袱巾"上刻着宝相花，里面还有暗喻升官发财的"鲤鱼跳龙门"的深浮雕。门楼的字牌两侧各有一幅人物山水画，字牌上端庄有力地写着"崇德思本"四个字。德乃世人安身立命之根本，亦是宅第主人崇尚的为人之道。砖雕正脊还有一幅"望子成龙"图，上面人欢鱼跃，使人浮想联翩。

　　崇本堂自正厅至内宅堂楼共三进，里面有木雕100多幅，内容各不相同，画面简洁明快，构图生动活泼，刀法圆转娴熟，令观赏者拍手叫绝。正厅居中置六扇长窗，左右设半窗，长窗裙板上除刻有"花卉博古"图外，中间两扇长窗的裙板上，右面刻有象征宝贵平安的牡丹和瓶子，左面刻着寓意招财进宝的聚宝盆。所有长短窗的腰板上则刻着全套《西厢记》的故事，从张生游殿到十里长亭送别，共有14幅之多。

　　前楼底层长窗的腰板上刻着"红楼梦十二金钗图"，有"黛玉荷锄葬花""宝钗执扇扑蝶""湘云醉卧芍药""妙玉月下赏梅""元春奉命省亲""探春含泪远嫁"等，这些浅浮雕同样精工细作，给人一种栩栩如生的感觉。而长窗的裙板上则刻着许多寓意吉祥合好的图案，比如象征多子多孙的"松鼠葡萄"，寓意喜事登门的"喜鹊红梅"等。让人回味无穷。后楼是崇本堂所有雕刻的精华所在，共有木雕58幅，东西步柱与檐柱之间的四扇隔扇的腰华板上，刻的是"福禄寿禧"的图案；西边五架梁下的八扇隔扇的腰华板上，刻的是"渔樵耕读、琴棋书画"等图画；东边五架梁下的八扇隔扇的腰华板上刻，刻的是何仙姑、张果老、汉钟离、吕纯阳等八仙图。

　　崇本堂的建筑结构颇为科学，正厅与堂楼之间均有封火墙隔断，门楼与过道两侧设有"蟹眼天井"，这个小小的天井，在建筑上是一个不可忽视的重要环节，它既可通风又可采光，既能泄水又能防火，其作用不小，备弄深不可测，据说搞抗战时期就连凶狠的日本鬼子，面对备弄也束手无策，不敢贸然入内，生怕中了埋伏。

【嘉荫堂】

　　建于民国十一年间（1922年），宅主柳炳南，与著名爱国诗人柳亚子先生同宗。柳亚子先生曾在此居住。嘉荫堂的正门采用石库门式的墙门，其墙面所用原料比较细腻又用经过水磨加工的细清水砖砌成，并加以灰浆勾缝，使墙面更显得整洁光亮。穿过门厅抬起头来，只见"福、寿、禄"三星跃居正脊中心。嘉荫堂的主建筑俗称"纱帽厅'，系仿明结构，整座大厅高大宽敞，肃穆庄重。厅内到处刻着图案，五架梁两侧刻有"八骏图"，梁两端刻有"风寒牡丹"，梁底则刻有"称心如意""必定高中"等图案，就连拳头大小的一块"峰头'，也刻上了寓意"连生贵子"的莲蓬，真是琳琅满目，美不胜收。更为罕见的是，纱帽翅（即棹木）上也刻上了《三国演义》中的"古城会""三英战吕布""三顾茅庐""草船借箭"等8幅形象逼真、呼之欲出的图画，让人不由得拍案叫绝。这组木雕现已被（中国戏曲志·苏州分卷）收录。

第三节　南浔

【景区概况】

南浔位于浙江湖州市，地处杭嘉湖平原腹地，是浙江省历史文化名镇，北面是太湖，东与江苏省交界，距苏州市仅51千米，途中经过著名水镇同里。据《江南园林志》记载，"以一镇之地，而拥有五园，且皆为巨构，实为江南所仅见"。

南浔名胜古迹众多，与自然风光和谐融合，既充满着浓郁的历史文化底蕴和灵气，又洋溢着江南水乡古镇诗画一般的神韵。南浔自古以来文化昌盛，人才辈出，书香不绝。明代时就有"九里三阁老，十里两尚书"之谚。仅宋、明、清三代，南浔就出了41名进士。

南浔建镇已有745年历史，明万历至清代中叶为经济繁荣鼎盛时期，南浔历史文化悠久，从宋至清共出41名进士。著名的名胜古迹有嘉业藏书楼、刘镛的庄园小莲庄、张静江故居、张石铭旧居、百间楼和宋代古石桥等。

【游览线路】

小莲庄→嘉业堂藏书楼→刘氏梯号（红房子）→广惠宫→镇史馆→求恕里→张石铭旧宅→张静江故居→百间楼

【藏书楼】

藏书楼的主人刘承干是小莲庄的主人刘镛的孙子，于1920至1924年建造了嘉业藏书楼，因清帝溥仪所赠"钦若嘉业"九龙金匾而得名。原藏书楼主人刘承干是个酷爱藏书的世家子弟，辛亥革命后，刘乘大批古籍流散之机，大量购书，他自称历时20年，费银30万，得书60万卷，在藏书楼全盛时期的1925—1932年，藏有宋元刊本155种，地方志书一千余种及不少明刊本、明抄本，大量的是清人文集和各种史集。藏书楼不仅以收藏古籍闻名，而且以雕版印书蜚声海内。刻印书中，有不少是清政府禁书，刊刻甚精。1933年以后，刘氏家道中落，大量古籍"自我得之，自我失之"，直至1951年浙江省图书馆接管时，藏书只有11万册左右，宋元刊本荡然无存，明刊本只剩下几种，藏书残缺严重。

1949年解放军解放江南时，周总理指示陈毅派部队保护藏书楼。刘承干曾以巨资购得宋刻本《史记》《汉书》《后汉书》《三国志》，统称前四史，并以此为底本影印出版，号为镇库之宝，特设"宋四史斋"专藏。1951年11月，刘承干将书楼及庭院全部捐献给浙江图书馆。

图 10-2　南浔游览示意图

【小莲庄】

小莲庄位于浙江湖州市南浔镇西南万古桥西，为晚清南浔俗称"四象"之首富刘镛所筑的私家花园，始建于清光绪十一年（1885年），后经刘家祖孙三代40年的经营，由刘镛的长孙刘承干于1924年落成，占地约1.9公顷。因慕元末湖州籍大书画家赵孟頫所建莲花庄之名，故称小莲庄。小莲庄与嘉业堂藏书楼毗邻，园外为鹧鸪溪。群体建筑由刘氏义庄、家庙和园林三部分组成。园林分外园、内园两部分。外园的主体是一个约 1.3 公顷的荷花池,俗称"鱼池源",古称"挂瓢池",植荷历史已逾 200 多年。池东架五曲石桥,桥畔古木扶疏、藤萝蔓布。池东南暗连内园荷池。池北有六角亭;柳堤上"小莲庄"额砖坊为最早建筑之一。内园位于东南角,以一座偌大的太湖石所叠砌的假山为主,北有高墙与外园相隔。山东坡种松,西坡植枫,青松苍翠,秋枫红醉,当是绝佳景色。山巅筑小亭,名曰"放鹤亭"。园林西部,有刘氏家庙,蕴含着丰富的宗祠文化。家庙西落为义庄,共两进,前为平房,后为楼房,庭院中有古桂两枝,故又名桂花厅。小莲庄以荷花池为中心,山叠石而垒,亭踞山而榭依水,且亭亭风格各异,各处建筑分别成景,并有百年琼花、百年古柏、百年木瓜树、百年古藤、百年桂花(金、银、彤)、百年鸡爪蜡梅花等名贵花木,实为江南园林之佳构。1984 年 4 月,它被列为省级重点文物保护单位。

【张静江故居】

张静江和张石铭都是南浔巨富张颂贤的孙子。张静江 1877 年生于南浔,1902 年被荐为一级参赞,25 岁时随法国公使孙宝琦出国,赴欧途中结识孙中山,走上国民革命的道路。向孙中山提供白银 3 万两作为革命活动经费。曾当选为国民党中央执委。孙中山病逝后,又扶持蒋介石,曾代理国民党中央政治会议主席,北伐革命后,出任浙江省政府主席。1930 年与蒋介石矛盾激化,辞去浙江省主席职务,出国治病,定居纽约。1950 年在美国逝世,终年 74 岁。

张静江祖籍安徽休宁(今徽州),曾祖张维岳于康熙末年定居南浔。以经营蚕丝业和盐业起家。1843 年上海辟为通商口岸后,张家在上海开设的"恒和丝行"经营"辑里丝"直接出口对外贸易。1862 年又专营盐务,遂成巨富,为南浔富豪"四象"之一。光绪中期在镇东建此大住宅群落。故本地人称张家为"张恒和"。

张静江故居系其父张宝善于 1898 年所建。故居中堂之画系谢公展的手指佳作。两侧是孙中山题写的一副对联,"满堂花醉三千客,一剑霜寒十四州",抱柱联为翁同龢所题"世上几百年旧家无非积德,天下第一件好事还是读书"。二厅、三厅里陈列着张静江手书赠陈立夫的"铁肩担道义,棘手著文章"对联。还陈列明代著名书法家董其昌手书的《酒德颂》(作者竹林七贤之一——刘伶)板屏六块,系用银杏木镌刻,为国内珍贵文物。

【张石铭旧居】

位于浙江湖州市南浔镇南栅南西街,前临南市河,又名懿德堂,坐西朝东,占地 4792 平方米,有五落四进和中、西各式楼房 150 间,是江南罕见的基本保持旧貌的豪门巨宅之一。被列为省级文物保护单位。懿德堂,旧主张钧衡（1871—1927年），字石铭，又称适园主人，系清光绪二十年（1894年）举人，酷爱收藏古籍、金石碑刻和奇石，为南浔清末民初四大藏书家之一。北侧大万腰门后有呈砖雕如意门楼，上有吴昌硕的匾额"世德作求"，门额四周是一组兼具透雕、浮雕的古典人物、车马、景物群像。厅后另有砖雕门楼。北侧建筑的主要特点是装饰雅致，木雕精细，石雕古朴，艺术品位极高。南侧建筑的主要特点是富有气派，正门和正厅均在南侧；正厅，面阔三间，高大宽敞。厅后为堂楼，亦称女厅，有楼呈三间二厢式样，天井收小，有落地长窗，为女主人接待、理事之用，楼上供女眷居住。南侧第四、第五进还采用外来的建筑风格材料。从壁炉、玻璃刻花到克林斯铁柱头等，体现了欧洲18世纪的风格。

第四节　乌镇

国家 AAAAA 级景区

【景区概况】

乌镇地处浙江省桐乡市北端，西临湖州市，北界江苏吴江市，为二省三市交界之处。陆上交通有县级公路姚震线贯穿镇区，经姚震公路可与省道盐湖公路、国道320公路、318公路、沪杭高速公路相衔接。乌镇距桐乡市区13千米，距周围嘉兴、湖州、吴江三市分别为27千米、45千米和60千米，距杭州、苏州均为80千米，距上海140千米。

乌镇虽历经2000多年沧桑，仍完整地保存着原有的水乡古镇的风貌和格局。全镇以河成街，桥街相连，依河筑屋，深宅大院，重脊高檐，河埠廊坊，过街骑楼，穿竹石栏，临河水阁，古色古香，水镇一体，呈现一派古朴、明洁的幽静，是江南典型的"小桥、流水、人家"石板小路。乌镇从1998年开始发展旅游业，目标是使乌镇保持一百年前的老样子。镇上有修真观、昭明太子读书处、唐代古银杏、转船湾、双桥等景点，西栅老街是我国保存最完好的明清建筑群之一。乌镇又是我国现代文学巨匠茅盾故里。镇上的茅盾故居是茅盾的出生地，现为国家级重点文物保护单位。东侧的立志书院是茅盾少年读书处，现辟为茅盾纪念馆。

如今的乌镇大致分类为传统商铺区、传统民居区、水乡风貌区、传统餐饮区、传统文化区、传统作坊区。作坊区内，竹艺、扇艺、陶艺、壶艺、文房四宝、木雕、纺纱织布……曾在桐乡周围流行一时的手工作坊一家挨着一家。商铺区里，曾在乌镇历史上显赫一时的商铺、当铺、药铺都以原本的面貌呈现着。民居区修旧如旧，最值得访问的就是那些仍沿街而居的老人们，他们与乌镇共同走过了数十年的光阴。文化区，印象深刻的是蓝印花布"漫天起舞"的庭院，音韵铿锵的古戏台，还有幕布上的那一段"皮影"传说。

乌镇1991年被命名为省级历史文化名镇。桐乡市先后投资8000多万元进行大规模的古镇保护与开发，确立了100年前清朝末民国初的时空定位和挖掘民俗民间文化特色的个性定位。由黄磊和刘若英主演的《似水年华》就在这个古朴的小镇拍摄的。

【游览线路】

入景区→观看高杆表演→逢源双桥→财神湾→香山堂药店→江南百床馆→江南民俗馆→高公生酒坊→宏源泰染坊→走仁义桥→传统手工作坊区（糕点作坊、湖笔作坊、铜器作坊、布鞋作坊、刨烟作坊等）→江南木雕馆→浙北分府（位于西栅景区边）→余榴樑钱币馆→茅盾故居、立志书院→古戏台→修真观→夏同善翰林第→皮影戏→传统商铺区→汇源当铺

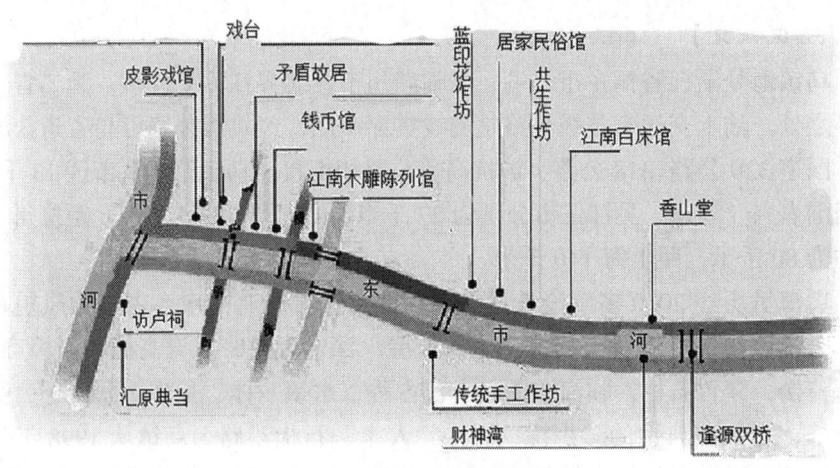

图10-3　乌镇游览示意图

【立志书院（茅盾纪念馆）】

立志书院坐落在茅盾故居的东侧，最初由邑绅严辰于同治四年（1865年）创建，现在是茅盾纪念馆。它的前身是名震嘉、湖的分水书院，院址在乌镇北栅分水墩西侧。清咸丰十年，清军与太平军在乌镇交战，分水书院毁于战火。5年后，严辰等人倡议重建分水书院时，因北栅书院旧址实在破败不堪，无法

再用，而当时观前街有一幢原太平军项姓武官的住宅被朝廷查封着。严辰等人看中了这所房产，就联名上书官府，要求将之划为书院，并加以扩建。同治七年（1868年），书院建成，因地址变更，屋宇又是全新的，严辰就决定不再沿用分水书院的旧名，而是拈出程朱理学家、乡贤张杨园先生的治学格言"大凡为学先须立志"中的"立志"二字作为新书院的名字，严辰任立志书院山长。

立志书院前起观前街，后至观后街，直落五进。今天的书院基本保持了当时的面貌。大门的门楣上嵌着"立志"二字，两旁的柱联是院名的注解"先立乎其大，有志者事竟成。"进得门来，穿越过道，就见一个小天井，内植桂花树。过天井是讲堂，上悬"有志竟成"匾额，乃浙江布政使杨昌浚所题，两边一副对联是国学大师俞曲园撰写，云："分水旧规模，但愿闻风皆立志。殳山钟秀杰，定知异日有成材。"讲堂后面隔一栽植花草的大天井，为教学楼；另"籣云楼"，为山长严辰所题。籣有"钳"义，"籣云"可作"拿云""凌云"解，它与"立志"互为呼应，寓意显然。第三进是平房，作厨房用。立志书院将最后面一进平房辟为张扬园祠（同治九年建造），学生多时也曾作过书院的院舍。今天的立志书院已布置成为茅盾纪念馆，通过文字及图片介绍一代文豪的光辉一生。

【江南百床馆】

江南百床馆，是一座专门收藏江南古床的博物馆，坐落在乌镇东大街210号，又称赵家厅，面积约1200多平方米，内收数十张明、清、近代的江南古床精品。馆内分三个展厅，第一展厅陈列的有：明·马蹄足大笔管式架子床，采用木架构造形式，造型简洁、朴素、比例均衡，并强调家具形体的线条形象，体现了明快的艺术风格，同时注意充分利用硬木的色泽和纹理特点，用原木漆较多，不事雕琢。第二展厅展示的有：清拔步千工床，小姐床等，这批床工艺复杂，制作精良，是木雕床中的精品；老红木架子床材质优良，豪华昂贵。清代拔步千工床号称百床馆中镇馆之物，用料为黄洋木，长2170厘米，深3660厘米，高2920厘米，前后共有三进，此床历时3年方雕成，用工余千，故称"千工床"。第三展厅大都收集的是休闲实用型的床，如罗汉床，嵌骨架子床等。

【染布作坊】

"宏源泰"染坊，毗邻高公生酒坊，以乌镇民间传统布料——蓝印花布为展示对象，深受众人喜爱。蓝印花布，俗称"石灰拷花布""拷花蓝布"，是我国传统的民间工精品，已有上千年的印染历史，传说由一名叫葛洪的农夫为爱妻所创，以其价廉物美，一直流行于民间。其原料土布、染料均来自乡村，工艺出自民间，图案充满浓郁的乡土气息，题材不外乎花卉草木，都是农舍旁、田埂头常见的，亲切、自然、清新，加之秀气典雅的蓝白二色，具有鲜明的民间和民族特色。旧时，江南一带农村家家户户都使用蓝印花布，窗帘、头巾、围裙、包袱、帐子、台布等都可用它来做。至今蓝印花布的印染还遵循着祖辈留下的工艺——纹样设计、刻花稿、涂花版、拷花、染色、晒干，并以其纯天然、无污染的特色受到越来越多人的追爱。在宏源泰染坊，可以看到这些工序的全过程演示，也可以在前面的店铺中带一些蓝印花布的成品回家。对门还有一家蓝印花布原料作坊，有几个老妈妈在表演轧棉籽、纺纱线、织棉布。

【皮影戏】

皮影戏，又称羊皮戏，俗称纸人头戏，是一种将羊皮或牛皮制作成人物、动物造型的活动剪纸，由艺人用竹签棒将它紧贴在背后投以灯光的白色在影幕上操纵，以此表演故事的民间艺术。皮影始于春秋战国。至西汉，皮影进入宫中。到了唐代，皮影剪刻日益精致，敷色填彩，用作讲史传经。真正让皮影成为百戏中的正剧，当在宋代。汴京皮影之盛，宋代的《明道杂志》《梦粱录》等著作均有描述。浙江皮影的兴起与宋室南迁有关，大批京华艺人南下临安偏都营生，北方的技艺与南方的文化融合，革新后的皮影在临安大受青睐，并出现了一些著名艺人。我国的皮影一般分为武戏和文戏，内容大多是历史或演义传说，如《孙悟空大战牛魔王》《水浒传》《岳传》《三请樊梨花》《封神榜》等。以前，当节日或庆典活动时，皮影戏总是大出风头，它是人们主要的娱乐形式之一。皮影戏的鼎盛时代已经一去不复返了。如今，只有乌镇的皮影戏馆还在天天演出，仿佛是给对传统曲艺有兴趣的文化人和对皮影戏一往情深的白发老人留下的最后寄托。

【夏同善翰林第】

夏同善翰林第在中市观后街，规模不大，所幸屋宇齐全，经整修后，已成为一处集传统民居和园林于一体的富有人文气息的景观。游人可从中领略清末江南小镇大户人家的生活情味。夏家翰林第原是一般的民居，占地不多。夏同善钦点翰林并获赐"翰林第"匾以后，才得以扩展而初具规模。整修后的翰林第基本上遵循原来的格局，可分成三部分。中间部分是主轴线，三间三进。大门前有一对大理石滚墩石，显示出夏家的不同凡响。进门厅的第一道门，可见门楣上有横"顶栋"，即5个雕花短木，门槛奇高，跨越不易，但中间一段可以卸下，称为"德槛"。平时不开正门，进出有两旁边门。再往里是第三道门，即头墙门，过了此门是一个小小的石板天井。这是第一进。跨过天井是正厅，为第二进。正厅是平厅，梁上供着珍藏有圣旨诰命的两个大红镂金漆木盒。在后面紧接着的两厢是楼房，靠墙有渠道相连。这种结构别处少见，大概与地基逼仄有关。再往里过二墙门，是三进的后小楼厅。东翼二间二进，有灶间、庭院，风格平庸，是下人居处。西翼，与门厅并列的是三间花厅，又称"接官厅"，装饰精美华丽。过花厅，进入一庭院，有假山、水池，植时花异木，小巧，雅致，煞是可爱，这便是"肖家花园"。再往里，复有正厅和后楼厅，是夏家接待、起居、休闲、读书、娱乐的地方。

夏同善（1830—1880年），字舜东，号子松，原是仁和（杭州）人。幼年丧母，父亲夏建寅续娶乌镇肖氏，夏同善事之如同生母。父亲仕途失意，又值家道中落，遂弃儒经商。夏同善常随继母住在外婆家，他从小酷爱读书，竟遍读外祖父萧麒所藏典籍。1855年，夏同善中举人，次年进士及第，钦点翰林，并赐"翰林第"匾。夏同善因念自己得以读书，皆赖萧家，就把匾挂在外婆家的大厅上，又请得圣旨改建萧家厅。崭新的翰林第造好后，他还将圣旨诰命供奉在正厅中梁一对雕花镂金烤漆木盒内。夏同善文章超群，时人誉为"在曾、左之上"。慈禧太后十分赏识他的才学，曾命他和翁同龢一起为光绪帝侍读。夏同善仕途还算顺利，历官庶常馆庶子、詹事府詹事、兵部侍郎、顺天学政、吏部左侍郎等。

杨乃武与小白菜。1873年，浙江发生"杨（乃武）葛（小白菜）冤案"，省、府、县三级七审，屈判成冤案。次年，杨乃武的妻子和姐姐赴京告状，期间浙江籍京官帮助申冤。夏同善与张家襄、朱智、林洪、汪鸣銮等28名官员联函奏请交刑部复审，获慈禧恩准。1876年，杨葛冤案真相大白，参与该案的数十名贪官也受到不同程度的处分，巡抚杨昌革职。但杨昌三年后复职，竟联合湘籍官员向夏同善等人进行报复，夏被外放江苏学政。夏愤懑于官场黑暗，忧郁成疾，患咯血症逝世于顺天学政任上，年仅51岁。其实，杨葛冤案得以昭雪实是帝、后两党斗争的结果，而夏同善正好参与其事，所谓"风云际会"罢了。后遭杨昌报复，正可说明一切。但因他是浙籍京官中职位较高，杨葛冤案又出在浙江，所以名气就大了。再者，乌镇有一位才子将杨葛冤案的始末编写成评弹脚本，广为传播。其中有"夏府求情"一节，不仅详细演绎夏同善的功劳，还将夏同善幼年时住的萧家花园说得仙境一般。正史和野史如此这般地演绎，倒使乌镇萧家花园声名远播。

【修真观】

修真观历史悠久，据《乌青镇志》记载：修真观创建于北宋咸平元年（998年），因道士张洞明在此修真得道，故称此为"修真观"。初建修真观为三殿：前为元武殿，中为三清殿，后为轩辕殿。后来几经兴废，不断修扩。如今的修真观共设三进，一进为山门，山门正门上方挂有一特大算盘，下方书对联一副：人有千算，天则一算。二进是东岳大殿，三进为玉皇阁；两边分设十殿阎王、瘟元帅、财神等配殿；山门前的广场也依旧开阔宏敞。修真观广场系以石板垒筑而成，地势开阔，位处镇中，广场上还设有长廊石座，是镇人迎庙会、看神戏、唠家常、曝日头的绝佳所在。广场曾是乌镇的集市中心，现在则成了开展大型活动的首选之地。至今已举办了第五届茅盾文学奖颁奖典礼、江南水乡特种邮票首发式、海外华人乌镇中秋赏月等大型活动，成了新的文化娱乐中心。

修真观戏台是道观的附属建筑，建于清乾隆十四年（1749年），与修真观一样屡遭毁损。1919年的那次修缮后，便一直保持到今天。戏台占地204平方米，北隔观前街与修真观相对，南临东市河，东倚兴华桥。戏台为歇山式屋顶，飞檐翘角，庄重中透着秀逸。梁柱之间的雀替均为精致的木雕，艺术价值极高。台为两层，底层用砖石围砌，进出有边门和前门。边门通河埠，底层后部有小梯通楼台，亦可通过翻板门从河埠下到船里。楼台分前后两部分，后部是化妆室，雕花矮窗，宽敞明亮；前部是戏台，正对广场。戏台两边台柱都有对联，这个戏台也有一副："锣鼓一场，唤醒人间春梦；宫商两音，传来天上神仙。"正中上方悬一横额"以古为鉴"。旧时，正月初五的迎财神会、三月二十八迎东岳庙会、五月十五迎瘟元帅会等，都要在戏台演神戏，招待修真观中的诸神。现在，戏台已恢复了往日的热闹景象，每天早上8时起到晚上10时，演出桐乡花鼓戏（桐乡的地方戏）。

【西栅】

西栅位于乌镇西大街，毗邻古老的京杭大运河。与东栅以旅游观光为主题不同，西栅打造的以商务旅游、休闲度假为主。西栅景区占地4.92平方千米，纵横交叉河道9000多米，需坐渡船出入，有古桥72座，河道密度和石桥数均为全国古镇之最，景区内保存有精美的明清建筑25万平方米，横贯景区东西的西栅老街长度达1.8千米，两岸临河水阁绵延1.8千米余。景区北部区域则是50000多平方米的天然湿地。

西栅景区体现观光加休闲体验型功能定位，完美地融合了观光与度假功能，街区内的名胜古迹、手工作坊、经典展馆、民俗风情、休闲场所让人流连忘返，自然风光美不胜收，泛光夜景气势磅礴。还有各类风格的民居特色客房和各种档次的度假酒店，多家设施齐全的会议中心和商务会馆，可供800余人住宿；游客服务中心、观光车、观光船、水上巴士、直饮水、天然气、宽带网络、卫星电视、电子巡更、泛光照明、星级厕所和智能化旅游停车场等配套设施一应俱全，整体上创建了一个食宿游购逐渐完备的新型古镇社区。

西栅由12座小岛组成，70多座小桥将这些小岛串连在一起，河流密度和石桥数量均为全国古镇之最。例如，通济桥和仁济桥两桥成直角相邻，不管站在哪一座桥边，都可以看到一个桥洞里的另一座桥，故有"桥里桥"之称。"桥里桥"是乌镇最美的古桥风景，堪称桥景一绝。

第五节　西塘

【景区概况】

西塘，古称胥塘、斜塘，又名平川，嘉善西塘与桐乡乌镇、海宁硖石、海盐百步并称为浙江四大古镇。西塘位于浙江省嘉兴市嘉善县，距嘉善县城11千米。

西塘是一座已有千年历史文化的古镇。早在春秋战国时期就是吴越两国的相交之地，故有"吴根越角"和"越角人家"之称。到元代初步形成市集。西塘与其他水乡古镇最大的不同在于古镇中临河的街道都有廊棚，总长近1千米，就像颐和园的长廊一样。在西塘旅游，雨天不淋雨，晴天太阳也晒不到。西塘地势平坦，河流纵横，有9条河道在镇区交汇，把镇区分划成8个板块，而众多的桥梁又把水乡连成一体，古称"九龙捧珠""八面来风"，自然环境十分幽静，小镇上保存着完好的明清建筑群落，廊棚和古弄堪称"双绝"。

【游览线路】

陆坟银杏→倪宅→五福桥→圣堂→木雕陈列馆→安境→北栅街→万安桥→狮子桥→黄酒陈列馆→卧龙桥→烟雨长廊→送子来凤→环秀桥→石皮弄→种福堂→西园

【廊棚】

所谓廊棚，其实就是带屋顶的街。西塘的廊棚有的濒河，有的居中，沿河一侧有的还设有靠背长凳，供人歇息，廊棚的顶有"一落水"、有"二落水"，也有过街楼形成廊棚的屋顶，虽然不同但都可以使商界贸易、行人过往免受日晒雨淋之苦。古镇的廊棚总长达877米。其中朝南埭廊棚东起北栅栏，西至来凤桥，总长度168米，街宽2~2.5米。廊棚从街头面延伸至河边，圆木柱支撑着一层斜斜的屋面（即"一落水"）。廊棚为砖木结构，中间有一段最为出色，有翻转轩两层雕刻花纹。民间有一种说法：早先西塘塔湾街有一胡姓年轻寡妇，独撑一家老小和一个小商铺。胡家铺子前的河滩边有一个水豆腐摊，摊主王二，年轻厚道，家境贫寒。他见胡氏艰难，便生同情之心，帮着做些体力活。日久以后，胡氏为感激这份情，借修缮店铺之时，沿河建起了棚屋，将店铺前的沿河街道全遮盖起来。不想棚屋建好以后，胡家铺子生意特别红火。其他商家纷纷仿效，竟连成一片。后取名廊棚，意为为郎而建之棚屋。《江南古镇》一书中提到："江南水乡古镇由于河网型的地理环境，河道作为主要的交通纽带，在商市和古镇的形成、发展过程中起到了基础性的作用，'因水成市''因水成街'。"西塘是典型的水乡古镇，元代成市，到明代商市已相当繁荣。沿河而筑的廊棚就是最具特征的建筑类型。

【古桥】

来凤桥位于小桐街东侧，建于1637年，为三孔石板桥。传说建造时，适有一鸟飞来，造桥人认为祥瑞，取名"送子来凤桥"，清康熙四十八年（1709年）、道光十五年（1835年）重修。来凤桥于1997年重建，其造型及结构别致，适于旅游观赏，为新景点之一。卧龙桥位于北栅市河口，系单孔石拱桥，桥身长31.46米，宽4.95米，桥东坡32级，西坡30级，西堍朝南转角处还有9级。巡杖呈长方形，高44厘米，望柱高71厘米，柱头呈方形。拱圈为纵联并列砌置，为镇上最高之桥梁，工艺精湛，建成于1719年。五福桥建于明代正德前，为单孔石级桥，桥长14米，桥孔跨度7.5米。它连通烧香港东端的南北两岸。在清代光绪年间重修。此桥保存尚好，石级石栏尚整齐。所谓五福即福、禧、寿、禄、善终。这是民间对人生的五大追求和祈愿，用在桥上是造桥人对过桥人的祝福，希望此桥能给人们带来的不仅是方便，而且还有每个人所希望的种种吉利。永宁桥原址在西栅河西端，早废。今天站在安境桥上可一览胥塘河两岸的全景，南望古朴的廊桥。胥塘河狭小成水巷，巷西是仿古一条街，巷东是古老的塘东街。永宁桥是目前镇上最好的观景点。河北岸朝南埭长廊如一条逶迤长龙臣伏在水边，行人和自行车都在廊下行走，其风味为其他古镇所少见。河南岸是西街的后面，沿河有高低错落的民居建筑群，大多为清末至民国年间，大宅的风火墙高高耸起，青砖黛瓦和石河桥尽收眼底。这里的景观最得摄影家和画家们的青睐，是他们创作的猎景之地。环秀桥建于明代万历九年（1581年），它跨当年的小桐、北翠两圩，是西塘镇上最早的高桥。相传昔日晴天时站在桥顶可以北望太湖边上的青山。此桥在1944年阴历十月二十三下午突然倒塌，轰然一声，响达数里，压死7人。后建成木桥，新中国成立后修成单孔水泥桥，1997年又重建石级拱桥。

【宅弄】

古镇在明代以前大户人家有唐、王、赵、陆四姓，明以后又有倪、蒋、朱、卜、陆等大户，故多建有深宅大院。宅深形成长长的弄，镇上现仍长短不一的弄122条，其中百米以上的宅弄有5条，最有特色的一条露天弄名叫石皮弄。石皮弄是王家子孙两宅第之间形成的一条弄，地面用168块石板铺成。全长68米，最窄处仅0.8米。坟浜弄在西塘镇烧香港南。传说，这地方原是明朝一个名叫陆邦的人的墓地，方圆足有几十亩，坟浜弄由此而得名。弄中有著名的陆坟银杏，共两棵，雌雄一对。种植于明洪武年间，距今已有600多年。该处原系御史陆邦墓地的一部分，一株种植于陆邦祖父墓东北侧，一株在西南临水，故称"陆坟银杏"。陆邦墓地的四周都挖有小河浜，上面架着两座桥。一座叫文庵桥，另一座叫金银桥。坟墓的周围竖有石牌楼、石狮子、石乌龟，还竖有一块石牌，记载陆邦的生平。坟浜弄东接五福桥，西接鲁家桥，南通南塘桥，规模很可观。坟浜弄原长107米，宽5米，现长为209米，宽1~7米，1982年改泥路为水泥路面。现在坟浜弄内建造了一幢幢居民和职工住房，居住着上百户人家。

第六节　甪直

【景区概况】

甪直，古称甫里。到清代才改称甪直。甪直；来源于"六直"。所谓"六直"，是指古镇东边的大直、小直、直上泾三条河道可以通达六处的意思。而"甪"，则是古代神话传说中的一种吉祥的独角兽，叫甪端。据说它具有行走速度快和懂各种语言、信息灵通的特异功能，能够保证风调雨顺，护佑一方平安，所以取"川"与"六"在吴语中的谐音，镇命名为"甪直"，把甪端作为古镇的镇标。

甪直古镇隶属于苏州市吴中区。古镇面积仅为1.1平方千米。古镇北靠吴淞江，南临澄湖，境内水域宽阔，河道纵横，自古盛产稻、麦、淡水鱼类以及席草、菱藕等水生植物，堪称地道的"鱼米之乡"。

古镇不仅有丰富的水乡物产，而且与其他江南古镇相比，它更有悠久的历史和浓厚的文化气息。古镇的历史可以追溯到2500年前的春秋战国时期。当时吴王阖闾、吴王夫差都曾先后在这里营造过离宫。镇西南的张陵山是西汉丞相张苍的墓葬处；唐代诗人陆龟蒙曾隐居于古镇白莲寺西，至今仍保留着他的衣冠冢。古镇自元代创办了甫里书院以来，一直重视教育，培养的秀才文人不计其数。到近代民国初年（1913年），古镇更是率先兴办新学，著名教育家叶圣陶以及王伯祥、沈柏寒等均在此任教，为古镇培养出了不少优秀人才。现在古镇上保存着古堡圣寺、陆龟蒙祠、叶圣陶纪念馆、沈宅、萧宅、万盛米行、王韬纪念馆等古迹和人文景观。尤其古堡圣寺中所保存的彩塑罗汉像是江南古镇中唯一一处全国重点文物保护单位。时任全国人大常委会副委员长、著名的社会学家费孝通先生来古镇视察后，为古镇题写了"神州第一水乡"几个字。镇于1994年被命名为江苏省历史文化名镇，同时被列为太湖风景名胜区十三个景区之一。

【游览线路】

保圣寺→叶圣陶纪念馆→沈宅→万盛米行→萧宅→王韬纪念馆→澄湖出土文物馆→甪直水乡农具→张陵公园博物馆

【保圣寺】

甪直古镇之所以有名，在很大程度上是因为镇上有一处新中国成立后进入首批公布的全国重点文物保护单位的保圣寺古物馆。至今为止，甪直是唯一拥有全国重点文物保护单位的江南古镇。保圣寺始建于南北朝时期的梁天监年间，距今已有1500年的历史了，和著名的苏州寒山寺一样，同为"南朝四百八十寺"之一。历史上，屡次兴废。现存的古寺山门是1994年时，按清乾隆年间的山门原貌重修的。"保圣寺"三字是当代书法家费新我先生所题写的。

穿过题有"辅扬显秘"的二山门，就可看到天王殿立于院正中。天王殿建于明代，清末同治年间重修，但仍基本保留着明代风格，其昂嘴斗拱结构就是明代建筑的一个显著特点。但是其步柱的覆盆式柱础，则是北宋遗物。据考证这座天王殿是明崇祯年间在末代殿址上重建起来的。据说，建筑天王殿时未用一根铁钉，连接处完全以榫头相接，可见木工工艺之精巧。殿内原有四大金刚泥塑像，抗日战争时期均毁于日军之手。1956年，天王殿被列为江苏省文物保护单位。

天王殿庭院北面，就是在大雄宝殿遗址上建立起来的古物馆。院中有古寺的两件镇寺之宝。立于西侧的是一青石经幢，它原立于天王殿前东侧蟠竿夹石旁，用以驱邪降魔。经幢和夹石均为北宋遗物，现存青石经幢上的字迹已看不清楚了。在庭院东侧有一只铁钟，高约1.5米，直径1米，此钟铸于明末清初。钟上铸有"风调雨顺，五谷丰登"的吉祥语。古物馆中有著名的塑壁罗汉。馆前廊檐下有厂引任先生所题写的"保圣寺古物馆"匾额。古物馆门楣上的"九罗汉圣迹"为中央美术学院教授张汀所书,据《吴郡甫里志》记载,原大雄宝殿建于公元1013年北宋年间,殿内供奉有释迦牟尼佛像和十八尊罗汉,系唐代杨惠之所摹到之处。杨惠之是唐代吴县人,是与唐代"画圣"吴通广齐名的"塑圣"。由于泥塑作品不像石刻木雕那样容易保存,所以杨惠之的真迹作品千年不朽,实属不易。1918年,史学家顾颉刚应叶圣陶、王伯祥之邀来宾游保圣寺,保存基本完好的唐代圣手之作引起了史学家的注意。到1922年,顾颉刚发现罗汉塑像严重受损,亟待保护,于是四处奔走呼吁,要抢救"一千一百年前的艺术品"。后来在胡适、蔡元培先生的关心和倡导下,成立了"保存用直唐塑委员会",集资并邀请了徐悲鸿、刘海粟、江小鹣、滑田友等著名的画家和雕塑家来考察研究,拟订保存方案。鉴于原大雄宝殿已倒塌,于是决定在殿址上建造一座古物馆来保存这批珍贵的艺术遗存。古物馆动工于1930年秋,于1932年秋落成。古物馆原为平顶的罗马式红砖建筑,由于平顶容易积水,20世纪50年代初发现屋顶漏水,于是对古物馆进行了修整,改平顶为坡顶。改成坡顶后,虽能泄水,但与寺庙整体建筑不协调。于是1987年再次对其进行改造,将屋顶改为歇山单檐式。新中国成立后,它被列入了首批全国重点文物保护单位。在罗汉塑壁前,还有两块青石雕刻而成的四面石造像,是六朝时的古物。以前一般置于街心,喻佛无所不在,关照众生。

【叶圣陶纪念馆】

　　这里最初是甫里书院的遗址。1906年兴办新学,把甫里书院改成了甫里小学,后来又改组成为吴县第五高等小学,简称"五高"。叶圣陶先生于1917年春,应同学吴宾若、王伯祥之邀到"五高"任教,在这里工作生活了4年多时间。在此期间,他进行了教育改革的实验,创作了许多文字作品,如《寒晓的琴歌》《低能儿》等,都是直接取材于用直古镇而创作的作品。因此,叶老一直深情地把用直比作自己的第二故乡。1988年2月叶老在北京逝世后,古镇人民为了表现对他的崇敬和怀念,将叶老当年执教的几处旧址重新修缮一新,辟为叶圣陶纪念馆。纪念馆正门门楼上镌刻的"叶圣陶纪念馆",是已故中国佛教协会会长赵朴初先生所题写的。院子东侧的这幢两层楼建筑是当时"五高"的女子部。1919年,叶圣陶夫人胡墨林应"五高"之聘,曾在此担任过三年女子部教师。院子中部是一间很像方亭的四面厅建筑。这是当年"五高"的博览室,也就是阅览室。现在四面厅当中的桌上放着一只花篮,花篮前安放着叶老的遗容面模,供人们瞻仰。四面厅西侧是一间鸳鸯厅。当年是"五高"外地教师的宿舍兼办公室。靠北的一侧现已恢复了当年"五高"教师办公室的原貌。院子北面是一字排开的七间平房,以长廊贯通,这就是纪念馆的展览厅。从东边的序厅开始，分八个部分，以照片、实物、文献资料等展品向人们介绍了叶圣陶先生的一生，以及在教育、文学、出版和社会活动方面的卓越成就。尤其突出介绍了叶老在古镇的工作和生活情况。从纪念馆北门出来，就是叶圣陶墓园。由花岗岩砌成的墓台坐西朝东。碑墙上镌刻着赵朴初先生题写的"叶圣陶先生墓"6个镏金大字。墓台东面有座六角亭叫未厌亭。亭中匾上"未厌"两字是叶老遗墨。叶老早年曾将自己的住所称作"未厌居"。"未厌"二字就是学而不厌，不断追求，积极进取的意思。

【陆龟蒙祠】

从保圣寺西门出来，这里有一片空地。它的北面是创建于南北朝时期的白莲寺遗址。在白莲寺遗址以西，就是陆龟蒙祠，也叫甫里先生祠。这里原为陆龟蒙的宅园，北宋时建为甫里先生祠。陆龟蒙是晚唐文学家，苏州人，别号甫里先生。家世显赫，祖上出过两任宰相。陆龟蒙从小刻苦读书，以期学成报国。然而运气不佳，应试不第。在这种怀才不遇的情况下，来到甪直古镇买田隐居了下来。他不顾封建世俗观念，亲自下地干活。这在当时实属可贵之举。务农之余，他也经常泛舟出游，出入江湖之间，写下了许多反映吴地水乡生活的诗歌。作品有《甫里先生集》《笠泽丛书》等诗集传世。他与唐代诗人皮日休最为要好，世称"皮陆"。另外，陆龟蒙对农具也很有研究，他写的《耒耜经》是研究我国古代农具的重要资料。陆龟蒙衣冠冢占地约1亩（约0.067公顷）。墓前立有清康熙和同治年间的石刻碑。衣冠冢边有一清风亭，意思是称颂陆龟蒙"清风亮节"的高雅人品。清风亭旁有一水池，这是当年陆龟蒙养绿鸭的水池。因绿鸭善斗，所以水池又被称为斗鸭池。清风亭、斗鸭池最初建于北宋年间，明、清时曾经重修过。清同治年间重修清风亭时还在亭中挂了"清风亮节"匾，并立了陆龟蒙的塑像。"文革"时，再次遭到破坏。现存的清风亭、斗鸭池均为1981年以后陆续修复的。其中陆龟蒙衣冠冢和斗鸭池均被列为江苏省文物保护单位。斗鸭池东西两旁种有三棵古银杏树，据说是陆龟蒙所植。

【万盛米行】

叶圣陶先生的小说《多收了三五斗》中所写到的万盛米行原型就是万成恒米行。这家米行是民国初年由镇上沈、范两家富商合伙经营的，也是甪直古镇上一家大米行。以前每到新谷上场时，这里门口的河道就会汇集起许多卖谷买米的船。这里在20世纪50年代曾改为粮食收购站和粮食仓库。现在为了适应旅游市场的发展，开发古镇的人文旅游资源，将其重新修葺为"万盛米行"，再现民国年间小镇米市"前店后场"的风貌。面对河埠的三开间门面是卖米的店铺。高高的木制柜台上挂着"万商云集"的广告牌。店铺后面是一个很大的院子,地上铺着石板,南北两边廊下陈列着各种种稻用的农具和加工稻米的器具。院后大厅叫"耒耜堂","耒耜"原指农具,也借指耕种。

【王韬纪念馆】

王韬(1828—1897年)是中国近代有名的改良主义先行者。他出身于甪直古镇上的一个书香门第,17岁就中了秀才。1849年,他接替父亲进了美国教会办的上海墨海书馆,从事文字润色工作,一干就是13年。正当他乏味于平庸无聊的书馆生活时,爆发了太平天国农民起义和第二次鸦片战争,他认为这是他出世报国的机会,于是积极上书"平贼"和"御戎"的方略,希望能得到朝廷的赏识和起用,但终究未能如愿。后来他因化名上书太平天国苏福省一事被李鸿章以"通贼"罪名加以通缉。在万不得已的情况下,他逃到了香港。在香港他主要从事翻译和办报活动。后来又到美国实地考察了两年多时间,清楚地看到了中国与西方的差距,深深感到中国要强大,必须实行改革。1874年,他创办了我国新闻史上第一家以政论为主的报刊《循环日报》,并亲自担任主笔。这期间他还写了许多主张变法维新的论文,在国内外影响很大。王韬的变法主张比康、梁要早20年,因此,可以说他是近代史上改良主义运动的先驱。王韬晚年生活在上海,曾担任过《申报》的编辑主任,而且还在上海结识了孙中山先生。在上海生活期间,他曾多次返回古镇。从他晚年的作品《淞隐漫录》《淞滨琐话》等都可以感受到他对故乡那份浓浓的眷恋之情。现在辟为王韬纪念馆的这座清式建筑是王韬去上海墨海书馆做事之前的旧宅,占地约800平方米。其中主厅蘅花馆是一间面阔三间的鸳鸯厅。所谓蘅花馆就是杜蘅花。古代常被用来比喻君子和贤达的清高。这里题作馆名是要表示主人的高雅志趣。蘅花馆正中有高大的木刻屏风,上面刻有王韬的主要生平事迹。屏风前有王韬半身铜像。蘅花馆后有一小巧雅致的后花园,点缀有池水、假山,种有桃、柳、青枫、石榴等植物,给饱经历史沧桑的古宅平添了几分绿意和生气。

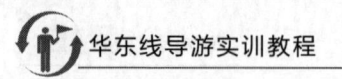

第七节　综合训练

 训练项目一：比较讲解江南六大古镇

【目的和要求】

（1）能够熟练地讲解六大古镇的景点特色、民俗风情、主要特产等。

（2）能够比较六大古镇的异同。

（3）熟知六大古镇的地理位置及交通方式。

【准备】

（1）搜集六大古镇的景点介绍、导游图等相关资料。

（2）了解六大古镇的风俗民情、物产、传说故事等。

【步骤】

（1）认真掌握六大古镇的景点特色、民俗风情、主要物产、地理位置以及交通方式。

（2）分景点练习讲解每个古镇。

（3）把握六大古镇的异同和横向联系，并能采用比较的方式讲解。

【考核】

（1）在六大古镇中，能够准确讲解任意一个古镇。

例1. 讲解周庄的发展历史。

例2. 讲解同里的退思园。

（2）能够比较六大古镇的异同。

例比较南浔和甪直的异同。

 训练项目二：旅游过程中改变计划的旅行社责任

【目的和要求】

了解因受自然条件社会因素的影响，旅游过程往往具有不确定性；在旅游行程中因不可抗力而改变计划，旅行社无须承担责任；在旅游行程中随意变更旅游行程，旅行社需要承担违约责任。

【准备】

查阅《中华人民共和国合同法》，了解"不可抗力"的含义和法律后果。

【步骤】

1. 案例提供

（1）王某与某旅行社签订了旅游合同，合同条款约定了具体旅游线路，但当王某临出行前拿到行程表时却发现，合同中约定的旅行线路进行了调整，旅行社变更了其中两个景点。王某认为，旅行社私自改变行程，违反了双方合同的约定，故起诉至法院，要求旅行社承担违约责任。庭审中，旅行社拿出行程表，指出其中有一行小字："在不影响整体线路的前提下，旅行社有权变更行程安排，一切以最后派发的行程表为准，"旅行社认为根据该条款规定，有权在不影响整体旅游线路的前提下调整具体景点，所以旅行社的做法没有违约，不应承担违约责任。

（2）游客郭小姐参加某旅行社2013年12月2日出发的华东团队，原定12月7日从南京乘机返回广州，由于灰霾天气严重，能见度低，导致航班取消，旅行社帮客人代订房间并派车把客人送至酒店。12月8日早上机场通知上午可以起飞，旅行社派车送客人去机场，并协助办理好登机牌，送往安检。但飞机上午并未起飞，经与机场了解，预计12月8日当天仍然无法起飞，旅行社再次帮客人代订房间，并与航空公司交涉是否可以把起飞地点改为上海或杭州，在旅行社与航空公司协商期间郭小姐选择乘高铁返回广州，返程后就滞留费用问题向旅行社提出投诉。

2. 组织讨论

（1）什么是不可抗力？其法律后果是什么？

（2）游客未能按计划游览长城，是否可以要求旅行社承担责任，为什么？

（3）游客未能按期返程，是否可以要求旅行社承担责任，为什么？

（4）作为导游，如何避免类似的投诉事件发生？

【考核】

请结合讨论情况，谈谈导游人员在处理改变行程问题时应该注意的事项。

训练项目三：送站服务

【目的和要求】

（1）按照送站服务规范，提前做好送站准备。

（2）确认车票（机票），根据不同情况进行相应处理。确认准确发车（起飞）时间，及时将游客送达车站（机场）。要为其换登机牌，送至安检入口。

（3）妥善处理相关事宜，如送站前，不得安排到情况复杂的大型景区或商业区，避免因客人走失而不能准时送站。

【准备】

（1）物品准备，如车票、机票、结账单、游客意见反馈表等。

（2）送站交通准备，如机场、车站、码头的准确位置和送站的行车时间等。

（3）思想准备，梳理送站前需要处理的所有事情，一一落实；回忆团队的主要行程、途中的主要情况（特别是客人最满意和最不满意的地方以及一些趣事）等，对接待中不尽如人意之处要考虑如何解释。

（4）语言准备，致欢送词时如何运用生动、简洁、幽默风趣、感情真挚的语言为本次接待锦上添花。

【步骤】

（1）按照导游服务规范，完成送站前应做的准备工作。

（2）以结束华东五市游、南京禄口国际机场送团为例，致欢送词。

（3）检查游客行李，收取有关证件，check in，托运行李等。

（4）处理意外问题，如机票出错、身份证出错、航班延误、行李有问题等。

【考核】

（1）送站前的准备工作要完整、充分、规范。

（2）行程安排合理，送站时间宽裕。

（3）欢送词符合导游规范，情感真挚。

（4）要交代清楚所乘交通工具应该遵守的规定和注意事项。

（5）意外事件处理符合规范。

【延伸与扩展】

思考：到了飞机场，你准备为游客办理乘机手续时，有位游客忽然发现自己的身份证丢失，你应该如何处理？

主要参考文献

［1］江苏省旅游局.江苏导游基础知识［M］.南京：江苏人民出版社，2013.

［2］钱钧.华东黄金旅游线导游词（增补修订版）［M］.杭州：浙江人民出版社，2010.

［3］《中国自助游》编辑部.2008全新升级中国自助游（第九版）［M］.西安：陕西师范大学出版社，2008.

［4］曾晓华.华东精华游［M］.广州：广东旅游出版社，2006.

［5］段宝林，江溶.山水中国［M］.北京：北京大学出版社，2006.

［6］邱阳.搜索杭州［M］.北京：中国旅游出版社，2007.

［7］上海市旅游事业管理委员会.上海旅游实用指南［M］.上海：上海人民美术出版社，2005.

［8］邱阳.搜索上海［M］.北京：中国旅游出版社，2007.

［9］苏州园林设计院.苏州园林［M］.北京：中国建筑工业出版社，1999.

［10］大明寺志［M］.北京：中国文史出版社，2004.

［11］陈从周.扬州园林［M］.上海：同济大学出版社，2007.

［12］钱传仓.扬州民俗［M］.北京：方志出版社，2003.

［13］季士家，韩品峥.金陵胜迹大全［M］.南京：南京出版社，1993.

［14］康泰.南京导游词［M］.南京：东南大学出版社，2005.

［15］中国新闻网.http：//finance.chinanews.com/.

［16］中国行政区划网.http：//www.xzqh.org.cn/.

［17］中华人民共和国国家统计局.http：//www.stats.gov.cn/.

［18］中国高速公路网.http：//www.china-highway.com/.

［19］中国通用旅游.http：//www.51766.com/.

［20］真山水旅游资讯网. http：//www.srts.net/.

［21］江南游. http：//www.zhongguoyou.com/.

［22］中国新浪网. http：//www.sina.com.cn/.

［23］遨游网. http：//www.auyou.com/.

［24］中国上海. http：//www.sh.gov.cn/.

［25］上海旅游. http：//lyw.sh.gov.cn/.

［26］上海旅游网. http：//www.shanghaitour.net/.

［27］上海机场（集团）有限公司. http：//www.shanghaiairport.com/.

［28］搜狐旅游 http：//travel.sohu.com/20140311/n396429686.shtml.

［29］上海豫园. http：//www.yugarden.com.cn/.

［30］中国江苏. http：//www.jiangsu.gov.cn/.

［31］江苏公路. http：//www.moc.gov.cn/.

［32］江苏交通. http：//www.jscd.gov.cn/.

［33］南京禄口国际机场有限公司. http：//www.njiairport.com/.

［34］南京火车站. http：//www.njstation.com/.

［35］南京旅游在线. http：//www.njyo.com/.

［36］浙江省人民政府. http：//www.zj.gov.cn/.

［37］杭州旅游. http：//www.gotohz.com/.

［38］南京总统府. http：//www.njztf.cn/.

［39］侵华日军南京大屠杀遇难同胞纪念馆. http：//www.nj1937.org/.

［40］中国镇江. http：//www.zhenjiang.cn/.

［41］中国常州. http：//www.changzhou.gov.cn/.

［42］常州旅游网. http：//www.cztour.com/.

［43］扬州旅游网. http：//www.yzlyw.gov.cn/.

［44］瘦西湖风景名胜区. http：//www.shouxihu.com/.

［45］中国古镇西塘. http：//www.xitang.com.cn/.

［46］中国乌镇. http：//www.wuzhen.com.cn/.

［47］中国第一水乡周庄. http：//www.zhouzhuang.net/.

［48］甪直水乡旅游网. http：//www.luzhi.com.cn/.

［49］苏州旅游网. http：//www.aroundsuzhou.com/.

［50］南浔旅游网. http：//www.chinananxun.com/.

［51］中国绍兴. http：//www.sx.gov.cn/.

［52］人民网. http：//www.people.com.cn/.

［53］新华网江苏频道. http：//www.js.xinhuanet.com/.
［54］铁道网. http：//www.railcn.net/.
［55］火车票网. http：//search.huochepiao.com/.